거시경제학

거시경제학

현성민

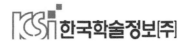한국학술정보(주)

머리말

거시경제학은 매우 현실적인 학문으로 끊임없이 변화하는 현실세계에서 발생하는 경제문제들을 해명하고 처방하는 실천지향적 학문이라 하겠다. 오늘날의 거시경제학은 케인즈(J. M. Keynes)가 「일반이론」(1936)을 출간한 이래 하나의 독립된 학문분야로 출범하게 되었다.

거시경제학은 국민소득, 실업(고용), 물가, 소비, 투자 등 우리의 일상생활과 밀접하게 관련되어 있는 경제현상들을 다루고 있기 때문에 경제학을 전공하지 않은 사람들도 쉽게 이해할 수 있어야 한다. 그러나 오랫동안 강단에서 거시경제학을 강의하면서 얻은 경험을 통해 얻은 결론은 경제학을 전공하는 학생들조차도 거시경제학은 이해하기 어렵다는 생각을 가지고 있다는 것이다. 따라서 필자는 거시경제학을 가능한 한 쉽게 이해할 수 있도록 하여 많은 사람들이 거시경제학에 대한 두려움으로부터 벗어날 수 있도록 하기 위해 이 책을 준비하였다.

많은 거시경제학 교과서들이 나와 있음에도 불구하고 필자가 이 책을 집필한 이유는 경제학의 원리가 현실세계에서 어떻게 적용되는가에 대한 기본적인 이해를 구하는 것이다. 따라서 독자들이 거시경제학을 이해하고 실제로 적용할 수 있도록 살아 있는 지식을 전달하고자 하였다.

거시경제학은 경제학의 여러 분야 중에서 가장 혁신적인 변화를 겪어 온 분야의 하나이다. 끊임없이 변화하고 발전하는 현실을 설명하기 위해서는 다양한 접근방식과 방법론이 필요하기 때문이다. 뿐만 아니라 고전학파와 케인즈학파의 두 축을 중심으로 이루어져 온 부단한 논쟁도 거시경제이론의 변화를 촉진하였다. 그러므로 이 책에서는 거시경제학의 다양한 주제들과 서로 대립된 이론들을 체계적으로 그리고 균형 있게 정리하고 소개하고자 한다.

필자는 책 전체에서 거시경제적 사고의 체계를 세우고 이 체계에 입각하여 내용을 서술하려고 노력하였으며 아울러 단편적인 지식의 전달보다는 독자들의 사고를 계발하는데 중점을 두었다. 이러한 입장에서 필자는 특히 다음과 같은 점에 유의하였다. 첫째, 수많은 거시경제의 주제와 이론들을 단순히 나열하는 책이 아니라, 이들을 체계적으로 정리함으로써 간결하지만 꼭 필요한 내용이 모두 포함된 교과서를 만들고자 하였다. 둘째, 거시경제학의 체계적 소개와 함께 각 이론의 역사적 배경을 살피는 한편, 이론이 정책과 연결되도록 노력하였다. 셋째, 여러 가지 거시경제적 사고의 틀, 예를 들면 고전학파와 케인즈학파, 통화주의와 케인즈주의 등을 객관적으로 비교·검토함으로써 독자들의 균형 잡힌 사고를 할 수 있도록 하였다.

이 책을 서술하는데 있어서의 내용의 체계와 이론의 정리 및 방법을 제외하고는 필자의 창조적인 업적은 결코 아니다. 이미 국내외에 간행된 훌륭한 경제학 및 거시경제학의 내용을 참고하여 필자의 생각에 따라 체계적으로 세워진 정형의 틀 속에 내 나름대로 다시 정리하여 독자들의 이해를 쉽게 하기 위하여 재구성하였을 뿐이다. 물론 이 책의 내용이나 미비점에 대해서는 어디까지나 저자가 책임을 져야함은 물론이다.

거시경제학을 쓰기로 계획하고 집필을 시작하여 마무리하기까지 상당히 많은 시간이 흘렀다. 그 과정에서 이 책이 초기에 의도했던 바대로 전개되지 못한 점을 매우 아쉽게 생각한다. 거시경제학이 현실과 밀접한 관련을 갖는다는 것을 독자들에게 알리기 위해 처음에는 될 수 있는 데로 현실의 실제 경제자료를 활용하여 설명하였으나 후반부로 갈수록 경제자료를 활용도가 낮아지고 이론부분에 치우치게 되었다. 또한 글이 매끄럽지 못하고 딱딱한 부분들이 눈에 띄었으나 다 수정하지 못한 채 책을 출간하게 되었다. 조만간 개정판을 통해 초판에서의 미비점들을 충분히 보완해 나가고자 한다.

이 책이 출간되기까지 많은 사람들이 헌신적인 도움이 있었다. 우선 이 책의 출간을 허용해 준 한국학술정보(주)의 사장님과 관계자 여러분의 노고에 감사드린다. 특히 시간에 쫓기면서도 전문가적 솜씨와 효율적인 일처리로 책이 약속된 시간에 나올 수 있도록 수고하신 편집진 여러분께 고마움을 전한다.

끝으로 이 책을 쓰느라 오랜 기간동안 많은 시간을 같이 하지 못했지만 항상 웃음으로 대해 준 가족들에게 고맙다는 말을 전한다.

2006년 5월
현 성 민

목 차

제3장 거시경제학의 과제　　63

제4장 균형국민소득수준의 결정　　87

제9장 IS-LM 모형에서의 정책효과　　215

제10장 총수요·총공급과 거시경제정책　　241

제13장 경기변동이론　　357

제14장 경제성장이론　　389

제1장 거시경제학이란 무엇인가?

거시경제학이란 무엇인가에 대한 물음은 본 서를 다 읽고난 다음에야 대답할 수 있는 성질의 질문이라고 하겠다. 더욱이 거시경제학은 미시경제학과는 달리 우리가 살고 있는 현실과 밀접한 관계를 유지하면서 발전해온 이른바 실천지향적 사회과학의 한 분야이다.

거시경제학은 국민경제 전체의 행위를 총체적으로 분석하는 것으로 인플레이션, 고용과 실업, 경제성장 및 국제수지의 문제를 다룬다. 거시경제의 목표는 물가안정, 완전고용의 실현, 경제성장 및 국제수지의 균형을 달성하는데 있다.

본 장에서는 거시경제를 이해하고 국민경제의 흐름을 파악하는데 가장 기본적이고 중요한 기초개념을 살펴본다. 이러한 목적을 달성하기 위해서 먼저 제1절에서 거시경제학이 어떻게 미시경제학과 구분되는지를 설명하고, 제2절에서는 거시경제학이 탄생하게 된 배경과 최근의 거시경제동향을 살펴본다. 제3절에서는 거시경제학의 주된 관심사인 인플레이션과 경기순환 및 실업에 대해 다룬다. 그런 다음 제4절에서는 거시경제에서 정부의 각종 거시경제정책─재정, 통화정책, 소득정책, 공급측면의 정책 개념을 살펴본다. 제5절에서는 거시경제에서의 소득순환모형과 생산물시장, 화폐시장, 노동시장 등 거시경제학에서 다루고 있는 세 유형의 시장에 대해 개괄한다. 제6절에서는 거시경제학 방법론을 서술하고 마지막 제7절에서는 최근 우리나라 경제의 특징을 살펴본다.

제1절 거시경제학과 미시경제학

경제학은 구체적인 분석대상에 따라 미시경제학(microeconomics)과 거시경제학(macroeconomics)의 두 분야로 구분된다. 먼저 미시경제학은 국민경제를 구성하고 있는 개별적인 의사결정단위 즉 가계와 기업의 행동을 분석하는 경제학의 한 분야이다. 미시경제학에서는 주어진 여건 속에서 기업은 이윤을 극대화하고, 소비자 또는 가계는 만족을 극대화한다는 단순한 가정 하에 어떻게 시장이 작동하고 또한 어떻게 자원이 배분되는지 등을 주로 다룬다.

거시경제학은 이와 다른 접근방법을 취한다. 특정상품의 생산과 개별산업의 행태에 영향을 미치는 요소에 초점을 맞추는 대신에, 거시경제학은 국민총산출의 결정요인에 초점을 둔다. 그리고 가계소득이 아니라 국민소득을, 개별 상품의 가격이 아니라 전반적인 물가수준(overall price level)을 연구대상으로 한다. 또한 자동차 산업과 같은 개별기업의 노동에 대한 수요를 분석하는 것이 아니라 국민경제 전체의 총고용수준을 분석한다. 즉 거시경제학은 경제의 전반적인 구조와 운행원리를 다루는 학문으로, 주로 국민경제 전체의 소득, 물가, 고용 등에 관심을 가지며 실업, 인플레이션, 경기변동, 경제성장 등의 문제를 주된 연구대상으로 한다.

미시경제학과 거시경제학은 공히 가계와 기업의 의사결정에 관심을 둔다. 미시경제학은 개별적인 의사결정과정을 다루는 반면 거시경제학은 이러한 개별적인 의사결정의 합계를 다룬다. 거시경제학에서는 이러한 합계를 위해 집계(aggregates)라는 개념을 사용한다.

따라서 거시경제학은 한 나라 경제가 그 전체로서 기능하고 운동하는 법칙을 다루는 경제학의 한 분야로, 모든 경제주체들의 경제행위의 종합적인 결과로서 나타나는 국민경제 전체의 합계 개념인 국민총생산(gross national product: GNP), 총고용량 및 실업수준, 전반적인 물가수준, 이자율, 환율 등과 같은 집계변수(aggregate variable)의 크기와 이들 상호간의 관계를 분석대상으로 한다.

미시경제학자들과 거시경제학자들은 경제를 서로 다른 각도에서 바라보기 때문에 경제가 나아갈 방향에 대해 다소 다른 결론에 도달한다. 미시경제학자들은 일반적으로 시장이 잘 작동한다고 믿는다. 그들은 가격은 수요량과 공급량을 즉각 일치시키도록 조정되므로 신축적(flexible)으로 움직이는 것으로 간주한다. 반면에 거시경제학자들은 경제의 중요한 가격변수(예를 들어 노동의 가격인 임금)는 종종 비신축적 또는 경직적(sticky)으로 움직이는 것을 관찰한다. 경직적 가격이란 수요량과 공급량이 항상 같아지도록 신속하게 조정되지 않는 가격을 말한다. 미시경제학자들은 사과의 가격이 경직적이지 않기 때문에 사과의 공급량이 사과의 수요량을 초과하지 않을 것이라고 생각한다. 그렇지만 집계된 행동을 다루는 거시경제학자들은 높은 실업이 발생하는 기간을 종종 경험한다. 실업이 존재하는 경우 노동공급량이 노동에 대한 수요량을 초과한다. 만약 이러한 경우 현실적으로 임금이 노동에 대한 수요량과 공급량이 같아지도록 충분히 신속하게 조정되지 않는 경우를 목격한다.

최근까지 거시경제학자들은 미시경제이론의 전제와 결론에 그들의 분석을 조화시키는 것에 상대적으로 관심을 보이지 않았다. 그러나 거시경제학자들간의 새로운 조류는 미시적 전제와 상응하는 거시적 분석-즉 가계와 기업은 미시경제이론에서 제시된 것과 같은 방법으로 그들의 의사결정을 한다-을 하려고 노력하고 있다. 예를 들면, 만약 가격이 수요량과 공급량을 일치시키도록 조정되지 않는다면, 거시경제학자들은 왜 이러한 경우가 나타나는지에 관한 기본적인 미시적인 사유를 찾는다.

경제에 관련된 일반적인 문제는 많은 가계 및 기업들의 상호 작용에서 발생하므로 거시경제학과 미시경제학을 서로 독립적으로 분석할 수 없다. 국민경제를 전체적으로 분석하는 경우에도 개별경제주체들의 결정을 고려한다. 예를 들면, 한 경제 전체의 소비지출을 결정짓는 요인을 살펴보기 위해서는 그 경제내의 각 가계가 현재 얼마를 소비하고 장래를 위해 얼마를 저축할 것인가를 살펴보아야 한다. 그리고 경제전체의 투자에 영향을 미치는 요소를 살펴보기 위해서도 새로운 공장을 지을 것인지 말 것인지를 결정하는 개별기업의 행태를 고찰하여야 한다. 결국 거시경제학에서 사용하는 집계변수들은 단순히 많은 개별 결정들을 나타내는 변수들의 합계이므로 거시경제학은 미시경제학과 밀접하게 연계되어 있다고 할 수 있다.

거시경제학과 미시경제학을 조화시키는 일을 어려운 일이지만, 오늘날 거시경제학이 미시경제학적 근거(microeconomic foundations of macroeconomics)를 마련하는 방향으로 발전해 가는 경향을 보이고 있는 것도 이러한 필요성을 반영한 것이라고 할 수 있다.

제2절 거시경제학의 태동

1. 대공황

1930년대의 커다란 경제적 사건 즉 10여 년간 지속된 세계적인 대공황(great depression)

은 거시경제 문제에 관한 많은 생각들을 불러 일으켰다. 1920년대의 자본주의 경제는 순조롭고 점진적인 번영의 시기였다. 사실상 직업을 갖기를 원하는 사람은 누구나 직장을 가질 수 있었고, 소득은 점차 상승했으며 물가 또한 안정적이었다. 그러다가 1929년 초에 갑자기 사정이 나빠지기 시작하였다. 당시에 가장 극심한 경기불황을 겪었던 나라는 미국이었다. 미국의 경우 1929년에 150만 명의 노동자가 직장을 잃었다. 1933년에는 실업자의 수가 1,300만 명에 달하였고, 실업률은 25%를 넘어섰다. 재화 및 서비스에 대한 생산 또한 격감하여 1933년에는 1929년의 절반 정도 수준밖에 생산되지 못하였다. 한편 1929년 10월 뉴욕월가(Wall Street)에 불어 닥친 주식가격의 대폭락으로 수십조 달러의 개인재산이 사라져 버렸다. 실업률은 1940년까지 노동력의 14% 수준을 넘어섰다.

1930년대의 대공황이 미국과 유럽 등 자본주의 경제에 남긴 상처는 무척 컸다. 미국에서는 자살하는 사람의 수가 약 30% 정도 증가하였고, 수백만 가구가 빈곤으로 고통을 받았다. 1933년부터 경기가 빠르게 회복되었다고는 하지만 1942년이 되어서야 대공황 이전 수준으로 돌아갔다.

(1) 고전학파 모형

경제학자들은 대공황이 발생하기 이전에는 경제의 전반적인 문제들을 해결하기 위해 "고전학파 모형"과 관련이 있는 미시경제학적 모델을 적용하였다.[1] 예를 들어 고전학파적인 공급과 수요분석에서는 노동시장에서 초과공급이 발생할 경우 임금수준이 새로운 균형수준에 도달할 때까지 하락할 것이라고 가정한다. 결과적으로 실업은 지속되지 않는다.

또한 고전학파 경제학자들은 경기는 자기 조정능력이 있다고 믿었다. 산출량이 감소하고 노동에 대한 수요가 좌측으로 이동하는 경우, 임금수준이 하락하여 새로운 낮아진 임금수준에서 더 많은 노동자들을 고용하고자 하는 기업들로 인하여 노동에 대한 수요량이 증가하게 된다고 고전학파들은 주장한다(이 경우 그래프에서는 새로운 수요곡선에서의 이동으로 나타난다). 결국 고전학파 모형에서는 한 나라 경제는 언제나 완전고용상태가 자동적으로 이루어진다고 믿는다.

그러나 사실상 대공황 기간 중 실업수준은 매우 높은 상태를 유지하였다. 즉 고전학파의 주장과 같이 시장 메커니즘이 제대로 작동한다면 실업이라는 노동의 초과공급이 임금수준을 떨어뜨려 다시 노동에 대한 수요와 공급이 일치하여 균형을 찾아가야 한다. 고전학파 모형에서는 실업을 화폐임금의 하방경직성에 따른 결과라고 보고, 따라서 실업을 해소하기 위한

---

1) 사실상 제2차 세계대전까지는 "거시경제학"이라는 용어조차도 없었다.

가능한 방편으로서 화폐임금의 하락을 제시하였다.

　　그러나 미국의 경우를 보면 화폐임금이 1929년과 1933년 사이에 3분의 1만큼이나 하락하였으나 실업의 증대를 막지는 못하였다. 화폐임금의 하락이 불황을 치유하기 위한 적절한 처방이 되지 못했던 것과 마찬가지로 화폐임금의 경직성은 이 대량의 실업에 대한 만족스러운 설명이 되지 못하였던 것이다. 결국 1930년대의 대불황과 대량의 실업은 오랫동안 지속되었던 것이다. 이러한 높은 실업의 오랫동안 지속된 이유를 설명하는데 대한 고전학파 모델2)의 실패는 거시경제학의 탄생에 대한 유인을 제공하였다. 그러므로 우리가 오늘날 거시경제학이라고 부르는 것은 1930년대에 탄생하였다는 것은 놀라운 일이 아니다.

(2) 케인즈 혁명

　　경제학의 역사에 있어서 가장 중요한 작품 중의 하나가 케인즈(J. M. Keynes)에 의해 1936년에 저술된 "고용, 이자 및 화폐에 관한 일반이론"(*The General Theory of Employment, Interest and Money*)이다. 시장과 시장의 행태에 관하여 이미 정립된 이론이 있었지만 케인즈는 그 당시의 혼란스러운 경제적 사건을 설명하는 이론을 구축하기 시작하였다.

　　많은 거시경제이론이 케인즈의 일반이론에 깊은 뿌리를 두고 있다. 케인즈에 따르면 국민소득이나 고용수준을 결정하는 것은 고전학파 모형에서 제시된 것처럼 가격이나 임금이 아니라 재화와 서비스에 대한 총수요3)수준이라는 것이다. 즉 케인즈는 비자발적 실업(involuntary unemployment)이라는 새로운 개념을 정립하여 이러한 종류의 실업은 한 나라 경제에서 총수요가 부족하기 때문에 발생한다고 본다. 그러므로 총수요부족으로 인하여 생기는 실업을 해소하기 위해서는 총수요 그 자체를 확대시켜야 한다고 주장하였다. 또한 총수요가 증가함에 따라 기업의 가동률이 높아지고 기업경영도 호전되고 고용도 증대되어 실업이 감소된다고 주장하였다.

　　케인즈는 또한 민간의 소비지출이나 투자지출이 부족한 상태라면 정부는 경제에 개입할 수 있고 산출이나 고용수준에 영향을 미칠 수 있다고 믿었다. 다시 말하자면 케인즈는 민간부문에서의 개별수요가 낮은 기간 동안에는 정부가 총수요를 자극함으로써 경제를 불황으로부터 벗어날 수 있다고 주장하였다. 그러므로 정부의 총수요관리가 대단히 중요하게 된다.

───────────────

2) 고전학파 모형은 또한 "시장청산"(market clearing) 모형이라고도 한다. 왜냐하면 고전학파에서는 가격과 임금이 항상 시장이 청산되도록 신축적으로 움직인다는 것을 강조하기 때문이다.

3) 케인즈는 이를 유효수요(effective demand)라고 하였다. 유효수요란 생산물에 대한 단순한 욕망이 아니라 화폐적 지출이 뒷받침된 수요를 가리킨다.

2. 최근의 거시경제 동향

제2차 세계대전 이후, 특히 1950년대에 케인즈의 견해—정부의 적극적 개입으로 총수요를 자극하여 대량실업을 해결한다—는 경제학자들과 정부 정책입안자들에게 크게 영향을 미치기 시작하였다. 정부는 특정한 고용과 산출수준을 달성하기 위하여 경제에 개입할 수 있다는 것을 믿게 되었고, 조세와 정부지출에 그들의 힘을 사용하기 시작하였다. 뿐만 아니라 경제의 상승과 하강을 조절한다는 명백한 목적하에 이자율과 통화공급에도 직접적으로 간섭하기 시작하였다. 이러한 정부정책에 관한 견해는 미국의 경우 1946년에 고용법(Employ-ment of Act)을 개정함으로써 확고하게 구축되었다.

결국 2차 대전 이후 미국을 위시한 선진자본주의 경제는 애초 케인즈가 예측했던 것과는 달리 만성적 불황이나 실업이 아니라 호황과 인플레이션으로 경제환경이 바뀌었다.

(1) 1960년대의 미세조정(fine tuning)

1960년대 까지 미국을 비롯한 서구 자본주의경제는 정부가 국민경제를 안정화 시키도록 개입할 수 있고 또 개입해야만 한다는 케인즈의 아이디어를 받아들였다. 이 기간동안 미국 케네디 대통령과 존슨 대통령 밑에서 경제자문위원회의 의장을 지낸 헬러(W. Heller)는 인플레이션과 실업을 조절하는데 있어서 정부의 역할과 관련된 미세조정(fine tuning)이라는 신조어를 만들어냈다. 1960년대에는 많은 경제학자들이 정부가 인플레이션과 실업수준을 적절히 조정하는 도구들을 사용할 수 있다고 믿었다.

2차 대전 이후 60년대 말까지 세계경제는 이전에 비해 경제가 안정적으로 성장하였고, 그래서 이 시기를 불황을 모르는 '황금기(golden age)'라고도 한다. 정부의 적극적인 개입으로 대부분의 거시경제지표가 안정적으로 유지되고 경제성장이 지속되었다. 물론 이 시기에는 총수요의 확대에도 불구하고 인플레이션율도 크게 우려할만한 수준은 아니었다.

(2) 1970년대 이후

1970년 이래 미국을 위시한 자본주의경제는 실업과, 산출 및 인플레이션의 극적인 변동을 경험하였다. 미국의 경우 1974~75년 그리고 1980~82년 기간동안 극심한 경기침체를 겪었다. 비록 1930년대의 대공황에는 미치지 못하였지만 이러한 경기침체는 수백만 명의 실업자를 발생시켰고, 산출과 소득이 큰 폭으로 감소하였다. 또한 1974~75년과 다시 1979~81년 기간동안 미국에서는 매우 높은 율의 인플레이션을 경험하였다. 미국경제는 또한 1990~1991년 완만한 경기침체를 겪었고, 그 침체 이후 약 2년 동안 매우 낮은 성장을 하였다.

더욱이 1970년대에는 소위 경기침체와 인플레이션이 어우러진 스태그플레이션(stagflation)이라는 새로운 경제현상이 나타났다. 즉 스태그플레이션은 경기침체 또는 높고 지속적인 실업이 존재하는 기간 동안 전반적인 물가수준이 급속히 상승할 때 발생한다. 역사적으로 1970년대 이전까지는 경제가 번영기에 있거나 실업수준이 낮을 때(또는 적어도 감소하는 기간)에만 급격한 물가상승이 관찰되었다. 스태그플레이션의 문제는 경제를 건전하게 유지하고자 하는 거시경제학자와 경제정책 입안자 모두에게 아주 고통스러운 문제였다.

1930년대에 나타난 대량의 실업이 종래의 고전학파 이론을 가지고 해명할 수 없었다는 의미에서 이상 현상이었다면, 1970년대에 나타난 스태그플레이션은 케인즈 이론을 포함해 기존의 경제이론을 가지고서는 해결할 수 없는 이상 현상이다. 1970년대와 그 이후의 경제적 사건은 거시경제이론에 중요한 영향을 미쳤다. 거시경제의 행태를 이해하려는 새로운 방법들이 계속 제기되고 있지만 어떠한 설명이 최상인가에 관하여 지금까지 하나의 통일된 의견으로 모아지지 않고 있다. 이러한 의미에서 오늘의 거시경제학은 격동하고 있다고 볼 수 있다.

제3절 거시경제학의 관심사

여기서는 거시경제학에서 다루어야 하고, 거시경제학이 관심을 기울여야할 주요 문제점이 무엇인지를 알아보기로 하자. 제기된 거시경제 문제점들에 대하여 모든 경제학자들이 동의하는 하나의 일치된 해답이 제시되지 못했다.

거시경제학에서 다루고 해결해야 할 주요 주제에 대해서는 표준적인 목록이 없지만, 주로 다음과 같은 4가지 관심사를 거시경제학 교과서에서 다루고 있다.

첫째, 거시경제학은 일반물가수준(overall price level)에 관심을 갖는다. 전반적인 물가수준의 상승(인플레이션)은 경제학자들에게 뿐만 아니라 정책 입안자나 일반 국민들도 커다란 관심거리이다.

둘째, 거시경제학은 총산출(aggregate output)에 관심을 갖는다. 특히 경제가 생산가능한 양 즉 잠재적 총생산만큼 생산하고 있지 않을 때 더욱 그렇다.

세 번째 관심사는 총고용(total employment)인데, 이는 위의 두 번째 관심사와 밀접하게 관련이 있다. 일반적으로 경제는 생산이 가능한 최대수준만큼 생산을 하지 못한다. 왜냐하면 직업을 갖기를 원하는 사람을 모두 고용할 수는 없기 때문이다.

마지막으로 해외부문을 반드시 고려해야만 한다. 한 나라는 나머지 다른 나라들의 경제에 영향을 서로 주고받으면서, 그 나라뿐만 아니라 다른 나라의 발전에 중요한 영향을 미친다. 우리나라와 같이 부존자원이 부족하여 대외 의존도가 높은 나라의 경우에는 대외 경제여건의 변화가 국내 경제에 크게 영향을 미친다고 할 수 있다.

이러한 이슈들은 정부의 커다란 관심사이다. 즉 정부는 낮은 인플레이션, 높은 산출과 고용 및 순조로운 세계경제가 되기를 바란다. 정부가 얼마나 효과적으로 이러한 목표를 달성할 수 있는지는 상당한 논쟁거리이지만 목표 그 자체는 명백하다.

그렇지만 거의 모든 거시경제 현상들은 서로 연계되어 있으며, 한 쪽이 나아지면 종종 다른 한 쪽은 악화되는 결과를 초래하는 경우가 허다하다. 예를 들어, 일부 경제학자들은 인플레이션을 치유하는 유일한 방법은 경제를 침체국면으로 접어들게(이는 실업을 증가시키고, 산출을 감소시킴) 하는 것이라고 믿는다. 우리가 원하는 좋은 상태가 항상 서로 양립할 수 있는 것은 아니므로 거시경제학에서는 경제변수들 간의 상충관계가 존재한다. 앞으로 전개될 다음 장들의 주된 목적 중의 하나가 이러한 상충관계의 특징을 조사하고 설명하는 것이다. 그러나 여기서는 거시경제학의 주요한 관심사에 대해서 좀 더 자세히 살펴볼 필요가 있다.

1. 인플레이션

인플레이션이란 한 경제의 전반적인 물가수준이 지속적으로 상승하는 현상을 말한다. 인플레이션을 줄이는 것이 오랫동안 정부정책의 한 목표가 되어왔다. 특히 문제가 되는 것은 하이퍼인플레이션(hyperinflation) 또는 전반적인 물가수준이 매우 급격히 상승하는 기간이다.

미국과 같이 급격한 인플레이션을 경험하지 못한 나라의 사람들은 매우 높은 인플레이션 하에서의 생활이 어떠한지를 잘 인식하지 못한다. 그러나 일부 국가의 경우, 사람들은 매일, 매시간, 심지어는 매 분마다 가격이 올라가는데 익숙해 있다. 예를 들어 볼리비아의 경우 1984년과 1985년의 하이퍼인플레이션 기간 동안, 달걀 한 개가 일주일 사이에 3,000 페소에서 10,000 페소로 3배 이상 올랐다. 1985년에는 아스피린 3병 가격이 1982년의 최고급

승용차 가격과 같은 가격에 팔렸다. 동시에 화폐를 가지고 다니는 일이 아주 번거로운 짐이 되었다. 예를 들어 미화 500불(US $500)은 약 3,200만 페소에 상응하였는데 커다란 우편 행낭을 가득 채울 정도였다. 볼리비아의 화폐는 서독과 영국에서 인쇄되었는데, 1984년 경우 상위 3번째 수입품 품목이 되었고, 이는 밀이나 광산장비를 능가하는 수준이었다.

볼리비아에서 이와 같은 믿을 수 없는 가격 상승은 단지 아주 일부분에 지나지 않는다. 인플레이션이 연 2,000%로 최고조에 달했을 때 그 나라의 경제는 주저앉기 시작하였다. 노동자들은 높은 인플레이션율에 맞추어 임금을 인상시켜달라고 파업하였고, 기업들은 신용을 확보하는 것이 거의 불가능해져 결국 경제는 마비상태가 되었다. 다행히도 하이퍼인플레이션은 오랫동안 지속되지는 않았다. 단지 몇 개월 사이에 볼리비아는 서구에서 가장 낮은 인플레이션 국가들 중의 하나에서 세계에서 가장 높은 인플레이션율을 경험한 나라가 되었다.

그러나 다행스럽게도 하이퍼인플레이션은 빈번하게 발생하는 것은 아니다. 그렇지만 경제학자들은 완만한 인플레이션의 경우에도 그 비용과 그로 인하여 초래되는 결과를 알아내기 위해 많은 노력을 기울인다. 누가 인플레이션으로부터 이득을 보고 누가 손해를 보는가? 인플레이션의 사회적 비용을 무엇이고, 그것은 얼마나 심각한가? 인플레이션의 원인이 무엇이고, 인플레이션을 멈추는 최상의 방법은 무엇인가? 앞으로 전개될 제3장과 제11장에서 이상에서 제기된 인플레이션에 관한 의문점들에 초점을 두고 분석할 것이다.

2. 총산출과 경기순환

일반적으로 한 나라 경제의 총체적 활동수준을 나타내는 경기는 상승과 하강을 반복한다. 경제활동이 활발해져 경기가 상승하면 결국 정점에 도달하고 이후 경제활동이 둔화되면서 경기가 하강하다 저점에 도달하면 다시 상승하는 움직임을 거듭한다. 이와 같은 경기의 변동현상을 경기순환(business cycle)이라 하는데 크게 저점에서 정점까지의 확장국면과 정점에서 저점까지의 수축국면으로 구분된다.

경제가 확장국면에 있는지 또는 수축국면에 있는지는 일반적으로 총산출(aggregate output), 즉 일정한 기간동안 그 경제 안에서 생산된 재화와 서비스의 총량으로 측정한다. 총산출이 감소할 때, 더 적은 양의 재화와 서비스가 생산되고 따라서 생활수준이 떨어진다. 기업들이 생산을 축소시킬 때 노동자들은 일자리를 잃고 따라서 실업률은 올라간다.

경기후퇴(recession)는 총산출이 감소하는 기간을 말한다. 전통적으로 총산출이 2분기

동안 연속적으로 감소할 때 경기후퇴로서의 경제침체로 분류한다. 우리는 경기후퇴가 장기간 지속되고 정도가 심할 때를 불황(depression)이라고 부른다. 물론 항상 경기후퇴가 불황으로 이어지는 것은 아니다.

경기순환을 설명하고 예측하는 것 또한 거시경제학의 주된 관심사 중의 하나이다. 경기순환과 관련된 주된 의문점은 왜 경제가 그렇게 많이 변동하는가 하는 문제인데 이는 제13장에서 고찰할 것이다.

3. 실 업

우리는 늘 신문이나 방송과 같은 언론매체를 통해서 실업률과 관련된 뉴스를 접하면서 생활한다. 총노동력 중에서 실업자의 비율을 나타내는 실업률은 경제의 건강을 가늠하는 주요 지표이다. 왜냐하면 실업률은 한 나라 경제의 총산출과 아주 밀접하게 관련이 되어 있기 때문이다.

비록 거시경제학자들이 주어진 일정한 기간 동안 왜 실업률이 높아졌다 낮아졌다 하는지를 아는데 많은 관심을 기울이고 있다고 할지라도, 다음과 같은 더 근본적인 질문에 대답하려고 노력 한다: 왜 실업은 언제나 존재하는가? 물론 우리는 0(zero)의 실업률을 볼 수 있으리라고 기대하지는 않는다. 예를 들어 일정한 기간 동안, 어떤 기업들은 라이벌 기업과의 경쟁이나 잘못된 기업관리 또는 운이 나빠서 도산할 수 있다. 일반적으로 그러한 기업에 종사하던 노동자들은 그들이 옛 직장을 잃자마자 새로운 일자리를 찾을 수 있는 것이 아니며, 그들이 새로운 직장을 찾는 동안 실업자로 간주된다. 또한 처음으로 노동시장에 참여하는 노동자들도 일자리를 찾는데 몇 주 또는 몇 개월 아니 그 이상이 소요될 수도 있다.

만약 우리가 수요·공급원리에 기초한다면, 일자리를 잃은 노동자가 존재하는 경우 이에 반응하여 어떤 조건들이 변하리라고 기대한다. 어떤 최소 기준 이상의 실업자가 존재한다면, 이는 어떤 주어진 임금률에서 노동자의 초과공급이 있다는 것을 의미하며, 일하기를 원하나 일자리를 찾을 수 없는 사람이 있다는 것을 의미한다. 미시경제이론에서는 초과공급이 존재하는 경우에 대한 반응은 그 상품 가격의 하락을 초래하고, 따라서 그 상품에 대한 수요량이 증가하고 공급량은 감소하여 균형으로 다시 회복한다. 즉 수요량과 공급량이 일치함으로써 시장이 청산된다는 것을 알고 있다.

실업의 존재는 한 경제의 모든 노동시장이 균형상태에 있지 않음을 의미한다. 즉 노동의 공급량과 수요량을 일치시킬 수 없는 그 무엇인가가 존재한다. 그러나 많은 다른 시장들이 청산될 때 왜 노동시장은 청산되지 못하는가? 아니면 노동시장은 청산되고, 실업에 관한 데이터의 문제인가? 실업 데이터에 내포된 함축성은 거시경제학에서 주요한 수수께끼 중의 하나이고, 제3장과 제11장에서 다시 논의할 것이다.

제4절 거시경제에 있어서 정부의 역할

거시경제학에서 논의하는 한 주요한 부분은 경제에 영향을 미치는 정부의 역할과 관련된 것이다. 여기서는 간단하게 정부가 거시경제에 영향을 주는 네 종류의 정책, 즉 재정정책, 통화정책, 소득정책 및 공급측면의 정책에 관해 알아본다.

1. 재정정책

정부가 경제에 영향을 미치는 주요한 방법 중의 하나가 조세와 정부지출을 통해서이다. 이처럼 정부가 조세나 정부지출을 통해서 경제에 영향을 미치는 정책을 재정정책(fiscal policy)이라고 한다. 정부는 가계와 기업으로부터 세금을 걷어 들여 미사일 구입이나 사회보장지출 또는 도로건설 등과 같은 용도로 지출한다. 이와 같은 조세나 정부지출의 크기와 구성은 경제에 크게 영향을 미친다.

1930년대 케인즈의 주된 아이디어 중의 하나가 한 나라 경제의 산출이나 고용수준을 안정화 시키는데 재정정책을 사용할 수 있고 또 사용하여야만 한다는 것이다. 더욱이 케인즈는 경제가 불황에 처해 있을 때, 불황을 타개하기 위해서는 정부가 조세축소 또는 / 그리고 정부지출 증대와 같은 확장적 재정정책(expansionary fiscal policy)을 실시해야 한다고 주장하였다. 반대로 인플레이션이 존재하는 경우에는 조세증대 또는 / 그리고 지출 축소와 같은 긴축 재정정책(contractionary fiscal policy)을 사용해야 한다고 주장하였다.

2. 통화정책

조세나 정부지출과 같은 변수만이 정부가 경제에 영향을 미칠 수 있는 유일한 요소가 아니다. 정부는 중앙은행을 통해서 그 나라의 통화량을 결정할 수 있다. 통화정책(monetary policy)이란 통화당국이 통화량이나 이자율 변화와 같은 금융적인 수단에 의해 경기조절과 물가안정을 위해 실시하는 경제정책의 하나이다. 예컨대 경기가 과열되었거나 인플레이션을 억제하기 위해서는 긴축 통화정책이, 경기진작을 위해서는 확대금융정책을 실시한다. 통화정책의 효과와 적절한 역할은 거시경제학에서 가장 뜨거운 논쟁의 대상이 되는 주제 중의 하나이다. 대부분의 경제학자들은 통화량이 전반적인 물가수준, 이자율, 환율, 실업률 및 산출수준에 영향을 미친다는데 공감한다. 주된 논쟁은 통화정책이 그 자체만으로 얼마나 명백한지 그리고 통화정책의 효과의 크기가 정확히 얼마나 되는지와 관련하여 발생한다.

3. 소득정책

비록 통화정책과 재정정책이 정부가 경제를 조절하기 위하여 사용하는 두 가지 주요한 도구이지만 다른 정책수단들도 이용 가능하다. 그 하나가 바로 소득정책이다. 소득정책(income policy)은 호경기나 불경기를 불문하고 지속적으로 물가가 상승한다는 현실경제의 실정을 배경으로 해서 제창된 일종의 물가안정 대책이다. 소득정책은 정부가 가격 또는 임금 상승률의 최대 허용치를 제시하는 직접규제의 방식을 취하기도 하고, 때로는 명시적인 통제 대신에 자발적인 가이드라인을 제시하는 간접적인 통제방식을 사용하기도 한다. 가이드라인이란 소득정책과 관련하여 정부가 제시하는 임금 인상에 관한 지표를 말한다. 정부는 가이드라인을 제시하는 경우 정책당국의 권고나 설득으로 사기업의 자발적 임금억제에 기대한다. 이것은 현실의 임금이나 가격이 시장의 수요·공급에 의해서가 아니라 단체교섭에 따른 노사협상이나 기업이 가격결정권을 가지고 있다는 인식의 바탕 위에서 제시되었다.

4. 공급측면의 정책

일부 경제학자들은 경제를 관리하기 위하여 공급측면의 정책(supply-side policy)을 실시할 것을 주장하였다. 이러한 정책의 주창자들은 종래의 케인지안이나 통화주의자들이 총수요 위주의 경제 분석에 대한 비판으로서 총공급 관리정책을 주장한다. 그들은 총공급과 생산을 증가시키는데 초점을 둔다. 즉 공급측면의 정책은 장기적인 관점에서 생산성과 시장기능의 제고를 위한 공급측면에서의 정부의 정책개입을 주장하고 있다.

공급측면의 정책의 주요 도구는 조세체계를 변화시키는 것이다.4) 즉 공급측면의 경제학자들이 한 나라 경제의 생산성을 높이기 위해 제시한 정책기조는 감세정책이다. 감세정책의 목적은 노동에 대한 인센티브를 증가시켜 노공공급을 증가시키고, 또한 저축에 대한 인센티브를 증가시킴으로써 자본의 공급을 증가시키고자 함이었다. 그리고 법인세를 인하하거나 폐지함으로써 투자를 자극하는 추가적인 조세 인센티브가 제공되었다. 이러한 정책을 주장하는 공급중시경제학자들은 노동과 자본의 공급을 자극하는 것과 투자를 증가시키는 것이 재화와 서비스의 공급을 증가시키는 최선의 방법이라고 주장하였다.

제5절 거시경제의 구성

거시경제학은 경제의 네 개의 경제주체에 초점을 둔다. 즉 가계와 기업(민간부문), 정부(공공부문) 및 외국(해외부문)이 바로 그것이다. 이러한 경제주체들은 서로 간에 소득을 지불하거나 받는 등을 포함하여 다양한 방법으로 상호 작용한다.

1. 소득의 순환 흐름도 – 소득순환모형

우리는 이 네 경제주체 간의 경제적 상호작용은 단순한 지출의 순환 흐름도(circular flow diagram)를 가지고 살펴볼 수 있다. 이 순환 흐름도는 각 부문간에 서로 소득을 지불하거나 받는 것을 그림으로 간단하게 나타낸 것이다. 〈그림 1-1〉은 단순한 지출의 순환 흐름도를 나타낸다.

가계는 기업이나 정부를 위해서 일하고, 일한 대가로 기업이나 정부로부터 임금을 받는다. 그러므로 〈그림 1-1〉은 그와 같은 서비스에 대한 지불로서 가계부문으로 임금이 흘러 들어가는 것을 보여준다. 가계는 또한 사채나 정부채권에 대한 대가로 이자를 지불받고, 기업으로부

---

4) 조세체계를 변경시킴으로써 정책을 실시한다는 의미에서 공급측면의 정책은 재정정책의 특수경우라고 할 수 있다.

터 배당금을 받는다. 많은 가계들이 정부로부터 이외의 다른 지불−예를 들면 실업수당, 사회
보장연금, 재해보장금 및 원호금 등−을 받는다. 이처럼 정부가 당기의 생산활동과 무관한 사
람에게 반대급부 없이 지급하는 지불을 이전지출(transfer payment)이라고 한다. 이와 같
은 수입은 가계의 총소득의 일부를 구성한다.

가계는 기업으로부터 재화와 서비스를 구매하고, 정부에 세금을 내는데 벌어들인 소득을 사
용한다. 이러한 항목들은 가계가 지불한 총금액이 된다. 가계의 총소득과 총지출의 차이가 바
로 가계의 저축이나 음의 저축 (dissaving)이 된다.5) 만약 일정기간 동안 가계가 벌어들
이는 것(소득)이 쓰는 것(지출)보다 더 많다면 그 차액을 저축이라고 한다. 그 반대의 경
우, 즉 지출보다 수입이 적은 경우를 음의 저축이라고 한다. 당기의 음의 저축은 그 이전에
저축해 놓은 것을 사용하거나 차용을 통해 가능하다. 〈그림 1-1〉의 소득순환모형에서 가계
소비지출은 가계부분에서 나오는 화살표로 표시된다.

기업은 가계와 정부에 재화와 서비스를 판매한다. 이러한 판매수입은 〈그림 1-1〉에서 기
업부문으로 향하는 흐름(화살표)으로 표시된다. 기업은 임금, 이자, 배당금을 가계에 지불하
고, 세금을 정부에 납부한다. 이러한 지불은 기업부문으로부터 나오는 화살표로 표시된다.

정부는 가계와 기업으로부터 세금을 거둬들인다. 그리고 정부는 이러한 세금을 토대로 기
업이 생산한 재화와 서비스를 구매하고, 가계에 임금과 이자를 지불하고 또 가계부문에 이
전지출을 행한다. 만약 정부수입이 지출보다 더 작다면 정부는 재정적자가 발생한다.

마지막으로 가계는 벌어들인 소득의 일부를 외국에서 생산된 재화와 서비스 즉 수입품을
구입하는데 사용한다. 유사하게 외국인들은 국내 기업에 의해 생산된 재화와 서비스(수출
품)를 구매한다.

이와 같은 소득순환 흐름도에서 얻을 수 있는 중요한 교훈 중의 하나는 모든 사람의 지출은 다
른 누군가의 수입이 된다는 점이다. 만약 당신이 삼성전자로부터 컴퓨터를 산다면, 당신은 삼성
전자에 지출한 것이고 삼성전자는 수입을 얻는다. 만약 삼성전자가 정부에 세금을 내면, 삼성전
자는 지출을 한 것이고 정부는 수입을 얻는 것이다. 간단히 요약하면 다음과 같다. 모든 사람의
지출은 어딘가로 흘러간다. 구매자가 없는 곳에서는 아무 것도 팔수가 없고, 받는 사람이 없는 곳
에 지출이 있을 수 없다. 모든 거래는 반드시 양면을 가지고 있어야 한다.

---

5) 저축(saving)이나 음의 저축(dissaving)은 소득 순환흐름에서 종종 "누출(leakage)"이라는 용어로 사
용된다.

〈그림 1-1〉 소득순환모형

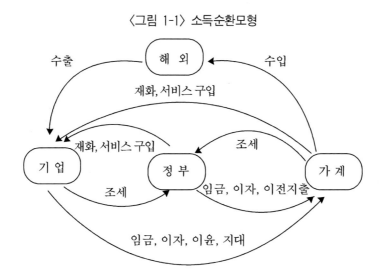

2. 세 가지 유형의 시장 분석

가계와 기업, 정부 및 해외부문 등과 같은 경제주체들이 서로 어떻게 연관이 되어 있는지를 살펴보는 또 다른 방법은 상호 작용하는 시장들을 고려하는 것이다. 가계, 기업, 정부 및 해외부문은 〈그림 1-2〉에 묘사된 세 유형의 시장－(1) 재화 및 서비스 시장, (2)노동시장, (3)화폐시장을 통해 서로 영향을 주고받는다.

(1) 재화 및 서비스 시장

가계와 정부는 재화 및 서비스 시장(생산물 시장)에서 기업으로부터 재화와 서비스를 구매한다. 또한 기업들은 이 시장에서 서로 재화와 서비스를 구매한다. 그리고 기업들은 다른 기업으로부터 자본재를 구입하기도 한다. 만약 현대자동차가 생산 공정 라인에 새로운 자동화기계가 필요하다면, 아마도 그 자동화기계를 직접 만들기보다는 다른 기업으로부터 구매하는 것이 일반적일 것이다.

기업은 재화 및 서비스 시장에서 공급을 담당한다. 가계, 정부 및 기업은 이 시장에서 구매자이다. 그리고 해외부문은 재화 및 서비스 시장에서 구매자인 동시에 공급자이다.

(2) 노동시장

노동시장에서의 상호작용은 기업과 정부가 가계로부터 노동을 구입할 때 발생한다. 이 시장에서 가계는 노동을 공급하고, 기업과 정부는 노동을 수요한다. 한 경제의 노동의 총공급은 가계가 공급하는 노동의 합계와 같다. 개인들은 반드시 노동시장에 참여할 것인지 그리고 참여한다면 얼마나 일할 것인지를 결정해야만 한다.

노동은 또한 해외부문으로부터 공급되기도 하고, 해외부문에서 수요되기도 한다. 최근 들어 노동시장은 더욱 개방되고 국제화되었다. 우리나라의 경우 중소기업들, 특히 3D 업종 기업은 중국 교포를 비롯한 동남아에서 입국한 근로자가 없으면 공장을 운영하는데 많은 어려움이 있다.

(3) 화폐시장

화폐시장에서 가계는 기업으로부터 주식과 회사채를 구입한다. 가계는 이 시장에서 주식에 대한 배당금과 회사채에 대한 이자의 형태로 지급되는 추가 소득을 벌기 위해 자금을 공급한다. 가계는 또한 다양한 구매에 대한 자금을 조달하기 위해 화폐시장으로부터 자금을 수요(차입)한다. 기업은 미래에 더 많은 수입을 올릴 수 있는 새로운 공장을 건설하기 위해 자금을 빌린다. 정부는 국채를 발행함으로써 돈을 빌린다. 해외부문은 화폐시장에서 자금을 수요하기도 하고 공급하기도 한다. 가계, 기업, 정부 및 해외부문이 얼마나 돈을 빌리고 빌려주는가 하는 것은 금융기관-상업은행, 저축 및 대부 금융회사, 보험회사 등-에 의존한다. 이러한 금융기관들은 하나의 그룹으로부터 예금을 받아 다른 그룹에 그 자금을 빌려준다.

기업, 가계 또는 정부가 자금을 빌릴 때, 일반적으로 미래의 어떤 특정한 시점에 반드시 갚을 의무를 가지고 있다. 대부분의 대출은 그 자금을 사용한 대가로서 이자를 지불한다. 대출이 이루어졌을 때, 차입자는 "다시 갚겠다는 약속증서"에 서명 날인하여 자금의 공급자에게 제출하는 것이 일반적이다. 정부가 차입할 때에는 국채라는 약속증서를 발행한다. 주식회사는 회사채를 발행한다.

자금을 조달하기 위하여 채권을 발행하는 대신에 기업들은 주식을 발행할 수도 있다. 주식은 그 기업에 자금을 출자한 사람에게 발행하는 금융수단으로, 그 기업의 이윤을 분배받을 권리가 있다. 기업이 잘 운영되는 경우 주식의 가치가 상승하여 그 주식의 소유자는 자본이득(capital gain)을 얻는다.[6] 이외에 주식은 배당금을 받을 수도 있다. 반대로 기업

---

6) 자본이득은 자산의 가치가 증가할 때 발생한다. 만약 어떤 회사의 주식을 10,000원 주고 사서 지금 15,000원이 되었다면, 이 때 자본이득은 5,000원이다. 자본이득은 비로소 그 자산을 팔 때에야 "실

이 경영을 잘못하면, 주식의 가치는 하락하고 배당금을 지급받지 못할 수도 있다.

주식이나 채권은 단순히 당사자들 간의 약속 또는 계약에 불과하다. 즉 나는 당신에게 어떤 일정한 금액을 빌려주는데 동의하고, 또한 당신은 미래의 어떤 일정한 시점에 원금과 소정의 사용대가를 지불하겠다고 동의하는 것이다. 아니면 나는 당신의 기업의 소유권의 일부를 사는데 동의하고 또한 당신은 그 기업의 미래 이윤의 일정비율을 나에게 주겠다고 약속하는 것이다.

화폐시장에서 아주 중요한 변수 중의 하나가 이자율, 즉 금리이다. 비록 우리는 때때로 마치 단 하나의 이자율만 존재하는 것처럼 얘기하는 경우도 있지만, 현실적으로 어떤 주어진 시점에 단 하나의 이자율만 존재하는 경우란 없다. 대출이자율만 하더라도 대출기간이나 대출자의 신용도에 따라 금리가 달라진다. 예를 들어 처음 사업을 시작하는 기업은 오랫동안 영업활동을 해 와 신용이 확립된 기존 기업이 지불하는 이자율보다 높은 이자를 지불해야만 할 것이다. 상환기간이 30년인 대출은 당연히 60일 만기 대출 이자율과 다를 것이다. 그럼에도 불구하고 여러 가지 이자율은 함께 상하로 움직이는 경향이 있고, 그러한 이동은 금융시장의 일반적인 조건들을 반영한다.

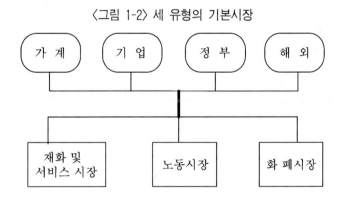

〈그림 1-2〉세 유형의 기본시장

제6절 거시경제학 방법론

거시경제학은 이론에 기초해서 모델을 설정하고, 그러한 모델은 자료를 사용하여 검증한다. 이러한 의미에서 거시경제학의 방법론은 미시경제학의 방법론과 유사하다고 할 수 있다.

현된다." 자산을 팔 때까지는 자본이득은 발생은 하지만 실현되지는 않는다.

1. 미시경제학과 연계

거시경제학자들은 어떻게 집계화된 행위를 설명하려고 하는가? 한 가지 접근방법은 개별 행위에 영향을 미치는 요소가 또한 집계화된 행위에도 동일한 영향을 미친다고 가정하는 것이다. 예를 들면, 개인이 받는 임금은 그 사람의 소비습관과 그가 기꺼이 공급하고자 하는 노동의 양에 영향을 미친다는 것을 미시경제학으로부터 알고 있다. 이러한 미시경제학적 가설을 집계화된 자료(aggregate data)에 적용시킨다면, 우리는 한 경제의 평균 임금은 총소비와 총노동공급에 영향을 미친다고 할 수 있다.

거시경제학적 사건들을 설명하기 위하여 미시경제학적 방식을 사용하는 이유는 아주 단순하다. 거시경제 행위는 개별 가계와 기업에 의해 결정된 모든 미시경제적 의사결정의 합이다. 만약 총산출이나 총고용과 같은 거시경제적 집계변수의 변동이 개별기업과 가계에 의해서 행해진 의사결정을 반영한다면, 우리는 후자에 영향을 미치는 요소들을 모르고서는 전자를 이해할 수 없다.

실업의 문제를 한번 생각해 보자. 실업률은 노동인구 중에서 실업된 사람이 차지하는 비율이다. "노동인구에 포함"되는 것으로 분류되기 위해서는 직장을 갖고 있든지 아니면 적극적으로 직장을 찾는 중이어야 한다. 그러면 총실업(aggregate unemployment)을 이해하기 위해서는 노동시장에서 개별가계의 행동을 이해할 필요가 있다. 왜 사람들은 노동인구에 포함되려고 하는가? 어떤 상황이 되면 그들은 노동시장에서 이탈하려 하는가? 경기가 아주 좋은 것처럼 보일 때도 왜 실업이 존재하는가? 거시경제 분석을 위한 논리적 출발점은 바로 미시경제적 행동을 이해하는 것으로부터 나온다.

2. 총수요와 총공급

다음 몇 개의 장을 통해 우리가 살펴보게 될 주요한 주제는 총수요와 총공급의 행태와 관련된 것이다. 총수요(aggregate demand)는 한 경제의 재화와 서비스에 대한 수요의 합이다. 마찬가지로 총공급(aggregate supply)은 한 경제의 재화와 서비스에 대한 공급의 합이다.

〈그림 1-3〉은 총수요곡선과 총공급곡선을 보여준다. 가로축은 총산출(Y)을, 세로축은 특정한 재화나 서비스의 가격이 아니라 일반물가수준(P)을 나타낸다. 한 경제의 균형은 두

곡선이 교차하는 점에서 이루어진다.

총수요곡선(AD)과 총공급곡선(AS)은 미시경제학에서 다루는 단순한 개별 재화나 서비스에 대한 수요·공급곡선보다도 훨씬 복잡하다. 개별시장에서의 공급, 수요 및 균형의 단순한 논리는 〈그림 1-3〉에 함축되어 있는 것이 무엇인지를 설명하지 못한다. "총산출(aggregate output)" 과 "일반물가수준(overall price level)"이 무엇을 의미하는지는 다음 장에서 보다 구체적으로 살펴볼 것이다. 더욱이 비록 우리가 집계화된 행위를 어떻게 분석할 것인가에 관한 실마리를 위해서는 개별시장에서 가계와 기업의 행동을 살펴볼 필요는 있지만, 개별변수에서 집계변수로 이동할 때에는 중요한 차이점이 존재한다.

예를 들어 경제학에서 가장 중요한 개념 중의 하나인 수요를 생각해 보자. 특정 재화의 가격이 상승할 때, 아마도 소비자 반응에 영향을 미치는 가장 중요한 요소는 가격이 상승한 재화와 대체할 수 있는 다른 재화의 이용 가능성이다. 비행기 항공권의 가격이 상승하면 항공권에 대한 수요량이 감소한다. 그 이유는 다른 재화에 비해 상대적으로 더 높아진 가격이 항공권을 사는데 대한 기회비용이 올랐음을 의미하기 때문이다. 그러나 전반적인 물가수준이 변했을 때는 상대가격은 전혀 변하지 않을 수도 있다. 총수요의 움직임을 분석하는 경우에는 대체재의 이용 가능성을 고려하는 것은 적절하지 않다.

우리는 미시경제학에서 다른 조건들이 변하지 않는다면, 어떤 특정재화의 가격이 오를 때 수요량은 감소하고, 가격이 떨어질 때 수요량은 증가한다는 것을 배웠다. 다른 말로 하면, 개별수요곡선과 시장수요곡선은 우하향 한다. 그러나 〈그림 1-3〉에서 총수요곡선이 우하향하는 기울기를 갖는 이유는 이와 달리 매우 복잡하다. 나중에 보겠지만, 총수요곡선이 우하향의 기울기는 화폐시장과 밀접한 관련을 갖는다.

총공급곡선 또한 개별기업의 공급곡선이나 시장공급곡선과는 아주 다르다. 한 기업의 공급곡선은 모든 생산요소 가격이 고정되었다는 가정 하에 도출된다. 기업의 생산에 투입한 생산요소 가격이 변하지 않고 일정하면 그 기업이 생산한 산출물이 가격 또한 변하지 않는다. 만약 생산요소 가격이 변하면, 한 공급곡선 위에서 움직이는 것이 아니라 공급곡선 자체가 이동한다. 그러나 우리가 일반물가수준의 변화를 고려한다는 것은 (생산요소 가격을 포함한) 모든 가격이 변화를 포함하는 것이므로, 총공급곡선은 생산요소가격이 일정하다는 가정에 기초한다고 할 수 없다. 나중에 총공급곡선이 거시경제학에서 많은 논쟁거리임을 살펴보게 될 것이다.

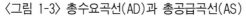

〈그림 1-3〉 총수요곡선(AD)과 총공급곡선(AS)

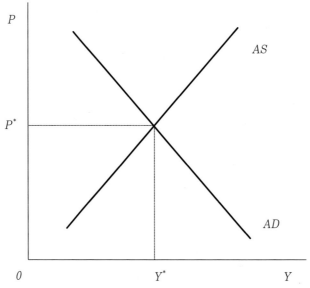

제7절 20세기 한국 경제 : 추세와 순환

앞에서 이미 설명했듯이 대부분의 거시경제변수들은 시간이 흐름에 따라 변동하고, 경제는 전체적으로 호황과 불황의 기간을 경험한다. 1960년대 초 경제개발 5개년 계획 수립 이후 한국 경제의 일반적인 추세는 번영을 향하고 있다고 할 수 있다. 그 경제의 번영을 측정하는 한 방법은 1년 동안 그 경제에서 생산된 재화와 서비스의 양 또는 국내총생산(GDP)이다.[7] 이전년도에 비해 당해연도의 GDP가 더 커지면 그 경제는 성장하였다고 말한다. 1996년부터 2005년까지 10년 동안 한국 경제는 연평균 4.8%로 성장하였다. 다른 말로 하면 그 기간동안 한국경제는 그 이전 년도에 비해 매년 평균 4.8%씩 더 부유해졌다고 할 수 있다.

여기서 우리는 평균성장률을 가지고 설명하고 있다는 점을 기억하자. 우리 경제는 실질적으로 매년 4.8%씩 성장하지는 않았다. 즉 어떤 해에는 성장률이 4.8% 보다 작고, 또 어

---

7) GDP에 관해서는 다음 장에서 자세히 다룰 것이다.

떤 해에는 성장률이 마이너스인 경우(즉, GDP가 전년도에 비해 감소)도 있었다. 그리고 다른 해에는 경제성장률이 4.8%를 상회하였다[8]. 그러므로 장기추세와 단기 또는 순환변동 을 구별하는 것이 중요하다.

예를 들어 세계의 기후를 생각해 보자. 측정기록을 보면 지구의 평균기온은 지난 18,000 년 기간 동안 조금씩 그러나 꾸준히 상승하여 왔다(장기추세). 이것은 기원전 16,000년 이래 매일, 매주, 매달 그리고 매년 그 이전보다 조금씩 따뜻해져 왔음을 의미하는 것은 아 니다. 기온은 아침, 저녁으로 다를 뿐만 아니라, 계절적으로도 기후가 바뀐다(단기변동).

거시경제학은 경제적 성과의 장기추세와 단기변동 모두에 관심이 있다. 이 교재의 대부분 은 주로 단기변동에 초점을 두고 있다. 본 장의 서두에서 언급하였듯이, 한 경제 내에서 단 기적으로 경제활동이 때로는 상승하고 또 때로는 하강하는 경향이 있는데 이러한 현상을 경 기변동(business fluctuation)이라고 한다. 경기변동과정에서 경기호황과 경기불황이 반 복적, 주기적으로 나타나기 때문에 경기변동을 경기순환(business cycle)이라고도 한다. 〈그림 1-4〉는 전형적인 경기순환의 패턴을 보여준다.

평균적으로 한국경제는 시간의 지남에 따라 성장하고 있기 때문에 〈그림 1-4〉의 경기순 환은 전반적으로 양의 추세를 나타낸다. 즉 새로운 경기순환의 정점은 이전기의 정점보다 더 높은 곳에 있게 된다. 경기순환의 저점 또는 바닥에서 정점에 이르는 기간을 경기 확장 국면 또는 경기 붐(boom)이라고 한다. 확장국면에서는 산출과 고용이 증가하게 된다. 반 대로 정점에서 저점까지의 기간을 경기 수축국면, 경기후퇴, 또는 슬럼프(slump)라고 한 다. 경기후퇴 기간동안에는 산출과 고용이 감소한다.

한 경제가 확장국면에 있는지 또는 수축국면에 있는지를 판단하는데 있어서 경제활동의 수준과 경제활동의 변화율간의 차이를 구분하는 것이 중요하다. 예를 들어 만약 경제가 저 점보다 왼쪽(〈그림 1-4〉에서 점 A)에 있다면, 경제는 성장하고 있고(변화율이 양), 그러 지만 산출수준은 여전히 성장추세보다 낮은 위치에 있다. 반대로 만약 경제가 정점에서 감 소하기 시작하는 위치(〈그림 1-4〉의 점 B)에 있다면 경기는 위축될 것(변화율이 음)이지 만, 산출수준은 여전히 높을 것이다.

〈그림 1-4〉의 경기순환은 대칭인데, 이것은 확장국면의 길이와 수축국면의 길이가 같다 는 것을 뜻한다. 그러나 모든 경기순환이 대칭은 아니다. 예를 들어 확장국면이 수축국면보

---

8) 1996년부터 2005년까지의 경제성장률은 1996년 6.8%, 1997년 5.0%, 1998년-6.7%, 1999년 10.9%, 2000년 9.3%, 2001년 3.8%, 2002년 7.0%, 2003년 3.1%, 2004년 4.6%, 2005년 4.0% 이다.

다 더 오래 지속될 수 있다. 수축국면이 올 때는 빠르고 급격하게 오는 반면, 확장국면은 서서히 점진적으로 올 수 있다. 더욱이 경제는 〈그림 1-4〉에서 보여주는 경기순환만큼 규칙적이지 않다. 경제에는 상승국면과 하강국면이 있는데, 그 상승국면과 하강국면은 상당히 불규칙적이 되려는 경향이 있다.

〈그림 1-4〉 전형적인 경기순환

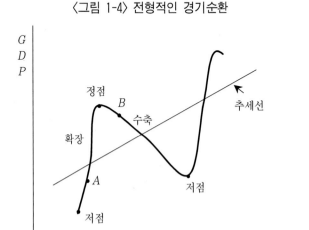

이상의 설명에서 알 수 있듯이 경기순환을 현실적으로 파악하고 분석하기 위해서는 경기의 정점과 저점이 정해져야 하는데 이러한 경기의 정점 또는 저점이 발생한 구체적인 시점을 기준순환일이라 한다.

우리나라에서는 통계청이 1981년 3월에 경기종합지수(CI)를 편제한 이래 1970년 이후의 기간을 대상으로 관련 전문가의 의견을 들어 기준순환일을 공식적으로 결정, 발표해 오고 있는데 〈표 1-1〉에서 보는 바와 같이 2004년 현재 2000년 8월의 경기정점까지 설정되어 있다. 〈표 1-1〉에 따르면 우리나라 경기의 순환주기는 약 53개월이며 이중 확장기는 33개월, 그리고 수축기는 19개월로 확장기가 수축기에 비해 긴 것으로 나타났다. 1970년 이후 공식적으로 공표된 기준순환일을 바탕으로 미국 및 일본의 순환주기와 비교하여 살펴보면 미국의 순환주기는 약 61개월로 우리나라에 비해 8개월 정도 긴 반면 일본의 순환주기는 약 53개월로 우리나라와 유사한 것으로 나타났다.

〈표 1-1〉 우리나라의 기준순환일

	기준순환일			지 속 기 간		
	저점(T)	정점(P)	저점(T)	확 장	수 축	전순환
제1순환	1972.3월	1974.2월	1975.6월	23개월	16개월	39개월
제2순환	1975.6월	1979.2월	1980.9월	44개월	19개월	63개월
제3순환	1980.9월	1984.2월	1985.9월	41개월	19개월	60개월
제4순환	1985.9월	1988.1월	1989.7월	28개월	18개월	46개월
제5순환	1989.7월	1992.1월	1993.1월	30개월	12개월	42개월
제6순환	1993.1월	1996.3월	1998.8월	38개월	29개월	67개월
제7순환	1998.8월	2000.8월[1]	-	24개월	-	-
평 균				33개월	19개월	53개월

자료: 한국은행, 알기 쉬운 경제지표해설, 2004

제2장 국민소득계정

거시경제학은 통계자료에 크게 의존하는데, 그 자료는 대부분 정부가 집계하여 발표한다. 경제통계자료는 우리에게 객관적이고 조직적인 정보를 제공한다. 정부는 가계와 기업의 경제활동, 즉 무엇을 얼마나 생산하여 얼마를 벌고, 가격은 얼마로 결정하는가 등과 같은 사항들을 정기적으로 조사한다. 이러한 조사를 통하여 한 나라의 경제상태를 알 수 있는 통계자료를 작성한다. 우리가 경제를 제대로 알고 이해하기 위해서는 총산출, 총소득, 총소비 등과 같은 통계자료들을 먼저 공부할 필요가 있다. 또한 이런 통계는 정책입안자들이 경제성장을 검토하고 적절한 정책을 결정하기 위해서도 사용된다. 이러한 통계자료들은 한 경제의 국민소득의 다양한 구성요소간의 관계를 설명해주는 국민소득계정을 통해서 알 수 있다.

국민소득계정은 한 경제의 경제적 성과에 관한 자료 이상을 내포하고 있다. 그것은 거시경제학이 어떻게 다양한 경제의 각 부문들을 함께 조화시킬 것인가에 관하여 생각할 수 있는 중요한 개념적 틀을 제공한다.

국민소득계정은 자동차 엔진을 위한 기계적이고 이론적인 설계도에 비유될 수 있다. 그 설계도는 어떻게 엔진이 작동하는가는 설명해주지는 않지만, 엔진의 주요부문의 명칭을 지정하고 어떻게 그들이 상호 연결 되어 있는지를 보여준다. 따라서 국민소득계정을 이해하지 않고 거시경제를 이해하고자하는 것은 엔진부분에 대한 명칭도 모르고 기계적인 설계도 없이 자동차 엔진을 수리하고자 하는 것과 같다고 할 수 있다.

국민소득계정의 가장 중요한 측정치로서는 국내총생산(GDP)과 이에 밀접하게 관련되어 있는 국민소득(NI)에 관한 개념을 들 수 있다. 본 장에서는 국내총생산을 포함한 다양한 경제활동을 나타내는 국민소득에 관한 여러 가지 개념들 살펴보고, 또한 GDP 개념의 한계와 문제점 등을 알아본다.

제1절 국내총생산(GDP)

　국민소득계정에서 가장 기본적인 개념이 바로 국내총생산(GDP: Gross Domestic Product)이다. 국내총생산은 한나라 안에 있는 가계, 기업, 정부 등 모든 경제주체가 일정기간 동안에 새로이 생산한 재화와 서비스의 가치를 금액으로 평가하여 합산한 것으로 한 나라의 종합적인 경제활동의 성과를 나타내는 대표적인 지표이다. 국내총생산(GDP)은 한 나라 생산물의 총 시장가치로 "일정기간 동안에 한 나라 안에 있는 생산요소에 의해 생산된 모든 최종 재화와 서비스의 시장가치"를 말한다.

　즉 국내총생산은 한 나라의 모든 공장과 일터에서 일정기간 동안에 얼마만큼 재화와 서비스가 생산되었는가를 측정하기 위해 사용되는 개념이다. GDP 개념을 보다 명확하게 하기 위해서는 몇 가지 점에 유의하여 추가적인 설명이 필요하다.

1. 중간재와 부가가치

　GDP를 정의할 때 "모든 최종 재화와 서비스"라는 개념을 사용하였다. 여기서 '모든 재화와 서비스'라는 것은 GDP에 음식, 자동차, 옷 등과 같은 가시적인 물건은 물론, 이발, 청소, 의사의 진료 등과 같은 보이지 않는 서비스도 포함된다는 것이다. 예를 들어 여러분이 좋아하는 가수(그룹)의 CD를 사면 하나의 재화를 구입하는 셈이고 GDP에 그 가격이 계상된다. 또한 그 가수(그룹)의 공연을 관람하면 하나의 서비스를 구입하는 셈이며 그 입장료 역시 GDP의 일부분이 된다.

　다음으로 '최종'이라는 말에는 다른 생산물을 생산하는데 사용된 원재료·반제품과 같은 중간생산물의 가치를 GDP에 포함시키지 않는다는 것이다. 많은 재화들이 중간재(intermediate goods)로 사용된다. 중간재, 또는 중간생산물이란 다른 기업의 생산과정에 사용하기 위하여 한 기업에 의해 생산된 것을 말한다. 예를 들면, 자동차 제조에 사용된 타이어는 중간재이다. 이와 같은 중간재의 가치는 GDP에 계상되지 않는다.

　왜 중간재는 GDP에 포함되면 안되는가? 현대자동차는 자동차 한 대를 생산하는데 타이어를 구매한 대가로 한국타이어에 10만원을 지불한다고 하자. 현대자동차는 자동차 생산공정에 다른 생산요소들과 함께 이러한 타이어를 사용하여 자동차를 생산하여 1,500만원에 판매한다. 그러면 자동차의 가치는 (1,500만원+10만원)이 아니라 1,500만원이다. 다시 말하자면 자동차의 최종 판매가격에는 이미 자동차 생산에 사용된 모든 생산요소들의 가치가 반영되어 있다. 그러므로 GDP를 계상하기 위하여 자동차 제조에 사용된 타이어의 가치와 소비자에게 판매한 자동차의 가치 모두를 포함한다면, 중간재로 사용된 타이어의 가치가 중복 계산이 되는 것이다.

중복계산을 피하기 위해서는 각 기업이 생산과정에서 새로 창출한 부가가치만을 포함하면 된다. 부가가치(value added)란 한 생산단계를 마칠 때 재화의 가치와 그 생산단계를 시작할 때의 재화의 비용간의 차이를 말한다. 즉 한 기업의 생산 활동의 결과 만들어낸 생산물의 가치에서 그 기업이 타기업으로부터 구입한 원자재, 원료 등의 중간재의 사용액을 차감한 잔액이 부가가치가 된다. 부가가치에 대한 예가 〈표 2-1〉에 예시되어 있다. 휘발유 1리터를 생산하여 소비자가 사용하기 위해서는 (1)원유생산, (2)정제, (3)선적, (4)소매 등 4단계를 거친다. 첫 생산단계에서는 판매가치 400원이 곧 부가가치가 된다. 제 2단계는 석유정제업자가 원유생산업자로부터 원유를 구입하여 휘발유로 정제한 다음 운송업자에게 판매하는 단계이다. 정제업자는 원유 생산업자에게 리터당 400원을 지불하여 원유를 구입하여 정제한 후 선박업자에게 600원에 판매한다. 그러므로 정제업자가 새로 창출한 부가가치는 리터당 200원이 된다. 그 다음 운송업자는 소매업자에게 휘발유를 리터당 750원씩에 판매하면, 생산의 제 3단계에서의 부가가치는 150원이 된다. 마지막으로 소매업자는 소비자에게 휘발유를 리터당 1,000원에 판매한다. 제4단계에서의 부가가치는 250원이 되고, 휘발유 생산과정에서의 총부가가치는 1,000원이 되는데 이것은 최종단계에서의 판매가치와 일치한다. 즉 각 생산단계에서 산출된 부가가치를 모두 합하면 최종생산물의 가치와 정확히 같게 된다. 그러나 각 생산단계에서의 판매가치를 모두 합한 것(500원+600원+750원 +1,000원=2,750원)은 리터당 가솔린의 가치를 과대평가한다. 따라서 한 나라의 국내총생산(GDP)을 계상하기 위해서 그 나라에서 생산되는 모든 재화와 서비스의 각 생산단계의 부가가치를 합하거나 아니면 최종 판매가격을 사용할 수 있다.

〈표 2-1〉 휘발유 1리터 생산의 부가가치

생산단계	판매가치	부가가치
(1) 원유생산	400원	400원
(2) 정 제	600원	200원
(3) 선 적	750원	150원
(4) 소 매	1,000원	250원
총부가가치		1,000원

2. 중고품과 증권거래의 배제

GDP 개념에서 "일정기간 동안에"라는 것은 GDP가 주어진 특정 기간 내에 이루어진 생산의 가치를 측정한다는 의미이다.[1] 일정 기간은 3개월이나 6개월을 단위로 하기도 하지만 보통 1년을 단위로 측정하며, GDP는 이 기간 중에 발생한 소득과 지출의 흐름을 나타낸다. 따라서 이 기간 이전에 생산된 중고품의 거래 또는 그 기간 이전의 외상거래에 대한 이번 기의 지불 등은 GDP에 포함되지 않는다. 이것은 GDP에 그 해에 생산된 재화와 서비스만 포함되며 과거에 생산된 물건의 거래는 포함되지 않는다는 것을 담고 있다. 즉 GDP는 새로운 생산물 또는 현재의 생산물과 관계가 있다. 그 전에 생산된 생산물은 그것이 생산될 당시의 GDP에 이미 포함이 되기 때문에 현재의 GDP에는 계상되지 않는다. 그러므로 당해년도의 GDP에 중고 제품의 판매를 포함하면 중복계산이 된다. 예를 들어, 만약 누군가가 당신에게 쓰던 중고 자동차를 판다면, 그 거래는 GDP에 계상되지 않는다.

또한 주식이나 채권의 거래도 GDP에 포함되지 않는다. 이러한 거래는 현재의 생산에 해당되는 것이 아니라 단지 서류상의 자산의 교환에 불과하기 때문이다. 그러나 만약 내가 주식이나 채권을 산 가격보다 더 비싸게 팔면 어떻게 되는가? 주식이나 채권시장에서 얻은 이득은 현재의 생산과 전혀 무관하므로 이것 또한 GDP에 포함되지 않는다. 그러나 증권을 팔기 위해 중개인(broker)에게 수수료를 지불하였다면, 이러한 수수료는 GDP를 계상할 때 포함된다. 왜냐하면 그 중개인은 나에게 서비스를 제공했기 때문이다. 이러한 서비스는 현재의 생산의 일부가 된다. 즉 주식이나 채권을 매매하는 경우 현재의 생산과 관련이 없는 단순한 소유권의 이전에 불과한 거래는 GDP에 포함되지 않으나, 현재의 서비스에 포함되는 중개인에 대한 수수료 지불은 GDP에 포함된다는 것을 주의 깊게 살펴볼 필요가 있다.

3. GDP와 GNP

"한 나라 안에 있는 생산요소에 의해"라는 말은 GDP가 한 나라의 영토 내에 있는 생산요소에 의해 생산된 산출물의 가치를 측정한다는 뜻한다. 미국 시민이 임시로 우리나라에 와서 일

---

1) 이와 같이 "일정기간"에 걸쳐 측정된 변수를 유량(flow) 변수라고 한다. 반면에 어느 한 시점에서 측정되는 변수를 저량(stock) 변수라고 한다. GDP는 일정기간 동안의 재화와 서비스의 흐름을 포착하는 것이므로 유량개념이고, 국부는 일정시점에서 한 국가의 경제재의 존재량이므로 저량 개념이다. 이밖에 개인의 부는 저량인 반면 소득과 지출은 유량이다. 한 경제 내의 자본량은 저량인 반면 투자량은 유량이다. 정부의 부채는 저량인 반면 정부 재정적자는 유량이다.

한다면 그 사람의 생산 활동은 우리나라의 GDP에 포함된다. 반면에 우리나라 국민이 중국에 있는 공장을 소유하고 있을 경우 그 공장에서 생산된 재화의 가치는 중국의 GDP에 포함되지만 우리나라의 GDP에는 포함되지 않는다. 외국인 소유회사가 우리나라에서 생산 활동을 하여 벌어들인 이윤은 우리나라 GDP에 계상된다. 즉 생산자의 국적에 관계없이 어떤 나라의 영토 내에서 생산되는 물건은 그 나라의 GDP에 잡히는 것이다.

산출물이 어느 나라에서 생산되었는가에 관계없이 한 나라 국민이 소유한 생산요소에 의해 생산된 산출물의 가치를 측정하는 것도 유용한 경우가 있다. 이러한 방식으로 측정한 산출물을 국민총생산(Gross National Product) 또는 간단히 GNP라고 한다. 즉 GNP란 산출물이 어느 나라에서 생산되었는가와 관계없이 일정기간동안 한 나라의 국민이 소유하는 생산요소에 의해 생산된 모든 최종 재화와 서비스의 시장가치를 말한다. 이와는 또 다른 지표는 외국인에 의한 생산활동을 처리하는 방식에서 GDP와 다르다. 국민총생산 즉 GNP는 그 나라 국민들의 생산활동의 가치이다. 따라서 중국 국민이 임시로 우리나라에서 일한다면 그 사람의 생산활동은 우리나라의 GNP에 포함되지 않고 중국의 GNP에 반영된다. 즉 생산활동의 장소에 관계없이 어떤 나라의 국민에 의해 생산되는 물건은 그 나라의 GNP로 잡히는 것이다.

즉 외국인이 우리나라에서 생산한 것은 GDP에는 계상되지만 GNP에는 포함되지 않는다. 마찬가지로 우리나라 사람이 외국에서 생산한 것은 GNP에는 포함되지만 GDP에는 포함되지 않는다. 따라서 GDP와 GNP는 다음과 같은 관계를 갖는다.

$$GDP + 해외순수취\ 요소소득 = GNP$$

여기에서 해외순수취 요소소득이란 외국으로부터 수취하는 요소소득(해외수취 요소소득)에서 외국으로 지불하는 요소소득(해외지불요소소득)을 뺀 값이다.

대부분의 국가에서 GDP와 GNP간의 격차는 크지 않다. 예를 들면 2004년 우리나라의 명목 GDP는 778조 4,446억원으로 명목 GNP 779조 4,678억원과 큰 차이를 보이지 않고 있다.

제2절 GDP의 계산방법

GDP는 두 가지 방법으로 계산될 수 있다. 한 가지 방법은 주어진 일정기간동안 모든 최종재에 대한 소비를 더하는 방법이다. 이러한 방법으로 GDP를 계산할 때 이를 지출접근방법(expenditure approach)이라한다. 즉 지출접근방법은 주어진 기간 동안 모든 최종재화나 서비스의 소비에 대한 양을 합산하는 방법으로 GDP를 계산하는 방법이다. 또 다른 방법은 최종재를 생산하는데 투입된 모든 생산요소가 받는 소득, 예를 들면 임금·임대료·이자 및 이윤을 합하는 방법이다. 이러한 방법으로 GDP를 계산할 때 소득접근방법(income approach)이라 한다. 이와 같은 두 가지 방법으로 계산한 GDP는 앞 장에서 설명한 바대로 동일한 값을 갖는다. 즉 구매자의 모든 지불(지출)은 판매자의 수입(소득)과 같다.

예를 들어 한 경제에는 하나의 기업만 존재하고, 이 기업의 올해 총산출은 1억 원어치 만큼 팔린다고 가정하자. 그러면 올해 총산출에 지출한 총금액이 1억원이므로 금년의 GDP는 1억원이다. 지출접근방법은 그 경제의 최종 재화와 서비스에 대한 총지출에 근거해서 GDP를 계산한다는 점을 명심하자.

그러나 1억원의 GDP는 누군가에게 지불이 되거나 그 기업의 소유자에게 이윤으로 남게 된다. 소득접근방법을 사용하여 그 기업의 종사자에게 지불한 임금, 그 기업에 돈을 빌려준 사람에게 지불한 이자 그리고 토지, 빌딩 또는 장비를 빌려준 사람에 지불한 임대료를 모두 더하자. 나머지 남는 것이 이윤이 되는데, 이것은 해당 기업의 소유자에게 돌아가는 소득이 된다. 그러므로 만약 우리가 그 기업의 소유자에게 돌아가는 이윤을 포함한 모든 생산요소에 분배되는 소득을 전부 합하면 1억원의 GDP를 얻는다.

1. 지출접근방법

한 경제에는 가계, 기업, 정부 및 해외부문 등 4개의 경제주체가 있다. 따라서 일정기간 동안 각 경제주체가 모든 최종재에 대한 지출을 더하는 방법으로 국내총생산을 측정할 수 있다. 지출접근방법은 이와 같이 주어진 기간 동안 모든 최종 재화나 서비스의 소비에 대한 양을 합산하는 방법으로 GDP를 계산하는 방법이다.

지출의 4 범주:

  ① 민간소비지출(C): 가계의 소비재에 대한 지출

  ② 투자지출 또는 총자본형성(I):

                기업의 새로운 자본스톡에 대한 지출－공장, 장비, 재고 등

  ③ 재화와 용역에 대한 정부구매 또는 정부지출(G)

  ④ 순수출(EX-IM): 재화와 서비스의 수출(EX)과 수입(IM)의 차

국내총생산의 지출접근방법은 이와 같은 4범주의 지출의 구성요소를 모두 더함으로써 GDP를 계산한다. 이는 다음과 같이 표시할 수 있다.

$$GDP = C + I + G + (EX - IM)$$

2004년 우리나라의 명목 국내총생산은 약 778조원이다. 〈표 2-2〉는 국내총생산을 각 경제주체별 지출의 구성요소로 나누어 작성한 것이다.

〈표 2-2〉 국내총생산에 대한 지출 (2004)

	금액(십억원)	구성비(%)
국내총생산 (GDP)	778,445	100.0
민간소비지출 (C)	400,697	51.5
투자지출 (I)	235,235	30.2
총고정자본형성	229,691	(29.5)
재고증감	5,544	(0.7)
정부지출 (G)	104,961	13.5
순수출 (EX-IM)	33,863	4.4
재화와 서비스의 수출	343,229	(44.1)
재화와 서비스의 수입	309,366	(39.7)
통계상불일치	3,689	0.5

자료: 한국은행, 경제통계시스템

(1) 민간소비지출(C)

민간소비지출(C)은 GDP의 가장 중요한 구성요소로 가계(소비자)가 재화와 서비스를 구매한 대가로 지불한 금액이다. 〈표 2-2〉에서 보면 우리나라의 2004년 민간소비지출은 400.7조원이

고, GDP에서 차지하는 비중은 51.5%로 국내총생산에 대한 지출 중 가장 큰 몫을 차지한다.

가계의 최종소비는 크게 내구재, 비내구재 및 서비스에 대한 지출로 나눌 수 있다. 내구재(durable goods)는 자동차나 가구 및 주방용품 등과 같이 상대적으로 오랫동안 쓸 수 있는 재화를 말한다. 비내구재(nondurable goods)는 음식, 옷, 휘발유, 담배 등과 같이 사용기간이 비교적 단기인 재화를 일컫는다.2) 서비스에 대한 지출은 의료, 법률 및 교육기관 등에 대한 지출을 포함한다.

(2) 투자(I)

경제학에서 투자라 함은 새로운 자본 예를 들면 주택, 공장, 기계장비 및 재고 등의 구입에 지출하는 것을 말한다. 통속적으로는 개인이나 기업이 실물자산이나 금융자산을 구입하는 것을 투자라 하나 경제학에서는 주식·채권·뮤츄얼 펀드 등과 같은 금융자산의 구입은 소유자의 교체를 의미할 뿐, 사회 전체로서는 아무것도 추가된 것이 없기 때문에 투자로 보지 않는다.

투자는 민간소비지출과 함께 GDP의 중요한 구성요소로서 일반적으로 소비는 안정적이나 투자는 상당히 변동적인 성격을 지닌다. 이 투자의 변동성은 경제의 활동수준을 불안정하게 하여 경기순환의 원인이 된다. 그러므로 정부가 총수요관리정책으로 경제를 안정시키고자 할 때에는 투자의 결정 요인을 상세히 알고 대처하여야 한다.

투자(I)는 민간부문이 자본스톡(capital stock)을 증가시키기 위하여 행하는 지출로 3개 범주, 즉 기업의 고정투자, 주택에 대한 고정투자 및 재고투자로 구분된다.3) 기업이 재화 및 서비스를 생산하기 위하여 새로이 기계나 생산설비를 구입하거나 공장·사무실 등을 세우기 위하여 행하는 지출을 기업의 고정투자 또는 설비투자라고 한다. 이러한 항목들은 기업들이 최종적으로 사용하기 위하여 구입하는 재화이므로 그 경제의 최종판매의 일부분이 되고 따라서 GDP에 포함된다. 새로운 주택이나 아파트에 대한 지출은 주택에 대한 고정투자 또는 주택투자라고 한다. 투자의 세 번째 구성요소는 일정기간 동안의 기업의 재고변화를 나타내는 재고증감(changes in inventories)이다. 재고란 기업이 현재 생산하였지만 나중에 팔려고 남겨두

---

2) 내구재와 비내구재의 구분은 반드시 획일적으로 가려지는 것이 아니며, 다분히 편의적이다. 가령 의류나 책은 오랫동안 사용할 수 있는 것이지만 비내구재로 분류된다.

3) 무엇이 투자로 간주되고 무엇이 소비로 간주되는가 하는 구분은 때때로 자의적이다. 기업이 자동차나 트럭을 구입하면 투자로 간주되지만, 가계가 자동차나 트럭을 구입하면 내구재에 대한 소비로 간주된다. 일반적으로 기업이 1년 이상 사용할 수 있는 항목에 지출하는 경우를 투자지출로 간주된다. 사용기간이 1년 미만의 항목에 대한 지출은 중간재의 구입으로 볼 수 있다.

는 생산물을 말하며 이 재고의 증가분이 재고투자이다. 이와 같이 자본스톡의 종류에 대응하여 투자도 역시 설비투자 · 주택투자 · 재고투자의 3가지로 나뉜다.

재고는 자본(capital)으로 간주되고 재고의 변화는 투자로 간주된다는 것을 명심하자. 기업은 여러 가지 이유로 재고를 보유하는데, 그 중에서 가장 명백한 이유는 예기치 않는 수요의 변화에 대처하기 위해서이다. 기업은 매 기간마다 그들이 얼마나 팔 수 있는지를 정확히 알 수 없다. 판매는 매 기간마다 변한다. 기업은 고객에게 좋은 이미지를 유지하기 위해서는 예기치 않는 판매의 증가에 반응할 수 있어야 한다. 이렇게 할 수 있는 유일한 방법은 재고를 보유하는 것이다.

자본스톡은 공장 · 설비 및 재고로 구성되어 있다. 재고축적도 자본량의 변화 또는 투자의 일부라는 것을 다시 한번 상기하자. 건물 · 기계 · 설비와 같은 고정자본설비를 증가시키는 투자를 고정투자라 하고, 기업의 투자활동 중 재고품을 증가시키는 투자활동을 재고투자 또는 재고증감(변동)이라 한다.

우리는 GDP가 일정기간 동안의 최종 총판매(sale)의 시장가치가 아니라 총생산의 시장가치라는 것을 이미 알고 있다. 총생산과 총판매의 관계는 다음과 같다: 총생산(GDP)은 총판매와 재고변동을 더한 것과 같다. 즉

$$GDP = 총판매 + 재고변동$$

〈표 2-2〉를 보면 재고변동이 5.5조원인데, 이는 2004년말의 재고는 2004년 초의 재고보다 5.5조원 증가하였음을 의미한다. 따라서 재고가 5.5조원 증가하였으므로 2004년 우리나라에서는 생산보다 5.5조원만큼 덜 판매되었다고 할 수 있다.

이전에 생산된 자본 특히 기계나 장비는 생산과정에서 점차 마모되어 일정기간이 경과하면 사용이 불가능하게 된다. GDP는 새로이 생산된 자본재는 포함하지만 생산과정에서 소비된 자본재는 고려하지 않고 있다.

자본재는 그 사용으로 인하여 시간이 지남에 따라 그 가치가 감소한다. 이와 같이 어떤 주어진 기간동안 자본재의 가치가 감소하는 양을 우리는 감가상각 또는 고정자본소모(depreciation)라 한다.

총민간투자와 감가상각은 어떤 관계를 가지고 있는가? 총투자(gross investment)는 주어진 기간동안 새로이 생산된 모든 자본재(공장, 설비, 주택, 재고)의 총가치이다. 여기에는 어떤 자본재는 점차 소모되고 나중에는 새로운 것으로 대체되어야만 한다는 사실을 전혀 고

려하고 있지 않다. 총투자에서 자본감모분 즉 감가상각을 뺀 것을 순투자(net investment)라고 한다. 즉 자본재의 가치가 그 사용으로 인하여 가치가 감모되어 가는데 이 감모분을 차감한 자본의 순증가분을 순투자라 하고, 감모분을 차감하지 않은 것을 총투자라 한다. 자본의 감모분을 보전하기 위한 투자를 갱신투자 또는 재투자(replacement investment)라고 한다. 따라서 순투자는 주어진 기간동안 자본량이 얼마나 변화했는지를 측정한다. 만약 일정기간의 순투자가 양(+)이라면 자본량은 증가한 것이고, 반대로 순투자가 음(−)이라면 자본량은 감소한 것이다. 즉 순투자는 다음과 같이 쓸 수 있다.

순투자 = 총투자 − 감가상각 = 기말의 자본량 − 기초의 자본량

(3) 정부지출(G)

정부지출(G)은 정부의 재화와 서비스에 대한 구매로 중앙정부와 지방정부의 최종 재화(무기, 펜, 학교 건물 등) 및 노동서비스의 구매에 대한 지출(군인 급여, 공무원 급여, 공립학교 선생님 급여) 등을 포함한다. 그러나 실업수당, 사회보장연금, 장애인 수당 및 원호금 등의 정부의 이전지출은 재화와 서비스에 대한 정부구매(G)에 포함되지 않는다. 왜냐하면 이러한 이전지출은 당해에 생산된 재화나 서비스를 구매한 대가로 지불하는 것이 아니라 현재의 생산활동과 무관한 사람에게 반대급부 없이 지불하는 것이기 때문이다.[4] 그러한 지출은 어떤 재화나 서비스에 대한 쌍방교환이 아니라 어느 한쪽(정부)에서 다른 한쪽(개인)으로 일방적인 소득의 이전에 불과하다. 마찬가지로 정부채권에 대한 이자 지불 또한 현재의 재화나 서비스에 대한 지출이 아니라는 이유로 GDP에 포함되지 않는다.

〈표 2-2〉를 보면 우리나라의 2004년 정부의 재화 및 서비스에 대한 구매를 나타내는 정부지출(G)은 약 105조원 정도이고, 이것은 GDP의 13.5%를 차지한다.

(4) 순수출(EX-IM)

우리나라의 최종생산물에 대한 해외부문의 수요를 수출수요(EX)라고 하고, 외국에서 생

---

4) 정부의 이전지출이나 정부채권에 대한 이자지출은 당해의 생산활동과 무관하게 정부가 개인에게 지급하는 것이므로 정부지출(G)이나 따라서 GDP에는 포함되지 않는다. 그러나 정부의 이전지출을 받은 사람이나 이자를 지급받는 정부채권 보유자 개인에게는 소득의 일부가 된다.

산된 생산물에 대한 수요를 수입수요(IM)이라고 한다. 앞에서 살펴본 지출국민소득항목인 민간소비지출(C)이나 투자(I) 및 정부지출(G)에는 이미 외국으로부터 수입한 생산물이 포함되어 있으므로 이를 빼주어야 한다. 수출과 수입의 차이를 순수출(EX-IM)이라고 한다. 이 값은 양(+), 영(0) 또는 음(-)의 값을 가질 수 있다. 수출이 수입을 초과하는 경우 순수출은 양의 값을 갖고, 수입이 수출을 초과하는 경우 순수출은 음의 값을, 그리고 수출과 수입의 크기가 같은 경우 순수출은 0이 된다. 2004년 우리나라의 재화와 서비스에 대한 수출은 343.2조원, 재화와 서비스의 수입은 309.3조원으로 순수출은 33.9조원 정도이다.

순수출이 GDP의 정의에 포함되는 이유는 아주 단순하다. 첫째 소비(C), 투자(I) 및 정부지출(G)은 국내에서 생산된 것뿐만 아니라 외국에서 생산된 재화에 대한 지출을 포함한다. 그러므로 (C+I+G)는 해외에서 생산된 재화에 대한 지출 즉 수입을 포함하고 있기 때문에 국내생산을 과장하게 된다. 그러므로 정확한 GDP 값을 계산하기 위해서는 GDP에서 수입(IM)을 빼주어야 한다. 동시에 국내에서 생산되어 외국에 팔린 생산물 즉 수출은 (C+I+G)에는 포함되지 않으므로 (C+I+G)는 국내생산을 과소평가한다. 그러므로 정확한 국내총생산(GDP)을 계산하기 위해서는 우리나라 안에서 소비된 생산물(C+I+G)에 외국에서 소비된 생산물(EX)을 더해 주어야 한다. 예를 들어 삼성전자가 휴대폰을 생산하여 미국에다 판매하였다면 휴대폰은 명백히 우리나라 생산의 일부이고 따라서 당연히 우리나라 GDP의 일부로 포함시켜야 한다.

2. 소득접근방법

GDP를 계산하는 또 다른 방법은 최종재를 생산하는데 투입된 모든 생산요소의 소유자에게 지불되는 소득의 총계, 즉 노동 서비스에 대한 임금, 자본용역에 대한 이자, 토지나 건물 용역에 대한 임대료 및 기업소득인 이윤을 합하여 국민소득을 포착하는 것이다. 이러한 방법으로 GDP를 계산할 때 이를 소득접근방법(income approach)이라 한다.

GDP에 대한 소득접근방법은 GDP를 4가지 구성요소로 나눈다: 국민소득(NI), 고정자본소모, 순간접세(=간접세-보조금), 해외순요소지불. 즉

$$GDP = 국민소득 + 고정자본소모 + 순간접세 + 해외순요소지불$$

(1) 국민소득(National Income)

국민소득(NI)은 일정기간 동안 생산활동에 참여한 생산요소가 벌어들이는 소득의 합으로 요소비용에 의한 국민소득 또는 분배국민소득이라고 한다. 이러한 국민소득은 크게 보아 피용자보수와 기업 및 재산소득으로 구분할 수 있다. 피용자보수는 고용주(기업이나 정부)가 피용자(가계)에 지불하는 임금, 봉급은 물론 피용자를 위하여 사회보장제도, 연금기금 및 보험에 납부한 고용주의 분담금을 포함한다. 기업 및 재산소득에는 토지나 건물 등 재산권소유자가 재산권을 빌려준 대가로 임대료 형태로 지급받는 임대소득, 기업에 자본을 빌려준 사람이 지급받는 이자소득 그리고 기업경영자가 이윤의 형태로 지급받는 기업소득 등이 포함된다.[5]

(2) 고정자본소모

앞에서 우리는 총투자와 순투자를 논의할 때 생산에 이용된 건물이나 기계 부품 등과 같은 고정자본은 생산활동 과정에서 마손되어 그 가치가 감소하게 됨을 살펴보았다. 이와 같이 생산에 이용된 기계 등 자산의 가치 감소분을 감가상각 또는 고정자본소모(depreciation)라 한다. 이러한 감가상각은 소득접근방법에서 GDP의 일부가 된다.

소득접근방법으로 GDP를 계산할 때 국민소득(NI)에 감가상각을 더해야만 한다면 이상하게 보일지도 모른다. 그러나 우리는 현재 사용하는 공장이나 기계설비 등을 대체하기 위한 소득을 포함한 모든 소득을 측정하기를 원한다는 것을 기억하라. 국민소득(NI)은 고정자본소모를 포함하지 않으므로 총소득(즉 국내총생산)을 얻기 위해서는 고정자본소모를 더할 필요가 있다.

(3) 순간접세

다음으로 소득접근방법으로 GDP를 계산할 때 간접세에서 보조금을 뺀 순간접세를 고려해야 한다. 간접세는 세금을 실제로 부담하는 사람과 납부하는 사람이 같지 않은 세금을 일컫는데, 부가가치세, 특별소비세, 주세, 관세 등이 이에 해당한다. 지출측면에 대한 최종판매를 계산하는 데에는 간섭세가 포함되어 있다. 그러므로 소득측면에서 GDP를 계산하는

---

5) 일반적으로 생산 활동에 투입되는 생산요소를 노동, 토지, 자본, 경영 등 4가지로 분류하고, 각 생산요소를 사용한 대가로 노동은 임금, 토지는 임대료, 자본은 이자, 경영은 이윤이라는 형태로 대가를 지불한다. 이 경우 임금은 피용자보수에, 나머지 임대료, 이자 및 이윤은 기업 및 재산소득에 포함된다.

경우에도 이러한 간접세는 당연히 포함되어야 한다.

지출측면과 소득측면이 서로 조화를 이루기 위해서는 이와 같은 간접세가 소득측면에 반드시 기록되어야만 한다. 만약 간접세가 소득의 일부로 포함되지 않는다면 모든 사람의 지출은 누군가의 소득이 된다는 기본적인 법칙이 성립하지 않는다. 간접세는 물건을 사는 가계나 기업의 지출이지만 그 물건을 판 기업의 소득은 아니다.6) 그러므로 우리는 균형을 이루기 위해서는 소득측면에 간접세를 반드시 포함시켜야 한다.

보조금이란 기업이 상품을 만들 때 정부가 그 상품의 생산을 장려하기 위하여 생산비용 중의 일부를 무상으로 제공해주는 것을 말한다. 그러므로 국민소득에서 GDP를 계산하기 위해서는 이러한 보조금을 빼주어야 한다. 예를 들어 농부가 정부로부터 보조금을 받는다고 하자. 농부에 대한 보조금 지출은 농장주에게는 소득이 되고 따라서 국민소득(NI)의 일부가 되지만, 그 소득은 농산물 판매로부터 얻어진 것이 아니므로 GDP의 일부가 되지 않는다. 따라서 지출측면과 소득측면이 균형을 이루기 위해서는 이러한 보조금은 당연히 소득측면에서 빼주어야만 한다.

(4) 해외순지불 요소소득

소득접근방법으로 GDP를 계산하는데 있어서 마지막으로 고려해야 하는 항목이 바로 해외순지불 요소소득이다. 해외순지불 요소소득이란 외국으로 지불하는 요소소득에서 외국에서 수취하는 요소소득을 차감한 값이다. 이러한 항목은 다음과 같은 이유로 인해 소득접근방법에 포함시켜야 한다. 국민소득(NI)은 그 나라 국민이 소유한 생산요소에게 지급하는 요소소득의 합으로 정의된다. 그러나 GDP는 국경을 기준으로 그 나라 안에 있는 생산요소에 의해서 생산한 산출물로 측정한다. 다시 말하면 국민소득은 GDP에 포함되어서는 안돼는 소득—즉 그 나라 국민이 해외에서 벌어들인 소득—을 포함하고 있으므로 이러한 소득은 빼 주어야 한다. 반면에 국민소득은 GDP에 포함되는 어떤 소득—즉 우리나라에서 외국인이 생산활동의 대가로 벌어들인 소득—은 포함하지 않으므로 이러한 소득은 반드시 더해 주어야 한다. 결국 해외에서 우리나라 국민이 벌어들인 소득 즉 해외수취요소소득은 빼 주고, 우리나라에서 외국으로 지불한 요소소득 즉 해외지불요소소득은 더해주어야 한다.

---

6) 간접세는 정부부문의 소득으로 간주될 수 있다.

제3절 소득의 기타 측정방법

비록 GDP가 국민소득계정에서 가장 중요한 항목이긴 하지만 이와는 다소 다른 여러 가지 소득 측정방법도 포함하므로, 이러한 국민소득에 대한 개념을 알아 두는 것이 유용하다.

여러 가지 소득측정방법들이 서로 어떻게 관련이 되어 있는지를 알아보기 위하여 먼저 GDP 개념에서 출발하여 관련측정방법들을 유도할 것이다. 앞에서 이미 살펴보았듯이 한 나라의 GDP는 그 나라 내에 위치한 생산요소에 의한 총생산물인 반면 GNP는 그 나라 국민이 소유한 생산요소에 의한 총생산물이다. 그러므로 우리나라 GDP에서 우리나라 국민이 외국에서 벌어들인 요소소득(해외수취 요소소득)을 더하고, 외국인이 우리나라에서 벌어들인 요소소득(해외지불요소소득) 빼면 GNP를 얻을 수 있다. 이상을 요약하면 GDP와 GNP와의 관계는 다음과 같이 쓸 수 있다.

$$GNP = GDP + \text{해외수취 요소소득} - \text{해외지불 요소소득} = GDP + \text{해외순수취 요소소득}$$

여기에서 해외순수취 요소소득이란 해외수취 요소소득에서 해외지불요소소득을 뺀 값이다.

다음으로 GNP로부터 국민순생산(NNP: Net National Product)를 계산할 수 있다. 앞에서 우리는 이미 GDP에 대한 지출접근방법에서 총투자는 GDP(그러므로 GNP)의 한 구성요소가 된다는 것을 배웠다. 그러므로 GDP나 GNP는 한 나라의 자본스톡의 일부가 생산물을 생산하는 과정에서 사용되어지고 따라서 마모되고 있다는 사실을 고려하지 않는다. 국민순생산(NNP)이란 GNP에서 고정자본소모 즉 감가상각을 차감한 것이다.

$$NNP = GNP - \text{감가상각}$$

즉 국민순생산(NNP)이란 한 나라의 총생산물에서 자본스톡의 가치를 유지하는데 소요되는 비용을 제외한 것으로 국민경제의 모든 생산과정에서 창출되는 순부가가치의 합계와 같다. GDP가 생산과정에서 실제로 발생하는 자본스톡의 감소를 고려하지 않기 때문에 NNP가 GDP보다 경제활동의 순성과를 나타내는 더 나은 지표가 된다. 그러나 일정기간 동안의 감가상각을 정확히 측정하기가 어렵기 때문에 GNP나 GDP를 더 많이 사용한다.

좁은 의미의 개념으로 국민소득(National Income: NI)은 한 경제 내의 각 개인이 일정기간 동안 얼마만큼의 소득을 벌었는가를 측정한다. 소득순환모형에서 살펴보았듯이 총생산물의 가치는 그러한 상품을 생산하기 위하여 투입된 생산요소가 벌어들이는 소득, 즉 임금·이자·지대(임대료)·이윤의 합과 일치해야 한다. 그러나 정부부문이 도입되면 이러한 항등관계는 성립할 수 없다. 왜냐하면 총생산물의 가치는 시장가격으로 평가하는데 시장가격에는 순간접세(간접세-보조금)가 포함되어 있기 때문이다. 간접세란 부가가치세나 특별소비세 등과 같이 우리가 상품을 살 때 상품가격에 포함되어 있는 세금을 말한다. 그러므로 간접세는 소비자가 지불하는 가격과 기업이 실제로 취득하는 가격의 차이를 구성하며 기업에게 귀속되는 것이 아니므로 물건을 판 기업의 소득이 될 수 없다. 보조금이란 기업이 상품을 만들 때 정부가 그 상품의 생산을 장려하기 위하여 생산비용 중의 일부를 무상으로 제공해 주는 것을 말한다. 따라서 반대로 정부가 기업에게 보조금을 지급하게 되면 국민소득은 그만큼 늘어난다. 결국 NNP에서 간접세를 빼주고 보조금을 더해주면 국민소득(NI)을 얻을 수 있고, 이것은 생산 활동에 참여한 각 생산요소가 벌어들이는 소득, 즉 임금·이자·임대료·이윤의 합과 같아진다.

$$NI = NNP - \text{간접세} + \text{보조금} = NNP - \text{순간접세} = \text{임금} + \text{이자} + \text{임대료} + \text{이윤}$$

지금까지 살펴 본 국민소득 개념은 당기의 재화와 서비스의 생산으로부터 벌어들인 소득 즉 본원소득(primary income)의 측정치이다. 그러나 가끔 소득원천에 관계없이 개인이 벌어들인 모든 소득을 측정하는 것도 유익할 때가 있다. 실제로 국민이 소비하거나 저축할 수 있는 소득은 이와 같은 본원소득 뿐만 아니라 생산활동과 무관하게 아무런 대가없이 취득하는 소득인 경상이전도 있다. 개인소득(Personal Income: PI)은 개인이 모든 소득원으로 벌어들인 소득을 측정한 국민소득계정상의 소득이다.

국민소득을 이용하여 가계가 취득하는 모든 소득, 즉 개인소득을 계산할 수 있다. 그러나 국민소득(NI)이 모두 가계에 귀속되는 것은 아니다. 따라서 국민소득으로부터 개인소득을 구하려면 NI에서 개인에게 귀속되지 않는 소득은 빼야 하며 동시에 당기의 생산활동 이외의 다른 원천에서 나오는 소득을 더해주어야 한다. 특히 요소소득 가운데 임금·임대료·이자는 가계, 즉 개인들에게 귀속된다고 볼 수 있지만 이윤은 그렇지 않다. 그러므로 국민소득에서 차감될 첫째 항목은 개인이게 배당금으로 지급되지 않는 국민소득계정상의 (법인)이윤이다. 개인에게 배당금으로 지급되지 않는 법인이윤에는 법인세와 사내유보이윤이 있다. 따라서 가계부문의 소득을 나타내는 개인소득을 측정하기 위해서는 NI에서 법인세 및 사내유보이윤을 차감해야만 한다. 개인소득을 계산할 때 고용주와 피용자가 납부한 사회보장 분담금도 역시 NI에서 제외된다.

당기의 재화 및 서비스의 생산에 대한 대가가 아니면서 당기에 개인에게 지불된 것은 모두 개인소득에 포함되므로 이러한 항목들은 국민소득에서 개인소득을 계산할 때 더해져야 한다. 개인에 대한 정부의 이전지출은 당기의 생산활동과 무관한 사람에게 반대급부 없이 지급하는 것으로 실업수당이나 재해보상금, 사회보장기부금 등이 포함된다. 따라서 개인소득(PI)는 다음과 같다.

$$PI = NI - 법인세 - 사내유보이윤 - 사회보장분담금 + 개인에 \ 대한 \ 정부의 \ 이전지출$$

한편 개인소득이라고 해서 개인이 마음대로 쓸 수 있는 것은 아니다. 개인소득에서 개인소득세를 차감한 것만을 자유로이 처분할 수 있다. 이것을 개인의 처분가능소득(Disposable Personal Income: DPI)이라하며 다음과 같이 쓸 수 있다.

$$DPI = PI - 개인소득세$$

즉 개인의 처분가능소득은 정부에 조세를 납부한 후 가계가 임의로 소비나 저축으로 사용할 수 있는 총액을 말한다.[7]

제4절 명목 GDP와 실질 GDP

앞에서 GDP는 한 나라의 최종생산물을 '시장가치'로 측정한다고 하였다. 우리는 사과 한 개와 책 두 권을 직접 합산할 수는 없다. 이는 생산물의 종류와 물리적 수량단위가 다르기

---

7) 이외에 개인조정처분가능소득이 있는데 이는 개인의 처분가능소득에 사회적 현물이전 (social transfers in kind)을 합한 것이다. 여기서 사회적 현물이전이란 정부 등이 가계에 현물이전의 형태로 제공하는 재화와 서비스로서 예를 들면, 정부가 가계에 무상으로 제공하는 교육 (초등학교 등), 보건 (보건소 등) 등이 있다. 이는 저소득층에의 생계비 지원 등과 같이 정부가 가계에 직접 현금으로 지원하여 가계의 소비에 영향을 주는 이전지출과는 구별된다.

때문이다. 그러나 사과 한 개와 책 두 권의 시장가치를 직접 합산할 수는 있다. 즉 GDP는 당해연도에 생산된 여러 가지 서로 다른 재화와 서비스를 수량이 아니라 시장가치를 기준으로 합산하여 하나의 경제활동의 지표를 도출하는 것이다. 이 시장가치는 당해연도의 시장가격으로 잡느냐 아니면 어떤 특정연도의 시장가격으로 잡느냐에 따라 명목GDP(nominal GDP)와 실질GDP(real GDP)로 나누어진다.

명목 GDP는 그 해의 생산물에 그 해의 가격을 곱하여 산출되기 때문에 명목 GDP의 변동에는 생산물의 수량과 가격 변동이 혼합되어 나타나게 된다. 실질 GDP는 그 해의 생산물에 특정 기준시점의 가격을 매년 똑같이 곱하여 산출한다. 따라서 실질 GDP는 물가변동의 영향을 받지 않으며 실질 GDP의 변동은 생산물 수량의 변동만을 나타내 준다. 결국 수량이 늘어나지 않더라도 물가가 오르면 명목 GDP는 그만큼 커지나 실질 GDP는 물가상승분이 반영되지 않기 때문에 커지지 않는다.

이제 명목 GDP와 실질 GDP를 GDP 산출공식을 이용하여 구분해 보기로 하자. 한 경제의 서비스를 포함한 최종생산물의 수가 n개이고, j생산물의 가격을 p_j, 생산량을 q_j라고 하면 GDP는 정의상 각 생산물의 가격과 수량을 곱한 것들의 합계로 표시된다. 즉

$$GDP = p_1 q_1 + p_2 q_2 + \cdots\cdots + p_n q_n = \sum_{j=1}^{n} p_j q_j$$

이때 당해연도(t년도)의 생산물의 수량(q_{jt})에 당해연도의 시장가격(p_{jt})을 곱해서 얻은 GDP를 명목 GDP, 당해연도의 생산물의 수량(q_{jt})에 기준년도의 시장가격(p_{0t})을 곱해서 얻은 GDP를 실질 GDP라 한다.

$$명목\,GDP = p_{1t} q_{1t} + p_{2t} q_{2t} + \cdots\cdots + p_{nt} q_{nt} = \sum_{j=1}^{n} p_{jt} q_{jt}$$

$$실질\,GDP = p_{10} q_{1t} + p_{20} q_{2t} + \cdots\cdots + p_{n0} q_{nt} = \sum_{j=1}^{n} p_{j0} q_{jt}$$

예를 들어 한 경제에는 사과와 오렌지 두 가지 재화만 생산된다고 가정하자. 2000년도를 기준년도라고 하면 2004년도의 명목 GDP와 실질 GDP를 구해보자. 명목 GDP는 2004년도에 생산된 생산물의 가치를 2004년의 시장가격으로 평가하여 구한 것이고, 실질 GDP는 2004년도에 생산된 생산물의 가치를 2000년의 시장가격을 기준으로 평가하여 구한 것이다. 즉 2004년도의 명목 GDP는

$$명목\ GDP = (2004년\ 사과가격 \times 2004년\ 사과생산량)$$
$$+ (2004년\ 오렌지가격 \times 2004년\ 오렌지생산량)$$

와 같고 2004년 실질 GDP는 다음과 같다.

$$실질\ GDP = (2000년\ 사과가격 \times 2004년\ 사과생산량)$$
$$+ (2000년\ 오렌지가격 \times 2004년\ 오렌지생산량)$$

생산량이 증가하지 않은 경우에도 물가가 오르면 명목 GDP는 그만큼 커진다. 예를 들어 만약 모든 재화의 가격이 생산량의 변화 없이 2배가 되면 명목 GDP도 2배가 되지만 실질 GDP는 변하지 않는다. 그러므로 명목 GDP는 해당연도의 경제활동의 규모와 실적을 나타내는데 유용하다. 반면에 실질 GDP는 가격변화의 영향을 배제하고 생산량이 변할 경우에만 매년 변화하므로 실질 GDP는 한 경제의 재화 및 서비스 생산량의 지표라고 할 수 있다. 한 사회의 구성원들에게 경제적 만족감을 충족시킬 수 있는 능력은 그 경제의 재화 및 서비스의 생산량에 의존하므로 실질 GDP가 명목 GDP보다 경제적 복지를 측정하는데 더 적합하다.

명목 GDP와 실질 GDP로부터 우리는 GDP 디플레이터라는 유용한 경제지표를 계산할 수 있다. GDP 디플레이터는 기준년도에 비해 비교년도의 물가수준이 어느 정도인지를 나타낸다. 즉 명목 GDP 중에서 생산량의 증가가 아니라 물가상승으로 늘어난 부분이 얼마나 되는지를 알려준다.

GDP의 묵시적 가격 디플레이터인 GDP 디플레이터는 다음과 같이 정의할 수 있다.[8]

$$GDP\ 디플레이터 = \frac{명목\ GDP}{실질\ GDP}$$

즉 GDP 디플레이터는 명목 GDP를 실질 GDP로 나누어 사후적으로 얻어진다. 〈표 2-3〉은 우리나라의 명목 GDP, 실질 GDP(2000년 기준) 및 GDP 디플레이터를 나타낸다. 〈표 2-3〉에서 우리나라의 2004년도 국민소득의 규모를 보면 당해연도 시장가격으로

---

8) GDP 추계시에 생산자물가지수(PPI)나 소비자 물가지수(CPI) 뿐만 아니라 수출입물가지수, 임금 등 각종 가격지수가 종합적으로 이용되고 있기 때문에 GDP 디플레이터는 국민소득에 영향을 주는 모든 물가요인을 포괄하는 종합적인 물가지수라고 할 수 있다.

평가한 명목 GDP는 전년보다 7.4% 증가한 778조 4,450억 원이나 특정연도인 2000년 기준연도 가격으로 평가한 실질 GDP는 693조 4,240억원으로 전년보다 4.6% 증가하여 성장률이나 규모 면에서 차이를 보이고 있다.

성장률 면에서 보면 생산량의 변화를 나타내는 실질 GDP가 4.6% 증가하였으나 명목 GDP가 7.4% 증가하여 명목 GDP 가 실질 GDP보다 더 큰 폭으로 상승한 것은 물가상승에 기인한 것이다.

이와 같이 명목 GDP와 실질 GDP의 차이는 국민경제 전체의 물가수준을 나타내는 GDP 디플레이터로 설명이 된다. GDP 디플레이터는 명목 GDP를 실질 GDP로 나눈 값으로 기준연도인 2000년에는 명목 GDP와 실질 GDP가 같기 때문에 〈표 2-3〉에서 보는 바와 같이 디플레이터지수는 100이 된다.

〈표 2-3〉 우리나라의 명목GDP와 실질GDP(기준년도 2000년)

(단위 : 10억원)

	1999	2000	2001	2002	2003	2004p
명목 G D P (A)	529,500	578,665	622,123	684,264	724,675	778,445
실질 G D P (B)	533,399	578,665	600,866	642,748	662,655	693,424
GDP 디플레이터 (A/B*100, 2000=100)	99.3	100.0	103.5	106.5	109.4	112.3

주: 2004년 자료는 잠정치 임.
자료: 한국은행, 조사통계월보, 2006.2

제5절 GDP 개념의 한계

1. GDP와 사회복지

GDP는 한 나라의 총소득이면서 동시에 재화와 서비스에 대한 총지출과 같다. 따라서 1인당 GDP는 그 경제의 평균적인 소득과 지출을 나타낸다. 대개 사람들은 더 높은 소득을 받아 더 많이 지출하기를 원하므로 1인당 GDP는 평균적인 개인의 경제후생 수준을 나타내는 당연한 지표로 볼 수 있다.

　　그러나 GDP가 경제후생의 지표라는데 대한 반론을 제기하는 사람들도 많다. 그럼에도 불구하고 우리는 GDP를 중요시한다. 왜냐하면 GDP가 높을수록 행복한 생활을 영위하기 쉽기 때문이다. GDP가 어린이들의 건강을 반영하지는 않지만 GDP가 큰 나라일수록 어린이들의 건강을 보다 잘 보살필 수 있다. GDP에 교육의 질이 들어 있지는 않지만 일반적으로 GDP가 큰 나라일수록 더 우수한 교육제도를 갖고 있다. GDP는 우리의 삶을 가치 있게 하는 요인들을 직접 포함하지는 않지만 가치 있는 삶을 실현하는데 필요한 전제조건을 마련할 수 있는 능력을 나타내는 것이다.

　　그러나 GDP는 완벽한 후생지표는 아니다. 행복한 삶을 구현하는데 필요한 요소들 중에 GDP에 포함되지 않는 것이 있기 때문에 GDP가 참된 복지나 후생수준을 나타내기에는 여러 문제점들을 지니고 있다.

　　첫째, GDP에는 국민들이 즐기는 여가를 충분히 감안하지 않고 있다. 예를 들어 모든 사람들이 매일 같이 일하고 주말에도 쉬지 않는다면 그 경제의 GDP는 물론 증가하겠지만, 이로 인해서 사람들이 더 행복해지고 후생수준이 높아졌다고 말할 수 없다. 왜냐하면 여가의 손실로 인한 후생의 감소가 더 많은 재화와 서비스를 생산・소비하는 데서 비롯되는 후생의 증가를 상쇄하기 때문이다.

　　둘째, GDP는 물질적 생산만을 계상하고 환경의 질은 포함하지 않는다. 만약 정부가 환경과 관련하여 규제하고 있는 모든 규제들을 철폐한다면 기업들은 전혀 오염물질의 배출을 염려하지 않아도 되기 때문에 재화와 서비스를 더 많이 생산할 것이다. 그 결과 GDP는 증가하겠지만 국민들의 후생은 떨어질 가능성이 높다. 대기와 수질오염 또는 생태계 파괴가 생산증가에서 비롯되는 후생의 증가를 상쇄할 것이기 때문이다. 물질의 풍요 못지않게 생활의 질을 중요시하는 오늘날 이러한 환경의 질을 감안하지 않는 GDP는 만족할 만한 복지지표라고 할 수 없다.

　　셋째, GDP는 시장가격을 이용하여 재화와 서비스의 가치를 산정하므로 시장 밖에서 일어나는 행위는 포함하지 않는다. 예를 들어 가정주부의 자녀양육이나 사회에 대한 자원봉사는 사회구성원들의 후생에 기여하지만, 이런 공헌은 시장에서 거래되지 않았다는 이유로 GDP에 포함되지 않는다. 만일 부모들이 직장에서 근무 시간을 줄이고 자녀들과 더 많은 시간을 보낸다면 그 경제의 생산 즉 GDP는 감소하겠지만, 삶의 질이 떨어진다고 말할 수는 없다.

　　그러나 GDP 통계가 갖는 많은 문제점과 한계에도 불구하고 GDP는 경제활동을 나타내는 중요한 척도로서 뿐만 아니라 경제적 복지를 나타내는 지표로서 여전히 많이 사용하고 있다.

2. 지하경제

GDP 추계시에 원칙적으로는 반드시 포함되어야 함에도 불구하고 한 경제의 많은 거래들이 누락되는 경우가 많다. 사채놀이·부동산이나 마약거래·도박·매춘 등 대부분의 불법적인 거래들은 합법적인 사업으로 세탁되어지지 않는다면 GDP 추계시 생략된다. 돈을 벌기는 하였으나 세금을 피할 목적으로 신고하지 않는 소득은 비록 국민소득계정에 누락된 소득으로 GDP 추계시 일부 조정이 이루어지긴 하지만 완전히 반영할 수는 없다. 이와 같이 불법행위에 의하여 조성되는 것과 합법적이긴 하지만 정부의 공식통계에는 나타나지 않은 경제활동, 과세대상에서 제외되어 있는 경제활동 등 GDP 추계에 반드시 포함시켜야 하지만 누락된 경제의 일부분을 우리는 소위 지하경제(underground economy)라고 한다.

탈세는 지하경제에 참여하고자 하는 주요 동기가 된다. 여러 나라에서 지하경제의 규모를 추정하기 위하여 많은 연구가 시도되고 있다. 그러나 우리나라뿐만 아니나 대부분의 국가에서 불법적이거나 숨겨진 생산활동은 기초 자료가 부족하기 때문에 실제로 정확히 측정하는 것은 불가능하고 따라서 연구자에 따라 차이가 크게 나타나고 있다. 우리나라의 지하경제의 규모는 GNP의 19~40% 정도로 추정되고 있고 이는 국가예산수준을 넘어선 규모라도 할 수 있다. 미국의 경우 지하경제의 추정치는 대략 GNP의 5~30% 정도인 것으로 추정되고 있고 이는 구 동구권국가의 지하경제의 규모와 비슷하다. 이탈리아의 지하경제 규모의 추정치는 이탈리아 GNP의 약 10~35% 정도이다. 지하경제의 규모가 가장 작은 것으로 알려진 스위스의 경우에는 GNP의 3~5%정도인 것으로 추정하고 있다.

왜 우리는 지하경제에 관심을 가져야 하는가? GDP 또는 GNP가 그 경제의 생산의 완전한 측정치라기보다 경제활동의 일부분만을 반영하기 때문이다. 앞에서 살펴보았듯이 지하경제의 규모는 각 나라마다 정도의 차이는 있지만 GNP의 5~40%를 차지하고 있어, 이들을 포함시킬 경우 GDP나 GNP의 규모는 훨씬 커진다. 그리고 일반적으로 지하경제에 종사하는 사람들은 정부에 신고를 하지 않는 경우가 대부분이므로, 공식적으로는 지하경제에 종사하는 사람들은 실업자로 간주된다. 따라서 이들을 취업자로 본다면 실제 실업률은 공식적으로 측정되는 실업률보다 낮을 수 있다. 또한 만약 지하경제의 규모가 국가에 따라 다르다면 우리는 국가간에 GDP를 비교할 때 잘못 판단할 수 있다. 예를 들어 만약 우리가 그 경제의 일부분으로 지하부문을 고려한다면 우리나라나 이탈리아의 GDP는 훨씬 커지는 반면 스위스의 GDP는 조금밖에 변하지 않는다.[9]

---

9) 지하경제가 존재하면 GDP는 한나라의 경제활동을 측정하는 불완전한 방법이 되고, 지하경제의 규모가

따라서 국민소득통계 편제의 기준인 UN의 국민계정체계(1993 SNA)에서는 판매, 유통, 소유가 법적으로 금지된 재화나 서비스의 생산에 대해 자료수집이 어렵지만, 첫째 그 산출물에 대해 시장의 유효수요가 있고, 둘째 불법적인 생산에 의한 소득이라 하더라도 합법적으로 처분될 수 있고, 셋째 불법생산의 누락은 전체 생산 및 소비의 종합적인 측정을 어렵게 하거나 추정오차를 크게 할 우려가 있으므로 생산활동으로 인식하여 국민소득통계에 포착하도록 권고하고 있다.10)

국가마다 차이가 있기 때문에 국가간의 생활수준을 비교할 때 이러한 불완전성이 더욱 문제가 된다. 그러나 이런 측정상의 불완전한 규모가 안정적인 한 GDP는 여전히 매년마다의 경제활동을 비교하는데 유용한 수단이 될 수 있다.

10) 회계장부에 기록되지 않고 지불되는 임금이나 불법적인 마약거래 또는 밀수 등은 국민소득통계에 포함하도록 하고 있으나, 새로운 부가가치를 창출하는 생산활동과 관련되지 않고 이미 발생한 소득이 이전되는 현상인 횡령, 절도, 뇌물수수 등은 생산활동으로 간주되지 않아 국민소득통계에 포함하지 않는다.

〈참고〉　　　　　　실질국민총소득(GNI) 의 개념

UN이 마련한 국민계정체계인 1993 SNA에서는 실질 총량지표를 생산지표인 실질 국내총생산(GDP)과 소득지표인 실질 국내총소득(GDI: Gross Domestic Income), 실질 국민총소득(GNI: Gross National Income)으로 구분한다.

실질 GDP는 생산활동의 수준을 측정하는 생산지표인 반면 실질 GDI 또는 실질 GNI는 생산활동을 통하여 획득한 소득의 실질 구매력을 나타내는 소득지표이다. 그동안 소득지표로 이용하였던 실질 GNP는 물량변화를 반영하는 생산지표(실질 GDP)와 소득지표(실질 국외순수취요소소득)가 혼합된 지표로써 성격이 불명확하여 '93 SNA에서는 이를 실질 GNI로 대체토록 하고 있다.

생산지표인 실질 GDP를 소득지표인 실질 GDI 또는 실질 GNI로 전환하기 위해서는 수출입가격(교역조건)의 변화에 따른 실질소득의 국외 유출 또는 국외로부터의 유입분을 나타내는「교역조건 변화에 따른 실질 무역손익」개념이 도입된다.

ㅇ 실질 GDI=실질 GDP+교역조건 변화에 따른 실질 무역손익

ㅇ 실질 GNI=GDI+실질 국외순수취 요소소득

또한 명목 GNP는 생산물량 변화 이외에 임금 및 기술수준, 기업 채산성, 교역조건 변화를 반영한 무역손익 등이 포함되어 있는 소득지표이므로 현행대로 이용하되 명칭만 명목 GNI로 변경되었다.

'93 SNA의 총량지표 체계

실　질	명　목
실질 GDP +교역조건 변화에 따른 실질 무역손익	명목 GDP
=실질 국내총소득(GDI) +실질 국외순수취 요소소득	+명목 국외순수취 요소소득
=실질 국민총소득(GNI≠GNP)	=명목 국민총소득(GNI=GNP)

〈자료: 한국은행, 알기 쉬운 경제지표 해설, 2004, 202쪽〉

제3장 거시경제학의 과제

실업과 인플레이션은 거시경제학에서 가장 주요한 두 가지 주요 관심사에 해당한다. 본 장에서는 우리가 경기변동이라고 부르는 역사적으로 경제의 상승과 하강시에 나타나는 이 두 가지 관심사에 대한 개념을 좀 더 상세하게 알아본다. 경기변동의 원인은 무엇이고 정부가 과연 실업과 인플레이션으로 인한 손실을 방지하거나 최소화 시킬 수 있는가 하는 점 등은 이후의 장에서 살펴본다. 그러나 먼저 경기변동이 무엇인지에 관하여 좀더 알아볼 필요가 있다. 경기후퇴와 불황은 무엇인가? 누가 그것들로 인해 고통을 받는가? 인플레이션은 경제에 어떤 영향을 미치는가? 물가수준이 급격히 상승하면 누가 이득을 보고 누가 손해를 입는가? 왜 경제정책 입안자들은 경기변동에 관심을 갖는가?

본 장에서는 거시경제학의 두가지 주요 과제인 실업과 인플레이션에 대한 정의와 개념을 살펴본다. 인플레이션과 실업에 대한 자세한 이론적 설명은 제11장에서 다루고, 아울러 경기변동에 관련된 이론은 제13장에서 살펴볼 것이다. 본 장의 제1절에서는 경기후퇴 시기에 나타나는 실업에 대한 정의와 측정방법 및 실업의 종류와 실업으로 인해 발생하는 비용에 대해 살펴본다. 그 다음 제2절에서 인플레이션에 대한 정의와 각종 물가지수의 종류를 개관한 다음 인플레이션의 비용에 대해 알아본다.

제1절 경기후퇴와 실업

일반적으로 경기후퇴(recession)란 실질 GDP가 적어도 2분기 이상 연속적으로 감소하는 기간을 말한다. 또한 실질 GDP는 주어진 일정한 기간동안 한 경제에서 실제 생산된 재화와 서비스의 측정치라는 것도 앞에서 이미 배웠다. 그러므로 실질 GDP가 감소하면 생산이 줄게 된다. 산출물이 덜 생산되면 생산요소 투입이 감소하고, 고용은 줄게 되어 실업률은 올라가고, 자본재 가동률이 감소한다. 그리고 실질 산출이 감소할 때 실질소득이 감소한다.

불황(depression)이란 경기후퇴가 오랫동안 지속되고 더욱 깊어진 경우를 말한다. 그러나 경기후퇴가 얼마나 심각하고 얼마나 오랫동안 지속되어야 불황이라고 할 수 있는지에 대해서는 경제학자들간에 의견의 일치를 보고 있지 못하고 있다. 자본주의 경제는 1929년과 1930년대까지 커다란 불황을 경험했다.[1] 우리나라의 경우 1970년 이후 총 7번의 경기순환주기를 경험한 가운데 제2차 석유파동 뒤인 1980년과 IMF 구제금융 시기인 1998년 두 차례에 걸쳐 실질 GDP가 감소했다.

1. 실업의 정의와 측정방법

경기후퇴기에 가장 빈번하게 논의되는 경제현상이 바로 실업이다. 한 경제의 노동력은 가장 주요한 자원이라고 할 수 있으므로 노동력을 고용상태로 유지하는 것은 경제정책 입안자들의 가장 주요한 관심사 중의 하나이다. 실업률은 직업 없이 일자리를 원하는 사람들의 백분율을 측정하는 통계수치이다. 우리나라의 실업률은 경제위기 시기인 1998년에 7%로 1970년 이후 가장 높게 나타났다. 그러나 실업이라는 단어가 여러 사람들에게서 광범위하게 언급되고 있긴 하지만, 대부분의 사람들은 실업통계가 무엇을 의미하는지 또는 그것이 어떻게 도출되는지를 정확하게 모른다.

실업이란 일할 의사와 일할 능력을 가진 사람이 일자리를 얻지 못한 상태를 말한다. 한 나라의 인구 중 일한 의사와 능력을 가진 사람을 경제활동인구라고 한다. 경제활동인구는 각 나라마다 분류기준이 다른데, 우리나라는 15세 이상의 인구 중에서 일할 마음이 없는

---

1) 미국, 영국, 독일 등 서구 자본주의국가에서 1929년에 시작된 공황은 단순한 과잉생산으로 인한 공업공황일 뿐만 아니라 농업, 금융 및 통화부문 등 경제의 거의 모든 부문에까지 확대되었으며 그 기간도 1933년까지 이르는 광범위하고 긴 기간이라는 특징을 지니기 때문에 수많은 공황 중 특히 '대공황(the great depression)'이라 불리고 있다.

학생이나 주부, 일할 능력이 없는 환자 등을 뺀 민간인을 말한다.

실업통계는 통계청 사회통계국 사회통계과에서 경제활동인구조사[2])시 작성된다. 경제활동인구조사는 매월 15일이 포함된 1주간 동안 약 33,000 표본가구를 대상으로 만 15세 이상인자를 조사대상으로 조사담당직원이 조사대상가구를 직접 방문하여 면접조사 한다.[3])

취업자는 조사대상 기간에 수입의 목적으로 1시간 이상 일한 자, 가구단위에서 경영하는 농장이나 사업체의 수입을 높이는데 도와준 가족종사자로써 주당 18시간 이상 일한 자, 직업 또는 사업체를 가지고 있으나 조사대상 주간에 일시적인 병, 일기불순, 휴가, 노동쟁의 등의 이유로 일하지 못한 일시 휴직자를 말한다. 이에 대해 실업자는 15세 이상 인구 중 조사대상 기간에 일할 능력과 일할 마음을 가지고 있으면서도 전혀 일을 하지 못하였으며 일자리를 찾아 적극적으로 구직활동을 하였던 사람으로서 즉시 취업이 가능한 사람을 말한다.

생산연령인구는 경제활동을 할 수 있는 연령층의 인구로 우리나라에서는 15세 이상이 이에 해당한다. 15세 이상 인구는 일할 의사와 일할 능력이 있는 경제활동인구와 일할 의사가 없는 비경제활동인구로 나눌 수 있다. 경제활동인구는 만 15세 이상 인구 중 조사대상 기간 동안 실제로 수입이 있는 일을 한 취업자와 일을 하지 않았으나 구직활동을 한 실업자로 구성된다. 비경제활동인구란 15세 이상 인구 중 조사대상 기간에 취업도 실업도 아닌 상태에 있는 사람을 말하는데 학생, 주부, 장애자, 고령자 등이 이에 해당한다. 이상을 간단히 나타내면 다음과 같다.

$$15세 \ 이상 \ 인구 = 경제활동인구 + 비 \ 경제활동인구$$

$$경제활동인구 = 취업자 + 실업자$$

실업률은 경제활동인구(취업자+실업자) 중에서 실업자가 차지하는 비율을 말한다. 즉

$$실업률(\%) = \frac{실업자}{취업자 + 실업자} \times 100$$

---

2) 경제활동인구조사는 취업, 실업, 노동력 등과 같은 인구의 경제적 특성을 조사하여 노동공급, 노동투입, 고용구조, 가용노동시간 및 인력자원의 활용정도 파악 및 고용창출 등을 위한 정부 정책 입안 및 평가 자료를 제공하기 위하여 통계청에서 실시한다.

3) 15세 이상 대한민국에 거주하는 인구 중 현역군인 및 공익근무요원, 전투경찰과 형이 확정된 교도소 수감자 그리고 외국인은 조사대상에서 제외한다.

〈표 3-1〉에서 우리나라의 2004년 경제활동인구는 23,370천명이고 이중 취업자는 22,557천명, 직장을 구하고 있는 실업자는 813천명으로 구성되어 있다. 그러므로 실업률은 3.5%이다.

$$\frac{813천명}{22,557천명 + 813천명} \times 100 = 3.5\%$$

한편 경제활동참가율은 만 15세 이상 인구 중 경제활동인구가 차지하는 비율을 말한다.

$$경제활동참가율(\%) = \frac{경제활동인구}{15세이상인구} \times 100$$

〈표 3-1〉은 1970년 이후 우리나라의 경제활동인구 및 경제활동참가율, 실업률 등을 보여준다. 1998년은 IMF 구제금융을 받는 경제위기 시기로 1970년 이후 가장 실업률이 높았다. 1970년 이후 인구와 경제활동인구가 꾸준히 증가하고 있고, 15세 이상 인구 중에서 경제활동인구가 차지하는 비율인 경제활동참가율은 1980년대 후반 이후 60%를 넘어서고 있다. 취업자도 1998년을 제외하고는 꾸준히 증가하는 추세를 보이고 있다. 한편 실업자나 실업률은 경기상태에 따라 기복을 보인다. 1990년대 초반에는 실업률이 2-3% 수준으로 아주 낮고, '70년대와 '80년대에는 4-5% 수준을 보이고 있다. 우리나라의 실업률은 통계작성 과정의 차이로 인하여 다른 나라에 비해 낮게 측정되어 있다. 그 이유는 경제활동인구조사 기간 중 수입을 위하여 1시간 이상 일하고 있는 사람은 취업자로 간주하고 그렇지 않으면 실업자로 간주하기 때문이다. 그리고 오랫동안 일자리를 찾아다니다가 직장을 구하지 못해 아예 일자리 찾는 것을 포기해버린 실망노동자는 일할 의사가 없는 것으로 보아 경제활동인구에서 제외시키고 있다.

미국에서는 첫째 지난 4주간 일을 하지 못하였으나 직장을 찾으려고 특별히 노력한 사람, 둘째 직장에서 일시 해고를 당한 후 재취업하기를 기다리는 사람, 셋째 향후 30일 이내에 일자리를 갖기 위하여 기다리는 사람으로 실업자를 구체적으로 명시하고 있다.

<표 3-1> 경제활동인구 및 실업률 통계

(단위:천명,%)

	15세이상 인구	경제활동 인구	취업자	실업자	비경제 활동인구	경제활동 참가율	실업률
1970	17,468	10,062	9,617	445	7,407	57.6	4.4
1975	20,918	12,193	11,691	501	8,726	58.3	4.1
1980	24,463	14,431	13,683	748	10,032	59.0	5.2
1985	27,553	15,592	14,970	622	11,961	56.6	4.0
1990	30,887	18,539	18,085	454	12,348	60.0	2.4
1995	33,659	20,845	20,414	430	12,814	61.9	2.1
1998	35,347	21,428	19,938	1,490	13,919	60.6	7.0
2000	36,186	22,069	21,156	913	14,118	61.0	4.1
2004	37,717	23,370	22,557	813	14,347	62.0	3.5

자료: 통계청, KOSIS

2. 실업률의 구성요소

실업률은 단순한 하나의 숫자이기 때문에 제한된 정보만을 제공한다. 그러므로 실업을 더욱 잘 이해하기 위해서는 지역이나 성별, 그리고 교육정도에 따른 실업률을 비교해 볼 필요가 있다.

(1) 지역별 실업률

실업률은 지역적 위치에 따라 변한다. 모든 지역간에 실업률이 동일하지 않는 이유는 여러 가지가 있다. 한 가지 이유를 예로 들면 각 지역의 주된 산업이 다르므로 각 산업이 동시에 동일한 비율로 성장하거나 감소하지 않기 때문이다. 또 다른 이유로는 노동력의 이동이 완전히 자유롭지 못하기 때문이다. 즉 노동자들은 다른 지방에 가서 직장을 구하는 것이 쉽지 않거나 또는 다른 지방으로 이사를 할 수 없거나 또는 원하지 않는다.

<표 3-2>는 우리나라의 지역별(광역자치단체별) 실업률을 보여준다. 전반적으로 서울을 포함한 광역시는 전국 평균 실업률보다 높고, 도지역의 실업률은 평균보다 낮게 나타나고 있다. 1991년의 경우 대구가 실업률이 가장 높고 서울, 부산이 높은 실업률을 보이고 있으며 강원도와 충남 및 제주도의 실업률이 낮게 나타나고 있다. IMF 경제위기 시기인 1998년의 경우를 보면 모든 지역의 실업률이 큰 폭으로 상승하여 평균 실업률이 7.0%로 크게

높아졌다. 그 중에서도 부산과 인천 및 경기지역이 영향을 크게 받아 실업률이 8%를 넘어서는 것으로 나타났다.

여기서 알 수 있는 중요한 점은 다음과 같다. 실업률은 전체적인 이야기를 얘기해 주는 것이 아니다. 즉 한 나라의 전체적인 평균 실업률이 낮다고 해서 모든 지역이 동일한 비율로 성장과 생산을 하고 있다는 것을 의미하는 것은 아니다.

<표 3-2> 지역별 실업률

	1991	1995	1998	2001	2004
평 균	2.4	2.1	7.0	3.8	3.5
서울특별시	3.3	2.6	7.6	4.5	4.6
부산광역시	3.3	3.6	8.9	5.2	4.0
대구광역시	3.6	2.8	7.9	4.6	3.9
인천광역시	2.9	2.2	8.4	4.2	4.3
광주광역시	3.0	2.8	7.7	4.6	4.0
대전광역시	3.2	3.3	7.1	4.1	3.6
울산광역시	-	-	7.4	3.2	3.3
경 기 도	2.0	1.6	8.4	3.4	3.5
강 원 도	1.1	0.8	3.8	2.4	2.0
충청북도	1.3	1.5	5.3	2.9	2.4
충청남도	1.2	1.3	4.9	2.8	2.1
전라북도	1.6	1.9	5.4	3.0	2.5
전라남도	1.3	1.4	4.4	2.9	2.4
경상북도	1.4	1.4	4.9	2.6	2.5
경상남도	1.8	1.0	4.9	3.2	2.2
제 주 도	1.2	0.8	3.5	2.6	2.4

자료: 통계청, KOSIS

(2) 교육정도, 연령별 및 성별 실업률

실업률은 또한 노동자의 학력이나 연령 및 성별에 따라 달라질 수 있다. 〈표 3-3〉, 〈표 3-4〉 및 〈표 3-5〉는 각각 교육정도, 연령별 및 성별에 따른 실업률을 보여준다. 일반적으로 중졸이하의 경우에는 평균적인 실업률보다 낮게 나타나고 있고, 고졸의 경우에는 평균보다 높게 그리고 대졸이상은 1997년 IMF 경제위기를 기점으로 하여 평균보다 낮은 실업률을 보이고 있다. 그리고 경제위기 이전에는 고졸의 학력을 가진 노동자가 대졸 이상의 학력

을 가진 노동자보다 실업률이 낮았으나, 그 이후에는 반대로 고졸의 실업률이 대졸 이상의
실업률보다 높게 나타나고 있다.

〈표 3-3〉 교육정도별 실업률

	1991	1995	1998	2001	2004
평 균	2.4	2.1	7.0	3.8	3.5
중졸이하	1.2	1.1	5.9	2.9	2.3
고 졸	3.3	2.5	8.3	4.3	4.3
대졸이상	3.7	2.8	5.9	3.8	3.3

자료: 통계청, KOSIS

연령에 따라서는 15세 이상의 10대와 20대의 실업률이 높게 나타나고, 60세 이상은 낮
은 실업률을 보이고 있다. 특히 1998년에는 회사 부도나 정리해고 및 명예퇴직 등의 영향
을 받아 40, 50대의 실업률이 상대적으로 증가하는 현상을 보이고 있다.

〈표 3-4〉 연령별 실업률

	1991	1995	1998	2001	2004
평 균	2.4	2.1	7.0	3.8	3.5
15-19세	9.3	7.9	20.8	13.3	13.4
20-29세	4.9	4.3	11.4	7.0	7.5
30-39세	1.3	1.4	5.7	3.0	2.9
40-49세	1.2	1.1	5.6	2.8	2.2
50-59세	0.9	0.9	5.3	2.6	2.2
60세이상	0.3	0.4	2.4	1.1	1.1

자료: 통계청, KOSIS

성별에 따른 실업률은 전체적으로 남자의 경우가 여자의 경우보다 높은 경향을 보이고 있다.

〈표 3-5〉 성별 실업률

	1991	1995	1998	2001	2004
평 균	2.4	2.1	7.0	3.8	3.5
남 자	2.7	2.3	7.8	4.3	3.7
여 자	2.0	1.7	5.7	3.1	3.1

자료: 통계청, KOSIS

이외에도 산업별로 실업률이 서로 다를 수 있다. 또한 실업률은 어떤 일정한 시점에서의 실업상태를 측정하기 때문에 실업자들이 얼마나 오랫동안 실업상태에 있는지 즉 실업기간에 대해서는 전혀 설명해 주지 못한다.

(3) 실망노동자의 효과

오랫동안 일자리를 찾아다니다가 직장을 구하지 못해 아예 일자리 찾는 것을 포기해버린 실망노동자는 일할 의사가 없는 것으로 보아 경제활동인구에서 제외시키고 있다는 것을 상기하자. 경기침체 기간 동안에는 사람들은 종종 일자리를 구하는 것에 크게 낙담하여 직장을 찾아다니는 것을 그만둔다. 이것은 실질적으로는 실업률을 낮춘다. 왜냐하면 더 이상 일자리를 찾아다니지 않는 사람들은 실업률을 계산할 때 제외되기 때문이다.

이러한 실망노동자 효과가 얼마나 실업률을 떨어뜨리는지를 간단한 예를 들어 살펴보자. 예를 들어 경제활동인구 즉 노동력 인구가 1,000만 명이고 그 중에서 100만 명이 실업상태에 있다고 하자. 이러한 경우 실업률은 100 / 1,000 = 0.1, 즉 10%가 된다. 만약 이러한 100만 명의 실업자 중 10만 명이 일자리 찾는 것을 포기하여 경제활동인구에서 제외된다면, 경제활동인구는 990만 명이 되고 실업자는 90만 명이 된다. 그러면 실업률은 90 / 990 = 0.91, 즉 9.1%로 감소하여 실제 실업규모를 과소평가한다.

3. 실업의 비용

실업은 개인적인 입장에서 볼 때 물질적인 생활기반의 상실을 뜻하며, 사회적인 입장에서 볼 때 생산자원의 낭비일 뿐만 아니라 사회불안의 요인이 되기도 한다. 흔히 실업이라고 하면 완전 실업, 즉 실업통계로 파악되어 눈에 보이는 현재적 실업을 말한다.

먼저 실업의 비용을 논하기에 앞서 일부 실업자는 노동시장의 자연적인 흐름의 한 부분이 될 수 있다는 점을 염두에 둘 필요가 있다. 일자리를 찾아다니는 사람들을 실업자로 분류될 수 있음을 기억하자. 매년 수십만 명이 처음으로 노동시장에 참여한다. 일부는 고등학교를 중퇴하고, 또 일부는 고등학교나 대학교를 졸업한 다음에 또 일부는 대학원 과정을 마친 다음에 일자리를 찾아 나선다. 동시에 새로운 기업이 사업을 시작하거나 기존 기업이 사업을 확장하면서 일자리를 창출하는 반면 어떤 기업들은 사업을 축소하거나 도산하여 사라지기도 한다. 간단히 말해 경제는 드라마틱하다고 할 수 있다. 사람들은 자라서 기술을 익히고 노동시장의 구조는 끊임없이 변한다.

어떤 일정한 시점에서 일자리를 찾는 노동자 집단과 적절한 능력을 가진 노동자를 구하는 기업이 서로 조화되어야만 일자리가 있다. 정상적인 사람들은 적절한 일자리를 찾는 것이 중요하다. 어떤 사람에게 있어서 적절한 일자리는 그 사람이 가지고 있는 특별한 기술이나 작업환경에 관한 선호도 및 그가 어디에 살고 있으며 통근하고자 하는 의지 등에 달려 있다. 동시에 기업들은 주어진 일자리가 갖추어야 하는 능력을 구비한 노동자와 자신과 함께 성장할 수 있는 노동자를 원한다.

적절한 일자리를 찾기 위해서 먼저 노동자들은 자기에게 맞는 부서인지 여부, 임금수준, 직장 위치 및 작업환경에 관한 정보를 잘 알고 있어야만 한다. 기업들 또한 노동자의 능력과 기술에 관한 정보를 잘 알고 있어야 한다. 이러한 정보수집 과정에서 시간과 비용이 발생한다. 탐색과정은 직장방문, 인터뷰, 이력서 작성, 전화 및 신문을 찾아보는데 소요되는 시간 등을 포함한다. 이러한 노력들이 노동자와 일자리를 매치시키는데 더 좋게 작용한다면 그 시간과 노력은 잘 활용된 것이라고 할 수 있다. 특히 기업과 노동자들이 얻는 이득이 탐색비용을 초과한다면 그 결과는 비효율적이라고 할 수 있다.

(1) 마찰적 실업과 구조적 실업

우리나라에서 실업에 관한 통계는 통계청에서 경제활동인구를 조사할 때 작성된다. 경제활동인구조사는 매월 15일이 포함된 1주간(일요일~토요일) 동안 약 33,000 표본가구를 대상으로 만 15세 이상인 사람을 조사담당직원이 직접 방문하여 면접조사 한다. 이러한 사람들 중 일부는 경제활동에 참여하려고 하거나 아니면 직업을 전환하는 과정에 있는 사람들도 포함된다. 이러한 부류의 실업은 둘 다 자연스러운 현상이면도 경제에 이득을 준다.

노동시장이 정상적으로 작동하는 과정에서 지역간, 직장 간에 끊임없이 노동자들의 이동 때문에 일시적으로 실업이 발생할 수 있는데 이를 마찰적 실업(frictional unemployment)이라 한다. 마찰적 실업률은 절대로 영(0)이 될 수가 없다. 왜냐하면 경제가 완전고용상태에 있다 할지라도 학교를 갓 졸업하거나 주어진 장소에서 다른 도시로 이사를 간다거나 하여 사람들이 새로운 일자리를 찾는 경우가 얼마든지 있을 수 있기 때문이다. 이러한 경우 노동자와 기업간에 일자리에 대한 정보부족으로 자격과 능력을 갖춘 노동자를 사용자가 찾지 못해 발생하는 실업이 마찰적 실업이다. 마찰적 실업으로 분류되는 노동자들은 종종 직장을 옮기거나 더 나은 직장을 찾기도 하므로 자발적 실업으로 간주되기도 한다.

마찰적 실업률은 고정된 것이 아니라 시간이 지남에 따라 변한다. 왜냐하면 경제가 성장하면서 일자리가 점점 차별화되고 요구되는 기술의 종류가 점점 많아짐에 따라 노동자들이 보유하고 있는 기술과 일자리를 적절하게 조화시키는 것이 점점 어려워지기 때문에 마찰적 실업률은 더욱 증가할 수 있다.

우리나라를 비롯한 세계의 경제구조는 계속적으로 변하고 있다. 선진국이나 개도국을 막론하고 경제발전과정을 살펴보면 생산이나 고용의 중심이 농업에서 제조업으로, 또 제조업에서 서비스 산업으로 이동하는 현상을 보이고 있다. 특히 1990년대 이후 정보통신기술의 빠르게 발달하면서 경제의 서비스화가 급진전되어 대부분의 OECD 국가에서는 서비스부분이 경제활동의 60% 이상을 담당하고 있다. 우리나라의 경우도 마찬가지이다. 우리나라의 제조업을 보면 섬유산업 등은 급격히 위축이 되는 반면 반도체 산업 등과 같은 고기술 산업이 크게 성장하고 있다.

이와 같이 경제구조가 바뀜으로써 실업이 나타날 수 있는데 이때 발생하는 실업은 마찰적 실업으로 분류될 수 있지만, 통상적으로 구조적 실업(structural unemployment)이라 부른다. 즉 구조적 실업은 노동자에 대한 수요와 공급이 불일치될 발생하는 실업이다. 이와 같은 노동에 대한 수요·공급의 불일치는 어느 직종의 노동수요가 증가하는 반면 어느 다른 직종의 노동수요는 감소할 때 노동공급이 이에 대해 신속히 조절하지 못하여 발생한다. 이러한 불균형들은 어떤 산업부문은 혁신이나 기술진보 등을 통해 성장하는 반면 다른 산업부문은 침체될 때 직종간 또는 지역간에 발생한다.

마찰적 실업이라는 용어는 일자리와 기술이 단기적으로 제대로 조화되지 못하는 문제가 발생할 때 주로 사용한다. 반면에 구조적 실업은 장기적 조정의 문제 때문에 발생하므로, 구조적 실업은 수 년 동안 지속되는 경향이 있다. 즉 마찰적 실업이나 구조적 실업은 빈 일자리와 실업을 연결시키지 못하는데서 발생한다는 점에서 공통점이 있다. 그러나 구조적 실업은 마찰적 실업보다 훨씬 오랫동안 지속되는 경향이 있는데 이것은 실업자들이 새로운 직장에 필요한 기술을 익히거나 새로운 직장으로 이동하는데 더 많은 시간이 소요되기 때문이다.

비록 동태적인 경제에서 구조적 실업이 예상된다고 할지라도, 그것은 그러한 실업을 겪는 노동자들에게는 아주 고통스러운 것이다. 어떤 측면에서 보면 낡은 기술을 보유하고 있다는 이유로 일자리를 잃은 노동자들은 가장 큰 고통을 경험하는 사람들이라고 할 수 있다. 구조적 실업이 당연하고 피할 수 없다고 해서 그것이 사회에 아무런 비용을 지불하지 않는다는 것을 의미하지는 않는다.

경제학자들은 경제가 정상적으로 작동하고 있을 때 발생하는 실업과 관련하여 종종 자연실업률(natural rate of unemployment)이라는 용어를 사용한다. 즉 노동시장과 생산물시장에서 수요·공급이 일치되면, 임금과 물가가 균형상태에 있게 되며 이때 형성되는 실업률 수준이 곧 자연실업률이라고 할 수 있다. 이러한 개념은 "자연적(natural)"이라는 단어가 정확한 의미를 전달해 주지 못하기 때문에 다소 애매모호하다. 따라서 자연실업률은 마찰적 실업률과 구조적 실업률의 합으로 생각하면 큰 무리가 없다.

프리드먼에 따르면 자연실업률은 노동시장의 유효성, 경쟁 또는 독점의 정도, 직업전환의 용이성 등 노동시장의 현존하는 실질적 조건에 따라 발생하는 실업률이라고 정의하였다. 이러한 실업률은 케인즈적인 비자발적 실업과 그 성격을 달리하는 완전고용실업률 또는 구조적 실업률이라고 볼 수 있다.

자연실업률이란 인플레이션 없이 유지될 수 있는 최저수준의 실업률로서 그 경제의 잠재적 산출고(potential output) 수준하에서의 실업률이다.

자연실업률은 영(0)이 아니다. 왜냐하면 경제 내에서 노동력이 끊임없이 이동하고, 노동자와 기업의 요구가 다양하며 재화와 용역의 수요·공급이 지속적으로 변화하기 때문에 아무리 고용률이 높다고 할지라도 어느 정도의 실업은 여전히 존재한다. 프리드먼에 따르면 이러한 자연실업률이 몇 %인지를 정확히 알 수 없다고 한다. 즉 자연실업률은 정확하게 측정할 수 없다는 것이다. 더욱이 자연실업률의 수준 그 자체가 시간의 흐름에 따라 변한다는 것이다.

자연실업률을 결정하는 요인은 제도상의 변경, 노동시장의 불완전성, 직업에 관한 정보수집 비용의 변화 등인데, 이들 요인들은 시간이 흐르면 변하기 때문이다. 그러므로 자연실업률은 존재하지만 눈으로 볼 수 없는 실업률이라고 할 수 있다.

(2) 경기적 실업과 산출 감소

경기적 실업(cyclical unemployment)은 경기순환의 과정에서 경기후퇴나 불황에 수반하여 발생하는 실업이다. 따라서 경기적 실업은 특정 산업부문의 노동수요 감소라기보다 전반적인 노동수요가 감소할 때 발생하는 실업이라고 할 수 있다. 반면에 구조적 실업은 기술혁신 등으로 종래의 기술이 경쟁력을 잃거나 어떤 산업이 장기적으로 사양화됨에 따라 특정 산업부문에서 발생하는 실업을 말한다. 구조적 실업은 경기적 실업보다 오래 지속되는 특성을 가지고 있다. 경기적 실업은 경기가 회복되면 해소되지만, 구조적 실업은 산업구조의 재편과 새로운 인력훈련이 있어야 해결될 수 있기 때문이다.

한편 경기후퇴기에 실업의 증가는 보다 근본적인 문제를 발생시킨다. 기본적인 문제는 기업이 생산을 축소시킨다는 것이다. 경기침체는 실질 GDP 또는 실질 산출의 감소를 수반한다는 것을 상기하라. 기업이 비용을 줄이고 생산을 감소시킬 때, 기업들은 노동과 자본을 덜 사용한다. 그러므로 경기침체의 가장 직접적인 비용은 실질 재화와 서비스의 생산 감소이다.

한편 오쿤(A. Okun)은 생산과 고용(실업)의 관계에 대해 오쿤의 법칙(Okun's Law)을 발견하였다. 오쿤은 인플레이션을 가속화시키지 않는 잠재적으로 실현가능한 생산량을 잠재적 GNP라고 정의하고, 이로부터 현실의 실제 GNP가 얼마나 괴리되었는가를 측정하는 기준으로 GNP갭을 다음과 같이 정의하였다.

$$GNP갭 = \frac{잠재적\,GNP(y_f) - 실제\,GNP(y)}{실제\,GNP(y)}$$

오쿤은 GNP 갭이 양(+)의 값을 취하면 한 경제가 잠재적으로 생산할 수 있는 수준 이하에서 조업하고 있으므로 자원의 낭비라고 보았다. 이러한 경우 인플레이션을 가속화 시키지 않으면서 유효수요를 증가시킴으로써 실업률을 낮출 수 있다고 주장하였다.

다시 말하자면 오쿤의 법칙은 실업률과 GNP갭과는 밀접한 관계를 갖고 있다는 것으로서 "실업률이 1% 감소하면 GNP는 3% 증가한다"는 이론이다. 이를 오쿤의 계수라고 하는데 그 계수는 3이 된다. 오쿤의 법칙에서의 실업률은 곧 경기적 실업을 말하는 것이며, 그러한 의미에서 경기적 실업은 산출비율(잠재적 GNP에 대한 실제GNP의 비율)과 역의 관계에 있다고 할 수 있다.

4. 경기후퇴의 편익

경기후퇴는 어떤 이득을 가지고 있는가? 대답은 "그렇다"고 할 수 있다. 경기침체는 인플레이션율을 점차적으로 낮춘다. 간단히 말해 경기침체는 인플레이션과 반대방향으로 움직이지만 왜 그렇게 되는가하는 것을 이해하기 위해서는 상당히 많은 분석이 필요하다[4]. 여기

---

4) 우리는 이 부분에 대해서는 제11장에서 자세히 살펴볼 것이다.

에서의 주된 논점은 바로 경기침체가 인플레이션을 줄이는데 도움을 준다는 것이다.

한편 일부 학자들은 경기침체는 비효율적인 기업을 도태시키고 살아남은 기업은 자원을 낭비하지 않고 더욱 잘 경영하도록 함으로써 효율적인 기업으로 거듭나게 하는 함으로써 경제의 효율성을 증대시킨다고 주장하기도 한다.

제2절 인플레이션

경기순환 과정 중에 종종 인플레이션이 발생한다. 〈표 3-6〉은 1970년 이후의 소비자물가상승률로 나타낸 인플레이션율을 보여준다. 1973년을 제외하고는 1970년대에는 10%가 넘은 높은 인플레이션율을 보여준다. 특히 1974년, 1975년과 1980년, 1981년에는 인플레이션율이 20%를 넘을 정도로 크게 물가가 상승하였다. 그러다가 1982년부터 1987년까지 점차 인플레이션율이 하향 안정적인 추세를 보이다가 다시 그 80년대 후반부터 90년대 초반까지 인플레이션율이 높게 나타났다. 95년 이후에는 다시 4% 대의 인플레이션율을 보이다가 1998년 경제위기 당시 다시 7.5%로 높아지고 그 이후에는 최근까지 가장 낮은 수준을 보이고 있다.

〈표 3-6〉 인플레이션율(소비자물가상승률)

년도	인플레이션율	년도	인플레이션율	년도	인플레이션율
1971	13.5	1983	3.4	1995	4.5
1972	10.7	1984	2.3	1996	4.9
1973	3.2	1985	2.5	1997	4.4
1974	24.3	1986	2.8	1998	7.5
1975	25.2	1987	3.1	1999	0.8
1976	15.3	1988	7.1	2000	2.3
1977	10.1	1989	5.7	2001	4.1
1978	14.5	1990	8.6	2002	2.7
1979	18.3	1991	9.3	2003	3.6
1980	28.7	1992	6.2	2004	3.6
1981	21.4	1993	4.8	–	–
1982	7.2	1994	6.3	–	–

자료: 통계청, KOSIS

왜 인플레이션이 문제가 되는가? 만약 여러분들이 인플레이션 기간동안 임금과 봉급수준이 물가수준을 따라 상승한다는 것을 이해한다면, 이러한 의문이 여러분들이 처음 생각하는 것보다 훨씬 복잡 미묘하다는 것을 이해할 것이다. 만약 소득이 두 배가 되고 또한 사고자 하는 물건들의 값 또한 두 배가 된다면 생활수준은 더 나빠졌는가? 이 경우 이전에 구입했던 양과 정확히 동일한 양만큼 살수 있다. 따라서 생활수준은 내가 무엇을 살 수 있는가에 의존하므로 앞의 질문에 대한 대답은 "아니다(NO)"이다.

그러나 소득과 물가수준은 인플레이션 기간동안 동일한 비율로 상승하는 것은 아니다. 소득수준이 물가수준보다 더 빨리 상승하는 사람들이 있는 반면에, 어떤 사람들에게는 물가수준이 더 빨리 상승한다. 결론적으로 인플레이션이 발생하면 그로부터 이득을 보는 사람들이 있는 반면 손해를 보는 사람들도 있다.

본 절에서는 인플레이션 문제 즉 인플레이션의 측정방법, 인플레이션의 비용 및 인플레이션 기간동안 기대되는 이득 및 손실 문제 등을 살펴보고자 한다.

1. 인플레이션의 정의

인플레이션이란 무엇인가? 반드시 모든 재화나 서비스들의 가격이 상승해야 인플레이션이 발생하는 것이 아니다. 개별 재화와 서비스들의 가격은 여러 가지 방법으로 결정된다. 완전경쟁시장에서는 수많은 구매자가 판매자의 상호작용, 즉 수요와 공급의 조절에 따라 가격이 결정된다. 불완전 경쟁시장에서는 생산자에 의해 가격의 결정된다.

어떤 경제에서는 시장이 조건들이 변화에 따라 조정됨에 따라 가격이 계속 변한다. 비가 적게 와서 옥수수나 밀 농장 등이 가뭄이 들면 공급이 감소하여 농산물의 가격이 상승할 것이다. 같은 시기에 석유생산자가 석유 공급을 증가시키면 석유 및 석유제품의 가격이 떨어지게 된다. 또 한편으로는 동시에 자동차 산업 노동자들이 임금을 올려달라는 협상을 자동차 회사와 할 수 있다.

한 재화의 가격이 상승할 때, 그러한 재화의 가격 상승은 인플레이션의 크게 영향을 미칠 수도 있고 그렇지 않을 수도 있다. 앞에서 설명한 바와 같이 인플레이션이란 전반적인 물가수준이 상승하는 것을 말한다. 동시에 많은 가격들이 상승할 때 인플레이션이 발생한다. 한편 전반적인 물가수준이 하락하는 경우를 디플레이션(deflation)이라고 한다. 동시에 많은 가격들이 하락할 때 이러한 디플레이션이 발생한다.

전반적인 물가수준이 한 번 상승하는 것과 주어진 기간동안 계속하여 상승하는 것을 구분할 필요가 있다. 예를 들어 전반적인 물가수준은 한달에 10% 상승하고 그 수준에서 멈출 수도 있고, 아니면 몇 년 동안 계속하여 상승할 수도 있다. 경제학자들은 종종 어떤 주어진 기간동안 계속하여 물가수준이 증가하는 경우에만 인플레이션이라는 개념을 사용한다. 우리는 그러한 기간을 지속적 인플레이션의 기간이라고 한다.

2. 물가지수

우리가 살고 있는 현실 경제에는 수많은 재화와 서비스가 있다. 그런데 시장에서 거래되는 상품은 매우 다양하여 어떤 것은 가격이 오르고 어떤 것은 가격이 내리는 현상이 발생하며 또한 오르내리는 정도도 제 각각 다른 것이 보통이다. 그러므로 전반적인 상품가격의 변화를 알아보려면 이들 개별 상품의 가격 변화를 종합해야 할 필요성이 발생한다. 이러한 필요에 의해 만들어진 개념이 바로 '물가'와 '물가지수'이다. 즉 물가란 시장에서 거래되는 모든 상품의 가격을 일정한 기준에 따라 평균한 종합적인 가격수준을 나타내며, 물가의 움직임을 한 눈에 알아볼 수 있게 하나의 숫자로 나타낸 것을 물가지수(price index)라고 한다. 물가지수는 상품의 종류와 수량을 고정시켜 놓고, 기준시점의 물가수준을 100으로 하여 비교시점의 물가를 하나의 숫자로 나타낸 지표이다. 이에 따라 어느 특정 시점의 물가지수가 120이라면 이는 기준시점보다 물가가 20% 오른 것을 의미하며, 90이라면 물가가 기준시점보다 10% 내린 것을 의미한다.

물가변동은 생산·소비·저축·투자 등 한 나라의 모든 경제 활동의 결과를 반영하는 것이기 때문에 일국의 경제동향 분석이나 경제정책수립 등에 필요한 기초 자료로서 광범위하게 활용된다. 구체적으로 물가지수는 화폐의 구매력 측정수단, 경기동향 판단지표, 명목가치를 실질가치로 환산하는 데 필요한 디플레이터로서의 기능, 그리고 전반적인 상품수급동향 판단자료 등의 용도로 쓰이고 있다.

첫째, 물가지수는 화폐의 구매력을 측정할 수 있는 수단이 된다. 만일 시장에서 물가가 지속적으로 상승하고 있다면 주어진 화폐로 구입할 수 있는 상품의 양은 물가가 오르기 전보다 감소하게 되므로 돈의 가치 즉, 구매력은 감소하게 되며 반대로 물가의 하락이 계속되면 화폐의 구매력은 증대된다.

둘째, 물가지수는 경기판단지표로서의 역할을 한다. 일반적으로 경기가 상승국면에 있는 경우에는 수요가 증가하므로 물가가 상승하고 하강국면에서는 수요가 감소하므로 하락하게 된다. 따라서 물가지수는 이러한 경기동향을 민감하게 반영하여 움직이기 때문에 때로는 경기판단지표로서도 활용될 수 있다.

셋째, 물가지수는 디플레이터(deflator)로서의 기능을 갖는다. 우리는 금액으로 표시되어 있는 통계자료를 다룰 때 현재의 금액을 과거 어느 시점의 금액으로 환산할 필요성을 종종 느낄 때가 있다. 이 경우 흔히 물가지수를 이용하게 되는데 구체적으로는 현재의 금액을 두 기간 사이의 물가지수 비율로 나누어 과거시점의 금액으로 환산하게 된다.

넷째, 물가지수는 상품의 전반적인 수급동향뿐만 아니라 상품의 종류별 수급동향도 판단할 수 있는 자료를 제공해 준다. 즉, 물가지수 발표자료를 보면 모든 상품의 가격동향이 종합된 총지수 외에 유사한 품목끼리 묶은 유별지수도 있어, 이를 보면 부문별 상품수급동향의 분석도 가능하다.

현재 우리나라에서 작성되는 물가지수는 쓰임새에 따라 다양하게 작성되고 있다. 생산자의 국내시장 출하단계에서 재화 및 서비스의 평균적인 가격변동을 측정하기 위한 생산자물가지수, 소비자가 소비생활을 위하여 구입하는 재화의 가격과 서비스 요금의 변동을 측정하기 위한 소비자물가지수, 수출입상품의 가격동향을 파악하고 그 가격변동이 국내물가에 미치는 영향을 사전에 측정하기 위해 작성되는 수출입물가지수, GDP 디플레이터 등이 있다. 생산자물가지수와 수출입물가지수는 한국은행이, 소비자물가지수는 통계청이 작성한다. 한편 국민소득 추계시 명목 GDP를 실질GDP로 나누어 사후적으로 산출되는 GDP 디플레이터는 원래 물가의 변동을 보고자 작성되는 것은 아니지만 그 정의상 일종의 물가지수가 된다.

(1) 생산자물가지수(producer price index: PPI)

생산자물가지수는 국내생산자의 제1차 거래단계에서 기업상호간에 거래되는 모든 재화와 서비스의 가격변동을 측정하기 위해 작성되는 물가지수이다.[5] 생산자물가지수는 경제의 서비스화 진전에 부응하여 1995년 기준지수부터는 운수, 통신, 금융, 부동산 등 기업용 서비스품목도 조사대상에 포함하고 있다. 이렇게 생산자물가지수는 국내에서 생산하여 국내시장에 출하되는 재화와 서비스를 조사대상으로 하고 있어 다른 물가지수보다 포괄범위가 넓으

---

5) 생산자물가지수는 1910년부터 편제하고 있는 우리나라에서 가장 오래된 통계로서 지금까지 12차례에 걸친 개편과정을 거치면서 많은 개선과 발전을 거듭하여 왔다. 작성초기부터 1991년까지는 도매물가지수 (whole sale price indes: WPI)란 이름으로 발표하였으나 1990년 기준 지수 이후부터는 생산자물가지수(PPI)로 명칭을 변경하였다.

며 전반적인 상품의 수급동향을 반영한 일반적인 물가수준을 반영한다고 해서 일반목적지수라고도 한다.

생산자물가지수의 조사기준가격은 생산자출하가격 즉, 부가가치세를 제외한 생산자판매가격(공장도가격)을 원칙으로 하고 있으며, 조사대상품목은 상품군별로 대표성을 고려하여 선정한다. 현행 2000년 기준지수에서는 서울을 비롯한 전국 16개 주요 도시지역에서 거래되는 주요 품목 926개(상품 846개, 서비스 77개)를 조사대상으로 생산자판매가격 또는 수입업자 판매가격을 중요도에 따라 가중치를 달리하여 기준연도 대비 산술평균한다.

2000년 기준년도로 삼고 있는 현행 생산자물가지수의 대상품목을 대분류하여 그 각각의 가중치를 보면 식료품 9.0%, 식료품 이외 91.0%이며 또는 에너지 9.3%와 에너지이외 90.7%, IT 16.0%와 IT이외 84.0%이다.

(2) 소비자물가지수(consumer price index: CPI)

소비자물가지수는 소비자가 일상 소비생활에 쓸 용도로 구입하는 재화(소비재)의 가격과 개인서비스 요금의 변동을 조사함으로써 가계의 평균적인 생계비 내지 구매력의 변동을 측정하기 위한 물가지수로서 한 나라의 대표적인 인플레이션지표로도 이용되고 있다. 소비자물가지수의 실제추계는 현재(2000년 기준지수) 서울을 비롯한 36개 주요 도시에서 거래되는 생활필수품 516개(상품 357개, 서비스 159개)의 소매가격을 중요도에 따라 가중치를 달리하여 기준년도 대비 산술평균한다. 소비자물가지수의 대상품목을 대분류하여 그 가중치를 보면 식료품 27.1%, 주거비 15.6%, 광열·수도 5.8%, 가구·집기 3.8%, 피복 및 신발 5.7%, 보건 의료 4.4%, 교육 11.5, 교양오락 5.4%, 교통·통신 15.9 등으로 식료품의 비중이 가장 크다.

한편, 1995년 기준지수부터는 소비자물가지수의 보조지수로서 생활물가지수가 작성되고 있는데 이는 소비자물가 조사대상 품목 중에서 일반 소비자들이 자주 구입하는 기본 생필품 156개를 선정한 후 이들의 평균적인 가격 변동을 나타낸 지수로서 소비자가 피부로 느끼는 장바구니 물가에 보다 근접한 물가지수라고 하겠다.

(3) 수출입물가지수(export and import price indexes)

수출입물가지수는 수출입상품의 가격변동을 조사함으로써 국내물가에 미치는 영향을 사전에 측정하기 위하여 작성되는 지수로서 수출입 관련업체들의 수출채산성 변동이나 수입원가 부담 등을 파악하는 한편, 수출입물가지수의 상호비교를 통하여 가격측면에서의 대외교역조건 등을 측정하는 데에도 이용된다.

수출입물가지수의 가격조사 품목으로는 현재(2000년 기준지수) 수출 227개, 수입 222개가 선정되어 있는데 이 품목들은 2000년 통관기준 수출 또는 수입 총액 중에서 차지하는 비중이 1 / 2,000 이상인 품목들로서 선박, 항공기, 예술품, 귀금속, 무기류 등 가격조사가 곤란하거나 가격시계열 유지가 어려운 품목들을 제외하였다. 조사가격은 원칙적으로 수출은 FOB가격, 수입은 CIF가격이나 일부 품목에 대해서는 조사대상처의 거래관행에 따르고 있으며, 조사시점은 국내물가에 대한 선행성과 국제시장가격을 제대로 반영하기 위해 수출입계약시점을 기준으로 하고 있다. 또한 수출입물가지수는 국내물가에 미치는 영향을 쉽게 파악할 수 있도록 수출입가격을 원화로 환산하여 작성되는데 보조지수로서 계약통화를 기준으로 산출되는 계약통화기준지수와 미달러화로 환산된 달러기준지수도 함께 작성하고 있다.

우리나라는 부존자원이 부족하여 산업생산에 필요한 각종 원자재의 대부분을 해외로부터의 수입에 의존함에 따라 수입물가지수가 국제원자재가격 변동에 크게 영향을 받고 있는데 2000년 기준 수입물가지수의 대부분(82.0%)을 원자재가 차지하고 있다.

(4) GDP 디플레이터

디플레이터(deflator)란 명목가치를 실질가치로 환산할 때 사용하는 가격지수이다. GDP 디플레이터는 국민소득 추계시 경상가격에 의한 GDP(명목 GDP)를 불변가격에 의한 GDP(실질 GDP)로 나누어 사후적으로 산출된다. 즉

$$GDP디플레이터 = \frac{명목\,GDP}{실질\,GDP} \times 100$$

GDP 디플레이터는 재화와 서비스의 국내거래가격 뿐만 아니라 수출입가격의 변동까지도 포함하기 때문에 가장 포괄적인 물가지수라고 할 수 있다. 그러나 GDP 디플레이터는 앞에서 살펴본 물가지수들과는 달리 가격변동을 직접 조사하여 작성하는 것이 아니기 때문에 엄밀한 의미의 물가지수라 할 수는 없다.

(5) 물가지수 작성방법

　물가지수를 작성하는 방법은 가중치를 무엇으로 하는가에 따라 기본적으로 두 가지 상이한 계산식이 있다. 하나는 라스파이레스 지수(Laspeyres Index), 다른 하나는 파셰지수 (Paasche Index)이다. 가중치로서 기준년도의 거래량을 사용하는 계산식을 라스파이레스 지수라고 하며, 반대로 비교년도의 거래량을 사용하는 계산식을 파셰지수라고 한다.

　n가지 종류의 재화에 대한 가격을 종합한 물가지수를 작성할 경우 i는 재화의 종류, 기준년도를 0, 지수작성년도(비교년도)를 t라고 하면, p_0^i와 q_0^i는 기준년도의 i번째 재화의 가격 및 거래량을, p_t^i와 q_t^i는 비교년도의 i번째 재화의 가격 및 거래량을 나타낸다. 그러면 라스파이레스 지수(LPI)는 다음과 같은 식으로 나타낸다.

$$LPI = \frac{\sum_{i=1}^{n} p_t^i q_0^i}{\sum_{i=1}^{n} p_0^i q_0^i} \times 100$$

　즉 라스파이레스 지수는 기준연도의 거래량이 기준연도와 비교년도의 시장에서 평가되는 것을 비교하여 물가의 변동을 포착하는 방법이다. 따라서 이 방법은 비교년도에 일정량의 시장품목을 구입하는 데 기준년도에 비해 얼마만큼 더 또는 덜 비용이 드는가를 비교함으로써 물가지수를 산정한다. 라스파이레스 지수는 각 상품 생산액이 기준연도의 총생산액 중에서 차지하는 비율을 가중치로 하여 합계한 것이기 때문에 기준시점 가중산술평균지수라고 한다.

　한편 파셰 지수(PPI)는 다음과 같은 식으로 표시된다.

$$PPI = \frac{\sum_{i=1}^{n} p_t^i q_t^i}{\sum_{i=1}^{n} p_0^i q_0^i} \times 100$$

　파셰 지수는 비교년도의 거래량을 기준년도의 가격에 비해서 비교년도의 가격으로 계산할 때 얼마나 더 또는 덜 비용이 드는가를 보여준다. 즉 파셰 지수는 비교년도 거래량을 기준연도 가격으로 평가하여 각 상품의 가중치를 구하고 이 가중치를 사용하여 가격지수를 합계한 것이다. 이와 같이 파셰지수는 비교년도의 가중치를 사용했다고 해서 비교시점 가중산술평균지수라고도 한다.

라스파이레스 지수에서는 가중치를 기준년도의 것에 고정시켜 매년도의 가격조사만으로 산출할 수 있기 때문에 편리한 반면, 파셰 지수에서는 지수산정 연도마다 가중치를 바꾸어 놓고 산출해야 하는 불편이 있다. 그렇지만 이상의 두 방법 중 어느 하나가 다른 하나보다 더 좋은 방법이라고 말할 수는 없다. 우리나라에서는 소비자물가지수, 생산자물가지수 및 수출입물가지수는 라스파이레스 지수를 사용하여 작성하고 있다.

한편 물가지수의 일종으로 사용되고 있는 GDP 디플레이터는 t년도의 명목GDP$(=\sum_{i=1}^{n}p_t^i q_t^i)$를 t년도의 실질GDP$(=\sum_{i=1}^{n}p_0^i q_0^i)$로 나눈 것이므로 파셰지수이다. 즉 GDP 디플레이터는

$$GDP\ deflator = \frac{\sum_{i=1}^{n}p_t^i q_t^i}{\sum_{i=1}^{n}p_0^i q_0^i} \times 100$$

이므로 파셰지수 계산방식과 일치한다.

(6) 각 물가지수의 차이점

물가의 변동을 측정할 때 보통 생산자물가지수(PPI)와 소비자물가지수(CPI), GDP 디플레이터를 사용한다. 그런데 우리는 이 세 가지 물가지수가 종종 서로 다른 방향으로 움직이거나 같은 방향이라도 변동폭에 큰 차이를 보이는 경우를 볼 수 있는데, 그 원인은 무엇일까? 이는 앞에서 살펴본 바와 같이 조사하는 품목의 범위와 가격을 조사하는 단계 및 적용되는 가중치가 서로 다르기 때문이다. 이를 좀더 부연 설명하면 다음과 같다.

첫째, 소비자물가지수와 생산자물가지수는 조사대상 품목의 범위가 서로 다르다. 생산자물가지수에는 소비자물가지수와는 달리 소비재 이외에 원재료, 중간재, 자본재 등이 조사대상에 포함된다. 반면, 소비자물가지수에서는 생산자물가지수 조사대상이 아닌 외식비, 집세, 교육비 등 개인서비스요금이 조사대상에 포함된다. GDP 디플레이터에는 소비재·서비스·자본재 등이 최종생산물이면 모두 포함되어 대상품목수가 가장 광범위한 종합적인 물가지수이다.

소비자물가지수 및 생산자물가지수에는 수입품의 가격이 포함되지만, GDP를 산정할 때 수입이 제외되기 때문에 GDP 디플레이터에는 수입품의 가격이 포함되지 않는다.

둘째, 가격을 조사하는 단계가 서로 다르다. 소비자물가지수에서는 소비자구입단계의 소매가격을 조사하는 반면 생산자물가지수에서는 생산자판매단계의 공장도가격을 조사하면 된다. 따

라서 소비자물가에는 생산자물가에 포함되지 않는 중간단계에서의 유통마진과 부가가치세 등 각종 세금이 포함되어 있다.

셋째, 같은 품목이라고 하더라도 두 지수에서 적용되는 가중치가 서로 다르다. 생산자물가지수의 품목별 가중치는 매출액 기준으로 산출되기 때문에 매출액이 큰 품목일수록 가중치가 큰 데 비하여 소비자물가지수 품목별 가중치는 도시가계 소비지출액 기준이므로 소비지출규모가 큰 품목의 가중치가 더 크게 나타난다. 예를 들어, 경유는 기업에서 연료로 쓰이는 비중이 크기 때문에 생산자물가지수의 가중치(14.8 / 1,000)가 소비자물가지수 가중치(1.5 / 1,000)보다 훨씬 크다. 반면에 채소는 가계에서 소비하는 비중이 높아서 소비자물가지수의 가중치(16.4 / 1,000)가 생산자물가지수 가중치(9.1 / 1,000) 보다 크다.

이상에서 살펴본 바와 같이 생산자 및 소비자물가지수는 작성목적의 차이로 인하여 조사대상품목, 가격조사단계 및 가중치구조 등이 서로 다르기 때문에 그 변동의 방향이나 폭이 서로 다를 수 있다. 현행 우리나라의 주요 물가지수의 작성기준상 차이를 비교해 보면 〈표 3-7〉과 같다.

〈표 3-7〉 우리나라의 주요 물가지수 비교

구 분	생산자물가지수	소비자물가지수	수출입물가지수
작성기관	한국은행	통계청	한국은행
작성목적	국내생산자가 생산·출하하는 상품 및 서비스 가격변동 측정	일반가계가 소비하는 재화가격과 서비스요금의 변동 측정	수출입상품의 가격변동 측정
대상품목	국내 거래규모가 큰 923개 품목	가계소비지출 비중이 큰 소비재와 서비스 516개 품목	수출 및 수입규모가 큰 수출 227개, 수입 222개 품목
대상품목 선정기준	2000년 개별품목의 국내거래액이 상품은 1/ 10,000 이상, 서비스는 1/2,000 이상인 품목	2000년 도시가계조사의 품목별 소비지출액 기준 1/ 10,000이상 거래품목	2000년 상품별 수출입액기준 1/2,000이상 거래품목
기준년도	2000년(5년마다 변경)	좌 동	좌 동
조사가격	생산자판매가격	소비자구입가격	수출입계약가격(수출은 FOB, 수입은 CIF 기준)
지수산식	라스파이레스식	좌 동	좌 동
이용범위	시장동향분석, 구매 및 판매계약, 예산편성 및 심의, 자산재평가 등	소비자의 생계비 변동파악, 노사간 임금조정 기초자료 등	수출입상품의 가격변동이 국내물가에 미치는 영향의 사전측정

한국은행, 알기 쉬운 경제지표 해설, 2004.

3. 인플레이션의 비용

만약 많은 사람들에게 인플레이션이 왜 나쁜지를 물어본다면, 그들은 인플레이션은 재화와 서비스의 가격을 더 비싸지게 하므로 전반적인 생활수준이 낮아질 것이라고 대답할 것이다. 즉 인플레이션은 사람들의 구매력을 낮춘다. 사람들은 자장면 한 그릇이 500원 하던 시기를 회상하는 것을 좋아한다. 만약 가격이 변하지 않았다면 오늘 무엇을 살 수 있는지를 생각해 보라.

사람들은 통상적으로 과거에 소득이 얼마였는지를 생각하지 않는다. 자장면 한 그릇 가격이 500원에서 2,500원으로 올랐고, 옛날에 1,000만원 벌었던 사람이 지금 5,000만원을 번다면 실질항목으로 아무런 의미가 없는 것은 아니다. 그 이유를 간단히 살펴보자.

사람들의 소득은 통상적으로 임금과 봉급, 이윤, 이자 및 임대료로 구성되는데 이러한 요소들은 인플레이션 기간동안 마찬가지로 상승한다. 임금은 노동의 가격이고 이자는 자본의 가격 등이다. 인플레이션 기간동안 대분의 가격은-생산요소 가격을 포함하여-함께 오르는 경향이 있다. 생산요소 가격은 노동자들의 소득과 자본과 토지 소유자들의 소득을 결정한다. 즉 인플레이션이 진행되면 우리가 구입하고자 하는 상품들의 가격만 오르는 것이 아니라 노동과 자본 등 우리가 파는 생산요소의 가격도 올라 소득이 증가한다. 그러므로 만약 소득이 물가보다 더 많이 오르면 인플레이션이 발생해도 생활수준은 낮아지지 않는다. 물가가 소득보다 더 많이 상승할 때 인플레이션은 생활수준을 떨어뜨린다. 그러면 인플레이션이 발생하면 경제에 어떠한 현상이 발생하는지를 좀 더 구체적으로 알아보자.

첫째, 인플레이션은 소득과 부의 분배에 영향을 미친다. 여러분들이 인플레이션 기간동안 이득을 볼 것인지 아니면 손해를 볼 것인지는 여러분들의 소득이 물가보다 더 빠른 속도로 오르는지 아니면 더 늦게 오르는지에 달려 있다. 인플레이션의 영향을 논의할 때 주로 언급되는 집단은 고정된 소득으로 살아가는 사람들이다. 명백하게 만약 여러분의 소득이 고정되어 있고 물가가 오른다면, 여러분의 재화와 서비스를 구입할 수 있는 구매력은 비례적으로 감소한다. 그러면 누가 고정소득자인가?

대부분의 사람들은 노인들을 떠올린다. 실제로 많은 은퇴한 사람들은 매달 일정한 연금을 받아 생활한다. 그러나 물가와 연동된 연금 상품은 많은 이득을 준다. 즉 이러한 연금 상품의 이득은 일반물가수준이 상승할 때 자동적으로 연금에 연동되어 상승한다는 것이다. 예를 들어 물가수준이 10% 상승하면 연금 또한 10% 상승하는 것이다.

이와 같이 인플레이션이 발생하는 경우 봉급생활자나 연금생활자 등 수입이 고정되어 있는 사람들은 생활이 어려워지는 반면 건물이나 토지 등 부동산을 소유한 사람들은 부동산 가격 상승으로 이익을 누린다.

둘째 인플레이션은 채무자와 채권자에게 영향을 미친다. 인플레이션이 발생하면 현금, 예금, 채권 등의 금융자산을 가지고 있는 사람은 물가가 오른 만큼 금융자산의 가치가 떨어지게 되므로 손해를 보는 반면, 돈을 빌린 채무자는 갚아야 할 부담이 줄기 때문에 물가상승으로 이익을 보게 된다. 예를 들어 물가상승이 없는 경우의 10,000원은 화폐의 가치를 10,000원으로 유지할 수 있지만, 물가가 10%만큼 상승하면 화폐의 가치는 10%만큼 하락하게 되므로 금융자산은 물가가 상승하면 그만큼 실질가치가 하락한다.

그런데 예금 등 금융자산을 소유하고 있는 부문은 주로 가계이고 이들 자산에 대한 채무자는 주로 기업과 정부이기 때문에 인플레이션은 가계의 부를 기업과 정부로 재분배하는 좋지 않은 경제적 효과를 유발시킨다.

셋째 인플레이션은 국제수지에 악영향을 준다. 즉, 국내물가가 오르면 해외시장에서 우리나라 상품가격이 외국 상품가격보다 비싸지기 때문에 가격경쟁력이 떨어져 수출이 어려워지는 반면 국내시장에서는 수입상품 가격이 상대적으로 저렴해지므로 수입은 증가하게 되어 경상수지가 나빠지게 된다.

넷째, 인플레이션은 위험을 증대시키고 경제성장을 더디게 한다. 예기치 않은 인플레이션이 반복적으로 발생할 때 투자와 관련된 위험의 정도가 증가한다. 불확실성의 증가는 투자들로 하여금 자본에 대한 투자를 위축시키고 장기계약을 꺼리게 한다. 투자 감소는 국민경제의 장기 성장기반을 약화시키는 결과를 초래한다.

제4장 균형국민소득수준의 결정

제4장부터 거시경제이론에 대한 논의를 본격적으로 시작한다. 우리는 앞 장에서 국민소득이 어떻게 측정되는지를 배웠다. 그러면 국민소득에 영향을 미치는 요소들은 어떤 것들이 있는가? 또한 우리는 실업과 인플레이션이 어떻게 정의되고 어떤 방식으로 측정되는지를 알고 있다. 그러면 어떤 상황이 실업과 인플레이션을 초래하는가? 그리고 정부는 실업과 인플레이션 및 기타 거시경제문제들을 해결할 수 있는가?

거시경제의 다양한 구성요소들을 분석하는 것은 아주 복잡하다. 거시경제학자들이 크게 관심을 갖는 두 가지 거시변수인 국민소득과 물가수준은 광의로 정의된 세 시장, 즉 재화 및 서비스(또는 생산물)시장, 화폐시장 및 노동시장의 움직임에 영향을 받는다. 우리는 앞으로 이러한 시장들의 개별적인 움직임뿐만 아니라 이들 시장간의 상호 연관성 또한 살펴볼 것이다.

〈그림 4-1〉은 이 책에서 앞으로 전개될 시장들에 관한 내용들을 나타낸다. 물론 그 내용들은 거시경제이론의 핵심을 이룬다. 제4장과 제5장에서는 간단히 생산물시장이라고 하는 재화 및 서비스 시장을 분석한다. 제4장에서는 몇 가지 기본적인 개념과 정부나 해외부문을 배제한 아주 단순한 경제에서 어떻게 균형국민소득수준이 결정되는지를 설명한다. 제5장에서는 정부구매와 조세 그리고 순수출을 분석에 포함시키는 좀 더 현실에 가까운 경제를 분석한다. 제6장과 제7장은 화폐시장에 초점을 둔다. 제6장은 화폐시장과 은행제도를 도입하여 우리나라 중앙은행인 한국은행이 어떻게 통화량을 통제하고 조절하는지를 배운다. 제7장은 화폐에 대한 수요와 이자율 결정과정을 다룬다. 제8장은 생산물시장과 화폐시장이 서로 어떻게 상호 연결되어 있는지를 살펴본다. 제9장에서는 생산물시장과 화폐시장에서의 재정, 금융정책의 효과를 살펴본다. 제10장에서는 지금까지 배운 것을 종합하여 총수요·총공급곡선과 총수요관리정책에 대해 설명한다.

제4장에서는 몇 가지 기본적인 개념과 정부나 해외부문을 배제한 아주 단순한 경제에서

어떻게 균형국민소득수준이 결정되는지를 설명한다. 본장은 총수요에 관한 케인즈 이론의 기본요소를 이해하는데 매우 유용할 것이다. 이처럼 정부나 해외부문을 배제한 단순한 모형에서는 모델의 복잡성을 피하기 위해 화폐와 이자율의 영향을 고려하지 않는다. 또한 물가수준이나 화폐임금수준의 변화도 고려하지 않는다. 화폐시장은 제6장과 제7장에서 도입한다.

<그림 4-1> 거시경제에서 시장의 구성

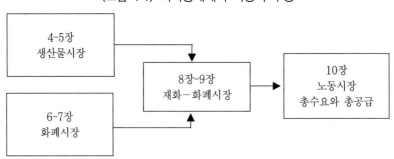

제1절 총산출과 국민소득

매기마다 기업들은 재화와 서비스를 생산하는데 이를 총산출(aggregate output: Y)이라고 한다. 우리는 제2장에서 한 경제 내에서 생산된 산출물의 수량에 대한 측정치로서 실질 국내총생산(GDP)의 개념을 도입하였다. 산출물은 서비스와 소비재 및 투자재의 생산을 포함한다. 이러한 것들은 "실질" 산출물의 구성요소라고 생각하는 것이 중요하다.

우리는 이미 GDP(Y)는 소득 또는 지출의 항목으로 계산될 수 있음을 살펴보았다. 모든 화폐지출은 누군가의 소득이 되기 때문에, GDP는 일정기간 동안 모든 최종재에 대해 지출을 모두 더하든지 아니면 생산에 참여한 생산요소가 받는 모든 소득 즉 임금, 임대료, 이자 및 이윤을 더함으로써 계산할 수 있다.

앞으로 우리는 총산출이나 국민소득을 나타내는 변수로 Y를 사용할 것이다. 왜냐하면 이 둘은 동일한 값을 두 가지 다른 측면에서 측정한 것이기 때문이다. 산출이 증가하면 추가적인 소득이 발생한다. 산출을 증가시키기 위해서는 더 많은 노동자들이 고용되고 따라서 더 많은 임금을 받는다. 노동자들은 더 많은 시간을 일해 더 많은 임금을 받고, 기업주는 더 많은 이윤을 얻을 수 있다. 반대로 산출이 감소할 때 소득은 감소하고, 노동자들은 해고되거나 노동시간이 줄어들어 임금이 이전보다 감소하며 이윤 또한 줄어든다.

또한 총산출은 기업이 일정기간 동안 생산하여 공급하는 수량을 나타내기 때문에 총공급으로 간주할 수 있다. 따라서 앞으로 총공급 대신에 총산출(소득)이라는 표현을 주로 사용할 것인데, 이 두 가지는 동일하다는 것을 기억할 필요가 있다. 그리고 "총산출"은 "실질GDP"를 뜻한다는 것을 반드시 기억하자. 본 장에서는 물가수준이 고정되어 있다고 가정한다. 즉 모든 변수는 실질변수이고 모든 변화는 실물의 변화이다.

균형국민소득 수준이 결정되는 메커니즘을 알아보기 위해서는 총지출(총수요)의 구성요소들을 살펴볼 필요가 있다. 정부와 해외부문이 존재하지 않는 단순한 경제에서는 두 가지 유형의 지출행태가 있다. 가계의 지출행태인 소비와 기업의 지출행태인 투자가 바로 그것이다. 이들을 각각 차례로 검토하기로 한다. 또한 저축의 결정요인도 아울러 살펴본다.

거시경제의 기능을 이해하기 위해서는 가계와 기업의 행동을 이해해야만 한다. 정부나 해외부문이 없는 단순한 경제에서 두 가지 유형의 수요 또는 지출행태가 있다. 가계에 의한 민간소비지출과 기업에의한 투자지출이 바로 그것이다.

제2절 균형국민소득 결정을 위한 제조건

1. 소득(Y), 소비(C)와 저축(S)

매기(매주, 매달, 매년 등)마다 가계는 일정한 소득(Y)을 받는다. 정부도 없고, 세금도 없고 수입도 없는 아주 단순한 경제에서, 가계는 이러한 소득을 갖고 단지 두 가지만을 할 수 있다. 즉 국내에서 생산된 재화와 서비스를 구매하는데 사용—즉 소비—하거나 저축할 수 있다. 가계가 일정기간 동안 벌어들인 소득 중 소비하지 않고 남은 소득의 일부를 저축(saving)이라고 한다. 그러므로 한 경제의 총 가계저축은 정의에 의해서 소득에서 소비를 뺀 것과 같다. 저축을 S, 소비를 C라고 하면 저축은 다음과 같이 쓸 수 있다.

$$저축(S) = 소득(Y) - 소비(C)$$

(1) 케인즈의 소비함수(C)

가계는 얼마만큼 소비할 것인가를 어떻게 결정하는가? 주어진 기간동안 한 경제의 총소비는 가계의 소득, 가계의 부, 이자율 및 가계의 미래에 관한 기대 등과 같은 많은 요소들에 의해 영향을 받는다. 이러한 요소들이 가계의 소득과 저축을 결정하는데 함께 작용한다는 사실은 놀라운 일이 아니다. 더 높은 소득수준이나 더 많은 부를 소유하고 있는 가계는 소득수준이 낮거나 더 적은 부를 가진 가계보다 더 많은 소비를 할 것이다. 낮은 이자율은 차입비용을 줄여주므로, 이자율이 낮아지면 가계의 소비지출을 자극할 것이다. 반대로 이자율이 높아지면 차입비용이 높아지므로 가계의 소비지출은 감소하게 된다. 그리고 미래에 대한 낙관적이고 긍정적인 기대는 현재의 소비를 증가시킬 것이고, 반면에 미래가 불투명하고 불확실하면 현재소비를 감소시킬 것이다.

이 모든 요인들이 소비에 영향을 미치지만, 여기서는 소득과 소비와의 관계에 초점을 두고 분석하기로 하자. 케인즈의 유효수요의 원리를 구성하는데 중심적인 역할을 하는 것이 바로 케인즈의 소비함수이다. 케인즈는 『일반이론』에서 가계의 소득이 직접적으로 가계의 소비에 영향을 미친다고 주장하였다. 물론 케인즈가 소득 이외의 다른 변수들도 소비에 영향을 미친다는 사실을 부정하지는 않았지만 소득이 소비를 결정해주는 가장 중요한 요소로 여겼다. 그는 사람들이 소득수준이 높아질수록 소비를 증가시킬 것이라고 생각하였다. 그러므로 더 높은 소득을 갖는 사람들은 소득수준이 낮은 사람들보다 더 많은 소비를 하는 경향이 있다.

만약 모든 개별 가계가 소득이 증가할 때 소비를 증가시킨다면, 한 경제의 모든 가계의 소비를 전부 합한 총소비(C)는 국민소득(Y)과 정(+)의 관계에 있다고 할 수 있다. 그러므로 케인즈의 소비함수는 간단하게 다음과 같이 표시할 수 있다.

$$C = a + bY, \quad a > 0, 0 < b < 1$$

여기서 Y는 국민소득이고, C는 소비지출이다. 양(+)이라고 가정된 기초소비 a는 소비함수의 절편으로 소득이 0일 때의 소비수준을 나타낸다. a는 이 단순모델에 명시적으로 포함되지 않은 소득 이외의 변수들이 소비에 미치는 영향을 측정해 주는 것으로 생각할 수 있다. b는 소비함수의 기울기로 소득 한 단위 증가에 따른 소비지출의 증가분을 나타내며 이를 기호로 나타내면 다음과 같다.

$$b = \frac{\triangle C}{\triangle Y} = 소비함수의 \ 기울기$$

이처럼 소득 한 단위 증가에 따른 소비지출의 증가분인 b를 한계소비성향(MPC: marginal propensity to consume)이라 부른다. 만약 소비함수의 기울기인 b가 0.8이라고 하자. 이 경우 소득이 10만원 증가하면 소비는 8만원 증가함을 의미한다. 케인즈는 소득이 증가함에 따라 소비는 증가(b>0)하지만 소비의 증가폭($\triangle C$)은 소득의 증가폭($\triangle Y$)보다 작다(b<1)고 가정한다.

케인즈는 이러한 소비함수가 안정적이라고 보았다. 즉 소득이 변해도 소비함수 $C = a + bY$ 에서 한계소비성향(b)이 일정하다는 것이다.

<그림 4-2> 케인즈의 소비함수

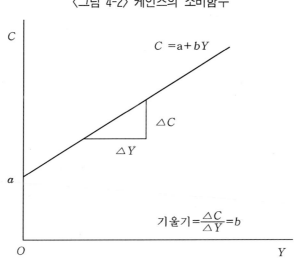

한편 평균소비를 나타내는 평균소비성향(APC; average propensity to consume)은 소득 중에서 소비가 차지하는 비율이다. 즉

$$APC = \frac{C}{Y}$$

케인즈의 소비함수에서 평균소비성향은 소득수준이 상승할 때 감소한다.[1]

이번에는 저축(S)과 소득(Y)의 관계를 보기로 하자. 가계가 일정기간 동안 벌어들인 소

---

1) 소비함수 C=a+bY 에서 양변을 Y로 나누면 C/Y=APC=a/Y+b가 된다. 여기서 한계소비성향 (b)와 기초소비(a)가 일정하므로 소득이 증가할 때 평균소비성향은 감소한다.

득 중 소비하지 않고 남은 소득의 일부를 저축이라고 한다. 그러므로 한 경제의 총 가계저축은 정의에 의해서 소득에서 소비를 뺀 것과 같다. 다시 말하면 즉 저축은 잔여적 성격으로 소득 중에서 소비하고 남는 부분이 저축되는 것이다. 소비가 소득에 의존하면 저축도 소득에 의존한다. 소득을 Y, 저축을 S, 소비를 C라고 하면 저축은 다음과 같이 쓸 수 있다.

$$Y = C + S$$
$$\Rightarrow \quad S = Y - C$$

케인즈의 소비함수를 가지고 저축함수를 가지고 표시하면 다음과 같다.

$$S = Y - C$$
$$= Y - (a + bY)$$
$$= -a + (1 - b)Y$$

즉 저축함수는 〈그림 4-3〉에서와 같이 기울기가 (1-b)이고 절편이 -a인 일차함수 형태로 나타낼 수 있다. 이 식에서 만약 소득이 0일 때 소비가 a단위라면, 이 점에서 저축은 -a가 된다. 그리고 이 식에서 기울기 (1-b)는 1에서 한계소비성향(b)을 뺀 것이며 한계저축성향(MPS: marginal propensity to save)이라고 부르며, 소득 한 단위 증가($\triangle$Y)에 따른 저축의 증가분($\triangle$S)을 말한다. 가령 b가 0.8이라면 한계저축성향은 0.2가 된다. 즉 한계저축성향(MPS)은 다음과 같이 쓸 수 있다.

$$MPS = \frac{\triangle S}{\triangle Y} = 1 - b = 저축함수의\ 기울기$$

한계소비성향 b가 0<b<1이면 한계저축성향 (1-b)도 0<(1-b)<1이 된다. 즉 소득이 증가함에 따라 소비와 저축이 늘어나지만 소득이 늘어난 것만큼 늘어나지 않는다. 또한 한계소비성향과 한계저축성향을 합하면 항상 1이 된다. 즉

$$MPC + MPS = 1$$

한편 평균저축성향(APS: average propensity to save)은 총소득에서 저축이 차지하는 비율을 말하며 다음과 같이 쓸 수 있다.

$$APS = \frac{S}{Y} = 1 - APC$$

〈그림 4-3〉 케인즈의 저축함수

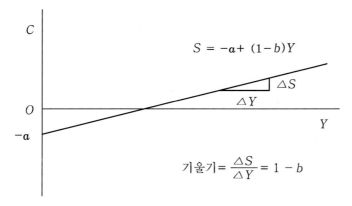

2. 투 자(I)

앞에서 고찰하였듯이 소비는 가계에 의한 재화와 서비스에 대한 지출이다. 그러면 기업은 어떤 지출을 하는가? 그에 대한 해답은 바로 투자(investment)이다. 투자 역시 국민소득 결정에서 중요한 변수이다.

(1) 투자의 개념

우리는 일상생활에서 주식시장에서 주식을 사는 것을 투자로 생각한다. 그러나 경제학에서는 투자는 항상 자본스톡(capital stock)의 증가와 관련된 것만 투자로 인식한다. 주식투자는 기존 보유 주식을 소유권을 이전하는 것에 불과하며 자본스톡을 증가시키지 않는다. 즉 투자란 기업이 미래에 가치를 창출하기 위하여 현재 자본스톡을 증가시키는 행위를 말한다.

여러분들은 이 두 가지 용어를 혼돈하지 않는 것이 중요하다. 기업이 새로운 공장을 짓거나 새로운 기계류를 사올 때, 이것은 투자가 된다. 식당주인이 식탁과 의자, 요리기구 및 식기 등을 사온다면 이것 또한 투자가 된다. 대학이 새로운 운동시설을 건축하는 경우에도 투자에 속한다. 즉 투자는 기업이 새로운 건물을 짓거나 장비구입 또는 재고마련 등과 같이 기업의 자본스톡을 증가시키기 위하여 행하는 모든 지출을 말한다.

한편 재고는 자본스톡의 일부라는 것을 다시 한번 상기하도록 하자. 기업들이 재고를 마련할 때 그들은 투자를 하는 것이다. 예를 들어 의류점의 자본스톡의 대부분은 창고에 팔리지 않은 재고와 진열대에 전시해 놓은 옷으로 구성되어 있다. 일반적으로 제조업의 경우 두 가지 종류의 재고, 즉 원자재 재고와 최종재 재고를 가지고 있다. 예를 들어 자동차 회사의 경우 바퀴 · 엔진 · 브레이크 · 핸들 · 브레이크 등과 같이 자동차를 생산하는데 사용하기 위하여 대기하고 있는 수많은 종류의 원자재 재고를 보유하고 있다. 이와 더불어 이 자동차 회사는 선적을 기다리는 완성된 자동차에 대한 재고도 가지고 있다.

투자는 유량변수(flow variable)이다. 즉 투자는 일정기간 동안의 자본스톡의 증가분을 나타낸다. 기업이 일정기간 동안 얼마나 투자할 것인가는 여러 가지 요소들의 영향을 받는다. 여기서는 단순히 투자수준은 일정하게 주어졌다고 가정하자.

(2) 실현된 투자와 계획된 투자

기업은 일정기간 동안 투자하고자 계획하였던 것만큼 항상 투자가 이루어지는 것은 아니다. 그러한 이유는 기업은 투자에 관한 의사결정을 독자적으로 완전히 조절할 수 있는 것은 아니기 때문이다. 기업이 얼마나 투자할 것인가는 그 경제의 다른 경제주체들에 의해서도 영향을 받는다.[2]

일반적으로 기업은 어떤 주어진 기간동안 자기가 원하는 만큼 새로운 공장이나 생산설비는 선택하여 구입할 수 있다. 그러나 기업이 직접 통제할 수 없는 투자도 있는데, 재고투자가 바로 그것이다.

삼성전자가 금년에 100만대의 휴대폰을 팔 수 있다고 기대하고, 또한 적정수준의 재고를 가지고 있다고 가정하자. 만약 삼성전자가 100만 대의 휴대폰을 생산하여 100만대를 판매한다면, 적정수준의 재고를 유지할 것이다. 지금 삼성전자가 100만 대의 휴대폰을 생산하였지만 갑작스런 수요의 감소로 인하여 단지 90만대의 휴대폰만을 팔 수 있다고 하자. 그러면 삼성전자는 예기치 않게 휴대폰에 대한 재고가 적정수준보다 10만 대만큼 증가한다.

---

2) 그러나 소비인 경우에는 그렇지 않다. 왜냐하면 가계는 그들의 소비를 완전히 통제할 수 있다고 가정하기 때문에 계획된 소비는 항상 실제 소비와 같다.

이와 같이 기업의 재고변화는 생산한 양에서 판매한 양을 빼주면 된다.

　투자의 한 구성요소인 재고투자는 주로 가계가 얼마만큼 구매하느냐에 의해 결정되고, 따라서 전적으로 기업의 통제 하에 있다고 할 수 없다. 만약 기업이 그들에게 팔 수 있으리라고 기대했던 것만큼 가계가 구매하지 않는다면 재고는 기대했던 것보다 많아질 것이고, 따라서 기업은 의도하지 않았던 재고변동($\triangle inv$)을 가지게 될 것이다.

　예기치 않은 재고변동은 의도하지도 계획되지도 않은 것이기 때문에 우리는 사전적(ex-ante) 투자와 사후적 (ex-post) 투자를 구분할 필요가 있다. 사전적 투자는 의도된 또는 계획된 투자(desired or planned investment)이고 사후적 투자는 실현된 또는 실제로 이루어진 투자(realized or actual investment) 투자이다. 우리는 투자를 I라고 표시할 때 이는 사전적·의도된·계획된 투자를 의미한다.

　사전적 투자는 계획된 적정수준의 재고를 포함한다. 그런데 계획된 재고 축적 이외에도 소비자의 수요변화 등으로 판매수준이 갑자기 감소하는 경우 예기치 않은 재고변동($\triangle inv$)이 있게 된다. 즉 기업의 판매수준이 예상했던 것보다 크거나, 작거나 혹은 같아지게 됨에 따라 $\triangle inv$는 각각 (-), (+), (0)이 된다.

　예기치 않은 재고변동은 사후적 투자에 포함되므로 사전적 투자와 사후적 투자의 차이는 예기치 않은 재고변동이라고 할 수 있다. 그러므로 사전적·계획된 투자를 I, 사후적·실현된 투자를 I_a, 예기치 않은 재고변동을 $\triangle inv$라고 한다면 다음 관계가 성립한다.

$$\triangle inv = I_a - I, \qquad I_a = I + \triangle inv$$

　예를 들어 만약 기업이 예상했던 것보다 더 많이 팔린다면, 예상치 못한 재고가 감소하게 되고($\triangle inv < 0$) 실현된 투자는 계획된 투자보다 작아지게 된다($I_a < I$).

　본 장에서는 기업은 매기마다 일정한 양(I)만큼 투자한다고 가정하자. 물론 이러한 투자수준은 소득수준과 무관하다. 이처럼 소득수준과 무관하게 이루어지는 투자를 독립투자(autonomous investment)라 한다. 이에 대해 소득 변화에 따라 능동적으로 유발되는 투자를 유발투자(induced investment)라 한다. 이 장에서 설명할 단순모형에서는 유발투자가 없는 것으로 가정한다. 예를 들어 국민소득과 상관없이 투자가 20조 원이라고 하자. 이는 〈그림 4-4〉에서 보여 주듯이 계획된 투자가 20조원이고, 이것은 소득수준과 무관한 독립투자이므로 가로축(국민소득,Y)에 평행한 투자곡선으로 표시할 수 있다.

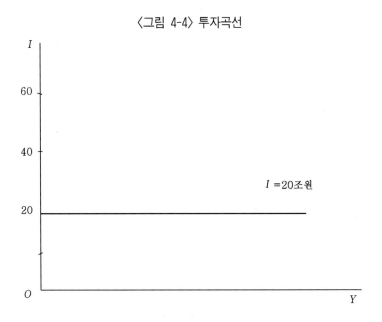

〈그림 4-4〉 투자곡선

3. 총수요 또는 총지출(AE)

지금까지 우리는 단지 두 가지 종류의 지출, 즉 가계에 의한 소비지출과 기업에 의한 투자지출만 존재하는 것으로 가정하였다. 그리고 소비는 C로 기업에 의한 계획된 투자는 I로 표시하였다. 실제투자는 예상치 못한 재고변화가 있다면 계획된 투자 I와 다르다.[3]

정부가 없는 단순화된 경제의 계획된 총지출(AE)은 소비(C)와 계획된 투자(I)의 합과 같다. 즉

$$AE = C + I$$

AE는 주어진 기간동안 한 경제가 지출하려고 계획한 총량이다. 우리는 한 경제의 균형 산출수준을 논의하기 위하여 계획된 총지출(AE)의 개념을 사용할 것이다.

---

3) 앞으로 특별한 언급이 없이 투자라고 했을 때는 이는 계획된, 사전적 투자를 의미한다.

제3절 균형 균형국민소득의 결정

　지금까지 우리는 균형국민소득(산출) 수준을 결정하기 위해 필요한 기업과 가계의 지출행태를 살펴보았다. 이를 토대로 단순한 경제에서 균형국민소득수준이 어떻게 결정되는가를 살펴보기로 한다. 여기서 단순한 경제 또는 단순한 모형이라고 한 것은, 모형이 화폐부문을 포함 시키지 않고 실물부문만을 분석하며, 그것도 노동시장이나 해외부문 등을 고려하지 않고 생산물시장만을 분석하기 때문이다.

　균형국민소득수준의 크기를 결정하는 과정을 설명하는 방법은 두 가지가 있다. 하나는 총수요(총지출) AE와 총산출(총공급) Y의 균형을 통해 살펴보는 방법이고, 다른 하나는 저축과 투자의 일치를 통하여 소득결정과정을 파악하는 것이다. 이제 이 두 가지 국민소득 결정방법을 차례로 살펴본다.

1. 총산출·총지출(총공급·총수요)의 균형

　앞에서 우리는 가계와 기업만이 존재하는 단순모형에서 총수요 또는 총지출 AE는 소비지출과 투자지출로 구성된다는 것을 살펴보았다. 그리고 총산출 또는 총공급 Y는 정의상 소비(C)와 저축(S)의 합으로 구성된다. 이와 같은 단순모형에서 총산출(총공급) 또는 국민소득 수준이 균형이 되기 위해서는 그것이 총지출(총수요)과 같아야 한다. 다시 말하면 총공급이 총수요와 일치할 때의 국민소득을 균형국민소득이라고 한다. 이와 같은 균형조건을 단순한 모형에서는 다음과 같이 표현할 수 있다.

> 총산출 또는 총공급: $Y \equiv C + S$
> 총지출 또는 총수요: $AE \equiv C + I$
> 균형: $Y = AE$ 또는 $Y = C + I$

　이러한 균형은 계획된 투자(planned investment)와 실현된 투자(actual investment)가 같아지는 경우에만 성립할 수 있다. 사전적·계획된 투자를 I, 사후적·실현된 투자를 I_a, 예기치 않은 재고변동을 Δinv 라고 한다면 다음 관계가 성립함을 앞에서 살펴보았다.

$$I_a = I + \triangle inv$$

$$\triangle inv = I_a - I$$

그러면 균형에서 계획된 투자 I와 실현된 투자 I_a 가 일치한다는 것은 결국 예기치 않은 재고변동 $\triangle inv$이 0이 된다는 것을 의미한다.

왜 균형에서는 총산출이 총지출과 같아야 하는지를 알아보기 위해, Y가 AE와 같지 않은 경우를 고려해보자.

첫째, 총공급이 총수요보다 크다고 가정하자. 즉,

Y > C + I

총산출이 총지출보다 클 때 생산된 물건이 다 팔리지 않으므로 의도하지 않은 재고가 쌓이게 된다. 따라서 산출량이 총수요를 초과한 양은 산출량 중에서 판매되지 않은 부분, 즉 기업이 계획했던 재고투자량을 초과하는 부분이 될 것이다. 이 초과량이 바로 예기치 않은 재고의 축적이다($\triangle inv > 0$).

위와 반대로 계획된 총지출이 총산출보다 큰 경우를 상정해 보자. 즉

C + I > Y

계획된 지출이 총산출을 초과할 때, 기업은 그들이 계획했던 것보다 더 많이 팔게 된다. 그러므로 재고투자는 계획했던 것보다 작아지게 된다($\triangle inv < 0$). 또한 계획된 투자와 실현된 투자가 일치하지 않게 된다. 오로지 산출이 계획된 지출과 정확히 일치할 때에만 예기치 않은 재고투자가 발생하지 않게 된다. 즉 $\triangle inv = 0$이 된다.

이상을 요약하면 다음과 같이 정리할 수 있다. 생산물시장의 균형은 총산출(Y)과 계획된 총지출(C+I)이 일치하거나 또는 계획된 투자와 실현된 투자가 일치하여 의도하지 않은 재고변동이 0이 되는 경우($\triangle inv = 0$)에만 성립한다.

〈표 4-1〉은 숫자적인 예를 들어 계획된 총지출의 크기를 유도하고 균형이 어떤 점에서 성립하는가를 보여준다. 총소비는 기초소비가 100조원이고 한계소비성향은 0.8이라고 가정하여 (소비함수: $C = 100 + 0.8Y$) 계산하였고, 계획된 투자(I)는 20조원으로 일정하다고 가정하였다. 계획된 총지출(AE)는 각 소득수준에서 소비지출과 투자를 더함으로서 얻을 수 있다.

〈표 4-1〉을 보면 총산출과 계획된 총지출이 오직 한 수준, 즉 Y=600인 점에서만 일치하고 있다는 것을 알 수 있다. 결국 균형산출 또는 균형국민소득수준은 600조원이라고 할 수 있다.

〈표 4-1〉 균형국민소득 수준의 결정

(단위: 조원)

총산출(소득) (Y)	총소비 (C)	계획된 투자 (I)	총지출(AE) C+I	예기치 않은 재고변동 Y-(C+I)	균형여부 (Y=AE ?)
100	180	20	4200	-100	NO
300	340	20	360	-60	NO
500	500	20	520	-20	NO
600	580	20	600	0	YES
800	740	20	760	40	NO
1000	900	20	920	80	NO

주: 1) 총소비(C)는 소비함수 $C = 100 + 0.8Y$에 기초를 두고 도출.
　　2) 계획된 투자(I)는 20조원으로 일정하다고 가정.

〈그림 4-5〉는 동일한 균형을 그림으로 설명하고 있다. 〈그림 4-5〉(a)는 수평축이 총공급(총산출)을 나타낼 때 총수요(총지출)가 어떻게 표시될 수 있는가를 나타낸다. 지금까지의 논의에서 정부와 해외부문은 배제되어 있기 때문에 총수요는 소비와 투자의 합으로 구성되며, 따라서 Y의 값에 대응하는 소비와 투자의 값을 구하면 총수요를 나타내는 직선을 구할 수 있다. 투자는 소득수준과 관계없이 20조원으로 일정하다고 가정하면 총수요를 나타내는 선은 단순히 소비함수를 일정한 투자만큼 상방으로 이동시킴으로써 얻어진다. 〈그림 4-5〉(a)에서 C+I선이 바로 총수요곡선이다.

〈그림 4-5〉(b)는 총수요함수(계획된 총지출함수)를 45°선과 함께 그렸다. 45°선은 그래프 상에서 수평축과 수직축이 같아지는 모든 점들의 궤적을 나타내는데, 수평축을 총공급으로 표시했기 때문에 45°선은 총공급 Y의 크기를 표시해준다. 생산물에 대한 총수요가 총공급과 일치할 때 생산물시장이 균형을 이룬다는 것을 앞에서 살펴보았다. 〈그림 4-5〉(b)에서 총수요는 45°선과 한 곳에서 만나는데, Y=600조원일 때이다. 그 점에서 Y=C+I가 된다.

지금 어떤 다른 국민소득수준을 생각해보자. 예를 들어 Y=800조원인 경우를 상정하자. 이 점은 균형국민소득수준인가? 명백하게 아니라고 할 수 있다. Y=800조원일 때 총수요는 760조원이 된다. 이는 총공급(=800조원) 보다 작다. 총공급이 총수요보다 크기 때문에 이 차이는 의도하지 않은 재고의 증가로 나타난다. 이 경우 예기치 않은 재고투자는 40조원이 된다.

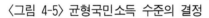

〈그림 4-5〉 균형국민소득 수준의 결정

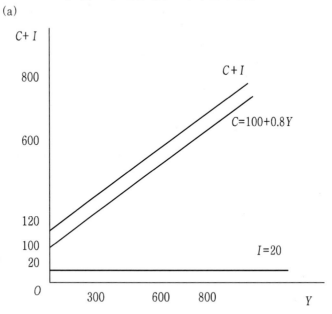

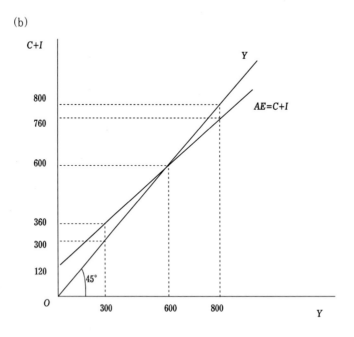

다음으로 Y=300조원인 경우를 살펴보자. 이 점에서 균형을 이루는가? 마찬가지로 명백하게 아니다. Y=300조원일 때 총수요의 크기는 360조원이 된다. 그러므로 총수요(AE)가 총공급(Y)보다 크고, 예기치 않은 재고투자의 감소로 나타나고, 그 크기는 -60조원이다.

Y=800조원과 Y=300조원에서, 계획된 투자는 실현된 투자와 같지 않게 되어 예기치 않은 재고변동이 발생한다($\triangle inv \neq 0$). 예기치 않는 재고변동이 발생하고 그 경제는 불균형상태에 있게 된다. 단지 Y=600조원 수준에서만 총수요와 총공급이 같아지고 계획된 투자는 실현된 투자와 같아진다. 즉 이 점에서 기업은 의도한 만큼 생산하고 그것을 계획한대로 판매할 수 있으며 가계는 계획한 만큼의 상품을 구매할 수 있다.

마지막으로 균형산출(국민소득) 수준을 간단히 수리적으로 구해보자. 주어진 조건을 다시 쓰면 다음과 같다.

$$Y = C + I \qquad \text{(균형조건)} \qquad (4\text{-}1)$$
$$C = 100 + 0.8Y \qquad \text{(소비함수)} \qquad (4\text{-}2)$$
$$I = 20 \qquad \text{(투자)} \qquad (4\text{-}3)$$

식 (4-2)와 (4-3)을 균형조건 식 (4-1)에 대입하면 다음을 얻을 수 있다.

$$Y = 100 + 0.8Y + 20$$

정리하면

$$Y - 0.8Y = 120$$
$$\Rightarrow \quad 0.2Y = 120$$
$$\Rightarrow \quad Y = 120/0.2 = 600(\text{조원})$$

그러므로 균형국민소득 수준은 600조원이 되고, 이것은 우리가 이미 〈표 4-1〉과 〈그림 4-5〉에서 구한 값과 같다.

2. 저축 · 투자의 균형

우리는 이미 국민소득은 소비되어지거나 저축되어짐을 살펴보았다. 정의에 따르면 $Y \equiv C + S$가 되는데 이것은 항등식임을 기억하라. 균형조건은 Y=C+I 인데, 이것은 균형일 경우에만 성립하므로 항등식이 아니다. Y 대신에 C+S를 대입하면, 균형조건은 다음과 같이 쓸 수 있다.

$$C + S = C + I$$
$$\Rightarrow \quad S = I$$

그러므로 계획된 투자와 저축이 일치하는 경우에만 균형이 성립한다. 이러한 저축·투자 접근방법은 다음과 같은 두 가지 점을 상기한다면 직관적으로 알 수 있다. 첫째, 산출량은 소득과 같고 둘째, 저축은 소득 중 소비되지 않은 부분이다. 저축은 소비되지 않은 부분이므로 국민소득순환모형에서 누출(leakage)과 같다. 그러한 누출은 계획된 지출의 어떤 다른 구성요소와 같아지는 경우에만 계획된 총지출(총수요)과 총산출(총공급)이 같아지게 된다. 이러한 다른 구성요소가 바로 계획된 투자(I)이다.

이와 같은 상쇄효과는 〈그림 4-6〉를 통해서 명백히 알 수 있다. 국민소득은 기업에서 가계로 유입되고, 소비와 저축은 가계에서 빠져 나온다. 그림은 가계에서 누출된 저축이 화폐시장으로 유입되는 것을 보여준다. 기업은 투자를 위한 자금을 조달하기 위하여 이 저축을 사용한다. 만약 기업의 투자가 가계의 저축과 그 크기가 같다면 총수요(AE=C+I)는 총산출 또는 국민소득 Y와 같아지고 따라서 균형이 달성된다. 이러한 경우 국민소득 순환모형에서의 누출 즉 저축은 소득순환 모형으로 흘러 들어가는 유입(injection) 즉 투자지출과 같아짐으로써 조화를 이룬다. 이러한 이유로 인해 저축·투자 접근방법은 또한 누출·주입 접근방법(leakages·injections approach to equilibrium)이라고도 부른다.

〈그림 4-6〉 총지출과 총산출

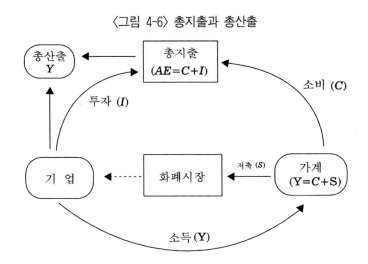

〈그림 4-7〉에서와 같이 저축과 투자의 균형이 국민소득수준을 결정한다는 것을 그림으로 나타낼 수 있다. 〈그림 4-7〉에 그려져 있는 S곡선은 앞에서와 마찬가지로 소비함수가 C=100+0.8Y일 때의 저축곡선 S=-100+0.2Y이고, I곡선은 〈그림 4-4〉에 그려져 있는 것과 같은 I=20조원일 경우의 투자곡선이다.

〈그림 4-7〉을 보면 알 수 있는 바와 같이 S=I 인 점은 오직 한점 즉 Y=600조원일 경우이다. 이 점이 바로 균형 국민소득수준이다. 이 때 저축과 투자는 동일한 20조원이 되고 소비는 580조원이 된다. 결국 총수요(C+I)는 600조원이 되고 이것은 총공급과 같게 된다. 이것은 총수요·총공급에 의한 국민소득 결정방법에 의하든 저축과 투자가 일치하게 되는 방법을 사용하든 간에 균형국민소득수준은 동일하게 결정된다는 것을 보여준다.

〈그림 4-7〉 저축·투자에 의한 국민소득결정

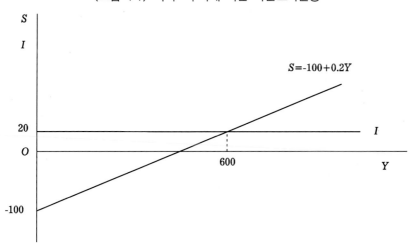

3. 균형으로의 조정과정

앞에서 우리는 균형이 무엇이고 어떻게 균형에 도달할 수 있는지를 살펴보았다. 그렇지만 불균형이 발생하였을 경우 기업들이 어떻게 반응하는지는 살펴보지 못했다. 먼저 총수요가 총산출 또는 국민소득을 초과하는 경우(AE>Y) 기업들이 어떤 반응을 보이는지를 알아보자. 만일 수요가 생산을 초과(AE>Y)하면 재고가 부족해질 것이며 ($\triangle inv < 0$) 이에 따라 기업이 재고의 감소를 막기 위해 노력함으로써 산출량이 증가하는 경향이 생기게 된다.

기업들이 그들이 생산한 것보다 더 많이 팔 수 있는 유일한 방법은 이미 적정수준으로 마련해둔 재고를 이용하는 것이다. 이것은 총수요가 총공급보다 클 때 예기치 않은 재고 감소($\triangle inv < 0$)가 발생한다는 것을 뜻한다. 기업들은 예기치 않게 재고가 감소함에 따라 생산을 증가시킴으로써 이에 대처할 것이다. 왜냐하면 기업은 이처럼 예기치 않은 수요변화에 대응하기 위하여 항상 적정수준의 재고를 마련하려고 하기 때문이다. 만약 기업이 생산을 증가시킨다면 당연히 소득은 증가할 것이다. 예를 들어 삼성전자가 더 많은 전자제품을 생산한다면, 삼성전자는 더 많은 노동자를 고용하며, 더 많은 부품을 구매하고, 또한 더 많은 전력 등을 사용할 것이다. 삼성전자의 이와 같은 요소에 대한 구매는 곧 노동, 부품 및 전력 공급자들의 소득이 된다. 그러므로 만약 삼성전자가 재고를 원래 수준으로 유지하기 위해 생산을 증가시킨다면, 경제의 전반적인 소득수준은 증가할 것이다. 이것은 곧 다시 소비의 증가를 가져오게 될 것이다. 왜냐하면 소비는 소득의 증가함수이기 때문이다.

반대로 총공급이 총수요를 초과($Y > AE$)한다면 기업에는 의도하지 않았던 재고가 축적되고($\triangle inv > 0$), 이에 따라 기업은 재고를 줄이기 위해 생산을 축소시킴으로써 적정수준의 재고를 유지하려고 할 것이다. 그러므로 기업이 생산을 감소시킨다면 국민소득은 감소하게 되고 이는 소비의 감소를 초래한다. 결국 오직 총수요가 총공급과 일치할 때만이 기업이 현재의 산출량 수준에 만족할 것이다. 이때에 비로소 의도하지 않은 재고의 축적이나 부족은 발생하지 않을 것이며($\triangle inv = 0$) 이 기업은 산출량을 변화시키려 하지 않고 결국 국민소득 수준도 일정수준에 머물러 있게 된다.

〈그림 4-5〉에서 보여주는 것처럼, Y=600보다 큰 어떤 소득수준 예를 들면 Y=800에 있다면, 산출량은 Y=600으로 균형에 도달할 때까지 감소할 것이다. 반대로 Y=600보다 작은 어떤 소득수준, 예를 들면 Y=300인 경우 산출량은 Y=600으로 균형에 도달할 때까지 계속 증가할 것이다.

이처럼 총수요(C+I)에 알맞게 총공급(Y)이 일치되도록 조정이 이루어진다고 보는 것이 케인즈의 유효수요의 원리이다. 이러한 케인즈의 주장은 고전파가 주장하는 총공급이 총수요를 창출한다는 세이의 법칙과는 정반대의 사고라고 할 수 있다. 이러한 케인즈의 유효수요의 원리의 배후에 있는 논리는 바로 수량조정(quantity adjustment)이다.

4. 균형 소득수준의 변화: 승수효과

지금까지 우리는 균형국민소득 수준이 어떻게 결정되는가 하는 것을 알아보았다. 이러한 균형국민소득 수준은 총수요의 변화가 없는 한 변하지 않는다. 즉 다른 조건이 변하지 않는다면 국민소득이 균형보다 크거나 작다면 예기치 않은 재고변동이 발생하고 따라서 기업은 공급량을 변화시켜 결국 균형국민소득 수준으로 이동해 감을 이미 살펴보았다. 그러면 계획된 투자가 변하면 균형 산출 즉 균형 국민소득수준은 얼마나 변할 것인가? 즉 예기치 않은 급작스런 투자의 변화가 있다면 국민소득은 어떻게 반응할 것인가? 앞으로 살펴보겠지만 균형 산출수준은 초기투자의 변화보다 더 크게 변화한다. 즉 국민소득은 투자 변화의 일정 배수만큼 변한다. 이러한 배수를 우리는 승수(multiplier)이라고 한다.

승수란 독립변수의 변화에 대하여 그 변수를 포함한 다른 변수가 어느 정도 변화하는가를 나타낸다. 어떤 변수가 그 경제의 상태에 관계없이 일정하게 주어졌다고 가정할 때 그 변수를 독립변수(autonomous variable)라고 한다. 본 장에서는 투자를 독립적이라고 간주하였다.

그러면 일정하게 주어졌다고 가정했던 독립투자가 변할 때 균형 국민소득수준은 얼마만큼 변하겠는가? 본 장에서는 왜 투자의 크기가 변하는가 하는 이유는 설명하지 않고, 단지 어떤 이유에서건 투자가 변했을 때 균형 국민소득수준이 얼마나 변하겠는가에 초점을 둔다.[4]

이제 독립투자의 변화가 균형소득에 미치는 영향을 살펴보기 위해 균형조건을 다시 써보면 다음과 같다.

$$Y = C + I \qquad \text{(균형조건)} \qquad\qquad (4\text{-}4)$$
$$C = a + bY \qquad \text{(소비함수)} \qquad\qquad (4\text{-}5)$$
$$I = I \qquad\qquad \text{(독립투자, 일정)} \qquad\qquad (4\text{-}6)$$

식 (4-5)와 (4-6)을 식 (4-4)에 대입하면 다음을 얻을 수 있다.

$$Y = a + bY + I \qquad\qquad (4\text{-}7)$$

정리하면

$$Y - bY = a + I$$
$$\Rightarrow \ (1 - b)Y = a + I$$
$$\Rightarrow \ Y = \frac{1}{1 - b}(a + I) \qquad \text{(균형국민소득)} \qquad\qquad (4\text{-}8)$$

---

4) 투자에 영향을 미치는 요인들은 제12장에서 살펴본다.

식 (4-8)에서 투자는 외생적으로 결정되는 독립변수이고, a와 b는 Y의 변화와는 관계없는 일정한 상수이다. 따라서 투자지출이 증가($\triangle$I)할 때 이것이 국민소득을 어느 정도 증가($\triangle$Y)시키느냐 하는 것은 $(1/1 - b)$의 크기에 달려있다는 것을 알 수 있다. 이것을 승수라고 부른다. 한편 식 (4-8)로부터 독립투자 한 단위 변화($\triangle$I)에 따른 균형소득의 변화($\triangle$Y)는 다음과 같이 쓸 수 있다.

$$\triangle Y = \frac{1}{1 - b} \triangle I \tag{4-9}$$

또는

$$\frac{\triangle Y}{\triangle I} = \frac{1}{1 - b} \tag{4-10}$$

식 (4-9) 또는 식 (4-10)으로부터 투자 한 단위의 변화는 소득을 $\left(\frac{1}{1 - b}\right)$단위만큼 변화시킴을 알 수 있다. 즉 여기서 $\left(\frac{1}{1 - b}\right)$은 투자의 증가가 얼마만큼 소득을 증가시키느냐를 보여주는 것이므로 투자승수라고 부른다. 예를 들어 만약 b가 0.75라면 투자승수는 4가 되고, 투자가 한 단위 증가할 때 소득 Y는 4단위만큼 증가한다. 이때 소득의 변화분이 투자의 자발적 증가분보다 더 큰 이유는 투자의 증가가 소득의 증대를 가져오고, 이것이 다시 소비수요를 증대시키기 때문이다.

투자승수에서 b는 한계소비성향(MPC)이고, (1-b)는 한계저축성향(MPS)을 의미하므로 투자승수는 다음과 같이 쓸 수 있다.

$$\frac{\triangle Y}{\triangle I} = \frac{1}{1 - b} = \frac{1}{1 - MPC} = \frac{1}{MPS} \tag{4-11}$$

즉 투자승수는 한계저축성향(MPS)의 역수이다. 그러므로 한계저축성향이 작아질수록 (한계소비성향이 클수록) 투자승수효과는 커진다. 따라서 경제가 불황에 처해 있을 때 '소비는 미덕이다'라는 주장이 등장하게 되는 것이다.

한편 투자승수 효과가 나타나기 위해서는 케인즈가 가정했듯이 한계소비성향이 0<b<1의 조건이 성립해야 한다. 만약 한계소비성향 b가 1보다 크면 승수 (1 / 1-b)는 음(−)이

되며, 투자승수효과는 발생하지 않는다.

5. 인플레이션 갭과 디플레이션 갭

케인즈는 원래 비자발적 실업을 수반하는 과소고용균형, 즉 총공급에 비해 총수요과 부족한 이른바 디플레이션 갭을 분석 대상으로 삼았기 때문에 케인즈 경제학은 불황의 경제학이라는 인식이 널리 퍼져 있다. 하지만 케인즈의 국민소득결정이론은 경기가 과열된 인플레이션 상태에도 적용될 수 있다.

디플레이션 갭(deflationary gap)은 완전고용상태의 국민소득수준(Y_f)에서 총수요가 총공급에 미치지 못할 때 나타나는 반면, 인플레이션 갭(inflationary gap)은 완전고용상태의 국민소득수준에서 총수요가 총공급을 초과할 때 발생한다.

〈그림 4-8〉에서 총수요수준이 E_0 라면 경제는 총수요와 총공급이 같아지는 A점에서 균형을 이루고 균형국민소득수준은 완전고용 소득수준(Y_f)과 같아진다. 이 경우에는 인플레이션 갭이나 디플레이션 갭이 존재하지 않고 따라서 물가상승 압력이나 비자발적 실업이 나타나지 않는다.

그러나 경기가 과열되어 총수요가 완전고용 소득수준을 달성시키는데 필요한 총수요수준 즉 E_0 보다 큰 경우를 살펴보자. 이러한 상태는 〈그림 4-8〉에서 총수요수준이 E_2 로 나타나 있다. 이러한 경우 총수요가 완전고용 소득수준을 상회하고 있으므로 기업은 초과수요에 맞추어 생산량을 증가시키고 싶지만 현재의 임금수준에서 일하고 싶은 노동자는 모두 고용이 되어 있기 때문에 현행 임금으로는 고용량을 증가시킬 수 없다. 따라서 기업이 더 많은 노동자를 고용하기 위해서는 노동자들에게 더 높은 임금을 지불해야만 한다. 그러면 제품가격도 올라가게 되어 인플레이션이 발생하게 된다. 이처럼 총수요가 완전고용 소득수준을 상회하는 한 인플레이션은 계속될 것이며, 이것은 실질 국민소득이 완전고용 소득수준을 넘어서 계속적으로 증가할 수 없다는 공급제약이 존재한다는 것을 말해준다. 이러한 상태에서 발생하는 인플레이션을 케인즈는 진성 인플레이션(true inflation)이라고 불렀다.

이제 〈그림 4-8〉을 가지고 인플레이션 갭을 살펴보자. 〈그림 4-8〉에서 총수요가 E_2 라면 완전고용 소득수준(Y_f)에서 총수요가 총공급을 초과한다. 물론 이 경제에 공급제약이 존재하지 않는다면 균형국민소득은 총수요과 총공급이 일치하는 Y_2 가 될 것이다. 그러나 생산능력의 제약으로 인해 균형국민소득은 완전고용 국민소득을 초과할 수 없으므로 균형국민소득수준이 완전고용수준이 되기 위해서는 총수요가 AC만큼 감소해야 한다. 이와 같이 A점에서 총수요와 총공급이 일치하여 완전고용 국민소득 수준(Y_f)이 결정되어 있을 때, 만약 총수요가 E_2라면 Y_f에서 AC만큼 총수요가 총공급보다 더 크게 되는데 이때 AC만큼의 총수요 초과분을 인플레이션 갭이라 한다. 그러므로 이처럼 경기가 과열되어 인플레이션 갭이 존재하는 경우 인플레이션이 발생하지 않도록 하기 위해서는 인플레이션 갭만큼 총수요를 감축시킬 필요가 있다. 케인즈 경제학은 인플레이션 갭이 존재하는 경우 정부지출의 삭감이나 조세수입의 확대 또는 금융긴축 등과 같은 총수요 억제정책을 써서 경제를 소망스러운 수준으로 조정할 수 있다고 본다.

한편 〈그림 4-8〉에서 만약 총수요가 E_1이라면 완전고용 국민소득(Y_f)에서 총수요가 총공급보다 AB만큼 부족하다. 총수요가 E_1인 경우 균형국민소득수준이 Y_1이므로 완전고용 국민소득에 도달되기 위해서는 총수요를 AB만큼 증가시킬 필요가 있다. 이와 같이 완전고용수준을 달성시키는데 필요한 총수요보다 부족한 총수요(〈그림 4-8〉에서 AB)를 디플레이션 갭이라 한다. 이처럼 디플레이션 갭이 존재하면 일반적으로 실업이 발생한다. 케인즈 경제학에서는 경기 불황으로 인해 총수요가 부족하여 디플레이션 갭이 발생하고 실업이 유발되는 경우 정부지출의 증가나 조세수입의 삭감 등과 같은 총수요증대 정책을 통해 이를 해결할 수 있다고 보았다.

〈그림 4-8〉 인플레이션 갭과 디플레이션 갭

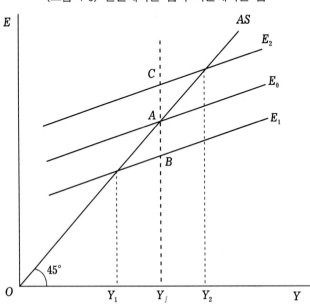

6. 절약의 역설 (paradox of thrift)

가계가 저축을 증가시키려고 할 때 흥미 있는 역설이 나타날 수 있다. 만약 가계가 장래를 걱정하고 내일 발생할 수 있는 어려운 경우를 대비하여 오늘 더 많은 저축을 하기를 원한다면 어떤 일이 일어날까? 만약 가계가 저축을 증가시킨다면, 그림 〈그림 4-9〉에서 저축곡선이 S_1에서 S_2로 상방으로 이동한다. 저축을 증가시키면 그만큼 소비가 감소하므로 이는 총수요의 감소로 이어져 소득이 감소한다. 저축이 증대하기 이전의 초기 균형은 저축(S_1)과 투자($I=20$)가 일치하는 A점에서 성립하고 그때의 균형국민소득수준은 600조원이다. 이는 앞 절의 균형국민소득수준 결정이론에서 구한 값과 같다. 이제 사람들이 모든 소득수준에서 저축을 증대시킨다면 저축곡선은 S_1에서 S_2로 상방이동하고, 새로운 균형은 증가된 저축(S_2)과 투자($I=20$)가 일치하는 B점에서 성립한다. 새로운 균형국민소득은 500조원으로 초기 균형보다 100조원만큼 감소하였다.

소득이 감소하면 소비가 줄어들게 되어 가계는 실제적으로 이전보다 어려운 상태에 직면한다. 더욱이 새로운 균형에서 저축이 증가한 것이 아니라 이전 수준과 동일한 크기가 된다는 것이다. 더 많이 저축을 하려고 시도한 결과 생산이 위축됨으로써 결국 가계는 소득이 감소하게 된다. 이에 따라 가계의 소비는 감소하면서 더 이상 저축이 증대하지는 않는다.

새로운 균형에서 왜 저축이 초기균형에서의 저축과 같아져야만 하는지는 명백하다. 균형은 저축과 투자가 일치하는 곳에서 성립한다. 그러므로 투자가 변하지 않는다면 균형이 성립되기 위해서는 저축도 변하지 않아야 한다. 이러한 역설은 한 경제 내에서 부문간의 상호관계가 아주 중요할 수 있다는 점을 보여준다.

〈그림 4-9〉 절약의 역설

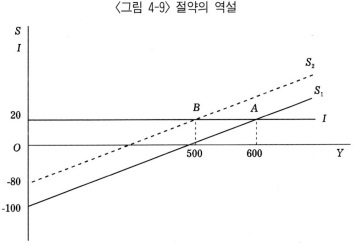

절약의 역설은 1원을 저축하면 1원을 벌 수 있다는 믿음과 모순이 되기 때문에 역설적이라고 할 수 있다. 이러한 믿음은 개인적인 입장에서는 사실일 수 있지만, 한 사회가 전체적으로 더 많은 저축을 하려고 한다면 결과는 소득이 감소하고 따라서 저축이 더 증가하지 않는다. 즉 개인이 입장에서는 절약을 해서 저축을 늘리는 것이 합리적이지만 사회 전체에게는 소득이 늘지 않고 오히려 소득의 감소를 초래할 수 있다는 것이다. 모든 사람이 저축을 늘릴 경우 전보다 감소한 국민소득 가운데 차지하는 저축의 비율 즉 저축성향은 커질 것이지만 저축의 절대 크기는 변하지 않거나 오히려 감소할 수 있다. 그러므로 저축증대를 꾀하는 개인의 미덕은 경제 전체의 입장에서 보면 불황을 심화시키고 실업을 증대시키는 악덕이 되는 것이다. 이런 현상을 절약의 역설이라고 하며, 논리학에서 말하는 합성의 오류(fallacy of composition)이다.

그렇지만 이러한 절약의 역설은 항상 성립하는 것이 아니라 투자는 고정되어 있다는 가정을 전제로 한다. 그리고 이 절약의 역설은 주로 선진국가에서 불경기에 처해 있을 때 해당되는 이론이다. 가뜩이나 불황으로 인해 총수요가 부족하여 고통을 받고 있는데 저축이 증가하면 이는 소비의 감소를 의미하므로 오히려 불황이 심화된다. 케인즈가 경제가 불황에 처해 있을 때 '소비는 미덕이다'라고 하였는데 이것이 바로 절약의 역설을 의미한다. 한편 저축이 증가할 때 투자도 함께 증대된다면 이 역설은 성립하지 않는다.

제5장 정부와 재정정책

　정부부문의 역할에 대한 논쟁은 미시경제학에서나 거시경제학에서 항상 있어 왔다. 미시경제학에 있어서 경쟁 규제, 도로 건설, 교육 제공 및 소득 재분배 등과 같은 능동적인 정부의 역할은 자유시장원리가 잘 작동하지 않는다고 주장하는 학자들에 의해 박수갈채를 받아왔다. 이에 대해 정부개입의 반대론자들은 경제가 잘 작동하지 않는 것은 시장이 아니라 정부 때문이라고 주장한다. 이러한 비평가들은 관료주의와 정부의 비효율성을 지적한다.

　거시경제학에 있어서는 미시경제에서와는 이슈가 좀 다를지라도 결국 논쟁은 정부가 무엇을 할 수 있고 또 무엇을 해야만 하는가와 관련된 것이다. 케인지안들은 정부가 개입하지 않고 자유방임한다면 경제가 너무 불안정하기 때문에 정부가 경기변동의 진폭을 완화시키기 위해 중요한 역할을 수행해야만 한다고 주장한다. 이러한 사고는 경기침체나 불황기에 정부가 조세를 감축하거나 정부지출을 증가시킴으로써 총수요를 증가시키는 정책을 사용할 수 있다는 케인즈의 일반이론으로 거슬러 올라갈 수 있다. 이와 반대로 정부지출은 경제를 안정화시킬 수도 없고, 오히려 경제의 불안정을 심화시키거나 경제에 악영향을 미친다고 주장하는 학자들도 있다.

　아마도 대부분의 사람들이 동의할 수 있는 것 중의 하나는 모든 나라는 정부가 그 나라의 경제에 실질적으로 중요한 역할을 수행한다는 점이다. 이러한 이유 하나만으로도 정부가 거시경제에 영향을 미치는 방식을 분석할 가치가 있는 것이다.

　정부는 다양한 여러 유형의 힘―기업의 어떤 산업으로의 진입과 퇴출에 대한 규제, 제품 품질에 대한 표준지표 설정, 최저임금수준 결정 및 정보유출에 대한 규제 등―을 가지고 있지만, 우리가 공부하는 거시경제학에서는 일반적인 그러나 더 제한적인 힘을 갖는 정부이다. 특히 정부는 두 가지 특별한 정책 경로, 즉 재정정책과 통화금융정책을 통해 거시경제에 영향을 미칠 수 있다. 본 장에서 주로 다루게 될 재정정책은 정부의 지출과 조세정책과 관련이 있다. 재정정책은 일반적으로 다음과 같은 세가지 범주로 나누어진다. (1) 정부의 재화와 노동의 구입에 관련된 정책, (2) 조세와 관련된 정책, (3) 가계에 대한 이전지출과 관련된 정책이 그것이다. 통화정책은 통화공급과 관련된 중앙은행의 행동에 관한 것이다.

제1절 정부부문의 도입

우리는 앞 장에서 정부와 해외부문이 배제된 단순한 경제에서 균형국민소득수준의 결정되는 과정과 그 변화에 대해 살펴보았다. 앞 장의 목적은 어떻게 거시경제가 작동하는가 하는 일반적인 사고를 제공해 주는 것이었다.

그렇지만 정부가 적극적으로 활동하는 경제를 고려하는 것이 훨씬 더 현실적임에 틀림없다. 정부가 없는 나라는 존재하지 않는다. 그러므로 제4장에서 설명한 단순경제에 정부부문을 도입함으로써 재정정책에 대한 논의를 시작한다.

1. 정부구매(G), 조세(T), 가처분소득(Y_d)

앞장에서 가계의 소비를 논의할 때 조세를 전혀 고려하지 않았다. 단순히 경제에서 발생한 모든 소득은 가계에 의해 소비되어지거나 저축되어지는 것으로 가정하였다. 그러나 〈그림 5-1〉에서와 같이 정부가 도입되는 경우에는 소득(Y)은 가계로 유입되고 정부는 가계로부터 조세(T)라는 형태로 소득을 취한다. 궁극적으로 가계가 얻는 소득은 총소득에서 조세를 뺀 가처분 소득(disposable income) 또는 세후 소득 (after-tax income) (Y_d)이다. 즉

$$가처분소득(Y_d) = 총소득(Y) - 조세(T)$$

여기서는 분석의 단순화를 위해 조세 T는 Y에 영향을 받지 않는다고 가정한다. 즉 조세는 소득에 영향을 받지 않는 외생변수로 간주한다. 이와 같이 소득과 무관한 조세를 흔히

정액세(lump-sum tax)라고 한다.

가계의 소득에서 조세를 차감한 가처분소득(Y_d) 중에서 소비되지 않은 부분이 저축이다. 즉

$$S \equiv Y_d - C = (Y - T) - C$$

따라서 소득은 소비·저축 및 조세의 합과 같다는 다음의 항등식을 쉽게 얻을 수 있다.

$$Y \equiv C + S + T$$

우리는 이 항등식으로부터 정부부문을 도입하면 생산물의 가치는 소득(Y)이 되고, 이것은 또한 (C+S+T)가 됨을 알 수 있다.

〈그림 5-1〉 정부부문이 도입된 국민소득 순환모형

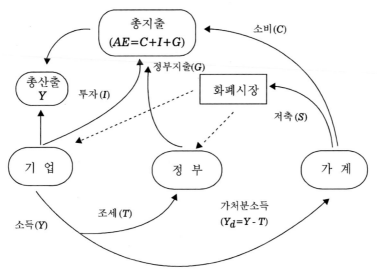

한편 정부는 재화와 서비스를 구매하기 위하여 돈을 지불하기 때문에 총지출(AE)에 대한 정의를 확대시킬 필요가 있다. 정부부문의 도입된 경우 총지출 또는 총수요(AE)는 세 가지 요소로 구성되는데, 가계의 소비지출(C), 기업의 (의도된) 투자수요(I), 그리고 정부부문의 재화 및 서비스에 대한 구매(G)가 그것이다. 즉,

$$AE=C+I+G$$

정부의 재정적자(budget deficit)는 일정기간동안의 정부지출(G)과 조세(T)의 차로 정의된다. 즉

$$재정적자=G-T$$

만약 G가 T를 초과한다면 정부는 재정적자를 보전하기 위하여 민간으로부터 빌려와야만 한다. 그 방법은 국채를 민간에게 매각하는 것이다. 이에 대해서는 나중에 자세히 고찰한다. 이러한 경우, 가계저축(S)의 일부는 정부가 사용하고 있음을 알 수 있다. 즉 〈그림 5-1〉의 점선의 움직임을 보면 저축의 일부는 투자 프로젝트의 재원을 조달하기 위한 기업부문으로 향하고, 일부는 정부의 재정적자를 보전하기 위한 정부부문으로 유입되고 있다.

2. 정부부문이 도입된 총수요 또는 총지출(AE)

정부부문의 도입된 경우 총지출 또는 총수요(AE)는 세 가지 요소로 구성되는데, 가계의 소비지출(C), 기업의 투자수요(I), 그리고 정부부문의 재화 및 서비스에 대한 구매인 정부지출(G)이 그것이다. 이러한 총수요 구성항목들을 좀 더 자세히 살펴보자.

(1) 소비함수(C)

앞 장에서 우리는 가계와 기업부문만 존재하는 단순한 경제에서 가계의 소비(C)는 소득(Y)에 의존한다는 것을 배웠다: 일반적으로 소득이 커질수록 소비는 증가한다. 즉 다음과 같은 간단한 선형의 케인즈의 소비함수를 사용하였다.

$$C=a+bY$$

여기서 a는 국민소득이 0일 때의 소비수준을 나타내는 기초소비이고, b는 한계소비성향(MPC)을 나타낸다.

이제 정부부문을 명시적으로 도입하면 이러한 소비함수를 약간 수정할 필요가 있다. 정부부문이 도입되면 가계는 정부에 세금을 납부해야 하므로 소비에 영향을 미치는 소득은 세전소득(before-tax income, Y)이 아니라 세후소득(after-tax income) 또는 가처분소득(Y_d)이다. 만약 여러분이 연봉 1억원을 받지만 세금으로 9천만 원을 정부에다 낸다면, 세금을 내지 않고 연봉 1천만원을 받는 사람과 소비나 저축을 위해서 사용할 수 있는 소득이 많을 수 없다. 즉 소비지출에 쓸 수 있는 돈은 세전 소득이 아니라 가처분소득인 것이다. 그러므로 우리는 $C = a + bY$ 대신에 다음과 같이 쓸 수 있다.

$$C = a + bY_d$$

또는

$$C = a + b(Y - T)$$

결국 가계와 기업만 있는 모델에 정부를 추가한 경우 가계의 소비는 정부에 세금을 납부하고 난 후의 소득인 가처분소득에 의존한다.

(2) 투자(I)

앞 장에서 살펴보았듯이 투자수준 역시 국민소득 결정과정에서 주요한 변수이다. 케인즈는 기업의 투자지출의 변화가 국민소득변화의 주요한 요인 중의 하나로 생각하였다.

정부를 명시적으로 도입하지 않은 앞 장에서 우리는 투자를 독립투자로 간주하였다. 정부가 명시적으로 도입되면 조세 등을 통하여 기업의 투자활동에 영향을 미칠 수 있다. 그리고 투자는 경제 상태나 이자율 또는 불확실한 미래에 대한 예측 등에 영향을 받을 수 있다. 그러나 본 장에서는 분석의 편의를 위해서 앞 장에서와 마찬가지로 (계획된) 투자는 일정하게 고정된 외생변수로 간주한다. 즉

$$I = \bar{I}$$

(3) 정부지출(G)과 조세(T)

정부지출(G)은 정책입안자의 정책의지에 따라 임의적으로 조절되는 것으로 가정하고 있

기 때문에 소득수준에 직접적으로 의존하지 않는다. 따라서 정부지출도 외생적으로 주어지는 외생변수라고 가정한다. 즉,

$$G = \overline{G}$$

조세수입(T) 역시 정책입안자에 의해 조절되는 외생적인 정책변수라고 할 수 있다. 그리고 앞에서 우리는 이미 조세는 소득수준에 영향을 받지 않는다고 가정하였다. 즉 조세는 소득에 영향을 받지 않는 외생변수로 간주한다. 따라서

$$T = \overline{T}$$

3. 균형 총산출(국민소득)수준의 결정: Y=C+I+G

앞 장에서 우리는 균형은 $Y = AE$, 즉 총산출 또는 총공급 Y와 총지출 또는 총수요 AE가 같아지는 곳에서 성립한다는 것을 이미 배웠다. 다만 정부부문이 도입되었을 경우 총수요는 AE ≡C+I+G 임을 다시 한 번 기억하자. 균형조건을 다시 쓰면 다음과 같다:

균형조건: $Y = AE \equiv C + I + G$

균형국민소득(Y)은 내생변수이다. 자발적 지출항목인 투자(I)와 정부지출(G)은 조세(T)수준과 마찬가지로 주어져 있고, 따라서 모형 외부의 요인들에 의해서 결정되는 외생변수이다.

제4장에서 설명한 균형분석방법은 여기서도 그대로 적용된다. 만약 총공급이 총수요를 초과(Y>C+I+G)한다면 기업에는 의도하지 않았던 재고가 쌓일 것이고 이에 따라 기업이 재고수준을 줄이기 위해 생산을 축소함으로써 산출량이 감소하게 될 것이다. 반대로 만약 총수요가 총산출을 초과(Y<C+I+G)한다면 재고가 부족해지게 되고 이에 따라 기업이 재고의 감소를 막기 위해 노력함으로써 산출량이 증가하게 된다. 결국 총수요(AE)가 총산출(Y)과 같아질 때만이 기업이 현재의 산출량 수준을 변경시키려 하지 않을 것이다.

이제 총산출과 총지출이 일치하는 곳에서 균형국민소득이 결정되는 과정을 자세히 살펴보자. 먼저 정부부문의 도입된 경우 소비함수는

$$C = a + bY_d = a + b(Y - T) = a + bY - bT$$

이와 같은 소비함수를 위에서 설명한 균형조건 식에 대입하면 다음과 같은 균형국민소득수준 Y^*를 구할 수 있다.

$$Y = C + I + G = a + b(Y - T) + I + G$$
$$= a + bY - bT + I + G$$
$$(1 - b)Y = a - bT + I + G$$
$$Y^* = \frac{1}{1 - b}(a - bT + I + G)$$

앞 장에서와 마찬가지로 거시경제에 대한 정부의 효과와 균형조건을 알아보기 위해 구체적인 숫자를 가지고 분석해 보자. 앞장에서 정부부문이 도입되기 전 소비함수는 C=100+0.8Y였는데, 정부부문을 도입하면 소비함수는 다음과 같이 쓸 수 있다.

$$C = 100 + 0.8Y_d = 100 + 0.8(Y - T)$$

그리고 투자는 소득수준과 무관하게 외생적으로 80조원만큼 이루어진다고 하자. 또한 정부는 재화와 서비스를 구매하기 위해 80조원만큼 지출하고, 조세 역시 100조원만큼 민간으로부터 거두어들인다고 가정하자. 즉 정부는 조세를 거두어들인 만큼 지출하는 균형예산을 실행하고 있다.

〈표 5-1〉은 정부지출(G)과 조세(T)가 100조원이고 독립투자(I)가 80조원으로 주어졌을 경우 여러 가처분소득수준에서의 총지출(AE)을 보여준다. 예를 들어 총산출 또는 총공급 Y가 600일때 가처분소득 Y-T는 500이다. 그러므로 소비는 C=100+0.8×500=500이 된다. 기업의 투자 I가 80조원으로 일정하고, 정부지출 또한 100조원으로 일정하다고 가정하였으므로 총지출 또는 총수요 AE는 C+I+G=500+80+100=680조원이 된다. 결국 총산출(Y)이 600일 경우 총지출(AE)은 680이므로 총지출이 60만큼 더 크다. 결과적으로 예기치 않은 재고가 80만큼 감소하게 되어 기업은 생산을 증가시키고자 하는 유인이 발생하게 된다. 그러므로 600조원의 생산수준은 균형보다 작다.

반대로, 만약 Y=1,400이라면, Y_d=1,300, C=1,140이 되고 총수요는 1320이 된다.

이 경우에는 총수요가 총공급보다 작으므로 예기치 않은 재고가 80만큼 증가하고 기업은 생산을 줄이고자 하는 유인이 발생한다. 그러므로 1,400조원의 산출수준은 균형보다 크다고 할 수 있다. 오직 산출수준이 1,000일 경우에만 총공급(총산출)과 총수요(총지출)이 같아지게 되고, 따라서 균형국민소득 수준 Y*는 1,000조원이 된다.

<표 5-1> 균형국민소득의 결정 (I=80, G=T=100일 때)

(단위: 조원)

총산출(소득) (Y)	400	600	800	1,000	1,200	1,400
조 세 (T)	100	100	100	100	100	100
가처분소득 ($Y_d = Y - T$)	300	500	700	900	1,100	1,300
소비 ($C = 100 + 0.8 Y_d$)	340	500	660	820	980	1,140
저축 ($S = Y_d - C$)	-40	0	40	80	120	160
투자 (I)	80	80	80	80	80	80
정부구매 (G)	100	100	100	100	100	100
총수요 (AE=C+I+G)	520	680	840	1,000	1,160	1,320
예기치 않은 재고 변동 (Y-AE)	-120	-80	-40	0	40	80
균형여부	NO (Y↑)	NO (Y↑)	NO (Y↑)	YES	NO (Y↓)	NO (Y↓)

<그림 5-2>는 동일한 균형국민소득수준 결정과정을 그림으로 설명하고 있다. 소득수준은 가로축을 따라서 측정되고 총수요의 구성요소들은 세로축을 따라 측정된다. 45°선 상의 모든 점들은 가로축에서 측정된 변수의 크기와 세로축에서 측정된 변수의 크기가 같다는 특성을 갖는다. 그래프에는 소비함수와 각 소득수준에서의 소비지출에 투자(I=80)와 정부지출(G=100) 등의 자발적 총수요 구성요소를 더하여 얻어지는 (C+I+G) 또는 총수요(AE) 곡선이 그려져 있다.

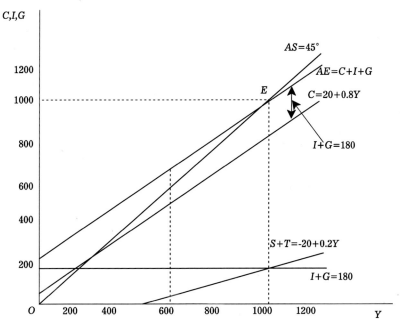

〈그림 5-2〉 균형국민소득수준의 결정

투자와 정부지출 등의 자발적 지출의 구성요소들은 소득에 직접적으로 의존하지 않는 외생변수로 간주하였기 때문에 자발적 지출의 구성요소(I+G=80+100=180)는 수평으로 그려진다. 경제전체의 총수요곡선 (AE=C+I+G)은 자발적 지출의 크기(I+G)만큼 소비함수의 윗부분에 놓여지게 된다. 즉

$$AE=C+I+G=20+0.8Y+I+G=20+0.8Y+80+100=200+0.8Y$$

가 된다. 그래프에서 보는 바와 같이 균형국민소득수준은 C+I+G 선이 45°선과 교차하는 즉 총수요와 총공급이 일치하는 점에서 이루어지는데 그 크기는 1,000이다.

균형국민소득수준의 특성을 이해하기 위해서 왜 그래프 상에서 총공급을 나타내는 45°선과 총수요를 나타내는 (C+I+G)곡선이 교차하는 점 이외의 점들이 균형점이 아닌가를 생각해보면 된다. 예를 들어 〈그림 5-2〉에서 Y=1,000 이하의 소득수준인 600을 생각해보자. 600의 소득수준에서는 소비는 C=20+0.8Y=20+0.8×600=500이고, 이 소비수준에 소득수준과 무관하게 지출하는 자발적 요소(I+G=180)을 더하면 총수요는 680이 되어 총산출수준 600을 초과한다. 즉 그래프에서 총수요곡선 AE가 총공급곡선을 나타내는

45°선보다 80만큼 위에 놓여 있어 총수요가 총산출보다 80만큼 크다는 것을 의미한다. 따라서 예기치 않은 재고부족이 발생하게 될 것이고 기업은 산출량을 증가시키려 할 것이다.

이와 유사하게 〈그림 5-2〉에서 소득수준이 1,000이상이면 산출량은 수요를 초과하게 되고, 즉 45°선이 (C+I+G)곡선보다 위에 위치하므로 예상치 않은 재고가 쌓이게 되어 기업은 산출량을 줄이려 할 것이다. 오직 Y=1,000 수준에서만 산출량이 총체적 수요와 같게 된다. 즉 여기서는 예기치 않은 재고부족이나 재고축적은 없고 따라서 기업은 생산량을 변화시키려하지 않을 것이다.

한편 제4장에서 살펴본 것처럼 균형국민소득을 누출−주입 접근방법을 이용하여 구할 수 있다. 〈그림 5-1〉에서 보듯이 정부는 가계의 소득으로부터 조세(T)를 징수하고 가계는 그들의 소득의 일정비율을 저축(S)한다. 이 조세와 저축이 소득순환모형에서 외부로 빠져나가는 누출(leakage)이라는 것을 우리는 앞에서 살펴보았다. 그리고 소득순환모형으로 유입되는 주입(injection)은 정부구매(G)와 투자(I)이다. 만약 누출(S+T)과 주입(I+G)이 일치한다면 균형이 성립한다. 즉

누출−주입에 의한 균형 조건: $S+T=I+G$

위 균형조건은 가계가 소득 중 소비로 지출하지 않는 부분인 (S+T) 즉 생산은 되었으나 가계에는 판매되지 않은 산출량($Y-C \equiv S+T$)이 가계를 제외한 다른 두 부문에서 구입하려고 하는 (I+G)와 같아지도록 보장해 준다. 이것은 총산출이 총수요와 같다는 것과 같으며 따라서 균형조건은 앞 절에서 설명한 방법과 다르지 않다.

다시 한 번 균형조건을 유도해 보기로 하자. 우리는 이미 균형에서 총산출(소득) Y는 총수요 또는 총지출 AE와 같다는 것을 알고 있다. 정의에 의해서 AE는 (C+I+G)와 같고, Y는 (C+S+T)와 같다. 그러므로 균형에서 다음이 성립한다.

$$C+S+T=C+I+G$$

양변에 소비 C를 빼면

$$S+T=I+G$$

균형에서 반드시 G=T(균형예산) 또는 S=I 일 필요는 없다.

이제 〈그림 5-2〉로 돌아가서 누출−주입에 의한 균형국민소득을 구해보자. 먼저 누출인 S+T를 구하기 위하여 저축함수를 구하면

$$S = Y_d - C = Y - T - C = Y - 100 - (20 + 0.8Y) = -120 + 0.2Y$$

따라서 S+T=-120 +0.2Y+100=-20+0.2Y이 된다.

다음으로 주입은 I+G=80+100=180이 된다. 그러므로 이들을 균형조건에 대입하면

$$-20 + 0.2Y = 180$$
$$\Rightarrow \quad 0.2Y = 200$$
$$\Rightarrow \quad\quad Y = 1,000$$

이 되어 앞에서 구한 균형국민소득수준과 같다. 이는 마찬가지로 〈그림 5-2〉에서도 쉽게 알 수 있다.

제2절 재정정책: 승수효과

우리는 〈그림 5-2〉로부터 만약 정부가 정부지출 G나 조세 T를 변화시킨다면 균형국민소득수준을 변화시킬 수 있음을 알 수 있다. 여기서 정부는 G나 T를 통제할 수 있다고 가정하자.

1. 정부지출승수

앞 장에서 투자승수를 이용하여 균형국민소득수준의 변화를 살펴보았다. 마찬가지로 독립적인 정부지출이 변하거나 조세의 크기가 변하는 경우 총수요의 크기에 영향을 미쳐 균형국민소득수준이 변하게 된다.

이제 재정정책이 거시경제에 미치는 효과를 분석하자. 예를 들어 당신이 대통령의 경제참모이고 경제는 〈그림 5-2〉에 묘사된 균형산출수준에 놓여 있다고 하자. 앞에서 설명하였듯이 경제의 산출 및 소득은 (매년) 1,000조 원만큼 생산되고, 정부는 현재 재화와 서비스를 구매하는데 (매년) 100조 원만큼 지출하며 이에 필요한 100조원을 세금으로 조달하여 사용하고 있다. 즉 예산은 균형을 이루고 있다. 또한 민간부문에서 기업은 (매년) 80조 원만큼을 투자하고 있다고 하자.

이 때 대통령이 당신을 자신의 집무실로 불러서 다음과 같이 얘기 했다고 하자. "현재 우리나라의 실업률이 너무 높다. 우리는 산출과 소득을 증가시킴으로써 실업을 낮출 필요가 있다." 진지한 연구를 한 결과 총산출이 1,300조원까지 증가하면 수용할 수 있는 실업률에 도달될 수 있다고 하자.

지금 대답이 필요한 질문은 다음과 같다: 균형 국민소득수준을 증가시키기 위해 정부가 정부지출정책이나 조세정책 즉 재정정책을 어떻게 사용할 수 있는가? 지금 조세를 변경시키기 위해서는 국회의 동의를 요하기 때문에 조세의 크기는 일정기간동안 변화시킬 수 없다고 가정하자. 그러면 우리가 선택할 수 있는 옵션은 조세를 일정하게 유지하면서 정부지출 G를 증가시키는 것이다.

정부가 조세를 증가시키지 않고 정부지출을 증가시키기 위해서는 정부는 누군가로부터 그 금액을 빌려와야 한다. G가 T보다 크다면 정부는 재정적자 상태에 있고 이 G와 T의 차이만큼 빌려와야 한다. 우리는 여기서는 재정적자의 효과는 염두에 두지 않고 단지 일정한 T 하에서 G의 증가의 효과에만 초점을 두기로 한다.

당분간 대통령은 당신의 해답을 기다린다고 하자. 균형 산출수준을 1,100조원에서 1,300조원으로 200조원 증가시키고 대통령이 받아들일 수 있는 실업수준으로 실업률을 줄이기 위해서는 정부지출 G를 얼마만큼 증가시키는 것이 필요한가?[1]

소득을 200(=1,300-1,100)만큼 증가시킬 필요가 있으므로 우리는 동일한 크기만큼 정부지출을 증가시켜야만 한다고 말할 수 있다. 그러나 그렇게 한다면 어떠한 일이 발생할지를 생각해 보자. 정부지출의 증가는 경제를 균형으로 향하게 할 것이다. 정부지출 G가 총수요의 한 구성요소이므로 계획된 총지출은 200만큼 증가할 것이다. 계획된 지출은 산출보다 클 것이고, 재고는 계획된 것보다 낮아지고 기업은 산출을 증가시키려고 할 것이다. 산출이 바람직한 크기인 200만큼 증가했다고 하자. "자, 지출이 200만큼 증가했고 산출 또한

---

1) 분석의 편의상 이러한 논의를 하는 동안 특별한 숫자에 대한 단위를 지칭하지 않는 경우 조원을 의미한다고 가정하자.

200만큼 증가했으므로, 균형이 회복되었다."고 생각하고 싶을 것이다.

그러나 산출이 증가하면 경제는 더 많은 소득을 창출하게 됨을 알고 있다. 결국, 바람직한 효과는 더 많은 고용의 창출이다. 새로 고용되는 노동자들은 소비자가 되고 그들은 소득 중 일부를 소비한다. 더 많은 소비지출과 더불어 계획된 지출은 산출을 더욱 증대시키고, 재고는 계획된 것보다 낮아지게 되며 기업은 생산을 증가시키고 다시 소득이 증가하는 현상이 반복된다.

이것은 앞에서 투자승수와 비슷한 이야기가 된다. 비록 이번에는 변하는 것은 계획된 투자(I)가 아니라 정부지출(G)이지만, 효과는 우리가 앞장에서 살펴본 승수효과와 같다. 정부지출의 증가는 산출과 소득의 균형수준에 계획된 투자가 증가한 것과 정확히 동일한 충격을 준다. 즉 G나 I의 추가적인 1단위 지출은 균형산출수준에 동일한 효과를 미친다. 그러므로 정부지출승수에 대한 방정식은 계획된 투자의 변화에 대한 승수방정식과 동일하다.

$$정부지출승수 \equiv \frac{1}{MPS}$$

정부지출승수는 공식적으로 정부지출의 변화($\triangle G$)에 대한 균형산출수준의 변화($\triangle Y$)의 비율($\triangle Y / \triangle G$)로 정의된다. 이것은 앞장에서 사용된 정의와 동일하지만, 독립변수의 변화가 계획된 투자가 아니라 정부지출일 뿐이다.

정부지출(G)이 200만큼 증가한 경우를 생각해보자. 앞의 예에서 승수는 4이다.(왜냐하면 한계소비성향(MPC)이 0.8이므로 한계저축성향 MPS=1-0.8=0.2이므로 1/0.2=5). 그러므로 Y는 1,000(=5×200)만큼 증가한다. 초기 Y수준이 1,100이므로, G가 200만큼 증가할 때 새로운 균형 Y 수준은 1,100+1,000=2,100이 된다.

2,100 수준은 실업을 바람직한 수준으로 낮추기 위해서 계산한 값인 1,300보다 훨씬 크다. 앞으로 돌아가서 만약 우리가 Y를 200만큼 증가시키길 원하고 승수가 5라면, 우리는 G를 단지 200/5=40만큼만 증가시키면 된다. 다른 말로 하면, 만약 G가 40만큼 변한다면 균형 산출수준(Y)은 200만큼 증가할 것이고, 새로운 Y값은 바람직한 수준인 1,300(=1,100+200)이 될 것이다.

한편 앞에서 제기한 문제를 그래프를 이용하여 풀면 〈그림 5-3〉과 같다. 정부지출 G를 40만큼 증가시키면 계획된 총지출함수는 40만큼 상방으로 이동한다($C + I + G_1 = AE_1 \rightarrow$. $C + I + G_2 = AE_2$). 그러면 새로운 균형은 새로운 총수요곡선(AE_2)과 45도 선이 만나는 곳에서 성립하고, 이 때 소득은 1,300이 된다.

〈그림 5-3〉 정부지출승수

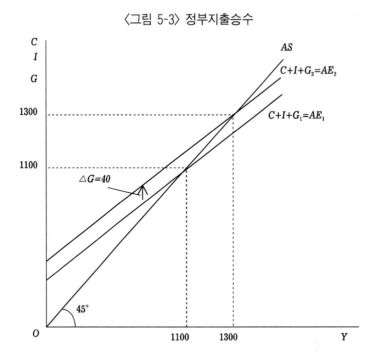

2. 조세승수

재정정책은 정부지출과 조세에 관련된 정책임을 기억하자. 조세정책의 변화가 경제에 어떠한 영향을 미치는지를 살펴보자. 당신은 여전히 대통령의 수석경제참모이지만, 대통령은 정부지출을 증대시키지 말고 실업을 수용 가능한 수준으로 줄이는 계획을 강구하라고 지시했다고 하자. 당신의 계획에서 정부지출 G를 증대시키는 대신 세금을 줄이고 현재의 지출수준을 유지시키는 결정을 할 수 있다. 조세 감소는 가처분소득을 증대시켜 소비지출을 증가시킨다. 조세 감소가 총산출에 미치는 효과는 정부지출 증가의 효과와 동일할 것인가?

조세를 감소시키면 소득은 증가한다. 정부는 조세를 감축시키기 전보다 덜 지출하지 않지만, 가계는 세후 소득이 이전보다 많아졌음을 알게 된다. 이는 소비지출을 증대시키게 된다. 그러므로 계획된 총지출이 증가하게 되며, 재고는 감소하고 따라서 산출이 증가하게 된다. 산출이 증가하게 되면 더 많은 노동자들이 고용되며 또한 더 많은 소득이 창출되고, 이는 추가적인 소비증대를 불러온다. 따라서 조세감소는 배수적으로 소득을 증가시키게 된다. 그러나 조세변화의 승수는 정부지출변화에 대한 승수와 동일하지는 않다.

왜 조세승수 즉 조세변화에 대한 균형산출수준의 변화의 비율($\triangle Y / \triangle T$)은 지출승수와 다른가? 정부가 정부지출 G를 증가시키는 경우, 이것은 경제의 총지출에 즉각적이고 직접적으로 영향을 미친다. 왜냐하면 G는 계획된 총지출의 한 구성요소이기 때문에 G의 증가는 계획된 총지출을 그만큼 증가시킨다. 그러나 조세가 감소할 때에는 지출에 직접적으로 영향을 미치지 않는다. 조세는 총수요의 직접적인 구성요소가 아니라 가계의 가처분소득에 영향을 미치는 요소이고, 가처분소득은 총수요의 한 구성요소인 소비에 영향을 미친다.

정부가 조세를 1단위 감소시키기로 결정했다고 가정하자. 그러면 지출은 얼마나 증가하겠는가? 우리는 이미 이 질문에 대한 해답을 알고 있다. 한계소비성향(MPC)은 가처분소득이 변했을 때 소비지출이 얼마나 변하는가를 말해준다. 우리는 계속해서 가처분소득에 대한 한계소비성향이 0.8인 소비함수를 이용하였다. 이것은 가계의 세후소득이 한 단위 증가할 때 소비는 1단위만큼 증가하는 것이 아니라 단지 0.8단위만큼 증가한다는 것을 의미한다.

이제 정부지출 증대와 조세감소 효과를 요약, 비교해 보자. 정부지출 G가 1단위 증가할 때 계획된 총지출은 초기에 G의 증가와 정확히 동일한 크기 즉 1단위만큼 증가한다. 반면에 세금이 감면되었을 경우에는 계획된 총지출의 초기 증가액은 조세변화에 한계소비성향을 곱한 것만큼만 증가한다. 결국 동일한 크기로 정부지출을 증가시키는 경우와 조세를 감면하는 경우 계획된 총지출의 초기증가에 대한 효과가 조세감면일 경우가 더 작기 때문에, 균형소득수준에 대한 최종적인 효과 또한 조세감면일 경우가 더 작게 나타난다.

조세승수의 크기를 구하기 위하여, 앞에서 투자증가나 정부지출증가에 대한 승수를 도출하는 것과 같은 방법을 사용하자. 이미 앞에서 살펴보았듯이, 균형산출(소득)수준 Y의 최종적인 변화는

$$\triangle Y = (총지출의\ 초기증가분) \times \left(\frac{1}{MPS} \right)$$

조세변화($\triangle T$)에 의해 야기된 총지출의 초기변화는 ($-\triangle T \times MPC$) 이므로, 우리는 이를 위식에 대입함으로써 조세승수를 계산할 수 있다.

$$\triangle Y = (- \triangle T \times MPC) \times \frac{1}{MPS} = - \triangle T \times \left(\frac{MPC}{MPS} \right)$$

조세감면은 소비지출과 산출의 증가를 가져오고, 조세 증가는 소비지출과 산출의 감소를

초래하기 때문에, 조세승수는 음(−)이다. 즉 조세승수는

$$조세승수(= \frac{\triangle Y}{\triangle T}) \equiv - \frac{MPC}{MPS} = - \frac{b}{(1-b)}$$

만약 앞의 예에서와 마찬가지로 한계소비성향(MPC)이 0.8이라면 조세승수는 -0.8/0.2=-4
가 된다. 이러한 조건하에서 세금을 100억 원 감면하면 균형산출수준은 -100억×-4=400
억 원만큼 증가한다. 이것은 정부지출승수 5의 효과와 아주 다르다. 동일한 조건 아래서,
정부지출을 100억 원 증가시키면 균형산출수준은 500억원(100억×5) 증가하게 된다.

3. 균형예산승수

　우리는 지금까지 (1) 조세를 변화시키지 않고 정부지출을 증가시키는 경우와 (2) 정부지
출을 변화시키지 않고 조세를 변화시키는 경우를 살펴보았다. 그러나 만약에 정부지출과 조
세를 동시에 동일한 크기만큼 증가시킨다면 어떻게 될 것인가? 즉 정부가 추가적인 지출을
위하여 동일한 크기만큼 조세를 증가시킴으로써 조달한다면 어떻게 될까? 그러한 재정정책
하에서 정부지출의 증가는 정확히 조세수입의 증가로 조달되므로 정부의 재정적자는 발생하
지 않는다.

　정부지출과 조세수입이 동일한 크기로 증가하는 경우에는 균형국민소득에 아무런 영향을
미치지 않을 것이라고 생각할 수 있다. 그러나 좀더 신중하게 생각한다면 그렇지 않다는 것
을 금방 알 수 있다. 예를 들어 정부지출이 100억원 증가했다고 하자. 우리는 앞의 분석으
로부터 조세(T)는 일정하게 유지한 채로 G가 100억원 증가하는 경우 균형국민소득은
(100억원×정부지출승수)만큼 증가한다는 것을 알 수 있다. 정부지출승수는 1/MPS 또는
1/0.2=5이므로 균형국민소득은 500억원(100억원×5)만큼 증가한다.

　이제 조세수입을 일정하게 유지시키는 대신 정부지출을 100억원 증가시키기 위하여 동일한
크기만큼 조세를 증가시켜 균형예산을 유지하는 경우를 생각해 보자. G와 T의 동일한 크기의
증가는 결과적으로 총지출에 어떠한 영향을 미치겠는가? 여기에는 두 가지의 초기 효과가 있다.
첫째, 정부지출의 100억원만큼 증가한 효과인데, 정부지출의 증가는 직접적이고 즉각적으로 총
지출에 정(+)의 효과를 미친다. 조세수입의 증가는 경제의 전반적인 지출에 음(−)의 충격을
미치지만, 이것은 정부지출의 증가의 효과를 완전히 상쇄하지는 않는다.

조세증가의 총지출에 대한 최종적인 효과는 가계가 그것에 어떻게 반응하는가에 달려있다고 할 수 있다. 가계의 행동에 대해 우리가 알고 있는 바는 가계가 추가적인 소득에 대해 80%를 소비하고 20%를 저축한다는 것이다. 가처분소득이 감소할 때, 소비와 저축은 둘 다 감소한다. 조세수입이 100억원 증가하면 가계의 가처분소득은 그만큼 감소하고, 따라서 소비는 (100억원×MPC)만큼 감소한다. MPC=0.8이므로 소비는 80억원만큼 감소한다.

그러므로 초기에 총지출에 미친 효과를 보면 정부지출이 100억원만큼 증가하고 소비지출은 80억원만큼 감소한다. 이는 G와 T를 동시에 동일한 크기만큼 증가시키면 총지출은 20억원만큼 증가한다는 것을 의미한다.

이로써 우리는 G와 T를 동시에 같은 크기만큼 증가시키면 총산출이 증가할 것이라는 것을 알 수 있다. 그러면 과연 얼마만큼 증가할 것인가? 즉 균형예산승수의 크기는 얼마나 될까?

$$\text{균형예산승수} = 1$$

즉 정부지출과 조세수입이 동일한 크기로 증가하면, 즉 $\triangle G = \triangle T$이면 국민소득은 정부지출 또는 조세가 증가한 만큼 증가($\triangle Y = \triangle G = \triangle T$)한다. 즉 균형예산승수(balanced-budget multiplier)는 1이다. 왜 그렇게 되는지 지금까지 고찰한 정부지출승수와 조세승수를 이용하여 설명할 수 있다. 앞의 모형에서 정부지출승수는 $\triangle Y / \triangle G = 1 / MPS = 1 / (1-b)$이고 조세승수는 $\triangle Y / \triangle T = -MPC / MPS = -b / (1-b)$이다. 그러므로 다음이 성립한다.

$$\frac{\triangle Y}{\triangle G} + \frac{\triangle Y}{\triangle T} = \frac{1}{(1-b)} + \frac{-b}{(1-b)} = \frac{1-b}{1-b} = 1$$

0<b<1이기 때문에 균형예산승수는 한계소비성향의 크기에 관계없이 항상 1이 된다. 이제 한계소비성향이 0.8인 경우 정부지출승수를 이용하여, 정부지출이 100억원 증가한다면 균형산출 또는 균형국민소득은 500억원(100억원×정부지출승수 5)만큼 증가한다. 조세승수를 이용하면, 조세가 정부지출과 동일한 크기인 100억원만큼 증가한다면 균형산출은 400억원만큼 감소(100억원×조세승수 -4=-400억원)한다. 그러므로 균형산출에 미친 순효과는 500억원-400억원 즉 100억원이 된다. 즉 정부지출과 조세를 동일한 크기로 증가시킨 경우 균형산출 또는 균형국민소득의 증가분은 G나 T가 초기에 증가한 크기와 정확히 일치한다.

균형예산승수에 관한 이상의 설명을 요약해 보자. 정부지출의 증가는 계획된 총지출(AE)에 직접적으로 효과를 미치는 반면, 조세증가의 경우는 그렇지 않다. 조세 증가의 초기 효과는 조세변화에 한계소비성향을 곱한 것만큼 가계의 소비를 감소시킨다. 이러한 소비의 변화는 한계소비성향이 1보다 작기 때문에 조세의 변화보다 작다. 그러므로 정부지출 증가의 정(+)의 효과가 조세증가로 인한 음(−)의 효과보다 더 크다. 균형예산승수의 순효과는 1이 된다.

우리는 지금까지 어떻게 가계, 기업 및 정부가 재화시장에서 상호작용하고, 어떻게 균형산출(국민소득)이 결정되고, 또한 정부가 어떻게 재정정책을 사용하는지를 살펴보았다. 다음 장에서는 경제에 영향을 미치는 정부의 또 다른 주요 도구인 화폐시장과 금융정책에 대해 분석한다.

제6장 화폐공급과 통화정책

앞의 두 장에서 우리는 어떻게 가계, 기업 및 정부가 재화시장에서 상호작용하고 있는가를 살펴보았다. 이제는 화폐시장에 관한 논의로 돌아가자. 이번 장과 다음 장은 화폐시장이 거시경제에서 어떻게 작동하는지를 설명한다. 먼저 화폐란 무엇인가를 시작으로, 우리 경제에서 화폐가 어떤 역할을 하는지를 살펴본다. 그런 다음 화폐공급을 결정짓는 요인들을 살펴보고 어떻게 은행이 화폐를 창출하는지를 고찰한다. 마지막으로, 우리나라 중앙은행인 한국은행이 하는 일과 재량적으로 통화공급을 조절하는 도구에 대해 논의한다.

제1절 화폐의 정의와 측정

여러분들은 소득이 높다는 의미로 "돈을 많이 번다"거나 또는 부유하다는 의미로 "많은 돈을 가지고 있다"는 많을 종종 듣는다. 고용주는 소득을 지불하기 위해 화폐를 사용하고 또한 부는 화폐의 형태로 축적되어질 수 있다. 그러나 화폐(money)는 소득(income)도 아니고, 부(wealth) 또한 아니다. 즉 화폐란 모든 부를 의미하는 것이 아니라 부의 한 형태에 불과하다.

1. 화폐의 기능과 의의

화폐는 일반적으로 일상생활에서 교환의 매개수단으로 사용되는 것을 말한다. 대부분의 사람들은 화폐를 획득하고 사용하는 능력을 가지고 있다. 화폐는 크게 지불수단 또는 교환의 매개수단, 가치의 저장수단, 그리고 계산단위의 기능을 가지고 있다.

(1) 교환의 매개수단 또는 지불수단(medium of exchange)

화폐가 다른 자산과 구별되는 가장 중요한 기능 중의 하나가 교환의 매개수단(medium of exchange) 또는 지불수단(means of payment)의 역할을 한다는 것이다. 화폐는 시장경제가 작동하기 위해서는 필수적인 요소이다. 화폐경제에 대한 대안은 화폐를 교환의 매개수단으로 사용하지 않고 거래 당사자간에 직접 재화나 서비스를 교환하는 물물교환경제이다.

교환의 매개로서 화폐는 교환의 효율성을 증진시킨다. 물물교환경제에서 거래가 성립되기 위해서는 욕망의 이중적 일치(double coincidence of wants)가 필요하다. 즉 물물교환경제에서는 원하는 시간 및 장소에 서로가 교환하길 원하는 재화를 갖고 있는 사람이 우연히 존재해야만 거래가 성립된다. 상대적으로 단순한 경제에서는 거래되는 상품의 종류가 많지 않기 때문에 거래할 사람을 찾는 것은 그다지 어렵지 않고 물물교환이 가능하다. 그러나 다양한 재화가 존재하는 복잡한 경제에서는 교환을 원하는 사람이 자신에게 맞는 교환의 상대방을 직접 찾는 일이 그렇게 쉬운 일이 아니다.

이 때 모두가 동의하는 교환의 매개수단의 존재는 이와 같은 욕망의 이중적 일치의 문제를 해결해 주는 역할을 한다. 화폐경제하에서 화폐는 사람들이 물건을 살 때 재화와 서비스를 구매한 대가로 화폐를 지불하고, 또한 재화와 서비스를 판매한 대가도 화폐로 교환된다. 아무도 직접 물건을 거래하려고 하지 않는다. 시장경제가 잘 작동하도록 윤활작용을 하는 화폐는 그 중요성을 아무리 강조해도 지나치지 않다.

(2) 가치의 저장수단(store of value)

교환의 매개수단이 화폐가 가지고 있는 근본적인 기능이긴 하지만 그것이 전부는 아니다. 화폐는 가치의 저장수단, 즉 한 시점에서 다른 시점으로 구매력이 이동하는데 사용되어질 수 있는 자산으로서의 역할을 한다. 다시 말하면 가치저장수단으로서의 화폐는 현재로부터 미래로 구매력을 이전하는 기능이다. 만약 여러분이 소를 키우고 있고, 이번 달 말에 지금 당장 소비를 원하는 것보다 더 많은 소를 판매한다면, 판매대금의 일부를 소비하기를 원하는 시점까지 화폐의 형태로 보유할 수 있다.

물론 화폐 이외에 골동품이나 유명한 화가의 그림 또는 다이아몬드 등 많은 다른 가치저장 수단이 있다. 그러나 화폐는 이러한 다른 가치저장수단보다 몇 가지 중요한 이점이 있다. 첫째 화폐는 다른 가치저장수단들 보다 사용하기 편리하고 또한 운반이 용이하다. 둘째 화폐는 지불수단 또는 교환의 매개수단이기 때문에 언제든지 쉽게 다른 재화와 교환될 수 있다. 이 두 가지 요소는 화폐의 유동성의 특성을 의미한다. 화폐는 손쉽게 가지고 다니면서 사용할 수 있지만, 유명 화가의 그림 등은 편리하지도 운반이 쉽지도 않을 뿐만 아니라 또한 쉽게 지불수단으로 사용될 수도 없다.

그러나 재화나 서비스의 가격이 상승할 때 화폐의 가치가 감소하기 때문에 화폐는 완벽한 가치저장 수단은 아니다. 따라서 화폐가 가치저장 수단으로서의 기능이 완전하기 위해서는 재화나 서비스의 가격이 안정적이어야 한다.

(3) 계산단위(unit of account)

마지막으로 화폐는 계산단위로서의 기능을 가지고 있다. 계산단위의 기능이란 보편적으로 가격이 화폐단위로 표시된다는 것을 의미한다. 예컨대 특정 국가에서 달러(Dollar)나 엔(Yen) 등의 화폐단위를 사용하는 경우 각 재화와 서비스의 가치는 교환되는 화폐단위의 수량을 의미하는 가격으로 표시할 수 있다. 즉 미국에서는 시장에서 거래되는 각 재화와 서비스의 가격은 '달러'와 '센트'라는 화폐단위로, 우리나라에서는 통상 '원'으로 표시된다.

미시경제학에서는 재화간의 교환비율인 상대가격에 따라 자원이 배분되어진다고 하지만 실제로 상점들은 가격을 화폐단위로 나타낸다. 예를 들어 거시경제학 교과서 한 권은 30,000원이라고 하지 비록 같은 금액을 나타낸다고 할지라도 사과 30개라고 하지 않고, 또한 사과 한 개는 1,000원이라고 하지 귤 2개나 거시경제학 교과서의 10페이지라고 하지는 않는다. 또한 대차관계에 의한 계약의 대부분은 원금과 이자를 미래의 일정시점에 화폐단위로 지불할 것을 규정하지 어떤 상품으로 나타낸 특정량으로 표시하지는 않는다.

따라서 표준적인 계산단위로서의 화폐는 일상생활에서 값을 매기는 일관적인 방법이 되고, 모든 경제적 거래를 측정하는 기준이 된다.

2. 상품화폐와 불환지폐

화폐는 여러 가지 형태를 가지고 있다. 우리나라에서는 현재 한국은행이 발행한 지폐(한국은행권)가 화폐로 통용되고 있다. 그렇지만 일정한 금액이 인쇄된 종이에 불과한 지폐는 화폐로서 널이 유통되지 않는다면 거의 가치가 없는 것이다. 이와 같이 자체적인 가치가 없는 화폐를 (법정)불환지폐(fiat money)라고 하는데 이는 한 나라의 법률에 의해 화폐로 인정하기 때문에 일상생활에서 유통된다.

오늘날 거의 대부분의 국가에서 법정불환지폐의 사용이 보편화 되었지만 역사적으로 대부분의 사회에서는 자체적으로 가치를 내재하고 있는 상품을 화폐로 사용하였다. 이런 종류의 화폐를 상품화폐라고 한다.

(1) 상품화폐(commodity money)

상품화폐는 다른 용도로 사용할 수 있는 자체적인 가치를 내포하고 있으면서 동시에 화폐로 사용되어지는 상품을 말한다. 예를 들면 제2차 세계대전 중에 포로수용소에서 죄수들은 담배를 가지고 물건을 구입할 수 있었고, 그들이 가지고 있는 담배의 개비수를 가지고 그가 얼마나 부유한지를 가늠할 수 있었다. 물론 담배는 또한 피울 수 있다. 곧 담배는 화폐로서의 기능을 수행하는 것은 물론 담배가 본래 지니고 있는 기능 또한 할 수 있었던 것이다.[1]

금은 또 다른 형태의 상품화폐의 한 예이다. 금은 수백 년 동안 직접 거래에 이용되어졌을 뿐만 아니라 보석, 치아충전재 등 다양한 범위에 사용할 수 있었기 때문에 상품화폐의 한 형태가 된다. 이처럼 금이 화폐로 통용되는 경제를 금본위제도(Gold Standard)라 하는데, 19세기말 동안 전 세계적으로 보편적인 제도였다.

(2) 불환지폐(fiat money)

교환을 보다 수월하게 하기 위해서 상품화폐가 유통된 것은 어쩌면 당연한 일이다. 다시

---

1) 실제 제2차 세계대전 중 나찌의 포로수용소 내에서 담배는 가격을 매기고 교환이 이루어지게 하는 화폐로 사용되었다. 예를 들어 와이셔츠 한 벌과 담배 80개비가 교환되었고, 일부 죄수들은 의복 한 벌 세탁하는 것과 담배 2개비의 교환을 제안하기도 하였다. 또한 담배를 피우지 않는 죄수들조차 장래에 그들이 원하는 물건과 담배를 교환할 수 있다는 것을 알았기 때문에 물품 교환시 기꺼이 담배를 받았다. 즉 포로수용소 내에서 담배는 교환의 매개수단, 가치저장, 계산단위로서의 기능을 수행하였다.

말하자면 사람들은 상품화폐가 자체적인 가치를 보유하고 있으므로 금이나 은과 같은 상품화폐를 누구나 받아들였다.

여러 상품화폐가 등장해 사용하다가 그 기능이 비효율적인 화폐는 사라지게 되었다. 대신에 표준화되고, 쉽게 식별할 수 있고, 위·변조가 어려우며 편리한 단위로 많이 사용할 수 있었던 주화가 가장 대표적인 상품화폐로 나타나게 되었다. 그러나 이와 같은 주조화폐는 주조에 많은 비용이 소요되며 유통되는 과정에서 파손될 가능성이 많고 휴대가 불편하다는 단점 등의 문제로 점점 생산비가 저렴한 지폐(paper money)로 대체되었다.

오늘날 거의 모든 나라에서 유통되는 화폐는 대부분 불환지폐이다. 불환지폐란 본질적인 내재가치가 없는 화폐를 말한다. 그러면 왜 사람들은 금이나 담배 또는 소처럼 적어도 어떤 가치가 있는 것을 사용하지 않고 자체적으로는 아무런 쓸모가 없는 종이조각에 불과한 지폐를 화폐로 사용하고 있을까? 만약에 종이지폐가 금이나 은에 의해 뒷받침되기 때문에 그렇다고 생각하면 잘못된 생각이다. 물론 일반의 요구에 따라 발행한 지폐를 직접 금으로 바꾸어주던 시대도 있었다. 정부는 일정량의 금으로 상환할 수 있는 지폐 즉 금증서를 발행하였고, 일정한 양의 금을 보유함으로써 순환되는 금증서의 가치를 뒷받침해 주었다.[2] 예를 들어 금의 가격이 1온스 당 35달러라면, 정부는 35달러 지폐와 금 1온스의 교환을 보장하였다. 이와 같은 지폐는 정부에 의해 금과의 교환이 보장되면서 동시에 금을 가지고 다니는 것보다 훨씬 편리하기 때문에 거래에 사용하는 것이 더 용이하였다. 결국 금으로 상환되는 것이 보증된 정부 발행 지폐가 곧 화폐로 통용되었다.

그러나 누구도 지폐를 금으로 교환해 준다는 사실을 우려하지 않는 경우, 정부가 발행한 지폐는 더 이상 금이나 은과 같은 상품에 의해 뒷받침되지 않아도 된다. 정부는 발행한 지폐를 법화(legal tender)가 될 것이라고 선포하고, 모든 사람들은 정부를 믿고 정부가 발행한 지폐를 교환수단으로 계속 인정하는 한 화폐로서의 가치를 갖고 기능을 하게 된다. 이와 같이 법률에 의해 금이나 은으로의 상환은 보장되지 않지만, 국가에 의해 발행되어 유통되는 화폐를 불환지폐라고 한다.

3. 통화량의 측정

흔히 화폐라고 하면 지폐와 동전만을 떠올리기 쉬우나, 무엇을 화폐로 볼 것인가에 대해

---

2) 이처럼 정부가 금화를 주조하지 않고 일정한 용량의 금으로 태환해 주겠다는 약속에 의해 발행한 증서를 (금)태환지폐(convertible paper money)라고 한다.

서는 통일된 견해가 아직 없다. 여기서는 우리나라에서 통용되고 있는 다양한 종류의 화폐에 대해 자세히 살펴보기로 한다.

시중에 돌아다니는 화폐의 량을 통화량이라 한다. 상품화폐를 사용하는 단순한 경제에서 통화량은 해당 상품의 수에 따라 결정된다. 그러나 현대의 복잡한 경제에서는 대부분의 국가에서 불환지폐를 사용하는데, 이 경우 통화량의 측정은 그렇게 간단하지가 않다. 일부 자산이 다른 자산보다 편리하더라도 사람들은 거래를 위해 한 자산만을 사용하는 것이 아니고 다양한 자산을 이용할 수 있다. 그렇기 때문에 통화량을 측정하는 다양한 방법이 발생하게 된다.

시중에 화폐가 얼마나 유통되고 있는가를 가늠하는 척도를 통화지표라 한다. 이와 같은 통화지표를 편제하기 위해서는 무엇을 화폐로 볼 것인가, 즉 통화를 어떻게 정의할 것인가를 먼저 결정하여야 한다. 흔히 화폐라고 하면 지폐나 동전 같은 현금만을 떠올리기 쉽다. 그러나 은행예금을 비롯하여 증권회사나 상호저축은행에 맡겨 놓은 예금들도 필요한 경우 즉시 현금으로 인출할 수 있으므로 경우에 따라서는 이들도 통화에 포함시킬 수 있다. 따라서 통화는 현금 이외에 여러 가지 화폐적 기능이나 성격을 지닌 금융상품을 포괄하는 개념으로 볼 수 있기 때문에 이들 중 어디까지를 통화로 볼 것이냐에 대해서 그동안 많은 연구가 진행되어 왔다. 뿐만 아니라 일단 정의된 통화지표도 새로운 금융상품이 출현하거나 금융제도가 바뀌게 되면 그 성격이 변하게 되므로 이를 반영하기 위해 새로운 통화지표가 개발되는 등 통화지표에 대한 끊임없는 연구가 이루어져 왔다. 결국 통화지표는 통화를 어떻게 정의하느냐에 따라 다양하게 작성될 수 있다.

우리나라에서는 1951년부터 통화(구M1) 및 총통화(구M2) 지표를 공식 편제하기 시작한 이래 본원통화, M3, MCT 등의 지표를 추가로 편제해 왔다. 2002년부터는 IMF의 통화금융통계 매뉴얼(2000년) 기준에 부합하는 새로운 개념의 통화지표로서 협의통화(M1) 및 광의통화(M2)를 개발·공표하였는데, 이들 지표는 금융기관의 제도적 형태보다는 금융기관이 취급하는 금융상품의 유동성 정도를 기준으로 그 포괄상품을 구성한 것이다. 이와 함께 편제하여 왔던 구M1, 구M2, MCT 지표의 공식 편제를 2003년부터 중단하였다. 새로운 개념의 협의통화(M1), 광의통화(M2), M3의 내용을 구체적으로 살펴보면 다음과 같다.[3]

(1) 협의통화(M1)

협의통화(M1)는 지급결제수단으로서의 기능을 중시한 지표로서 민간이 보유하고 있는

---

3) 한국은행, 알기 쉬운 경제지표해설(2004), 제1장 통화지표에서 참조.

현금과 예금취급기관의 결제성예금의 합계로 정의되고 있다. 현금은 가장 유동성이 높은 금융자산으로 교환의 직접 매개수단으로 사용되는 지폐와 동전으로 구성된다. 결제성예금은 예금취급기관의 당좌예금, 보통예금 등 요구불예금과 저축예금, 시장금리부 수시입출식예금 (MMDA; money market deposit account), 단기금융펀드(MMF; money market fund) 등 수시입출식예금으로 구성된다. 결제성예금은 비록 현금은 아니지만 수표 발행 등을 통해 지급결제수단으로 사용되거나 즉각적으로 현금과 교환될 수 있으며 기능면에서 현금과 거의 같기 때문에 협의통화(M1)에 포함되고 있다. 이와 같이 협의통화(M1)는 유동성이 매우 높은 결제성 단기금융상품으로 구성되어 있어 단기금융시장의 유동성 수준을 파악하는 데 적합한 지표이다. 요약하면,

$$협의통화(M1) = 현금통화 + 결제성\ 예금(요구불예금 + 수시입출식\ 예금)$$

(2) 광의통화(M2)

광의통화(M2)는 협의통화(M1)보다 넓은 의미의 통화지표로서 협의통화(M1)에 포함되는 현금과 결제성예금 뿐만 아니라 예금취급기관의 정기예금, 정기적금 등 기간물 정기예적금 및 부금, 거주자 외화예금 그리고 양도성예금증서, 환매조건부채권, 표지어음 등 시장형 금융상품, 금전신탁, 수익증권 등 실적배당형 금융상품, 금융채, 발행어음, 신탁형 증권저축 등을 포함한다. 다만, 유동성이 낮은 만기 2년 이상의 장기 금융상품은 제외한다. 이와 같이 광의통화(M2)에 기간물 정기예적금 및 부금 등 단기 저축성예금 뿐만 아니라 시장형 금융상품, 실적배당형 금융상품 등을 포함하는 것은 이들 금융상품이 비록 거래적 수단보다는 자산을 증식하거나 미래의 지출에 대비한 일정기간 동안의 저축수단으로 보유되지만 약간의 이자소득만 포기한다면 언제든지 인출이 가능하여 결제성예금과 유동성 면에서 큰 차이가 없다고 보기 때문이다. 또한 거주자외화예금도 국내에서의 지급결제수단으로는 약간의 제약이 있지만 언제든지 원화로 바뀌어 유통될 수 있기 때문에 광의통화(M2)에 포함하고 있다.

$$광의통화(M2) = M1 + 준결제성예금(정기예적금 \cdot 부금 + 실적배당형금융$$
$$상품 + 시장형\ 금융상품 + 거주자외화예금)$$

(3) M3

M3는 1982년 10월 은행뿐만 아니라 비은행금융기관까지도 포함하는 전 금융기관의 유동성 수준을 파악할 목적으로 개발된 지표이다. M3에는 광의통화(M2)에 ① 예금취급기관의 만기 2년 이상 정기예적금 및 금융채, 그리고 유가증권 청약증거금, 만기 2년 이상 장기금전신탁 등과 ② 생명보험회사, 증권금융회사 등 기타금융기관의 보험계약준비금, 환매조건부채권매도, 장단기 금융채, 고객예탁금 등이 포함되는 현재로서는 가장 넓은 의미의 통화지표이다. 그러나 정부, 기업 등(M3대상 금융기관 이외의 기관)이 발행한 국공채, 회사채 등 유가증권은 M3에서 제외되고 있다.[4]

$$M3 = M2 + 예금은행\ 및\ 비은행\ 금융기관\ 기타예수금$$

〈표 6-1〉 통화지표별 구성내역(2003년 12월말 현재)

(단위: 십억원)

			M3 (1,209,751)
		M2(광의통화)(898,069)	예금은행 및 비은행 금융기관 기타 예수금 등(311,681)
	M1(협의통화) (298,953)	준결제성예금(599,116) 〈정기예적금 및 부금: 386,642〉 〈실적배당형금융상품: 103,257〉 〈시장형금융상품: 51,391〉 〈기타 예금·금융채: 57,827〉	(좌 동)
현금통화 (17,348)	결제성예금 (281,605) 〈요구불예금 : 59,437〉 〈수시입출식예금 : 222,168〉	(좌 동)	(좌 동)
민간의 화폐보유액 (17,348)	(좌 동)	(좌 동)	(좌 동)

자료: 한국은행, 알기 쉬운 경제지표 해설, 2004

---

4) 한국은행은 현재 정부나 기업 등 M3 대상 금융기관 이외의 기관이 발행한 국공채나 회사채 등의 유가증권까지도 포괄하는 최광의 유동성지표(L)의 개발을 추진 중에 있다.

제2절 예금은행의 신용창조

앞 절에서 이미 살펴보았듯이 협의통화(M1)만 보더라도 현금뿐만 아니라 가계의 결제성 예금인 요구불예금이나 수시입출식 예금도 통화의 범주에 포함되고 있다. 따라서 통화공급 (M)은 민간이 보유하고 있는 현금(C)과 가계가 결제수요로 사용할 수 있는 은행예금(D) 모두를 포함하고 있기 때문에 통화공급은 다음과 같이 나타낼 수 있다.

$$\text{통화공급} = \text{현금통화(민간보유현금)} + \text{예금통화(요구불예금)}$$
$$M \quad = \quad C \quad\quad\quad\quad\quad + \quad\quad D$$

통화공급을 이해하기 위해서는 현금 및 요구불예금의 상호작용과 중앙은행 정책이 이 두 가지 구성요소에 미치는 영향을 이해해야만 한다. 여기서는 먼저 통화량의 한 구성요인인 예금통화가 예금은행에 의해 창출되는 과정, 즉 요구불예금의 승수적 창출과정에 대해 살펴 본다.

1. 은행의 기원: 골드스미스(Goldsmiths)

은행이 어떻게 통화를 창출하는가 하는가를 이해하기 위해서 먼저 현대의 은행제도의 기원을 살펴보는 것이 유용하다. 15, 6세기 경에 많은 국가에서 금을 화폐로 사용하였다. 그렇지만 금 은 갖고 다니기도 불편하고 도난을 당할 위험이 있기 때문에 사람들은 금을 안전하게 보관하기 위해 골드스미스(금대장간, goldsmith)에게 맡겨놓기 시작했다. 본래 영국의 골드스미스는 주 민들이 소유한 금이나 기타 귀중품을 안전하게 보관해 주는 화물보관소나 창고의 기능을 담당하 였다. 그들은 금을 수납할 때 영수증을 발행해 주고, 후일 금 소유자가 영수증을 제시하면 금을 보관해 준 대가로 소액의 일정한 수수료를 받고 돌려주었다. 곧 재화를 거래한 대가로 금 대신 에 이러한 영수증이 거래되기 시작되었다. 이 영수증은 일종의 지폐로 사용되었는데, 이는 거래 가 발생할 때마다 굳이 금을 찾으러 금대장장이에게 갈 필요가 없는 것을 의미한다.

골드스미스는 초기에 100% 금을 바탕으로 영수증을 발행하였다. 즉 금고에 100온스의 금을 가지고 있다면 정확히 100온스만큼의 영수증만을 발행하였다. 이 때 골드스미스는 금을 안전하게 보관하는 일종의 보관창고에 불과하였다. 그러나 사람들이 금을 인출하러 오는 경우가 흔하지 않았고, 따라서 골드스미스는 많은 양의 금을 지속적으로 금고에 가지고 있을 수 있었다. 항상 여분의 금을 가지고 있는 골드스미스는 돈이 필요한 사람들에게 금을 빌려줄 수 있었다. 왜냐하면 창고에는 항상 금이 보관되어 있는데, 이것을 그대로 가지고 있는 경우 아무런 이득이 없는 반면 이 금을 빌려줄 경우 이자를 받을 수 있었기 때문이다. 이때부터 골드스미스는 비로소 단순한 귀중품 보관 내지 창고 기능에서 화폐를 창출하는 힘을 가진 은행과 같은 기능을 갖는 기관으로 바뀌었다. 즉 한 사회 내에서 추가적인 금의 증가 없이도, 골드스미스는 금에 대한 청구권, 즉 금을 맡기고 받는 일련번호가 부여된 영수증을 부가적으로 창출함으로써 유통되는 화폐의 양을 증가시킬 수 있었다. 결국 은행제도는 누군가가 이미 어떤 사람의 소유인 금에 대한 청구권을 발행하면서부터 시작되었다고 할 수 있다.

이때 골드스미스는 어떤 문제에 직면하게 되었다. 일단 그들이 대출을 하기 시작하자, 어떤 일정시점에서 금고에 보관되어 있는 금의 양보다 더 많은 영수증 즉 금에 대한 청구권이 발행되었다. 예를 들어 금 100온스를 금고에 가지고 있는데, 20온스를 대출해 줘서 120온스에 해당되는 영수증을 발행하는 경우이다. 이때 영수증을 소지한 모든 사람들이 동시에 금에 대한 인출을 요구하는 경우 심각한 문제가 발생하는 것이다. 즉 자기 금고에는 100온스의 금밖에 없기 때문에 모든 사람에게 일시에 금을 상환해 줄 수 없게 된다.

평상적인 경우에는 사람들이 금 실물 대신 금에 대한 청구권을 가지고 있어도 문제가 전혀 발생하지 않는다. 그러나 사람들이 골드스미스의 재정적 안정성에 의문을 갖기 시작하면 그들이 가지고 있는 영수증을 가지고 가면 과연 실제 금으로 인출할 수 있을지 대해 의심을 갖기 시작한다. 골드스미스 금고에 보관되어 있는 금보다 더 많은 영수증이 발행되었다는 것을 알게 되면, 사람들은 영수증을 들고 가서 금에 대한 인출을 요구하기 시작할 것이다. 즉 평상시에는 골드스미스가 그들이 실제 보유하고 있는 것보다 더 많은 청구권을 발행해서 대출해도 완전히 안전하다고 느끼지만, 일단 누군가가 골드스미스의 안정성에 의심을 갖기 시작하면 너도나도 골드스미스로 가서 금 인출을 요구할 것이다.

만약 당신이 누군가가 금을 찾으러 골드스미스로 뛰어 가는 것을 본다면, 당신도 혹시 금을 못 찾을까 걱정되어 마찬가지로 금을 찾으러 가려고 할 것이다(run on a goldsmith, 오늘날 run on a bank). 예치한 화폐를 찾으러 동시에 모두가 뛰어가는 현상은 여러 가지 요인으로 인해 발생한다. 예를 들어 은행이 제대로 갚지 못할 사람에게 돈을 빌려주었다는 소문이나, 전쟁 또는 한 은행이 다른 은행으로부터 돈을 빌리지 못하는 경우 등과 같은 경우에 발생한다. 그러나 오늘날의 은행은 법정 지불준비율(required reserve ratio)을 의무적으로 보유하고 있어야 하기 때문에 골드스미스와는 다르다고 할 수 있다.

2. 은행의 대차대조표

은행을 포함하는 기업의 자산과 부채 및 자본(또는 순부)의 관계는 다음과 같다.

자산 – 부채 ≡ 자본(또는 순부)

또는

자산 ≡ 부채 + 자본

은행의 경우 자산(asset)은 대출, 은행 건물, 집기, 정부발행 유가증권, 현금, 채권, 주식 등을 포함한다. 가장 중요한 은행의 자산은 바로 대출(loans)이다. 은행의 자산은 보유현금과 중앙은행에 예치한 예금을 포함한다.

기업의 부채(liabilities)는 단순히 갚아야 할 채무이다. 반면에 은행의 부채는 지불하기로 한 약속 또는 차용증서(IOUs)이다. 은행의 가장 중요한 부채는 바로 예금이다. 왜냐하면 누군가가 자신의 계좌에 돈을 예치했다면 그것은 바로 은행에 대출해 준 것과 같기 때문에 예금은 은행이 갚아야할 채무이기 때문이다. 한 기업의 자산을 모두 더한 다음 자금을 조달하기 위해 빌린 부채를 빼면 바로 그 기업의 순부(net worth)가 된다.

이제 T계정이라고 하는 간단한 대차대조표를 이용하여 은행의 재정상황을 살펴보자. 은행의 자산은 T계정의 왼쪽에, 부채와 순부는 오른쪽에 기입한다. 대차대조표는 항상 균형을 이루므로, T계정의 왼쪽에 있는 모든 항목의 합은 T계정의 오른쪽에 있는 항목들의 합과 정확히 일치한다.

〈표 6-1〉은 한 가상은행(A)의 T계정(대차대조표)을 보여준다. 이 은행은 220억원의 자산을 가지고 있는데 그중 40억원은 지불준비금이다. 지불준비금(reverse)이란 은행이 예금을 받았으나 대부하지 않고 고객의 인출요구에 대비해 가지고 있는 현금을 말한다. 준비금 중의 일부는 전국에 있는 은행점포의 금고 속에도 있으나 대부분은 중앙은행(한국은행)

에 예치해 둔다. 지불준비금은 은행의 입장에서는 자산이다. 왜냐하면 여러분이 예금한 은행계좌에 있는 돈에 대한 인출을 요구할 수 있듯이, 은행도 중앙은행에 예치한 준비금을 현금으로 인출을 요구할 수 있기 때문이다. A은행의 다른 자산은 대출인데, 180억원이다.

왜 은행이 예금 중에 일정비율 만큼 준비금으로 중앙은행에 예치해야 하는가? 여러 가지 이유가 있지만, 아마도 가장 중요한 이유는 은행이 고객으로부터 예금을 받은 것 중에서 일정액만큼 지불준비금으로 반드시 보유하도록 법으로 규제하고 있기 때문일 것이다. 이처럼 예치된 예금액 중에서 은행이 의무적으로 지불준비금로 보유해야 비율을 법정지불준비율(required reserve ratio)이라고 한다. 만약 법정지불준비율이 20%라면, 예금을 200억원 받았을 때 은행은 의무적으로 예금액의 20%에 해당하는 40억원을 현금이든 중앙은행에 예치하든 준비금으로 보유하고 있어야 한다. 분석의 편의를 위해 은행은 지불준비금 전부를 중앙은행인 한국은행에 예치한다고 하자.

〈표 6-2〉의 대차대조표의 대변을 보면 은행은 예금으로 200억원을 가지고 있다. 은행 입장에서 예금은 돈을 맡긴 고객에게 갚아야 할 의무가 있으므로 부채가 된다. 따라서 이 은행의 순부는 20억원(자산 220억원－부채 200억원)이 된다.

은행의 대차대조표에서 어떤 항목이 변화한다면, 균형을 유지하기 위해 반드시 최소한 어떤 한 항목이 바뀌어야 한다. 예를 들어 은행의 준비금이 100만원 증가한다면, 다음 사항 중의 하나가 반드시 발생해야 한다. (1) 대출 등 다른 자산이 100만원만큼 감소하든지, (2) 예금 등의 부채가 100만원 증가하거나, 아니면 (3) 순부가 100만원만큼 감소해야 한다. 물론 이들의 다양한 조합도 가능하다.

〈표 6-2〉 A은행의 대차대조표

(단위: 억원)

자 산		부 채	
지불준비금	40	200	예 금
대 출	180	20	순 부
합 계	220	220	합 계

3. 은행의 통화창출과정

초기의 원시 금융업단계에서는 예치된 예금에 대해 동액의 지불준비를 현금으로 보유하는 형태가 일반적이었다. 이와 같이 은행이 단지 예금을 받고 예금자가 인출할 때까지 전액지불준비금으로 예치해 놓는 경우 전액지불준비 은행제도(perfect reserve ranking system) 또는 100 퍼센트 지불준비 은행제도(100 % reserve banking system)라 한다.

이제 은행이 가계로부터 100만원의 예금을 받아 모두 지불준비금으로 보유하고 있다고 하면 이 은행의 대차대조표는 〈표 6-3〉와 같다.

〈표 6-3〉 전액지불준비제도하의 은행의 대차대조표

자 산		부 채	
지불준비금	100	100	예 금

그러므로 이러한 상태에서는 시중의 돈이 단지 은행의 금고에 예치된 것뿐이므로 통화의 창출은 전혀 이루어지지 않는다. 통화공급은 현금통화와 예금통화의 합으로 구성되므로, 은행이 현금 100만원의 예금을 받아 전부 지불준비금으로 보유하고 있다면, 시중의 현금이 100만원 감소하고 예금통화가 100만원 증가하므로 통화공급의 변화는 없다. 결국 은행이 예금을 전액 지불준비금으로 보유할 경우 은행제도는 통화공급에 전혀 영향을 미치지 않는다.

전액지불준비제도하의 은행은 대출을 하지 않기 때문에 자산으로부터 이윤을 얻지 못한다. 이러한 은행은 비용을 충당하기 위해 예금자로부터 보관비용 명목으로 소액의 수수료를 징수할 것이다.

오늘날은 특별한 경우를 제외하고 돈을 맡긴 고객들이 한꺼번에 돈을 인출하러 은행에 가지 않는다. 이 경우 은행은 예금액을 전액 지불준비금으로 보유할 필요가 없다. 왜냐하면 일부의 기존 예금주들이 예금을 인출할 때 그와 동시에 다른 예금주들이 새로운 예금을 예치시키는 것이 일반적이기 때문에 예금액을 모두 지불준비금으로 보유하지 않고도 요구불예금의 인출에 대비할 수 있기 때문이다. 또한 은행들은 지불준비금을 은행의 금고에 보관하기만 하면 수익성이 전혀 없기 때문에 그 일부를 대출하거나 채권 등 수익성 자산에 운용하게 된다. 이처럼 은행이 예금의 일부만을 지불준비금으로 보유하는 제도를 부분 지불준비 은행제도(fractional reserve banking system)라 한다.

이제 부분 지불준비 은행제도하의 예금은행의 신용창조를 통한 통화창출 과정을 살펴보자. 은행의 법정지불준비금은 예금액에 법정지불준비율을 곱하면 된다. 그리고 은행의 실제 보유하고 지불준비금과 법정지불준비금간의차를 초과지불준비금이라고 한다. 즉

초과 지불준비금 ＝실제 지불준비금 － 법정 지불준비금

은행은 고객으로부터 예금을 받으면 최소한 법정 지불준비금만큼은 보유하고 있어야 하므로, 은행은 초과 지불준비금이 완전 소진되어 0이 될 때까지 대출할 수 있다. 즉 은행은 초과 지불준비금을 보유하고 있을 경우에만 대출할 수 있다.

이제 은행의 통화창출과정을 알아보기 위해 은행은 예금액 중 법정지불준비금을 제외한 나머지는 모두 대출하고, 고객의 현금인출은 없다고 가정하고, 그리고 법정지불준비율은 20%라고 하자. 그리고 통화공급(M)은 민간보유현금(현금통화; C)과 예금통화(D)의 합이라는 것도 기억하자.

초기에 시중에 공급된 화폐는 100만원이라고 하고 이를 갑이라는 사람이 소유하고 있다고 하자. 갑이 은행에 예금을 하지 않고 현금으로 이를 보유하고 있다면 통화공급은 100만원이 된다(M=C+D= 100+0=100).

이제 은행을 도입하여 갑이 100만원을 자기가 거래하는 A은행에 예금하였다고 하자. 법정지불준비율이 20%이므로 A은행은 법정지불준비금 20만원을 제외한 나머지 80만원을 자기의 고객에게 대출해 줄 수 있다. 즉 A은행의 초과준비금은 80만원이다. 은행 A는 이 80만원을 을에게 대출해주었다고 하면 A은행의 대차대조표는 〈표 6-4〉의 (a)와 같다. 앞에서 설명한 바와 같이 통화공급은 민간보유현금과 예금통화의 합이기 때문에 대출이 이루어지기 전 통화공급은 A은행의 예금액과 같은 100만원이었다. 반면에 A은행이 80만원을 대출해 주었다면 통화공급은 180만원이 된다. 즉 최초 예금주 갑은 요구불예금 100만원을 유지하고 있고 차입자 을은 80만원을 현금으로 보유하고 있으므로 경제 내의 화폐공급은 민간보유현금 80만원과 요구불예금 100만원의 합인 180만원이 된다. 이와 같이 부분지불준비 은행제도하에서 은행은 새로운 화폐공급을 증가시키는데 이를 예금은행에 의한 통화창출 과정 또는 신용창출 과정이라고 한다.

은행이 여럿 존재하고, 사람들이 계속해서 예금하고 대출하는 과정을 반복한다면 은행의 통화창출과정은 계속된다. A은행에서 80만원을 대출받은 을은 자기가 거래하는 은행, 예를 들어 B은행에 예금하는 경우를 보자. 이제 B은행은 80만원의 요구불예금을 을로부터 받았기 때문에 이중 20%인 16만원을 법정지불준비금으로 보유하고 나머지 64만원을 대출해 줄 수 있다. 64만원을 병에게 대출해 주었다고 하면, 대출이 이루어지고 난 다음 B은행의 대차대조표는 〈표 6-4〉의 (b)와 같다. 이 경우 B은행은 64만원만큼의 통화를 창출하였다. 다시 64만원을 대출받은 병은 거래은행인 C은행에 예치하고, 은행 C가 예금 64만원의 20%인 12.8만원을 지불준비금으로 보유하고 나머지 51.2만원을 다른 사람에게 대출해 줌으로써 통화창출 과정을 반복적으로 계속된다. 은행C의 대차대조표는 〈표 6-4〉의 (c)에 나타난 바와 같다.

〈표 6-4〉 예금은행의 신용창조 과정: 각 은행의 대차대조표

(단위: 만원)

(a) 은행A의 대차대조표

자 산		부 채	
지불준비금	20	100	예 금
대 출	80		

(b) 은행 B의 대차대조표

자 산		부 채	
지불준비금	16	80	예 금
대 출	64		

(c) 은행 C의 대차대조표

자 산		부 채	
지불준비금	12.8	64	예 금
대 출	51.2		

이와 같은 과정이 계속 반복되지만, 법정지불준비율이 존재하는 한 화폐공급이 무한대로 증가하는 것이 아니다. 은행이 의무적으로 보유해야하는 법정지불준비율을 rr이라고 한다면 최초 예금 100만원이 창출하는 통화공급량은 다음과 같다.

최초 예금＝100만원
A은행대출＝100-rr×100＝(1-rr)×100만원
B은행대출＝(1-rr)×100-rr×(1-rr)×100＝(1-rr)2×100만원
C은행대출＝(1-rr)2×100-rr×(1-rr)2×100＝(1-rr)3×100만원

．
．
．

총화폐공급량＝{1+(1-rr)+(1-rr)2+(1-rr)3+…}×100만원
　　　　　　＝1／{1-(1-rr)}×100만원＝(1／rr)×100만원

따라서 은행의 신용창조를 통한 총화폐공급은 은행의 최초 예금에 법정지불준비율의 역수를 곱한 만큼 된다. 이때 법정지불준비율의 역수(1／rr)를 신용승수 또는 통화승수라 한다. 위의 예에서와 같이 법정지준율을 20%라고 하면 통화승수는 1／0.2＝5되며, 최초 예금 100만원은 500만원의 통화를 창출한다. 여기서 우리는 법정지불준비율이 작을수록 통화승수가 커지고 은행의 신용창조에 의한 통화공급량은 많아진다는 것을 알 수 있다. 그 이유는 법정지준율이 작을수록 은행이 초과지불준비금이 많아지게 되어 은행에 의한 대출조작이 더욱 많아지게 되기 때문이다. 법정지불준비율이 10%라면 통화승수는 1／0.1＝10이 되며 통화공급량은 최초 예금액의 10배만큼 증가한다.

이상에서 부분 지불준비 은행제도하에서 예금은행을 통한 통화창출과정을 살펴보았다. 여기

서 부분준비 은행제도는 통화를 창출하지만 부를 창출하지 않는다는 점을 주목할 필요가 있다. 은행의 지불준비금의 일부를 민간에게 대출할 때 차용자가 결제할 수 있는 능력을 제공함으로써 통화공급이 증가한다. 한편 은행으로부터 대출을 받은 차용자는 은행에 대해 갚아야 할 부채를 가지고 있는 것이므로 차용자를 더 부유하게 만드는 것은 아니다. 즉 은행제도에 의한 통화창출은 개인이나 경제의 부를 증가시키는 것이 아니라 단지 유동성을 증가시키는 것이다.

4. 통화창출과정의 확장

앞에서 설명한 예금은행의 통화창출과정은 현실과는 상이한 아주 단순한 경제를 가정하고 도출되었다. 즉 첫째 사람들은 자기 수중에 돈이 있으면 모두 은행에 예금하여 현금을 전혀 소유하지 않고, 둘째 은행은 법정지불준비금만 보유하고 나머지는 모두 대출한다는 가정이 바로 그것이다. 그러나 현실은 위의 가정과는 달리 사람들은 현금을 소유하는 것이 일반적이고, 또한 은행들은 고객들의 현금 인출 요구에 대비해 법정지불준비금 이상으로 현금을 보유하는 경향이 있다. 그러므로 여기서는 앞에서의 가정을 완화하여 보다 현실적인 통화창출과정을 설명한다.

(1) 현금통화의 누출

앞의 통화창출과정에서는 은행으로부터 대출 받은 차입자는 대출금을 전액 자기 거래은행에 예치한다고 가정하고 분석하였다. 그러나 이 과정에서 만약 은행으로부터 대출받은 차입자가 대출금을 전액 은행에 예금하지 않고 일부를 현금으로 소유한다고 하자. 그러면 은행에 예치하는 금액은 적어지게 되고, 은행은 고객의 예금을 바탕으로 대출이 이루어지므로 은행 대출 또한 감소하게 되어 결국 현금 누출이 없는 경우에 비해 화폐공급은 감소하게 된다.

이제 앞의 가정을 좀 완화하여 은행은 법정지불준비금을 제외한 나머지는 모두 대출하고, 대출받은 고객은 대출금 중에서 일부를 현금으로 보유하는 경우의 통화공급과정을 알아보자. 그리고 법정지불준비율을 rr, 대출금 중에서 현금으로 보유하는 현금유출비율을 $k\%$라고 하자. 그러면 1원을 은행으로 대출받은 고객은 이 중에서 $k\%$를 제외한 $(1-k)$원만큼을 은행에 예금하고, 은행은 이 중에서 법정지불준비금을 제외한 나머지 $(1-k)-rr(1-k)=(1-k)(1-rr)$만큼 대출한다. 앞에서와 마찬가지 방법으로 고객과 은행의 예금−대출과정이 반복되면 통화창출과정에서 무한등비급수의 공비가 $(1/rr)$에서 $(1-rr)(1-k)$로 바뀌며 따라서 통화승수는 $1/\{1-(1-rr)(1-k)\}$가 되어 이전 보다 작아지게 된다. 예를 들어 법정지불준비율 rr=20% 이고 현금누출이 없는 경우 통화승수는 $1/rr=1/0.2=5$가 되어 최초예금의 5배만큼 통화가 창출된다. 이에 대해 rr=20%이고, 현금누출비율 k=10%인 경우 통화승수는 $1/\{1-(1-rr)(1-k)\}=1/\{1-(1-0.2)(1-0.1)\}=3.57$이 되어 최초예금의 3.57배만큼 통화가 창출된다. 따라서 통화창출과정에서 현금누출이 있는 경우는 없는 경우에 비해 화폐공급이 감소한다.

(2) 초과지불준비금의 보유

은행은 예금액 중에서 법정지불준비금만 보유하고 나머지는 모두 대출한다는 가정을 완화하면 앞에서 유도한 통화승수는 실제의 통화승수보다 크게 나타나고 있다는 사실을 알 수 있다. 현실적으로 은행은 법정지불준비금만 보유하는 것이 아니라 예상하지 못한 대규모 예금인출사태에 대비하여 법정지불준비금 이외에 추가적인 초과지불준비금을 보유하는 경향이 있다. 은행은 예상하지 못한 예금흐름에 대한 준비금으로 초과지불준비금을 보유하며, 예금이 증가함에 따라 이러한 초과지불준비금을 증가키는 것이 일반적이다.

초과지불준비금이 증가함에 따라 은행의 예금 중 대출금으로 전환할 수 있는 규모가 감소하게 되어 따라서 신용창조액이 감소하게 된다. 일반적으로 요구불예금에 대한 은행의 초과준비금의 비율이 높을수록 통화승수는 더욱 작아진다.

제3절 중앙은행의 본원통화 공급

앞에서 우리는 중앙은행은 예금은행이 보유한 지불준비금을 조절함으로써 예금통화와 통화량을 조절하는 것을 살펴보았다. 그러나 예금은행의 지불준비금은 본원통화라는 개념에 포함되며, 중앙은행은 결국 본원통화를 통해 통화공급에 영향을 미친다. 여기서는 중앙은행의 기능을 우리나라의 중앙은행인 한국은행을 중심으로 살펴보고, 본원통화의 개념과 한국은행이 본원통화를 통해 어떻게 통화량을 관리하는지를 살펴본다.

1. 중앙은행의 기능

중앙은행은 19세기 중반 대형 상업은행이 국고금 출납, 부족자금 차입 등 정부의 재정적 필요에 의해 설립이 인가된 특허상업은행으로 출발하였다.5) 특허상업은행은 정부로부터 여러 가지 특혜를 받았기 때문에 경제주체들로부터 신인도가 높았으며 이를 계기로 이들 은행이 발행한 은행권이 여타 일반은행이 발행한 은행권에 비해 보다 광범위하게 유통되기 시작하였다.

그 후 중앙은행은 발권은행으로서의 기능뿐만 아니라 정부의 은행, 은행의 은행으로서의 기능까지 수행하면서 근대적인 모습을 갖추어 오다가 1930년대 초 금본위체제가 붕괴되고 관리통화제도로 이행하게 됨에 따라 그 기능면에서 커다란 변화를 맞이하였다. 무제한적인 통화발행이 가능한 관리통화제도하에서는 통화가치의 붕괴 위험이 언제나 잠재되어 있기 때문에 통화가치의 안정을 위한 통화신용정책의 수행이 중앙은행의 가장 핵심적인 기능으로 자리잡게 되었다. 또한 중앙은행은 통화신용정책 및 최종대부자(lender of last resort) 기능의 효율적인 수행을 위해 지급결제제도의 운영·관리와 금융기관 감독업무도 수행하고 있다.

오늘날의 중앙은행은 국가에 따라 다양한 형태와 조직이 존재하지만, 국가의 경제정책의 목표와 관련하여 은행조직을 관리하는 기능, 특히 통화공급의 규제와 대출의 수급통제 및 금융시장을 조정하는 일차적 기능은 거의 같다. 우리나라의 중앙은행인 한국은행은 효율적인 통화신용정책의 수립과 집행을 통하여 물가안정을 도모함으로써 국민경제의 건전한 발전에 이바지함을 목적으로 하고 있다.

중앙은행의 주요 기능을 요약하면 다음과 같다.

첫째, 중앙은행은 발권은행으로 중앙은행법이 정하는 바에 따라 현금통화(은행권과 주화)를 발행하며, 통화가치의 안정이라는 거시경제목표를 달성하기 위하여 통화신용정책을 수립하고 집행하는 주체이다. 일반적으로 중앙은행은 통화량을 조절하기 위하여 재할인정책, 지급준비정책 및 공개시장정책 등의 간접적인 조절방식을 주로 이용한다. 금융시장의 발달이 미흡한 단계에서는 간접적인 조절방식과 함께 금융기관의 여·수신금리에 대한 규제, 대출·투자 등 자금운용에 대한 직접통제 등 직접규제수단도 함께 사용한다.

둘째, 중앙은행은 은행 및 금융조직이 원활하게 운용되도록 금융기관 경영실태와 관련한 자료를 수집하고 이를 분석하는 역할을 담당한다. 이는 금융기관의 연쇄적인 도산과 금융공황을 방지하고 한국은행이 최종대부자로서의 기능을 원활히 수행하는 한편 한국은행 자산의

---

5) 1668년에 설립된 스웨덴 은행(Swedish Riksbank)과 1694년에 설립된 영란은행(Bank of England)이 중앙은행의 효시이다.

부실화를 방지하는 데 목적이 있다. 즉 문제가 발생할 경우 그 원인과 파급영향을 분석하여 최종대부자 기능을 발동할 것인지의 여부를 적기에 결정하고 지원 규모와 기간 등에 오류를 범하지 않기 위해서는 금융시장의 동향은 물론 개별 금융기관의 경영상태를 상시적으로 파악하고 있어야 하기 때문이다. 또한 한국은행은 은행의 은행으로서 금융기관에 대하여 거액의 대출을 공여하고 있기 때문에 금융기관 경영실태에 대한 정확한 분석을 통하여 국민의 재산인 대출금이 부실화되지 않도록 관리하여야 할 필요성도 크다.

셋째, 중앙은행은 수표의 정산이나 중앙은행을 통한 민간은행 상호간의 전자자금이체 등 지급결제제도를 운영·관리하는 역할을 담당한다. 특히 1980년대 중반 이후 금융자유화·국제화의 진전과 함께 금융전산화 및 정보통신기술의 혁신을 배경으로 전자자금이체가 급속히 확대됨에 따라 지급결제제도의 안전성 확보와 효율적 운영은 중앙은행의 주요 책무 중 하나가 되었다.

넷째, 중앙은행은 정부의 은행으로서의 역할인 국고금 관리, 정부 대출 및 국채의 관리·운용 등 재정적 기능을 담당한다.

2. 본원통화의 공급

(1) 본원통화의 구성

본원통화(reserve base, high-powered money)는 지폐 및 동전 등 중앙은행이 독점적 권한을 통하여 발행한 통화성부채 말하며, 화폐발행액과 예금은행이 중앙은행에 예치한 지불준비금의 합계로 측정된다. 화폐발행액은 중앙은행이 발행한 화폐의 총량을 의미하며, 본원통화 중에서 지불준비 예치금 등 금융기관으로부터 지불준비금의 형태로 중앙은행에 환류된 화폐는 이에 포함되지 않는다. 화폐발행액은 민간보유현금과 금융기관 시재금(vault cash)의 합으로 구성된다. 지불준비금이란 은행이 받았으나 대부하지 않고 고객의 예금인출 요구에 대비해 가지고 있는 현금으로 이중 일부는 시재금으로 은행이 보유하고 있으나 대부분은 중앙은행에 예치해 둔다. 이상을 정리하면 다음과 같이 쓸 수 있다.

$$본원통화(H) = 화폐발행액 + 대 중앙은행 지준예치금$$
$$= 민간보유현금 + 금융기관 시재금 + 대 중앙은행 지준예치금$$
$$= 민간보유현금(C) + 지불준비금(R)$$

(2) 본원통화의 공급원천

본원통화는 중앙은행이 발행한 통화성 부채이므로 본원통화가 어떻게 공급되는가를 보기 위해서는 중앙은행의 대차대조표를 이용하여 설명할 수 있다. 중앙은행의 대차대조표는 매우 다양한 항목으로 구성되어 있지만 본원통화의 공급과정을 설명하기 위해서 단순화 시키면 다음 〈표 6-5〉와 같다.

〈표 6-5〉 중앙은행 대차대조표 요약

자　　　산	부　　　채
1. 중앙은행 여신 　(1) 대 정부 여신 　(2) 대 민간은행 여신	1. 화폐발행액 　(1) 민간보유현금 　(2) 금융기관 시재금
2. 보유 유가증권	2. 예금 　(1) 정부예금 　(2) 민간은행예금(지준예치금) 　(3) 외국기관 · 기타예금
3. 해외 자산	3. 해외부채
4. 기타 자산	4. 기타 부채

〈표 6-5〉의 대변 즉 부채란에서 중앙은행이 민간부문에 대해서 지는 통화성 부채인 본원통화를 구성하고 있는 요소들 즉 민간보유현금과 금융기관 보유 시재금 및 지불준비예치금을 제외한 나머지를 차변으로 옮겨서 정리하면 〈표 6-6〉와 같다. 〈표 6-6〉에서

> 대 정부 순여신 ＝대정부 여신 － 정부예금
>
> 대 금융기관 순여신 ＝ 대금융기관 여신 － 기타예금
>
> 해외 순자산 ＝ 해외자산 － 해외부채
>
> 기타 순자산 ＝ 기타자산 － 기타부채

와 같다. 그리고 금융기관 시재금과 지준예치금을 합한 것이 금융기관기관이 보유하는 총지불준비금(R)이 되고 여기에 민간보유현금(C)을 더하면 곧 본원통화(H)가 된다.

〈표 6-6〉 본원통화의 공급원천과 운용

공 급 원 천	운 용
1. 대 정부 순여신 2. 대 금융기관 순여신 3. 해외 순자산 4. 기타 순자산	1. 지불준비금(R) 　(1) 시재금 　(2) 중앙은행 지준예치금 2. 민간보유현금(C)
	본원통화(H)

이제 〈표 6-6〉를 이용하여 본원통화가 어떻게 공급되는지를 알아볼 수 있다. 대차대조표는 차변과 대변이 항상 일치해야 하므로 차변에 있는 항목이 증가하면 본원통화는 증가하고, 반대로 차변에 있는 항목들이 감소하면 본원통화는 감소한다. 따라서 본원통화의 변화요인은 크게 4부문으로 나눌 수 있다. 즉 정부부문, 민간은행부문, 해외부문 및 기타부문이 그것이다.

첫째, 중앙은행은 정부의 은행으로서 대정부 순여신이 증가(감소)하면 본원통화는 증가(감소)한다. 예를 들어 중앙은행이 정부에 대한 대출을 증가시키거나 정부예금의 인출 또는 정부 발행 국채 등을 직접 인수하는 경우 본원통화량이 증가한다.

둘째, 민간은행부문에서 중앙은행의 민간은행에 대한 순여신이 증가(감소)하면 본원통화량은 증가(감소)한다. 중앙은행이 민간 예금은행에 대출이나 할인(또는 재할인) 또는 공개시장 매입조작을 통해 일반 민간은행들이 보유하는 유가증권을 매입하면 본원통화가 증가한다.

셋째, 해외부문에서 해외 순자산이 증가(감소)하면 본원통화가 증가(감소)한다. 수출 증대, 관광수입, 외국인 국내주식투자 등이 증가하면 외환이 유입되고 중앙은행이 이를 매입하면 본원통화가 증가한다. 반대로 수입이 증가하거나 해외 관광객의 증대 또는 외국인이 투자자금을 회수하는 경우에는 본원통화가 감소한다.

넷째, 중앙은행이 업무용으로 부동산을 매입하는 등과 같이 중앙은행 기타 순자산이 증가(감소)하면 본원통화는 증가(감소)한다.

이상에서 설명한 바와 같이 중앙은행이 예금은행에 대출을 해주던지 외환을 매입하든지 혹은 정부가 중앙은행에 보유하고 있는 정부예금을 인출하는 경우 본원통화가 공급된다. 이렇게 공급된 통화의 일부가 예금은행으로 환류될 경우 예금은행은 일부를 지급준비를 위해 중앙은행에 예치하거나 시재금으로 보유하며 나머지는 대출, 유가증권매입 등으로 운용하는데 이러한 과정이 반복되면서 신용과 예금을 창출하게 된다.

이와 같이 중앙은행이 일차적으로 공급한 통화는 파생적으로 예금 통화를 창출하는 기초가 되므로 이를 본원통화라고 하며 본원통화를 기초로 창출된 통화를 파생통화라고 한다.

제4절 통화공급함수

제2절과 제3절에서 예금은행에 의한 신용창조과정과 중앙은행에 의한 본원통화 공급과정을 살펴보았다. 통화(M)는 현금통화(C)와 예금통화(D)로 구성되어 있는데 여기에서는 예금통화는 모두 같은 성질의 것이며 따라서 지불준비율도 r로 동일하다는 가정하에 여기서는 통화승수를 이용하여 중앙은행이 공급하는 본원통화(H)를 기초로 얼마만큼의 통화가 공급되는가를 살펴보기로 한다.

통화공급 모형을 도출하기 위해서 통화공급과 본원통화에 관한 정의에서부터 출발하자. 앞에서 정의한 바와 같이 통화량(M)은 민간보유현금(C)과 예금은행에 예치되어 있는 요구불예금(D)의 합이고, 본원통화(H)는 민간보유현금(C)과 은행이 보유하는 지불준비금(R)의 합으로 정의된다. 이상의 두 가지 정의는 다음 식으로 표현된다.

$$M = C + D \tag{6-1}$$
$$H = C + R \tag{6-2}$$

한편 통화량 M 중에서 민간이 현금으로 보유하는 양과 요구불예금으로 보유하는 양의 비율 C/D를 현금예금비율(currency-deposit ratio) c라고 하자.[6] 그리고 예금은행에 예치되어 있는 요구불예금 D에 대한 지불준비금의 비율(R/D)을 지불준비율 r이라고 한다. 이때 민간의 현금예금비율 c와 은행의 지불준비율 r은 일정하다고 하자.

통화공급함수를 설명하기 위해 위의 식 (6-1)을 식 (6-2)로 나누면 다음 식 (6-3)과 같이 쓸 수 있다.

$$\frac{M}{H} = \frac{C + D}{C + R} \tag{6-3}$$

식 (6-3)의 우변의 분모, 분자를 D로 나누면

$$\frac{M}{H} = \frac{C/D + 1}{C/D + R/D} \tag{6-4}$$

---

6) 현금예금비율은 통화량 중에서 현금통화가 차지하는 비율(C/M), 즉 현금통화비율을 이용하기도 한다.

식 (6-4)에서 C / D는 현금예금비율 c이며, R / D는 지불준비율 r이므로, c와 r을 위 식에 대체하고 본원통화 H를 우변으로 이동시키면 다음과 같다.

$$M = \frac{c+1}{c+r} \times H \tag{6-5}$$

식 (6-5)를 통화공급함수 또는 통화공급모형이라 하는데, 어떻게 통화량M이 본원통화 H와 현금예금비율 c 및 지준율 r에 의존하는지를 보여준다. 이 통화공급함수에서 통화공급 은 본원통화에 비례한다는 것을 알 수 있다. 여기서 비례항 (c+1) / (c+r)을 m으로 표시 하며 통화승수[7])라 한다. 따라서 식 (6-5)는 다음과 같이 다시 쓸 수 있다.

$$M = m \times H \tag{6-6}$$

따라서 만약 본원통화가 ΔH 만큼 추가로 공급되면 통화량은 본원통화 증가분의 m배만 큼 즉 $\Delta M = m \cdot \Delta H$만큼 증가한다. 본원통화는 통화공급에 승수효과가 있기 때문에 본원 통화를 고권화폐(high powered money)라고도 한다.

식 (6-5) 또는 식 (6-6)을 보면 본원통화 H, 현금예금비율 c 및 지불준비율 r이 어떻 게 통화공급에 영향을 미치는지를 알 수 있다. 이때 H는 중앙은행이, c는 비은행 민간이, 그리고 r은 예금은행이 결정한다. 따라서 한나라의 통화량의 크기는 이들의 상호작용에 의 해 결정된다고 볼 수 있다.

첫째, 통화공급은 본원통화에 비례한다. 그러므로 본원통화가 증가(감소)하면 같은 비율 로 통화공급은 증가(감소)한다.

둘째, 현금예금비율이 낮을수록 통화승수가 커져 통화공급은 증가한다.

셋째, 지불준비율이 낮을수록 은행은 더 많은 대출을 할 수 있으므로 더 많은 통화를 창 출할 수 있다. 즉 지불준비율이 하락하면 통화승수가 커지고 통화공급은 증가한다.

본원통화가 일정하다면 현금예금비율과 지불준비율이 작을수록 통화공급은 증가한다. 그 런데 사람들의 통화형태에 관한 선호를 나타내는 현금예금비율은 경제제도나 사회적 관습, 그리고 금리나 예상물가상승률 등에 의해 영향을 받지만 일반적으로 단기에는 변하지 않는

---

7) 현금예금비율 c=C / D 대신에 현금통화비율 k=C / M을 이용하면 통화승수는 m=1 / {k+r(1-k)} 가 된다.

다고 할 수 있기 때문에 단기에는 현금예금비율이 일정하다고 가정할 수 있다. 따라서 단기적으로 통화량의 크기에 영향을 미치는 가장 중요한 요소는 중앙은행이 자의적으로 그 크기를 결정할 수 있는 지불준비율과 본원통화라고 할 수 있다. 그렇기 때문에 거시경제에서는 대부분 통화공급은 외생변수로 취급하고 있다.

제5절 통화금융정책수단

중앙은행은 효율적인 통화신용정책의 수립과 집행을 통하여 물가안정을 도모함으로써 국민경제의 건전한 발전에 이바지하기 위하여 각종 정책수단을 활용하여 통화량을 조절하고 자금의 효율적 배분을 도모한다.

앞에서 우리는 중앙은행이 통화공급을 직접 통제하는 단순화된 가정을 하였다. 실제로 중앙은행은 본원통화나 지불준비율 등을 변화시켜 통화공급을 간접적으로 조절한다. 이를 위해 중앙은행은 지급준비정책, 재할인 정책 및 공개시장정책 등과 같은 세 가지 통화금융정책 수단을 주로 이용한다.[8] 여기서는 중앙은행이 활용할 수 있는 세 가지 간접적인 통화정책수단을 차례로 살펴보자.

1. 법정지불준비율 정책

법정지불준비율 정책(또는 간단히 지급준비정책)은 고객의 예금인출요구에 대비하여 금융기관으로 하여금 예금액의 일정비율을 중앙은행에 예치토록 하는 제도로서 초기에는 예금자보호를 목적으로 도입되었다. 그러나 법정지급준비율의 변경이 금융기관의 가용자금에 영향을 주어 통화량의 변동을 가져온다는 사실이 인식되면서 1930년대부터는 유동성조절을 위

---

8) 금융시장이 발달하지 않은 단계에서는 이와 같은 간접적인 조절방식과 함께 금융기관의 여수신 금리에 대한 규제, 대출·투자 등 자금운용에 대한 직접통제 등 직접규제수단도 함께 사용한다. 우리나라의 중앙은행인 한국은행은 만성적인 초과자금수요와 금융시장의 발달 미숙 등의 제약요인으로 인해 상당 기간 통화량의 조절을 직접규제수단에 주로 의존하여 왔다. 그러나 1980년대 들어 경제규모가 크게 확대되고 경제구조도 복잡해짐에 따라 현재는 간접조절방식에 의한 통화신용정책을 주로 사용하고 있다.

한 주요 정책수단의 하나로 활용되기 시작하였다.

다른 여건은 일정한 상황에서 중앙은행이 법정지불준비율을 인하하면 은행은 현재의 법정지불준비금 중 지준율을 인하한 것만큼 추가적으로 대출을 할 수 있고, 이러한 대출은 은행의 신용창조 과정을 거쳐 더 많은 예금을 공급한다. 따라서 현금통화와 예금통화의 합인 통화량이 증가한다. 한편 지준율 인하가 통화공급을 증가시키는 과정을 통화승수를 이용하여서 설명할 수도 있다. 다른 조건이 일정할 때 중앙은행이 법정지준율이 인하하면 통화승수 ($m = (c+1)/(c+r)$)가 커지게 되므로 통화공급이 증가한다. 반대로 법정지준율을 인상하면 통화공급은 감소한다.

이러한 지급준비정책은 법적 강제력이 뒷받침되기 때문에 금융기관의 유동성을 직접적으로 조절할 수 있는 장점이 있으나 금융기관의 수지에 미치는 영향이 매우 커서 지급준비율을 신축적으로 변경하는 데에는 상당한 제약이 따른다.

우리나라의 지급준비정책은 1965년 금리현실화 이전까지는 직접규제수단을 보완하는 기능을 수행하는 데 불과하였다. 그 후 금리현실화를 계기로 직접규제수단의 활용을 점차 지양하게 되면서 통화조절수단으로서 중요한 지위를 차지하게 되었다. 특히 1980년대 중반 이후 해외부문의 통화증발압력이 가중된 시기에는 지급준비정책이 기조적인 유동성 조절수단으로 적극 활용되었다. 그러나 1990년대 들어 금융자유화가 진전되고 금융시장이 빠른 속도로 발전하면서 공개시장조작이 한국은행의 주된 통화정책수단으로 자리 잡게 됨에 따라 지급준비제도의 역할은 크게 축소되었다.

2. 재할인율 정책

할인율 또는 재할인율은 중앙은행이 은행에 대출할 때 적용되는 이자율이다. 금융기관들은 법정지불준비금에 미달하는 준비금을 가지고 있다고 판단될 때 중앙은행으로부터 차입한다. 따라서 중앙은행은 (재)할인율을 변경함으로써 금융기관의 자금규모 또는 자금조달비용에 영향을 줌으로써 금융기관의 대출 규모를 간접적으로 조절할 수 있는데 이를 재할인율 정책(discount rate) 또는 대출정책이라 한다.

재할인율이 낮아질수록 금융기관이 차입한 지불준비금은 더욱 저렴해지며 은행은 중앙은행 할인창구를 통해 더욱 차용하게 된다. 따라서 재할인율이 하락하면 본원통화가 증가하게 되어 통화공급을 증대시킨다. 반대로 중앙은행이 재할인율은 인상시키면 본원통화가 감소하게 되고 통화공급은 감소한다.

선진국 중앙은행의 대출정책은 주로 재할인율의 조정을 중심으로 수행되고 있으나 우리나라의 경우에는 재할인율의 변경을 통한 대출정책의 실효성이 그다지 크지 않았다. 경제개발계획 추진과정에서 전략산업부문에 대한 저리의 정책금융 공급이 중요시되었던 데다가 금융자금에 대한 초과수요 지속으로 금융기관이 한국은행 차입에 크게 의존하여 부족자금을 보전하였기 때문에 대출정책은 유동성 조절수단으로서 보다는 산업정책의 원활한 추진 또는 금융기관에 대한 수지보전수단으로 주로 활용되었다.

3. 공개시장조작 정책

공개시장조작 정책(open market operations)은 중앙은행이 채권을 공개시장에서 매입 또는 매각함으로써 통화량을 조절하는 동시에 간접적으로 시장금리를 조절하는 정책방식이다. 중앙은행이 민간으로부터 채권을 매입할 경우 채권매입 대금으로 지불한 화폐는 본원통화를 증가시켜 통화공급을 증대시킨다. 반대로 중앙은행이 채권을 민간에 매각할 경우 이를 통해 중앙은행이 받은 화폐는 본원통화를 축소시키고 따라서 통화공급이 감소한다. 또한 중앙은행이 공개시장에서 채권을 매매할 경우 채권에 대한 수요공급에 영향을 미치기 때문에 시장금리에 영향을 미치게 된다. 예를 들어 중앙은행이 채권을 매입하고자 할 경우 채권에 대한 수요가 증가하기 때문에 채권가격이 상승하고 금리가 하락한다. 반대로 중앙은행이 채권을 매각하면 채권공급이 증가로 채권가격이 하락하고 이에 따라 금리는 상승한다.

공개시장 조작 정책은 정책효과가 금융시장의 가격메커니즘을 통해 나타나고 매매량을 신축적으로 조정하여 탄력적인 운용이 가능하다는 점에서 선진국에서는 일상적으로 사용되고 있다. 그러나 공개시장정책은 풍부한 대상증권과 발달된 유통시장의 존재, 그리고 자유로운 시장금리의 형성 등 여러 가지 여건이 갖추어져 있어야만 그 효과를 제대로 발휘할 수 있다. 그렇기 때문에 채권 유통시장이 충분히 발달하지 못한 개발도상국에서는 공개시장조작이 통화조절수단으로 널리 활용되지 못하고 있는 실정이다.

우리나라에서도 1980년대 중반까지는 대상증권의 부족과 금리규제 등으로 한국은행이 공개시장조작을 제대로 수행하기 힘들었다. 그러다가 1980년대 중반 이후 금리자유화 추진 등을 배경으로 점차 그 사용을 확대하여 현재는 중심적인 통화정책방식으로 활용하고 있다. 한국은행은 통화안정증권의 발행 및 환매와 국채 등의 증권매매를 통해 공개시장정책을 수행하고 있다. 통화안정증권이란 통화량을 조절하기 위하여 한국은행이 발행하는 한국은행의 특별유통증권이다.

공개시장조작, 법정지불준비율 정책 및 재할인 정책 등 세 가지 수단을 통해 중앙은행은 통화량을 조절할 수 있는 상당한 권한을 가지고 있으나 현실적으로 중앙은행은 통화량을 완전히 통제할 수는 없다. 예를 들어 은행은 실제로 법정지불준비금 이상의 준비금 즉 초과준비금을 보유할 수 있다. 은행이 보유하는 초과지불준비금이 증가할수록 실제 대출조작에 의해 파생되는 예금통화의 규모가 축소되어 통화공급이 감소한다. 이처럼 일반 민간은행의 자유재량으로 인해 통화공급은 반드시 중앙은행이 원하는 방향과 규모로 변경될 수는 없고, 심한 경우에는 중앙은행이 의도한 방향과 반대로 통화공급이 변할 수 있다.

제7장 화폐에 대한 수요

앞장에서 화폐공급에 관하여 논의했으므로 이번 장에서는 화폐에 대한 수요를 살펴보고자 한다. 즉 왜 사람들이 화폐를 보유하려고 하는가를 보다 논리적으로 설명하려는 화폐수요이론을 검토하기로 한다. 화폐수요는 학파에 따라 견해를 달리하면서 서로 다른 주장을 펴고 있을 뿐만 아니라 화폐수요에 대한 시각의 차이가 특히 거시경제학 전반에 걸쳐 서로 다른 분석결과를 보이고 있다.

화폐수요이론은 크게 고전학의의 화폐수량설과 케인즈의 유동성선호설로 나눌 수 있으며 이들 이론은 다시 통화주의자들의 신화폐수량설과 케인지안들의 자산선택이론으로 발전하였다.

고전학파의 화폐수량설은 통화량이 물가수준을 결정한다는 물가결정이론으로 화폐의 교환의 매개수단으로서의 기능을 강조한다. 반면에 케인즈는 화폐보유의 동기를 거래적 동기, 예비적 동기 및 투기적 동기의 세 가지로 구분하면서 이 중에서 투기적 동기에 따른 화폐수요를 중시하였으며, 화폐의 여러 기능 중 화폐의 가치저장수단으로서의 기능을 강조하였다. 프리드만은 고전학파의 화폐수량설을 발전시키면서 화폐수요함수의 안정성을 강조하였다.

본 장에서는 고전학파의 화폐수량설, 케인즈의 유동성선호이론 및 프리드만의 신화폐수량설의 내용을 차례로 설명한다.

제1절 고전학파의 화폐수요이론; 화폐수량설

고전학파의 화폐수량설(quantity theory of money)은 스미스(A. Smith), 리카도(D. Ricardo) 등에 의해 오래전부터 주장되어 온 정통 화폐이론으로, 역사상 최초의 거시경제이론이라고 할 수도 있다. 이 이론은 시대와 함께 그 형태가 변화되어왔기 때문에 그 구체적인 내용을 일의적으로 규정하기가 쉽지 않다. 여기서 우리가 다루고자 하는 것은 20세기에 전개된 화폐수량설이다.

1. 교환방정식

피셔(I. Fisher)의 교환방정식(the equation of exchange)은 화폐에 관한 고전학파 이론의 핵심으로 다음과 같은 항등관계로부터 출발한다.

$$MV \equiv PT \tag{7-1}$$

여기서 M은 통화량, V는 화폐의 거래유통속도(transaction velocity of money), P는 거래량 한 단위당 평균가격(일반물가수준), T는 일정기간 동안의 거래량을 말한다. 여기서 화폐의 거래유통속도 V는 화폐 단위당 회전율로 화폐 한 단위가 일정기간 동안(예, 1년) 거래에 평균 몇 번 사용하였는가를 나타낸다.

식 (7-1)의 오른쪽 항(PT)은 거래량에 가격을 곱한 것으로 일정기간 동안 거래된 재화의 가치를 나타낸다. 또는 일정기간 동안 판매된 재화의 가치를 금액으로 나타낸 것이다. 한편 왼쪽 항(MV)은 주어진 기간동안 거래를 위해 사용된 화폐의 총량, 즉 일정기간동안의 거래량을 금액으로 표현한 것이다. 따라서 이 방정식은 동일한 거래를 서로 다른 각도에서 표현한 것에 불과하기 때문에 항등식이다. 위 관계식에서 유통속도 V가 언제나 사후적(ex post)으로 정의된다. 예를 들어 1년 동안 한 나라에서 경상가격으로 계산된 거래액(PT)이 3조 5천억 원이고 통화량(M)이 7천억 원이라면 화폐의 유통속도 V는 다음과 같이 계산된다. 즉

$$V \equiv \frac{PT}{M} = \frac{3\text{조 } 5\text{천억}}{7\text{천억}} = 5$$

식 (7-1)에서 거래량을 실제로 측정하는 것이 어렵기 때문에, 거래량 T대신에 실질산출고 수준(소득) y로 대체시켜 다음과 같이 쓸 수 있다.

$$MV \equiv Py \tag{7-2}$$

여기서 M은 마찬가지로 통화량, V는 화폐의 소득유통속도(income velocity of money)로 일정기간 동안 화폐 한 단위가 당기의 총산출(소득)을 위하여 평균적으로 몇 번 사용하였는가를 나타낸다. 그리고 P는 당기의 생산물 한 단위당 가격(일반물가수준)이고, y는 실질생산량수준(실질소득)이다. 위 식에서도 마찬가지로 소득의 유통속도 V가 사후적으로 결정된다. 즉

$$V \equiv \frac{Py}{M} \tag{7-3}$$

실질 생산량을 실질 GDP라고 한다면 유통속도는 통화량에 대한 명목GDP의 비율 형태로 쓸 수 있다.

후자 즉 $MV = Py$와 같은 유형의 방정식 내의 변수들은 그 측정이 용이하고, 고전학파의 이론을 분석하는데 중심과제가 되므로 앞으로 이를 이용할 것이다.

이 교환방정식은 그 자체로는 하나의 항등식에 불과하지만, 하나의 변수가 변할 경우 다른 변수들도 등식을 유지하기 위해 변해야만 한다는 것을 나타내고 있기 때문에 유용하다. 예를 들어 화폐의 유통속도(V)가 일정한 경우 통화량(M)이 증가하면 물가수준(P) 또는 실질소득(y)이 증가하여야 한다.

이제 교환방정식에 몇 가지 가정을 추가하면 화폐수량설을 도출할 수 있다. 피셔 및 기타 화폐수량설 학자들은 교환방정식 내에 있는 모든 변수의 균형 값은 물가를 제외하고는 모두 외생적으로 결정된다고 가정하였다.

먼저 실질산출수준은 실제 이루어진 경제활동을 측정하는 척도로 고전학파 경제학자들은 이 변수가 공급측 요인에 의해 결정되는 것으로 보았다. 따라서 피셔는 고전학파의 전통에 따라 산출 즉 실질소득은 항상 완전고용상태에서 이루어진다는 것을 받아 들여 단기적으로 항상 일정하다고 가정하였다. 그리고 피셔는 화폐의 유통속도는 사회의 거래제도나 지불습관 등에 의하여 결정되고 단기에 있어서는 일정한 것으로 생각하였다. 또 하나의 중요한 가정은 통화량은 통화당국에 의해 외생적으로 조절된다고 하는 점이다.

이처럼 산출량 즉 실질소득(y)의 크기가 공급측 요인에 의해 완전고용수준에서 결정되고,

화폐의 유통속도(V)가 일정하다고 하면, 교환방정식은 이제 외생적으로 결정되는 통화량
(M)과 물가수준(P) 사이에는 비계관계가 있다는 결론을 얻을 수 있다. 즉

$$M\bar{V} = P\bar{y} \quad \text{또는} \quad P = \frac{\bar{V}}{\bar{y}}M \tag{7-4}$$

V와 y 위에 그은 직선은 이 변수들이 고정되어 있다는 의미이다. 위 식 (7-4)는 물가수준
은 통화량에 비례한다는 것을 보여준다. 즉 통화량이 두 배, 세 배로 증가하면 물가도 두
배, 세 배로 상승한다는 것을 알 수 있다. 이와 같이 화폐수량설에 따르면 통화량과 물가수
준 사이에 비례관계가 있음을 주장하는 물가이론이라고 할 수 있다.
　인플레이션율은 물가수준의 증가율이므로 물가이론은 인플레이션이론이 된다. 교환방정식
을 증가율(변화율) 형태로 표현하면 다음과 같다.

$$\dot{M} + \dot{V} = \dot{P} + \dot{y} \tag{7-5}$$

　식 (7-5)의 각 변수 위에 표시된 점은 증가율을 나타낸다. 여기서 우리는 유통속도가 일정하다고
가정하였기 때문에 유통속도 증가율($\dot{V}$)은 영(0)이 된다. 고전학파 경제학자들은 단기에 공급측 요
인에 의해 실질소득 또한 완전고용수준에서 일정하다고 가정하였으므로 실질소득의 증가율($\dot{y}$) 또한
영(0)이 된다. 결국 물가상승률($\dot{P}$)은 통화증가율($\dot{M}$)과 같다. 따라서 통화량을 10% 증대시키면
물가수준도 10% 상승한다. 이상의 분석에 따르면 통화공급의 변화가 인플레이션율을 결정한다.

2. 현금잔고방정식

　케임브리지학파의 마샬(A. Marshall)이나 피구(A.C. Pigou)는 통화량의 변화가 물가
에 미치는 경로를 또 다른 형태의 화폐수량설을 이용하여 접근하였다. 그들은 사람들이 어
떤 방법으로 자기의 최적화폐보유를 결정하는가 하는 문제에 초점을 두고 출발하였다. 마샬
은 사람들이 화폐를 보유하는 동기를 화폐보유가 주는 편리함과 안정성에서 찾았다. 따라서
화폐보유량은 화폐를 보유함으로써 얻게 되는 이득과 화폐 이외의 다른 형태의 자산을 보유
함으로써 얻게 되는 이득을 비교함으로써 결정된다. 그러면 이러한 기준에 비추어볼 때 화

폐를 얼마만큼 보유하는 것이 최적일까? 케임브리지학파의 경제학자들은 화폐수요가 소득과 부에 비례한다고 가정하였다. 대부분 이 관계를 정립할 때 소득과 부의 구별은 무시되어 화폐에 대한 수요는 다음과 같이 표시되었다. 즉

$$M^d = kPy = kY \qquad (7\text{-}6)$$

즉 화폐에 대한 수요(M^d)는 실질소득수준(y)에 물가수준(P)을 곱한 명목소득(Y)에 비례한다고 가정하였다. 여기서 k는 명목소득 중에서 화폐로 보유하려는 화폐보유비율을 의미하며 "마샬의 k"(Marshallian k)라고 불린다. 화폐보유비율 k는 단기에 있어서 비교적 안정적이라고 가정하며 피셔의 교환방정식의 유통속도와 마찬가지로 그 사회의 거래제도나 지불습관에 의존한다.

위 식을 바로 케임브리지 방정식 또는 현금잔고방정식(cash balance equation)이라고 한다. 균형상태에서는 외생적인 화폐공급량(통화량)과 화폐수요량은 같아야 하므로($M^s = M^d$), 외생적으로 M만큼 통화량이 공급되면 현금잔고방정식은 다음과 같이 쓸 수 있다.

$$M = kPy \qquad (7\text{-}7)$$

마샬의 현금잔고방정식은 y가 완전고용소득수준을 전제로 하고 있으며, 사회적 관습에 의해 결정되는 k가 일정하게 고정되어 있다고 가정한다. 이러한 전제 밑에서 화폐공급량(M)의 변화는 모두 물가수준(P)을 비례적으로 변화시킨다는 것이다. 즉 현금잔고방정식 역시 피셔의 교환방정식에서와 같이 통화량이 물가수준을 결정해 주는 것이다.

마샬의 케임브리지 방정식과 피셔의 교환방정식의 관계를 살펴보기 위해 식 (7-7)의 우변에 있는 k를 좌변으로 옮기면 다음과 같이 나타낼 수 있다.

$$M\frac{1}{k} = Py \qquad (7\text{-}8)$$

식 (7-8)과 피셔의 교환방정식 (7-2)을 비교해 보면 화폐의 유통속도 V와 소득 중 화폐보유비율의 역수가 동일($V = 1/k$)것임을 알 수 있다. 예를 들어 사람들이 자기의 명목소득 중에서 1/5 즉 20%(k=1/5)를 화폐의 형태로 보유하고자 한다면, 화폐 한 단위가 소득 거래를 위해서 평균 5회 사용된다는 것이다.

이렇게 보면 두 관계식은 형식상 동일한 것처럼 보이지만, 케임브리지의 현금잔고수량설

은 피셔의 거래수량설에 비해 다음과 같은 점에서 현대적 화폐수요이론으로 한 단계 더 나아간 이론으로 평가되고 있다.

첫째, 케임브리지학파의 화폐수량설은 화폐수요의 이론에 초점을 맞추었다는 점이다. 즉 피셔의 거래수량설에서는 화폐수요가 명시적으로 표현되어 있지 못하고, 암묵적으로 거래에 필요한 것만큼 수요한다고 전제되어 있다. 반면에 현금잔고수량설은 명시적으로 화폐수요를 다루므로 화폐의 수요·공급분석에 보다 적절하다.

둘째, 화폐수요이론으로서의 케임브리지학파의 화폐수량설은 화폐가 물가수준에 영향을 미치는 메커니즘을 잘 설명하고 있다. 화폐시장의 균형상태(즉 $M^s = M^d$)에서 출발하여 먼저 통화량이 두 배가 되었다고 하면 화폐시장에서 초과공급이 발생($M^s > M^d$)한다. 이 초과공급으로 인해 개인들은 다시 화폐보유량을 소득에 대한 최적비율로 유지하고자 화폐의 보유를 감소시키려 할 것이고 따라서 초과공급된 화폐를 실물시장에서 소비나 생산활동을 위한 투자에 사용하게 된다. 그래서 소비재와 투자재의 수요가 증가하고 이 수요의 증대는 물가상승의 압력으로 작용한다. 고전학파의 경우에서와 같이 실질생산이 완전고용수준에서 일정하고 k가 상수라면 새로운 균형은 물가수준이 두 배로 상승한 후에야 도달될 것이다. 또 새로운 균형점에서 명목소득과 화폐수요 역시 두 배가 될 것이다. 즉 화폐시장에서의 초과공급이 상품시장에서 생산물에 대한 수요를 증가시켜 일반물가수준이 상승한다는 것이다.

셋째, 피셔의 거래수량설에서는 화폐를 단순히 교환수단 또는 지불수단으로서의 기능을 강조한데 반해 마샬의 현금잔고수량설에서는 화폐의 가치저장수단으로서 기능이 강조하여 자산으로서의 화폐의 유용성을 주장한다.

그러나 이러한 차이점에도 불구하고 이들 두 이론은 모두 통화량과 물가수준의 비례관계를 잘 설명하고 있으며 고전학파 화폐이론의 핵심이 되고 있다. 결국 고전학파의 화폐수량설은 인플레이션을 전적으로 화폐적 현상으로 파악한다.

제2절 케인즈의 화폐수요이론; 유동성선호설

케인즈는 실물경제를 유효수요의 원리에 기초하여 승수이론을 가지고 해명하였지만, 화폐경제는 유동성선호설을 가지고 설명하였다. 유동성선호설이란 시장이자율이 화폐시장에서 화폐에 대한 수요와 공급에 의해서 결정된다는 것이다.

1. 케인즈의 화폐수요함수

케인즈는 사람들이 화폐를 보유하는 동기를 거래적 동기(transactions motive), 예비적 동기(precautionary motive) 및 투기적 동기(speculative motive)의 세 가지로 나누어 보았다. 이 세 가지의 화폐수요는 각각 교환의 매개수단과 가치저장수단이라고 하는 화폐의 기능과 밀접한 관련을 가지고 있다. 즉 거래목적과 예비적 목적으로 보유하는 화폐는 교환의 매개수단으로서의 기능과 관련이 있고, 투기적 목적으로 보유하는 화폐는 가치저장수단으로서의 화폐의 기능과 관련이 있다고 할 수 있다. 여기서는 케인즈가 구분한 세 가지 동기에 의한 화폐수요에 대하여 좀 더 구체적으로 살펴보기로 하자.

(1) 거래적 화폐수요와 예비적 화폐수요

화폐는 교환의 매개수단이며, 사람들은 일상생활에서 거래를 하기 위해서는 화폐를 필요로 한다. 이와 같이 거래를 원활히 하기 위해서 보유하는 화폐를 거래적 화폐수요라고 한다. 화폐는 소득의 수취와 지출 사이에 존재하는 시차(time lag)를 메꾸어 준다. 거래를 위해 보유하는 화폐량은 거래량의 크기와 정(+)의 관계에 있다고 할 수 있다. 우리는 소득을 거래량의 척도로 간주할 수 있으며, 따라서 거래적 화폐수요는 소득수준과 정(+)의 관계를 가지고 있다고 할 수 있다. 케인즈는 거래적 화폐수요를 설명할 때 앞에서 살펴본 케임브리지의 현금잔고방정식을 이용하였다. 따라서 케인즈의 거래적 화폐수요(M_t^d)는 다음과 같은 식으로 표현된다.

$$M_t^d = kPy = kY \tag{7-9}$$

여기서 M_t^d는 거래적 화폐수요, k는 화폐보유비율, P는 물가수준, y는 실질소득, Y는 명목소득($Y = Py$)이다.

케인즈는 거래를 위한 화폐보유 이외에도 미래의 예기치 못한 지출이 필요한 경우에 대비해서 추가적으로 화폐를 보유한다고 생각하였다. 이와 같이 사람들이 기대하지 않았던 일이 발생하는 경우에 지출할 수 있도록 보유하는 화폐를 예비적 화폐수요라고 한다. 그런데 케인즈는 거래적 동기와 예비적 동기에 의한 화폐수요는 그 성격상 같은 범주에 속한다고 보았다. 따라서 예비적 화폐수요도 소득과 정(+)의 관계에 있다고 보았다.

(2) 투기적 화폐수요

케인즈의 투기적 동기에 의한 화폐수요이론의 전개는 화폐수요이론의 발전에 크게 기여하였다. 케인즈는 화폐보유의 동기를 세 가지로 설명하면서 이 중 투기적 동기에 의한 화폐수요를 가장 중요시 여겼다. 그는 투기적 화폐수요야 말로 진정한 의미의 화폐수요라고 언급할 정도로 투기적 화폐수요를 강조하였다. 거래적 화폐수요나 예비적 화폐수요는 소득과 안정적인 관계를 갖는 것으로 설명함으로써 고전학파의 화폐수량설에서 크게 벗어나지는 않았다. 그러나 투기적 목적으로 보유하는 화폐는 이자율의 영향을 크게 받으면서 불안정한 움직임을 보이며, 이러한 불안정성으로 인해 전체적인 화폐수요가 불안정하게 나타날 수 있다고 보고 있다는 점에서 기존의 화폐수요이론과 다른 결론을 내리고 있다.

오늘날의 경제이론에서는 불확실성(uncertainty)이 매우 중요한 역할을 하고 있다. 즉 움직이고 있는 현실의 동태적 세계에서 앞으로 어떠한 일이 발생할지에 대한 확실성은 누구도 보장받을 수 없다. 케인즈는 이러한 불확실성, 특히 미래의 이자율의 움직임이 불확실하기 때문에 화폐를 소유한다고 보았다. 케인즈가 말한 불확실성이란 의미를 이자율과 관련하여 살펴보자. 사람들은 모두 각자 미래의 이자율에 대해 확실한 예상을 하고 있지만, 그 예상 이자율이 사람들마다 모두 다르기 때문에 사회 전체적으로는 미래의 이자율이 하나로 결정되지 못하여 확실하게 예측할 수 없다는 의미로 볼 수 있다.

케인즈의 투기적 화폐수요란 자산수요를 위한 화폐수요를 말하며, 케인즈는 이러한 화폐수요를 "유동성선호"(liquidity preference)라고 하였다. 케인즈는 "화폐의 특정은 수익률 자체는 0이지만, 그것을 보유하는 비용은 무시할 수 있을 정도로 작은 반면 화폐의 유동성은 매우 크다는 점에 있다"고 말했다. 그리고 화폐는 어디서나 시장에 공급되어 있는 상품과 교환할 수 있는 일반적인 구매력을 가지고 있다는 의미에서 "유동성" 그 자체를 말하며, 그러기 때문에 화폐란 그 자체로서 수요된다고 보았다. 그리고 일반이론(1936)에서 "이자란 유동성을 포기하는데 대한 보수"라고 정의하고 있다.

케인즈는 채권에는 이자가 붙고 화폐에는 이자가 붙지 않음에도 불구하고 왜 사람들은 거래 및 예비적 동기에 필요한 수준 이상으로 화폐를 보유하는가에 대한 의문에서 출발하였다. 이와 관련하여 이자율과 채권가격을 따지게 되었는데 채권가격이 매우 높을 때에는 사람들은 언젠가는 채권가격이 떨어지게 될 것이라는 기대(expectation)를 한다고 보았다. 이와 같이 현재 채권가격이 높고, 멀지 않은 장래에 채권가격이 하락할 것이라고 기대한다면 사람들은 지금 채권을 구입하지 않고 화폐를 보유하려 한다는 것이다. 곧 화폐라는 현금은 이자가 붙지 않음에도 불구하고, 채권가격이 떨어질 때 돈이 없어서 채권을 못사는 경우를 방지하기 위해 현재 화폐를 보유하는 한다는 것이다. 반대로 채권가격이 낮을 때에는 화폐를 보유하는 대신 채권을 구입하게 될 것이다. 이와 같이 채권가격이 높을 때에는 곧 채권가격이 떨어질 것이라고 기대하기 때문에 채권을 팔고 화폐를 보유하고자 하고, 채권가격이 낮을 때는 곧 채권가격이 올라갈 것이라고 예상하기 때문에 채권을 구입해서 보유하게 된다는 것이 바로 자산선택이론으로서의 투기적 화폐수요에 대한 내용이다.

이제 채권가격과 이자율 및 투기적 화폐수요의 관계에 관하여 좀 더 자세히 알아보도록 하자. 먼저 경제주체가 보유할 수 있는 자산은 화폐(money)와 채권(bonds) 두 가지만 있다고 하자. 화폐는 이자가 붙지 않지만 유동성이 크기 때문에 곧 바로 거래에 사용될 수 있다. 그리고 채권은 매년 1원씩 이자가 지급되는 영구채(consol)라고 하자. 이자율이 r일 때 이 채권의 가격은 $1/r$이며, 따라서 이자율과 채권의 가격은 반대방향으로 움직인다. 즉 이자율이 올라가면 채권가격은 하락하고 반대로 이자율이 떨어지면 채권가격은 상승한다. 그러므로 만약 현금 즉 화폐를 보유하고 있을 경우에는 이자수입이 없지만 또한 자본손실이나 자본이득도 발생하지 않는다. 반면에 채권을 보유할 경우 확정적인 이자수입이 발생할 뿐만 아니라 이자율의 변화 즉 채권가격의 변화에 따라 자본이득이나 자본손실이 발생한다. 이러한 채권가격과 이자율 변화의 관계를 고려하면서 화폐와 채권에 대한 선호문제를 살펴보자.

두 자산에 대한 예상수익률은 다음과 같이 표현할 수 있다.

$$화폐보유의\ 예상수익률 = 0$$
$$채권보유의\ 예상수익률(e) = 이자율(r) + 자본이득(또는\ 자본손실)(g)$$

즉 화폐를 보유하면 이자가 붙지 않고 또 그 가치가 이자율의 변화에 따라 자본이득이나 손실이 발생하지 않기 때문에 화폐를 보유했을 때의 예상수익률은 0이다. 반면에 채권에는 이자가 지불되고 또한 이자율이 변하면 채권가격의 변동으로 인하여 자본이득이나 손실이 발생할 것이다. 투자자는 이자율 하락이 예상되면 채권가격이 상승하므로 자본이득을 기대할 것이고,

이자율이 상승할 것으로 예상되면 자본손실을 기대할 것이다. 따라서 그러나 케인즈의 분석에서 핵심적인 것은 미래 이자율의 움직임이 불확실하다는 것이다.

현재의 이자율을 r, 미래의 예상이자율을 r^e라고 하면 채권보유로부터 얻어질 것으로 예상되는 자본이득 g는 다음과 같이 계산된다.

$$g = \frac{\dfrac{1}{r^e} - \dfrac{1}{r}}{\dfrac{1}{r}} = \frac{r}{r^e} - 1$$

그러므로 채권보유에 따른 예상수익률(e=r+g)은 다음과 같다.

$$e = r + g = r + (\frac{r}{r^e} - 1)$$

만약 이자율이 올라갈 것이라고 예상하면 $r<r^e$ 가 되고 $g=(r/r^e-1)<0$이 되어 자본손실이 발생한다. 이때 이러한 자본손실의 절대값이 이자수입 보다 크다면 (r<g) 채권보유에 따른 예상수익률(e)은 오히려 음(-)이 되므로 경제주체는 채권을 보유하는 것보다는 현금을 보유하는 것이 유리하다. 반대로 자본손실과 이자수입의 합이 0보다 크다면 채권의 예상수익률(e)은 양(+)이므로 현금보다는 채권을 보유하는 것이 더 유리하다. 이 때 채권을 보유하는 것이 유리한지 아니면 현금을 보유하는 것이 유리한지를 결정시켜주는 이자율 수준이 존재하는데 이 이자율을 기준이자율(r_c: critical rate)이라고 한다. 즉 기준이자율은 채권의 예상수익률이 0일 때의 이자율이다.

$$e = r + g = r + (\frac{r}{r^e} - 1) = 0 \ \rightarrow \ r_c = \frac{r^e}{r^e + 1}$$

이미 설명한 것처럼 개별경제주체들은 각자 예상이자율에 대해 나름대로 확신하고 있고 또한 이 값은 사람마다 다르다. 이때 현재의 이자율이 기준이자율보다 높아 채권보유의 예상수익률 r+g가 0보다 크다고 생각하는 개인은 현금을 포기하고 그의 총자산을 채권형태로 보유하게 될 것이다. 반대로 현재의 이자율이 기준이자율보다 더 낮아 r+g가 0보다 작다고 생각하는 개인은 채권을 팔고 모두 현금의 형태로만 보유하고자 할 것이다. 이를 다시 설명하면 $r > r_c$이면 자산을 모두 채권으로 보유하려고 할 것이고, 반대로 $r > r_c$이면 자산을 모두 화폐로 보유하려고 할 것이다. 이러한 이유로 인해 이자율과 한 개인의 투기적 화폐수요는 〈그림 7-1〉과 같게 나타난다.

〈그림 7-1〉에 나타나 있는 바와 같이 기준이자율 이상의 이자율에서는 모두 채권으로만 보유하므로 투기적 화폐수요는 0이고, 기준이자율 이하에서는 개인은 자신의 자산을 모두 화폐의 형태로 보유한다.

〈그림 7-1〉 개인의 투기적 화폐수요

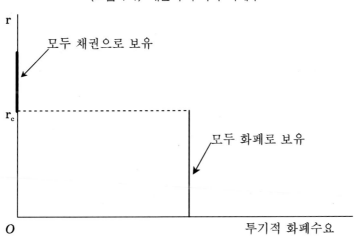

한편 케인즈는 경제주체들이 정상이자율(normal rate)에 대해 고정된 관념을 갖고 있는 것으로 가정하였다. 따라서 실제 이자율이 이 정상이자율수준보다 높을 때 사람들은 이자율이 하락할 것이라고 예상하는 반면, 이자율이 정상이자율보다 낮을 때는 이자율이 올라갈 것이라고 예상한다. 그리고 각 개인의 정상이자율에 대한 주관적 선입견은 사람마다 모두 다른 것으로 가정하였다. 이러한 정상이자율에 대한 서로 다른 선입견으로 인해 경제전체로 보면 화폐를 보유하는 사람과 채권을 보유하는 사람이 공존하게 된다. 예를 들어 투기적 수요가 거의 없는 매우 높은 이자율에서부터 이자율이 서서히 하락하기 시작하면 조만간 이자율이 상승하리라고 예상하는 사람들이 점점 더 많아지게 되어 투기적 화폐수요는 증가하게 된다. 결국 이러한 사람들의 투기적 화폐수요를 모두 합하면 부드럽게 우하향하는 투기적 화폐수요곡선을 도출할 수 있다. 이렇게 하여 도출된 경제전체의 투기적 화폐수요곡선은 〈그림 7-2〉와 같다.

〈그림 7-2〉에서와 같이 투기적 화폐수요곡선은 완만한 우하향하는 형태인데, 이자율이 하락함에 따라 투기적 화폐수요는 점차 증가하고 있음을 나타낸다. 〈그림 7-2〉에서 보듯이 이 곡선은 이자율이 매우 낮은 곳에서는 수평으로 되어 있는 구간이 존재한다. 이와 같이 이자율이 충분히 낮다면(즉, r_c에 가까운 이자율 수준) 모든 사람들이 현행 이자율이 하한에 도달해 있다고 생각하기 때문에 언젠가는 이자율이 상승하리라는 확신을 가지고 있는 경우가 발생한다. 즉 모든 사람들이 미래 이자율의 변화에 동일한 기대를 가지고 있다. 이러한 상황하에서는 어느 누구도 채권을 사려고 하지 않으므로 자산의 증가분은 모두 화폐의 형태로 보유될 것이며 이자율은 더 이상 하락하지 않는다. 즉 이자율에 대한 화폐수요의 탄력성은 무한대가 된다. 케인즈는 이러한 상태를 유동성함정(liquidity trap)이라고 하였으며 케인즈의 모형에서 중요한 역할을 한다.[1] 그러나 대부분의 경우에 있어서 투기적 화폐수요곡선이 우하향하는 부분만을 분석 대상으로 한다.

이상에서 설명한 것을 정리하면 투기적 화폐수요는 이자율과 역의 관계에 있다고 할 수 있으므로 투기적 화폐수요함수(M_s^d)는 다음과 같이 쓸 수 있다.

$$M_s^d = L(r), \quad L' < 0 \tag{7-10}$$

〈그림 7-2〉 경제전체의 투기적 화폐수요곡선

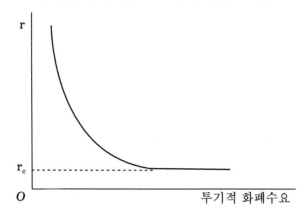

1) 케인즈는 1930년 초반의 금융시장의 상태를 유동성함정이라는 개념으로 설명하고자 하였다. 유동성 함정의 상태에서는 통화당국이 아무리 통화공급을 늘려도 사람들은 증가된 화폐를 모두 화폐형태로만 보유하려 하기 때문에 실물에 대한 수요가 증가하지 않아 실물경제에는 아무런 효과도 미치지 못한다. 케인즈가 펴낸 일반이론(1936) 직후에 초기 케인지안들은 유동성함정을 중시하여 금융정책은 아무런 효과가 없다고 주장하였고, 대신 적자재정을 통한 정부지출의 역할을 강조하였다.

(3) 총화폐수요

우리는 이상에서 케인즈가 제시한 화폐보유의 세 가지 동기에 따른 화폐수요에 대해 설명하였다. 여기서는 이들을 종합해서 화폐의 총수요함수를 도출할 수 있다. 케인즈는 화폐보유의 동기를 거래적(M_t), 예비적(M_p) 및 투기적(M_s^d) 동기로 구분하였지만 앞에서 이미 지적하였듯이 거래적 동기와 예비적 동기는 그 성격이 같으므로 거래적 화폐수요에 포함시킬 수 있다. 그러므로 $M_t^d = M_t + M_p$로 해서 거래적 화폐수요를 M_t^d로 표시하자. 케인즈는 거래적 화폐수요에 관해서는 마샬의 현금잔고방정식의 설명원리를 그대로 받아들였다. 따라서 M_t^d는 명목소득($Y=Py$)과는 정(+)의 관계에 있다. 한편 투기적 화폐수요는 이자율과 역의 관계에 있음을 앞에서 고찰하였다. 그러므로 케인즈의 총화폐수요함수 M_d는 다음과 같이 쓸 수 있다.

$$M^d = M_t^d + M_s^d = kY + L(r) = L(Y, r)$$

$$L'_y > 0, \quad L'_r < 0 \tag{7-11}$$

여기서 $Y(=Py)$는 명목소득, r은 이자율이고, k는 마샬의 k로 일정하다고 가정되어 있다. 소득의 증가는 화폐수요를 증가시키고, 이자율의 상승은 화폐수요를 감소시킨다. 그러므로 사람들의 보유하는 화폐에 대한 총수요는 투기적 화폐수요에 거래적 화폐수요를 더한 것으로 나타낼 수 있으므로 총화폐수요곡선은 다음 〈그림 7-3〉과 같이 나타낼 수 있다.

〈그림 7-3〉에서 거래적 화폐수요곡선(M_t^d)은 이자율과 무관하게 소득수준에 따라서 결정되므로 수직선으로 그려진다. 투기적 화폐수요곡선(M_s^d)은 이자율하고 역의 관계에 있으므로 우하향하는 형태로 나타난다. 거래적 수요와 투기적 수요를 합한 경제전체의 총화폐수요곡선($M^d = M_t^d + M_s^d$)은 투기적 화폐수요곡선을 거래적 화폐수요만큼 우측으로 이동시키면 되기 때문에 우하향하는 형태로 나타난다. 따라서 소득수준이 일정하게 주어진 상태에서 이자율이 하락(상승)하면 투기적 화폐수요의 증가(감소)로 총화폐수요는 증가(감소)한다. 그리고 만약 이자율이 변화하지 않더라도 소득이 증가(감소)하면 거래적 화폐수요가 증가(감소)하므로 총화폐수요가 증가(감소)한다. 이는 총화폐수요곡선의 우측(좌측)이동으로 나타난다.

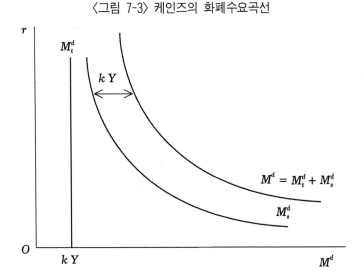

〈그림 7-3〉케인즈의 화폐수요곡선

2. 이자율의 결정

(1) 화폐시장의 균형과 이자율의 결정

이제 거시경제학의 중요 현안 중의 하나인 이자율이 어떻게 결정되는가를 케인즈의 유동성선호설을 중심으로 살펴보자. 케인즈는 보유할 수 있는 금융자산을 크게 아무런 수익이 없는 화폐와 이자가 지급되는 채권으로 분류하고, 화폐는 아무런 수익이 없음에도 불구하고 채권보다도 우선 선호한다는 유동성선호의 화폐수요이론을 전개하였다. 그리고 자기가 선호하는 화폐를 포기하고 다른 자산, 즉 채권을 보유하기 위해서는 그만한 대가가 주어져야 한다고 주장한다. 그는 이와 같이 유동성 즉 화폐를 포기한 대가를 이자라고 정의하였다.

케인즈의 유동성선호설에 따르면 이자율은 화폐시장에서 화폐에 대한 수요와 화폐공급의 일치하는 곳에서 결정된다고 보았다. 먼저 앞에서 살펴보았듯이 화폐수요는 거래적 화폐수요(예비적 화폐수요 포함)와 투기적 화폐수요의 합으로 구성되고 소득(Y)과 이자율에 의존한다고 보았다. 따라서 화폐수요함수(M^d)는 다음과 같이 쓸 수 있다.

$$M^d = M_t^d + M_s^d = kY + L(r) = L(Y, r), \quad L_Y^{'} > 0, \quad L_r^{'} < 0$$

각 변수들은 앞에서 이미 다 설명이 되어있으므로 여기서는 다시 설명하지 않기로 한다. 논의의 단순화를 위해 당분간 국민소득은 일정한 값으로 고정되어 있다고 가정하자. 그러면 거래적 화폐수요가 일정수준으로 고정되며 따라서 화폐수요는 투기적 수요만을 고려하면 된다. 그러면 화폐수요곡선은 〈그림 7-3〉과 같이 이자율과 역의 관계를 갖는 곡선으로 나타낼 수 있다.

한편 화폐공급(M^s)은 통화당국에 의해 외생적으로 공급된다. 물론 화폐공급이 전적으로 통화당국, 즉 중앙은행의 의도대로 조절되는 것은 아니지만 중앙은행의 의도에 크게 영향을 받아 변동하기 때문에 여기서는 중앙은행에 의해 자의적으로 공급된다고 가정하자. 부연하면 중앙은행은 세 가지 통화정책수단(법정지준율, 재할인율 및 공개시장조작정책)을 적절히 사용하면 원하는 통화공급목표를 달성할 수 있다고 가정한다. 이런 경우 중앙은행의 행동이 이자율에 의존하지 않기 때문에 통화공급곡선은 단순히 수직선으로 그려진다. 화폐가 통화당국에 의해 외생적으로 M만큼 공급된다면 다음과 같이 쓸 수 있다.

$$M^s = M \qquad\qquad (7\text{-}12)$$

화폐시장의 균형은 화폐의 공급(M^s)과 화폐에 대한 수요(M^d)가 같아질 때 성립하므로 다음과 같이 쓸 수 있다.

$$M = kY + L(r) = L(Y, r) \qquad\qquad (7\text{-}13)$$

〈그림 7-4〉는 이상에서 설명한 화폐에 대한 수요와 화폐공급을 하나의 평면에 나타낸 것인데, 화폐공급곡선(M^s)은 수직으로 화폐수요곡선(M^d)은 우하향하는 형태로 나타난다. 〈그림 7-4〉에서 보면 이자율이 r_0인 경우에만 화폐공급량과 화폐수요량이 일치하기 때문에 r_0이 화폐시장을 균형시키는 균형이자율이 된다. 왜 r_0가 균형이자율이 되는지를 보기 위해 만약 이자율이 r_0가 아닌 경우의 조정과정을 살펴보자.

먼저 〈그림 7-4〉에서 이자율이 r_1이라면 화폐에 대한 수요량은 M_1^d이고 화폐의 공급량은 M이므로 화폐공급이 화폐수요를 AB만큼 초과한다. 이것은 화폐시장에서 가계나 기업이 보유하고자 하는 양보다 더 많은 양의 화폐가 유통되고 있다는 것을 의미한다. 따라서 r_1수준에서는 기업과 가계는 보유하기를 원하는 양보다 더 많은 화폐를 채권을 구매함으로써 줄이고자 한다. 그러면 채권에 대한 수요가 증가하고, 채권에 대한 수요증가는 채권가격을 높이고 이는 이자율을 떨어뜨리게 된다. 즉 이자율이 화폐의 초과공급이 나타날 만큼 충분히 높다면, 사람들은 화폐대신 채권을 보유하고자 하기 때문에 곧 이자율이 하락하게 된다.

다음으로 이자율이 r_2인 경우를 고려해 보자. 이자율이 r_2라면 화폐에대한 수요량은 M_2^d이고 화폐공급량은 M이므로, 위와는 반대로 화폐수요가 화폐공급을 CD만큼 초과한다. 그러면 가계 및 기업은 초과화폐공급인 경우와 반대로 행동하게 되므로 이자율이 상승하게 된다. 즉 초기에 화폐에 대한 초과수요가 발생할 정도로 충분히 이자율이 낮다면, 사람들은 채권에서 화폐로 자산을 변경시키려고 하기 때문에 곧 이자율이 상승하게 된다.

결국 E점에서만 화폐에 대한 수요와 공급이 일치하게 되어 더 이상 자산조정과정이 나타나지 않고, 다른 여건이 변화하지 않는 한 이자율은 r_0에서 변화하지 않는다.

〈그림 7-4〉 화폐시장의 균형과 이자율

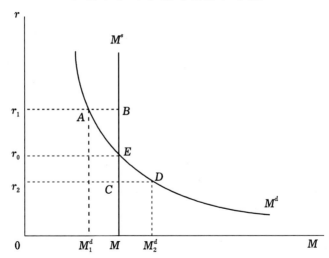

(2) 균형이자율의 이동

앞에서 화폐시장의 균형을 통한 이자율 결정을 설명하면서 논의의 단순화를 위하여 국민소득(Y)은 당분간 일정하다고 가정하였다. 그리고 통화당국에 의해서 통화량이 외생적으로 공급된다고 가정하였다. 이러한 가정하에서 화폐에 대한 수요와 공급이 일치하는 곳에서 균형이자율이 어떻게 결정되는가를 살펴보았다. 이러한 균형이자율은 다른 여건이 일정하다면 변하지 않는다. 그러면 이자율은 항상 고정되어 있는 것인가? 반드시 그런 것은 아니다.

먼저 어떻게 중앙은행이 이자율에 영향을 미칠 수 있는지를 살펴보자. 예를 들어 현재 화폐시장에서 화폐에 대한 수요와 공급이 일치하여 균형이자율이 $r_0(=10\%)$로 결정되었는데, 이러한 이자율이 너무 높다고 판단되어 중앙은행은 이자율을 낮추기를 원한다고 하자. 그러기 위해서 중앙은행은 통화공급을 늘리려 할 것이다. 〈그림 7-5〉는 이 과정을 잘 나타내고 있다. 초기에 화폐에 대한 수요곡선이 M^d이고, 중앙은행이 M_0만큼 화폐를 발행하여 화폐공급곡선이 M_0^s인 경우 균형은 두 곡선이 만나는 E점에서 결정되고 이때 이자율은 r_0이다. 이제 중앙은행이 통화량을 M_1으로 늘리면 화폐공급곡선이 M_0^s에서 M_1^s으로 우측으로 이동하게 된다. 이 경우 초기 이자율 수준 r_0하에서는 EA만큼의 화폐에 대한 초과공급이 발생한다. 그러면 가계와 기업은 초과공급만큼의 화폐로 높은 이자를 주는 채권을 사려고 하고, 채권에 대한 수요의 증가는 채권가격을 상승시키고 이는 곧 이자율 하락으로 연결된다. 이러한 이자율의 하락은 새로운 균형이자율 r_1에 도달할 때까지 계속된다. B점에서는 화폐에 대한 수요와 공급이 일치하게 되고 화폐시장이 다시 균형을 이룬다.

반대로 만약 중앙은행이 통화공급을 축소시키면 이자율이 상승한다.

〈그림 7-5〉 통화량의 변화와 이자율

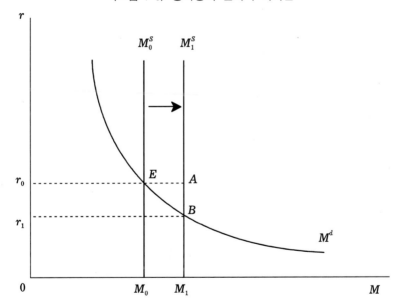

통화공급의 변화만이 균형이자율에 영향을 미칠 수 있는 유일한 요소는 아니다. 화폐에 대한 수요가 변하면 마찬가지로 이자율에 영향을 미친다.

화폐에 대한 수요는 이자율과 명목소득에 의존한다는 것을 다시 한 번 기억하자. 그리고 앞에서 분석을 단순하게 하기 위해 명목소득은 일정하다고 가정하였다. 이제 경기가 좋아져 더 많은 생산물이 생산되고 명목소득이 더 높아졌다고 하자. 그러면 거래적 화폐수요가 증가하게 되어 화폐수요곡선은 우측으로 이동한다. 〈그림 7-6〉은 그러한 이동을 나타낸다. 명목소득이 Y_0에서 Y_1으로 증가하면 화폐수요곡선은 $M_0^d(Y_0)$에서 $M_1^d(Y_1)$으로 오른쪽으로 이동한다. 이때 만약 이자율이 r_0수준에 머물러 있고 통화공급이 변하지 않는다면 화폐시장에서 초과수요가 EC만큼 발생한다. 그러면 사람들은 더 많은 화폐를 보유하기 위해 채권을 팔려고 할 것이다. 채권공급의 증가는 채권가격을 하락시키고, 이자율은 채권가격과 역의 관계에 있으므로 이자율은 상승한다. 즉 통화공급이 일정한 상태에서 소득이 증가하면 (거래적) 화폐수요가 증가하여 화폐시장에서 초과수요가 발생하고, 이러한 초과수요가 해소되는 과정에서 이자율은 r_0에서 r_1으로 상승한다. 마찬가지로 Y의 감소는 화폐수요곡선을 좌측으로 이동시키고 균형이자율은 하락한다.[2]

〈그림 7-6〉 소득의 증가와 이자율의 변화

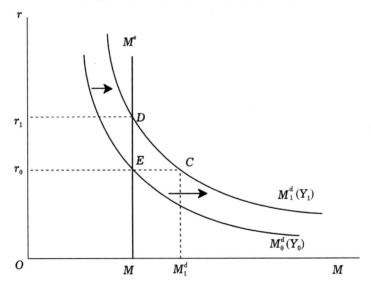

---

2) 화폐수요는 명목소득의 증가함수이고, 명목소득 Y는 물가수준(P)과 실질소득(y)의 곱으로 쓸 수 있다. 따라서 명목소득은 실질소득이 증가하거나 물가가 상승하면 증가한다. 그러므로 실질소득이 증가하거나 물가가 상승하면 모두 화폐에 대한 수요를 증가시키므로 이자율을 상승시킨다. 반대로 물가가 하락하면 균형이자율이 하락한다.

제3절 통화주의자의 화폐수요이론; 신화폐수량설

우선 통화주의자(monetarists)들이라고 하면 프리드먼(M. Friedman)과 그의 사고를 따르는 케이건(P. Cagan), 부루너(K. Brunner), 멜쩌(A. Meltzer) 등을 지칭하는 말이지만 통화주의 이론이라고 하면 지금까지 프리드만이 전개해 온 일련의 화폐경제이론을 의미한다고 보아야 할 것이다.

화폐수요이론은 케인즈 이후에 본격적으로 발전하기 시작하였는데, 이 과정에서 화폐는 단지 교환의 매개수단으로 뿐만 아니라 가치저장수단으로서의 기능이 부각되었고 또한 이자율이 화폐수요에 미치는 영향이 강조되었다. 이에 따라 고전학파의 화폐수량설은 점차 설명력을 잃어가기 시작하였다. 특히 1930년대 대공황을 겪으면서 화폐수량설은 고전학파 경제학의 다른 이론과 함께 거의 쓸모없는 이론이 되어버렸다.

그러나 프리드만은 대공황에서 비롯된 현실을 케인지안들이 잘못 분석하고 있다고 믿었다. 즉 그는 1930년대의 대공황 시기에 통화량이 급격히 감소했다는 실증분석 결과를 제시하면서, 케인지안들이 화폐수량설에 대한 반증을 제시하지 못했다고 생각하였다. 그는 케인즈의 공헌을 고찰한다는 면에서 고전학파의 화폐수량설을 재론할 필요가 있음을 느꼈다. 그의 목적은 화폐의 중요성을 재강조하는 일이었다.

프리드만의 화폐수요이론을 신화폐수량설(new quantity theory of money)이라고 한다. 이 이론은 고전학파의 화폐수량설, 특히 케임브리지학파의 현금잔고방정식에 뿌리를 두고 케인즈에 의해 강조된 화폐수요함수의 특징을 고려한 화폐수요이론이다. 이제 신화폐수량설에 대한 프리드만의 접근방법과 그 내용에 대해 보다 자세히 살펴보도록 하자.

1. 접근방법

마샬의 화폐수량설이 미시적 경제이론의 테두리에서 전개되었듯이 프리드만의 신화폐수량설도 미시적 테두리 내에서 출발하고 있다. 그리고 케인즈는 화폐보유의 동기를 명확히 구분하여 보다 깊이 있게 다루고 있지만, 프리드만은 화폐보유의 동기를 구분하지 않고 사람들이 화폐를 보유하는 이유를 포괄적으로 밝혀내려고 하였다.

프리드만의 신화폐수량설의 기본적인 시각은 사람들은 화폐를 하나의 자산(asset)으로 간주하고, 사람들이 화폐를 단순히 부(wealth)를 소유하는 하나의 방법으로 본다는 것이다. 따라서 개인의 화폐에 대한 수요는 미시적 자산선택의 결과로서 다양한 변수들의 함수이다. 그러므로 프리드먼은 화폐수요는 기본적으로 총부(total wealth)와 부의 여러 가지 형태에서 발생하는 수익에 의해서 결정된다고 본다. 그는 화폐수요이론을 전개하면서 부를 자산보유의 크기를 제약하는 적절한 지표로, 그리고 화폐 이외의 자산을 보유함으로써 얻게 되는 수익률을 화폐보유에 따른 기회비용으로 보고 있다. 이러한 점들을 고려할 때 신화폐 수량설은 적어도 이론적인 측면에서 케인즈의 화폐수요이론과 크게 다르지 않다고 할 수 있다. 왜냐하면 신화폐수량설은 기본적으로 자산으로서의 화폐에 대한 수요를 분석하는 이론이기 때문이다. 두 이론의 차이는 화폐수요함수의 안정성, 즉 화폐수요가 이자율에 얼마나 민감하게 반응하느냐에 대한 실증적인 측면에 있다.

프리드만은 화폐수요에 영향을 미치는 요소로 소득(income)보다 부(wealth)를 강조하였다. 그리고 과거와 현재 및 미래의 예상소득의 평균치 개념인 항상소득(permanent income)이라는 개념을 도입하여 소득의 개념을 부의 개념으로 접근할 수 있도록 정치화 시켰고, 화폐수요함수에 부의 대리변수로 항상소득을 이용하였다.

케인즈는 소득의 개념을 최초로 전개하였지만 프리드만은 부의 개념을 소득의 개념에서 정치화시키게 되었다. 그가 전개한 부의 개념은 신화폐수량설에서 예산의 제약조건으로 등장할 뿐만 아니라 부의 여러 가지 형태를 통하여 화폐수요에 중요한 영향을 미치는 것이다. 특히 부를 인적 부(human wealth)와 비인적 부(non human wealth)로 나누어 인적 부까지를 포함하는 포괄적인 부의 개념을 화폐수요의 제약조건으로 도입하였다. 그리고 부를 인적 부의 형태로 소유하는가, 비인적 부의 형태로 소유하느냐에 따라 화폐수요에 미치는 효과가 달라진다고 주장하였다. 다른 조건이 일정하다면 예산제약조건에 해당하는 총부가 증가하면 화폐수요는 증가하고, 또한 총부의 크기가 주어져 있는 상태에서 인적 부의 비중이 높을수록 더 많은 화폐수요가 발생하는 것으로 가정하였다.

다음으로 사람들의 화폐수요에 영향을 미치는 요소로 프리드만은 화폐와 대체적인 자산에서 발생하는 수익률을 들었다. 여기서 수익률은 화폐보유의 기회비용으로 통상적인 소비자 수요이론에서의 여러 내구재들의 가격에 대응하는 개념이다. 이러한 주요 대체자산에는 케인즈가 중시한 채권뿐만 아니라 주식, 내구재, 토지, 건물 등이 포함된다. 내구재는 명시적으로 이자율을 지급하지 않고 내구재에서 나오는 수익은 그것을 보유하고 있는 기간 동안의 그 재화가격의 예상 증가분이 된다. 이는 간단히 예상인플레이션율로 쓸 수 있다. 이러한 대체자산 중 어느 하나의 수익률이 증가하면 화폐수요는 감소한다.

또한 프리드만은 사람들이 화폐를 보유할 때 명목화폐가 아니라 물가를 감안한 실질화폐를 보유한다는 것이다. 이것은 소비자가 상품을 수요할 때 상품 자체를 소비함으로써 효용을 느끼는 것과 마찬가지로, 화폐를 하나의 자산으로 보기 때문이다. 화폐는 그것을 보유하는 사람에게 서비스를 제공하기 때문에 소유되며 그러한 서비스는 화폐가 구매력의 원천이라는 사실로부터 발생하는 것이기 때문에 프리드만의 화폐수요함수는 일정한 구매력의 단위로 측정된 화폐수요함수 즉 실질화폐수요함수여야 한다.

결국 프리드만의 신화폐수량설은 내구소비재가 제공하는 효용극대화의 논리에 따라 전개하고 있으며 미시적 자산선택이론의 접근방법을 따르고 있다. 그 결과 개인의 화폐수요를 결정하는 요인들은 크게 다음과 같은 세 가지를 들 수 있다.

첫째, 소비자 선택이론에서와 같이 예산의 제약조건이 있는데, 프리드만은 이 제약조건으로 각 개인이 보유하는 자원 즉 총부(total wealth)를 들고 있다. 둘째 화폐보유의 기회비용 즉 대체자산의 수익률이 화폐수요에 영향을 미친다. 셋째, 개인의 취미와 선호가 그것이다.

프리드만은 신화폐수량설을 전개하는 데 있어서 피셔의 교환방정식에서 화폐의 유통속도(V)나 마샬의 현금잔고방정식에서 현금보유비율(k)가 일정하다는 이는바 V나 k의 안정성이 아니라 화폐수요함수 자체가 케인즈형 소비함수보다 안정적이라는 것을 입증하려는데 있다.

2. 신화폐수량설의 내용

이상에서 설명한 화폐수요의 결정요인들을 고려하면 프리드만의 화폐수요함수는 다음과 같은 형태로 표시된다.

$$\frac{M^d}{P} = f(w, r_b, r_e, \pi, u, h) \tag{7-14}$$

(단, $f_w > 0$, $f_{r_b} < 0$, $f_{r_e} < 0$, $f_\pi < 0$, $f_h < 0$)

여기서 M^d는 명목화폐수요, P는 물가지수, 따라서 M^d/P는 실질화폐수요를 나타낸다. 그리고 w는 부, r_b는 채권의 예상수익률, r_e는 주식의 수익률, π는 예상 인플레이션율을 나타내고, h는 인적자본에 대한 비인적자본의 비율, u는 개인의 취미와 선호를 나타내는 변수이다.

이렇게 프리드만은 화폐수요에 영향을 미치는 요인들을 구분해서 그 관계를 따지고 있지만, 그 중 어떤 요인이 화폐수요에 미치는 효과가 상대적으로 중요하다는 결론을 내리지는 않았다. 앞에서도 설명했듯이 부 w와 인적자본에 대한 비인적자본의 비율 h가 증가(감소)하면 화폐수요는 증가(감소)한다. 그리고 화폐에 대한 대체자산의 수익률을 나타내는 r_b와 r_e가 상승(하락)하면 화폐수요는 감소(증가)한다. 또는 예상물가상승률 π이 올라(내려)가면 화폐수요는 증가(감소)한다. 이렇게 화폐수요에 영향을 미치는 요소와 화폐수요의 관계를 보다 명확히 할 뿐 변수의 상대적 중요성에 관해서는 어떤 결론도 내리지 않는다. 다만, 실증적 연구에 기초하여 이들 변수들이 작용하는 힘이 서로 상쇄되어 화폐수요함수의 안정성이 이루어진다고 주장하였다.

이와 같이 프리드만의 화폐수요함수는 매우 복잡한 양상을 보이고 있지만 현실에서 추계 가능한 변수를 사용하고 또한 유사한 변수들이나 움직임이 같은 변수들을 한데 묶어서 단순한 형태로 표시할 수 있다. 먼저 프리드만은 항상소득의 개념을 도입한다. 프리드만의 화폐수요함수에 포함된 부(wealth)는 실제로 추계하기란 불가능하다. 일반적으로 부의 대리변수로 소득을 주로 사용하는데 실제소득은 시기에 따라 매우 불규칙하게 변동하기 때문에 프리드만은 항상소득(y_p)의 개념을 이용하였다. 항상소득(y_p)은 어떤 사람의 보유하고 있는 총부로부터 평균적으로 얻어지는 소득이라고 할 수 있으므로 개인의 부를 항상소득 y_p으로 대체할 수 있다. 또한 화폐에 대한 대체자산의 수익률 r_b, r_e는 화폐보유의 기회비용이므로 이자율 r로 단순화 시킬 수 있다. 그리고 인적자본에 대한 비인적 자본의 비율 h와 개인의 취미 및 선호 u는 일정하다고 가정하면 프리드만의 화폐수요함수는 다음과 같이 단순화 시킬 수 있다.

$$\frac{M^d}{P} = L(y_p, r, \pi) \tag{7-15}$$

위 식에서 함수 $L(\cdot)$이 항상소득 y_p에 대하 1차 동차함수라고 가정하면 프리드만의 화폐수요함수는 다음과 같이 변형하여 쓸 수 있다.

$$\frac{M^d}{P} = k(r, \pi) \cdot y_p = \frac{1}{V(r, \pi)} \cdot y \tag{7-16}$$

$$(단, \quad k_r < 0, \quad k_\pi < 0, \quad V_r > 0, \quad V_\pi > 0)$$

혹은

$$M^d = k(r, \pi)Py_p \text{ 또는 } MV(r, \pi) = Py_p \qquad (7\text{-}17)$$

이렇게 보면 프리드만이 전개한 신화폐수량설은 고전학파의 화폐수량설과 매우 유사하다는 것을 알 수 있다. 다만 소득수준이 보통 말하는 현재소득이 아니라 항상소득 y_p 이며, k나 V가 일정한 상수가 아니라 이자율이나 예상인플레이션율의 영향을 받는 함수라는 점이 다를 뿐이다. 다시 한 번 강조하면 고전학파의 화폐수량설에서는 k나 V가 고정된 상수로 간주하였지만, 프리드만의 경우는 괄호 속에 있는 변수들의 움직임에 의해 결정되는 안정적인 함수라고 보는 것이 프리드만이 주장하는 신화폐수량설이 내용이다.

또한 프리드만의 화폐수요함수는 크게 이자율과 소득의 함수로 간주한다는 면에서 보면, 이론적 측면에서는 케인즈의 화폐수요함수와 크게 다르지 않다. 그러나 케인즈와 프리드만의 화폐수요함수는 실증적인 측면에서 얼마나 안정적인가에 대해서는 큰 견해 차이를 보이고 있다. 케인즈는 화폐의 유통속도 V 또는 화폐보유비율 k가 이자율의 영향을 크게 받아 불안정하다고 주장한다. 반면에 프리드만은 경험적으로 보아 이자율이 V나 k에 미치는 영향은 아주 미미하여 이들이 안정적이라고 주장한다. 특히 프리드만은 이것이 이론적인 문제가 아니라 실증적인 문제라는 점을 강조하였다. 프리드만은 화폐수요에 대한 이자율의 역할을 크게 중시하지 않았으며, 화폐수요에 영향을 미치는 중요한 변수는 항상소득(총부)과 예상물가상승률을 강조하였다.

한편 프리드만은 화폐수요함수의 안정성을 주장하고 있는 반면 케인지안들은 소비함수의 안정성을 주장한다. 화폐수요함수가 안정적이냐 케인즈형 소비함수가 안정적이냐 하는 문제는 통화주의자들과 케인지안들 간에 논쟁의 핵심이 되어 있는 문제이기도 하다. 일단 이론에 의해 화폐수요함수(소비함수)가 설정되면 이들 화폐수요(소비)와 화폐수요(소비)에 영향을 미치는 변수들간의 관계가 중요한 것인가의 여부와 그러한 관계가 시간의 흐름에도 불구하고 안정적인가의 여부를 찾아내는 것은 실증분석의 역할이다. 경제분석에 있어서 그 기초가 되어 있는 함수가 안정적이어야만 분석대상이 되는 경제현상을 올바르게 파악할 수 있기 때문에 함수의 안정성은 이론의 타당성을 판가름하게 되는 것이다.

제8장 생산물시장과 화폐시장의 동시균형

일반적으로 거시경제학에서는 한 나라의 경제가 생산물(재화)시장, 화폐시장, 자본시장 및 노동시장 등 네 개의 시장으로 구성된 것으로 본다. 따라서 한 나라 경제 전체를 이해하기 위해서는 위의 네 개의 시장들에 대한 분석을 해야 하지만 모든 시장을 분석할 필요는 없다. 왜냐하면 왈라스의 법칙에 따라 네 개의 시장 중 세 개의 시장이 균형을 이루면 나머지 한 시장은 자동적으로 균형이 되기 때문이다. 이 책에서는 자본시장을 제외하고 생산물시장, 화폐시장 및 노동시장을 분석할 것이다.

생산물시장, 화폐시장, 노동시장은 생산물(재화)에 대한 수요와 연관된 시장과 생산물의 공급과 관계되는 시장으로 나누어 볼 수 있다. 생산물시장과 화폐시장은 생산물에 대한 수요와 관련이 있고, 노동시장은 생산물의 공급과 관련이 있다. 노동시장과 생산물의 공급측면은 제10장에서 다루기로 하고 여기서는 먼저 수요측면을 살펴본다.

제4장과 제5장에서 우리는 화폐시장이나 이자율을 전혀 고려하지 않고 유효수요의 원리에 의해 생산물시장에서 균형국민소득수준이 결정되는 과정을 살펴보았다. 즉 계획된 투자(I), 정부지출(G) 및 조세(T)가 외생적으로 일정하게 주어졌다는 가정하에서 한 경제의 균형산출수준이 어떻게 결정되는가를 알아보았다. 한편 제6장과 제7장에서는 생산물시장을 고려하지 않고 화폐시장, 즉 화폐공급과 화폐에 대한 수요를 살펴보았다. 아울러 케인즈의 유동성선호이론으로 화폐시장에서 균형이자율이 어떻게 결정되는가에 대해서도 설명하였다.

그러나 수요측면에서 생산물시장과 화폐시장은 서로 독립적으로 움직이지 않고 상호 영향을 미친다. 화폐시장에서의 결과(예, 이자율)들이 재화시장에 중요한 영향을 미치고, 마찬가지로 재화시장의 결과(예, 국민소득) 또한 화폐시장에 중요한 영향을 미친다. 그러므로 두 시장을 함께 분석해야만 두 시장을 동시에 균형시키는 총산출(국민소득) Y와 이자율 r

의 값이 결정될 수 있다. 이러한 수요측면의 균형 즉 생산물시장과 화폐시장을 통합하여 동시에 분석하는 표준적인 방법이 IS-LM분석이다.

본 장에서는 IS-LM분석을 통해 생산물시장과 화폐시장을 동시에 균형시키는 이자율과 소득에 대해 알아본다. 먼저 화폐시장을 무시하고 생산물시장을 균형시키는 소득과 이자율의 조합 즉 IS곡선을 고찰한다. 다음에 화폐시장에 있어서 균형이자율과 소득 즉 LM곡선에 대해 살펴본다. 그런 다음 두 시장을 동시에 균형시키는 이자율과 소득의 조합에 대해 알아본다. 하나의 균형점을 찾기 위해서는 정부지출이나 조세 그리고 통화량과 같은 정책변수들은 일정하게 고정되어 있다고 가정해야만 한다. 우리는 이러한 정책변수들이 생산물시장과 화폐시장의 균형을 나타내는 IS곡선과 LM곡선의 위치를 결정해 준다는 것을 알게 될 것이다. 그리고 다음 장에서 이러한 정책변수들의 변화가 균형소득과 이자율에 어떻게 영향을 미치는지를 살펴볼 것이다.

제1절 생산물시장의 균형과 IS곡선

1. IS곡선의 정의 및 도출

IS곡선에서 I는 투자(Investment)를 S는 저축(Saving)을 의미하므로 IS곡선이란 곧 투자−저축곡선을 나타낸다. 즉 IS곡선이란 투자와 저축이 일치(I=S)하여 생산물시장(재화시장)을 균형시키는 이자율 r과 실질국민소득 y의 조합을 나타내는 곡선이다.

IS곡선은 제4장에서 다루었던 케인즈의 단순모형을 이용하여 도출될 수 있다. 케인즈의 단순모형에서 총지출곡선 또는 총수요곡선(AE=c+i+g)과 45°선 즉 총공급곡선(y=c+s+t)이 만나는 점에서 생산물시장이 균형을 이루면서 균형총산출(국민소득)수준이 결정된다. 즉 생산물시장의 균형은 다음 관계를 만족할 때 성립한다.

$$y = c + i + g \text{ 또는 } c + s + t = c + i + g$$

여기서 정부부문이 없다고 가정하면(예를 들면 g와 t가 0) 생산물시장의 균형조건은 다음과 같이 쓸 수 있다. 보다 일반적인 경우는 다음에 고찰하기로 한다.

$$y = c + i \text{ 또는 } s = i$$

따라서 생산물시장의 균형은 소비 또는 저축함수와 투자함수에 관한 가정에 따라 달라진다. 케인즈의 단순모형에서는 소비 또는 저축은 소득에 의존하고, 투자 및 정부지출과 조세는 일정하다고 가정하고 균형소득이 결정되는 과정을 보여준다.

여기서는 일단 정부부문은 배제(또는 g와 t는 일정하다고 가정)하고, 소비 및 저축은 제4장의 가정을 그대로 받아들인다. 제4장에서는 투자는 외생변수로 간주하였지만 이자율을 고려하면 그렇지 않다.

투자란 기업이 생산설비 등 자본재를 증가시키는 행위로, 투자비용을 결정하는 요인 가운데 가장 중요한 변수는 이자율(r)이다. 일반적으로 이자율이 높을수록 투자비용이 더 커지기 때문에 투자수요는 감소한다. 즉 투자는 이자율의 감소함수라고 할 수 있으므로 다음과 같이 쓸 수 있다. 투자결정요인에 대한 보다 자세한 설명은 제12장에서 한다.

$$i = i(r) \quad (\text{단, } i'' = \frac{\triangle i}{\triangle r} < 0)$$

소비함수(저축함수)가 소득의 증가함수이고, 투자가 이자율의 감소함수라면 저축-투자의 일치를 통한 생산물시장의 균형조건은 다음과 같이 쓸 수 있다.

$$s(y) = i(r) \quad (\text{단, } s' > 0, \ i' < 0)$$

IS곡선을 구하기 위해서는 생산물시장을 균형시키는 즉 투자와 저축을 일치시키는 이자율 r과 소득 y의 조합을 구하면 된다. 〈그림 8-1〉은 이러한 단순한 경우에 있어서의 IS곡선의 도출과정을 보여준다. 〈그림 8-1〉의 (a)는 저축과 투자를 소득에 대해 표시한 것이다. 저축곡선 s는 소득이 증가함에 따라 증가하지만, 투자 i는 이자율의 감소함수로 소득의 변화에는 영향을 받지 않기 때문에 수평의 형태로 나타나 있다.

우선 생산물시장을 균형시키는 식 $s(y) = i(r)$을 보면 방정식은 한 개인데 결정되어야 한 변수는 이자율(r)과 소득(y) 둘이므로 이 식만을 가지고는 r과 y를 동시에 결절할 수 없다. 그래서 이자율을 일정하다고 가정하고, 이에 대응하는 실질국민소득의 결합을 구할 수 있다. 먼저 이자율이 r_0인 경우를 살펴보자. 이 이자율 수준에서 투자의 크기는 $i(r_0)$라고 하면 〈그림 8-1〉(a)에서 투자와 저축은 A점에서 일치하며 이때 균형소득은 y_0수준에서 결정된다. 이러한 이자율과 소득의 조합 (r_0, y_0)은 〈그림 8-2〉의 (b)에서 한 점 A'으로 나타난다.

이제 이자율이 r_0에서 r_1으로 하락한 경우를 고찰해 보자. 이자율이 하락하면 투자는 증가하므로 〈그림 8-1〉 (a)에서 투자곡선이 $i(r_0)$에서 $i(r_1)$으로 상방으로 이동한다. 이 때 만약 생산물의 공급이 여전히 y_0수준을 유지하고 있다면 생산물시장에 AC만큼의 초과수요가 존재하게 된다. 그러므로 생산물시장이 균형을 회복하기 위해서는 생산물이 y_0에서 y_1으로 증가해야 한다. 즉 이자율 하락으로 투자가 증가했을 경우 소득이 증가해야 한다. 따라서 이자율 하락했을 때 새로운 생산물시장의 균형은 〈그림 8-1〉의 (a)에서 B점으로 나타난다. 이러한 새로운 이자율과 소득의 조합 (r_1, y_1)은 〈그림 8-2〉의 (b)에서 한 점 B'으로 나타난다.

그래서 계속해서 이자율 수준을 변화(r_0, r_1, r_2……)시키면 이에 따른 균형소득 (y_0, y_1, y_2……)을 구할 수 있다. 이렇게 해서 생산물시장을 균형시키는 이자율과 실질국민소득에 대한 일련의 조합을 구할 수 있고 이러한 조합 점들을 (r, y)평면에서 연결한 것이 바로 IS곡선이다. 이와 같은 방식으로 도출된 IS곡선은 〈그림 8-2〉 (b)에서 보듯이 (r, y) 평면에서 우하향하는 형태를 갖는다.

〈그림 8-1〉 생산물시장의 균형과 IS곡선

(a) 생산물시장의 균형

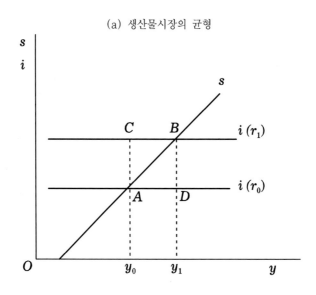

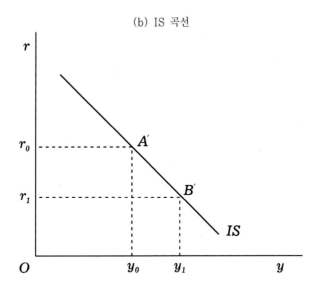

(b) IS 곡선

2. IS곡선의 기울기 결정요인

앞에서 IS곡선의 기울기는 우하향하는 형태를 갖는다는 것을 살펴보았다. 여기서는 IS곡선의 기울기를 결정짓는 요인에 대해 알아보고자 한다. IS곡선의 기울기는 후에 살펴볼 정부의 재정 및 통화금융정책의 상대적 유효성을 결정하는 중요한 요소가 되기 때문에 이 문제는 중요하다고 할 수 있다.

우리는 앞에서 IS곡선을 도출하면서 이자율이 변화할 때 생산물시장에서 새로운 균형이 성립하기 위해서 소득이 변해야 한다는 것을 살펴보았다. 결국 IS곡선의 기울기는 이자율이 하락할 때 생산물시장이 새로운 균형을 이루기 위하여 소득이 어느 정도 증가해야 되는가 하는 문제로 귀결된다. 이것은 결국 투자함수의 기울기와 저축함수의 기울기 즉 투자의 이자율 탄력성과 한계소비성향(또는 한계저축성향)에 의해 결정된다.[1]

---

[1] IS곡선의 기울기를 수리적으로 보면 생산물시장의 균형식 $s(y)=i(r)$을 전미분한 식 $s'dy=i'dr$을 y와 r에 대해 정리한 $\dfrac{dr}{dy}=\dfrac{s'}{i'}=\dfrac{1-b}{i'}$ 이다. 여기서 s'은 한계저축성향(b:한계소비성향)이고, i'은 투자의 이자율 탄력성이다. $s'>0$, $i'<0$이므로 IS곡선의 기울기는 음($-$)이다. 따라서 IS곡선의 기울기는 한계저축성향이 클수록(한계소비성향이 작을수록), 투자의 이자율탄력성이 작을수록 가파르다.

〈그림 8-2〉 투자의 이자율탄력성과 IS곡선의 기울기

(a) 생산물 시장

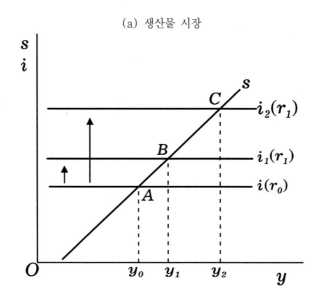

(b) IS곡선

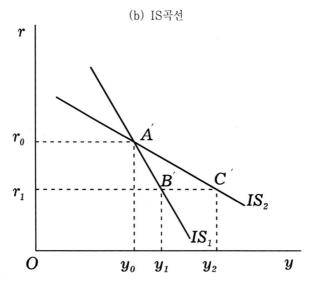

〈그림 8-2〉는 IS곡선의 기울기가 투자의 이자율탄력성과 어떤 관계가 있는지를 설명해 주고 있다. 투자의 이자율 탄력성이란 이자율 변화에 투자가 얼마나 민감하게 반응하는가를 나타내는 수치이다. 〈그림 8-2〉에서 이자율이 r_0에서 r_1으로 하락했을 때 투자의 변화를 두 가지로 나타내었다. 초기에 이자율이 r_0일 때 생산물시장을 균형시키는 소득은 y_0인 상

태에서 출발하자. 이러한 균형점은 〈그림 8-2〉의 (a)와 (b)에서 각각 A와 A'점으로 나타난다. 이제 이자율이 r_0에서 r_1으로 하락하였을 경우 투자의 변화는 $i(r_0)$에서 $i_1(r_1)$와 $i_2(r_1)$ 두 가지로 표시 되었다. 여기서 보는 바와 같이 투자가 상대적으로 이자율 변화에 민감하지 않은 경우 투자곡선은 $i_1(r_1)$로 이동하고 이자율 변화에 민감한 경우 투자곡선은 $i_2(r_1)$로 이동한다. 즉 동일한 이자율 변화에 대하여 투자의 이자율 탄력성이 클수록 투자는 더 크게 증가한다. 이자율 하락에 따라 투자가 증가하면 생산물시장을 균형시키기 위해 국민소득도 증가해야 한다.

〈그림 8-2〉에서 보면 투자가 이자율에 상대적으로 비탄력적인 경우 새로운 균형국민소득은 y_1으로, 투자가 상대적으로 큰 폭으로 증가한 경우는 y_2로 나타나 투자가 이자율에 탄력적일수록 생산물시장을 균형시키는 국민소득의 증가폭이 더 커야 함을 알 수 있다. 따라서 동일한 크기의 이자율 하락에 대하여 투자의 이자율 탄력성이 클수록 큰 폭의 소득 증가($y_0 \to y_2$)가 대응되어야 하므로 〈그림 8-2〉의 (b)에서 보듯이 IS곡선은 IS_2와 같이 완만한 기울기를 갖게 된다. 반면에 이자율이 하락했을 때 투자가 별로 크게 증가하지 않는다면($i(r_0) \to i_1(r_1)$) 생산물시장의 균형회복을 위한 소득의 증가분은 그다지 크지 않아도 되므로($y_0 \to y_1$) IS곡선도 IS_1처럼 가파른 기울기를 갖게 된다.

이와 같이 투자의 이자율 탄력성은 IS곡선의 기울기를 결정하는 첫 번째 요인이 된다. 즉 투자가 이자율에 비탄력적일수록 IS곡선은 가파른 기울기를 갖고, 투자가 이자율에 탄력적일수록 IS곡선은 더 완만해진다. 만약 극단적으로 투자가 이자율 변화에 전혀 반응하지 않는다면 즉 투자의 이자율 탄력성이 0인 경우 IS곡선은 수직이 된다. 왜냐하면 투자의 이자율 탄력성이 0이면 이자율이 아무리 하락하여도 투자가 전혀 증가하지 않기 때문에 생산물시장을 균형시키는 소득수준이 변하지 않기 때문이다. 반면에 투자의 이자율 탄력성이 아주 크다면(무한대) IS곡선은 수평의 형태를 띤다.

투자가 이자율 변화에 대해 어느 정도 민감하게 반응하는지에 대하여는 고전학파와 케인지안 간에 서로 상반된 주장을 한다. 고전학파는 투자의 이자율 탄력성이 매우 크므로 IS곡선은 완만한 기울기를 갖는다고 보았다. 이에 대해 케인즈학파는 투자의 이자율 탄력성이 매우 작기 때문에 IS곡선은 가파른 기울기를 갖는다고 보았다.

IS곡선의 기울기에 영향을 미치는 두 번째 요인은 저축함수의 기울기이다. 저축함수의 기울기는 바로 한계저축성향(=1-한계소비성향)이다. 하지만 다음 장에서 보게 될 재정정책과 화폐금융정책의 상대적 유효성을 분석할 때 한계저축성향의 값이 그다지 중요한 역할을 하지 않는다. 따라서 여기서는 간단하게 한계저축성향에 따라 IS곡선의 기울기가 어떤 형태를 띠는가에 대해서만 설명하기로 한다.

한계저축성향이 클수록 〈그림 8-1〉(a)의 저축곡선의 기울기가 커진다. 따라서 이자율 하락에 따라서 투자가 증가하면 생산물시장의 새로운 균형을 위해서 증가되어야만 하는 소득의 양은 한계저축성향의 값이 클수록 작아질 것이다. 이것은 다른 요인들이 일정할 때 한계저축성향이 커질수록(또는 한계소비성향이 작아질수록) IS곡선의 기울기가 상대적으로 가파르게 됨을 의미한다.

이상에서 살펴본 IS곡선의 기울기는 재정정책과 화폐금융정책의 상대적 유효성을 분석하는데 중요한 의미를 갖는다. 이에 대해서는 다음 장에서 자세히 살펴볼 것이다.

3. IS곡선의 이동

여기서는 IS곡선의 위치를 결정짓는 요인과 IS곡선을 이동시키는 요인에 대해 살펴보기로 하자. 앞에서는 정부부문이 없는 경우를 가정(또는 정부지출과 조세가 0이라는 가정)하고 저축과 투자의 일치를 통한 IS곡선을 도출하였다. 여기서는 정부지출과 조세가 0이라는 가정을 버리고 정부부문을 모델 속에 포함시킨다. 정부부문을 포함한 생산물시장의 균형조건은 다음과 같이 쓸 수 있다.

$$i(r) + g = s(y - t) + t$$

여기서 저축은 정부부문의 도입으로 소득에서 조세를 뺀 가처분소득($y_D = y - t$)의 함수로 되어 있음을 상기하자.

이러한 보다 일반적인 경우에 대한 IS곡선의 도출과정은 〈그림 8-1〉에서와 동일하다. 즉 i를 $i(r) + g$로 대체하고 s를 $s + t$로 대체하여도 동일하게 우하향하는 IS곡선을 도출할 수 있으므로 여기서 그 과정은 생략한다.

정부부문을 도입하는 경우 IS곡선의 형태는 동일하고 정부지출이나 조세수준은 IS곡선의 위치를 결정해 준다. 따라서 외생적인 g나 t의 변화는 IS곡선의 이동을 초래한다. 또한 외생적인 독립투자의 변화도 IS곡선을 이동시킨다. 그러므로 IS곡선은 하나의 IS곡선을 유도하기 위해서 일정하다고 가정했던 외생변수의 크기가 변하면(예, 정부지출, 조세, 독립투자 등) 이동한다.

여기서는 정부가 대규모 공사를 발주하여 정부지출이 증가한 경우($g_0 \rightarrow g_1$)를 예로 들어 IS곡선이 어떻게 이동하는지를 설명하기로 하자. 정부지출이 초기 수준 g_0에서 보다 높은 수준 g_1으로 증가할 할 때의 IS곡선의 이동은 〈그림 8-3〉의 (a)에 나타나 있다. 그리고 〈그림 8-3〉

의 (b)에서 처음의 정부지출수준에 대한 IS곡선은 IS_0으로 표시되어 있다. IS_0선상에 점 A 로 나타나 있듯이 소득이 y_0일 때는 이자율 r_0가 생산물시장의 균형을 이루게 하는 수준이다. 그리고 이 이자율 r_0하에서 투자와 정부지출의 합계는 〈그림 8-3〉의 (a)에 나타나 있는 바와 같이 $i(r_0)+g_0$가 된다. 〈그림 8-3〉의 (a)에서 보는 바와 같이 저축과 조세의 합계가 투자와 정부지출의 합계와 일치하기 위해서는 소득이 y_0의 수준이 되어야 한다.

이제 정부지출 g_0에서 g_1으로 $\triangle g(=g_1-g_0)$만큼 증가했다고 하자. 그러면 주어진 이자율 수준하에서 투자는 불변이지만 정부지출의 증가로 인해 투자와 정부지출을 나타내는 곡선은 위 쪽으로 이동한다($i(r_0)+g_0 \rightarrow i(r_0)+g_1$). 생산물시장이 균형을 이루기 위해서는 새로운 투자 와 정부지출의 합계와 저축과 조세의 합계가 같아야 되며, 이 새로운 균형점에서 소득은 y_1이 된다.따라서 주어진 이자율 r_0하에서 정부지출이 증가될 때 생산물시장이 균형을 이 루기 위해서는 소득수준이 보다 높아져야 한다. 결국 정부지출의 증가는 〈그림 8-3〉의 (b) 에서 IS곡선을 우측으로 이동시키며 보다 높은 y_1수준에 상응하는 r_0에서의 균형점은 B '가 된다. 여기서 IS곡선이 오른쪽으로 이동한 거리, 즉 〈그림 8-3〉의 (b)에서 A'와 B'간 의 수평거리를 알아보는 것은 매우 유용한 일이다. 조세가 일정하다는 가정하에서 정부지출 이 1단위 증가할 경우 주어진 이자율하에서 생산물시장이 균형을 회복하기 위해서는 저축도 1단위 증가해야한다. 왜냐하면 생산물시장의 균형조건은 $i(r)+g=s+t$인데, 이자율과 조 세가 일정하면 이 균형조건이 유지되기 위해서는 g가 증가한 만큼 s도 증가해야 한다. 그러 므로 IS곡선의 오른쪽으로 이동한 거리에 관한 문제는 정부지출의 증가분 만큼 새로운 저축 이 창출되기 위해서는 소득이 얼마나 증가해야 하는가 하는 문제와 같다고 할 수 있다. 소 득 한 단위 증가에 대한 저축 증가분은 한계저축성향(=1-b)이므로 필요로 하는 소득 증가 분 즉 IS곡선의 수평이동거리는 $\frac{1}{1-b}\triangle g$가 된다. 즉

$$\triangle g = \triangle s = (1-b)\triangle y \mid_{r_0}$$
$$\triangle y \mid_{r_0} = \frac{1}{1-b}\triangle g$$

여기서 $\triangle y$항의 하첨자 r_0는 이자율이 r_0로 주어졌을 때 생산물시장의 균형을 유지시키기 위해 요구되는 y값의 증가분을 계산하고 있음을 나타내고 있다. 이것이 바로 IS곡선이 수 평으로 이동한 거리이다.

g가 한 단위 증가할 때 IS곡선이 수평이동거리는 1 / (1-b)이며, 이것은 제5장에서 배운 정부지출승수의 크기와 같다. 우리는 IS곡선의 이동한 거리를 계산할 때 이자율은 일정수준으로 고정되어 있다고 가정하였기 때문에 투자수준도 일정하게 고정되어 있다. 일단 투자가 일정하다고 가정하면 이 모형은 제5장의 모형과 동일하다고 할 수 있다. 즉 투자가 일정할 때 정부지출을 △g만큼 증가시키면 소득은 얼마만큼 증가하는가 하는 문제와 같다고 할 수 있다.

〈그림 8-3〉 정부지출의 증가와 IS곡선의 이동

(a) 생산물시장

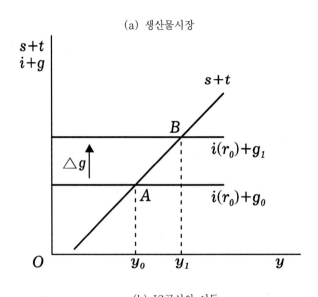

(b) IS곡선의 이동

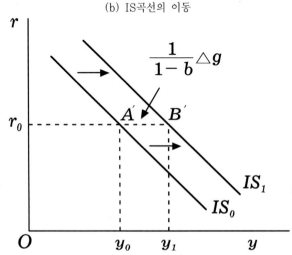

다음에는 조세의 변화에 따른 IS곡선의 이동을 고찰해 보자. 이는 앞에서 분석한 정부지출 변화와 반대로 나타난다. 조세변화로 인한 IS곡선의 이동과정은 독자 여러분에게 맡기고 여기서는 결과만을 정리하기로 한다.

정부지출과 이자율이 일정하게 주어져 있는 경우 조세가 증가하면 IS곡선은 왼쪽으로 이동한다. 조세가 증가하면 주어진 이자율 하에서 생산물시장이 균형을 이루기 위해서는 저축과 조세의 합이 초기와 같아야 한다. 그 이유는 이자율과 정부지출이 일정하다고 가정했기 때문에 투자와 정부지출의 합($i+g$)에는 아무런 변화가 일어나지 않기 때문이다. 조세가 증가한 이후에도 저축과 조세의 합($s+t$)이 일정하기 위해서는 저축이 감소해야 한다. 그런데 저축은 소득의 (증가)함수이므로 따라서 저축이 감소하기 위해서는 소득이 감소해야 한다. 따라서 이자율과 정부지출이 일정하게 주어진 상태에서 조세가 증가하면 IS곡선은 국민소득이 감소하는 방향 즉 왼쪽으로 이동한다.

정부지출이 증가한 경우에서와 마찬가지로 조세가 증가한 경우에도 IS곡선의 (좌측) 수평 이동거리를 알아볼 수 있다. 이자율이 일정하게 주어졌을 경우 조세변화는 생산물시장의 균형식 $i(r) + g = s(y) + t$의 좌변에는 영향을 미치지 않는다. 즉 투자와 정부지출은 변하지 않는다. 따라서 주어진 이자율 수준에서 조세가 증가했을 때 생산물시장이 여전히 균형이 이루어지기 위해서는 우변의 값이 일정해야 한다. 즉 저축과 조세의 합계도 변하지 않아야 한다. 이것은 조세가 증가한 것만큼 저축이 감소해야 한다는 것을 의미한다. 즉

$$\triangle s + \triangle t = 0$$

한편 한계저축성향($1-b$)은 가처분소득($y_D = y - t$)이 한 단위 증가할 때의 저축이 얼마나 증가하는가를 나타내는 지표이므로 저축의 변화($\triangle s$)는 다음과 같이 쓸 수 있다.

$$\triangle s = (1 - b) \triangle (y - t) = (1 - b) \triangle y - (1 - b) \triangle t$$

그러므로 $\triangle s + \triangle t = 0$에 저축의 변화($\triangle s$) 대신에 위 내용을 대입하여 정리하면 다음과 같이 쓸 수 있다.

$$(1 - b) \triangle y = - b \triangle t$$

$$\Rightarrow \quad \triangle y \mid_{r_0} = \frac{-b}{1 - b} \triangle t$$

여기서 $\triangle y$항의 하첨자 r_0는 앞에서와 마찬가지로 이자율이 r_0로 주어졌을 때 생산물시장의 균형을 유지시키기 위해 요구되는 y값의 증가분을 계산하고 있음을 나타내고 있다. 이것이 바로 조세가 ($\triangle t$)만큼 증가했을 때 IS곡선이 수평으로 이동한 거리이다. 이 값이 마이너스(−)라는 것은 조세가 증가하면 IS곡선은 왼쪽으로 이동한다는 것을 의미한다. 또한 조세 한 단위 증가에 대해 IS곡선이 왼쪽으로 이동한 거리는 (−b / 1−b)로서 제5장의 단순한 케인즈 모형에서의 조세승수와 같음을 알 수 있다.

4. 생산물시장의 균형과 불균형

이제 IS곡선을 이용하여 생산물시장의 균형상태와 불균형상태를 알아보자. IS곡선이 생산물시장을 균형시켜 주는 이자율과 국민소득의 조합을 연결한 곡선이므로 IS곡선을 벗어나 있는 모든 점은 생산물시장이 불균형을 이루는 이자율과 국민소득의 조합이다.

〈그림 8-4〉에서 IS곡선 위의 (r_0, y_0)에 해당하는 점 E에서는 생산물에대한 수요와 공급이 일치하고 있다. 즉 이자율 수준이 r_0일 때의 생산물시장에서의 총수요는 총공급 y_0와 일치하기 때문에 생산물시장이 균형을 이룬다. 반면에 〈그림 8-4〉의 점 A나 점 B, 점 C나 점 D와 같이 IS곡선 위에 있지 않는 점들은 생산물시장에 있어서 수요과 공급이 일치하지 않는 점들을 나타내고 있다. 먼저 점 A를 살펴보자. 점 A는 이자율과 국민소득의 조합이 (r_1, y_0)인 점이다. 점 A에서는 균형점 E와 비교하면 국민소득은 y_0로 같지만 이자율은 r_1으로 균형점보다 높은 수준으로 생산물시장에서 초과공급이 존재한다. 왜냐하면 이자율이 높기 때문에 균형점 E에서의 총공급 y_0에 대해 더 적은 투자, 즉 더 적은 총수요 y_1이 대응하고 있기 때문이다. 마찬가지로 균형점 E와 이자율 수준은 r_0로 동일하지만 국민소득수준은 y_2로 E점보다 큰 수준인 점 B에서도 역시 생산물시장에서 초과공급이 나타난다. 즉 점 B에서는 이자율이 r_0이기 때문에 총수요수준은 균형점 E에서와 같은 y_0수준이지만 총공급은 이보다 많은 y_2이기 때문이다. 따라서 점 A와 점 B와 같이 IS곡선의 우측에서는 언제나 생산물시장이 초과공급(execss supply: ES)이 발생한다. 이러한 경우 이자율이 고정되어 있는 한 초과공급을 해소하기 위해 생산이 줄어들게 됨으로써 균형국민소득을 향해 조정이 이루어지게 된다. 이러한 조정방향을 표시하기 위해 IS곡선의 우측에서는 IS곡선 방향으로 화살표가 그려져 있다.

이제 점 C나 D와 같이 IS곡선의 좌측에 있는 점의 경우를 살펴보자. 점 C를 보면 이자율이 r_0로 균형이자율과 같으므로 총수요는 균형점 E에서와 동일한 y_0수준이지만 총공급이 이보다 적은 수준인 y_1에 머물러 있기 때문에 생산물시장에서 초과수요(execss demand; ED)가 발생하고 있다. 이러한 사실은 점 B가 어떠한 점인가를 살펴보면 쉽게 알 수 있다. 이러한 경우에는 기업이 생산을 확대하여 공급을 증대시키려 할 것이기 때문에 점 C로부터 E 방향 즉 IS곡선을 향해 조정이 이루어지게 된다. 이러한 조정방향을 표시하기 위해 IS곡선의 좌측에서는 오른쪽 방향, 즉 IS곡선을 향해 화살표가 그려져 있다.

이상에서 불균형상태에서 균형으로의 조정은 이자율이 일정하게 주어진 상태에서 국민소득의 변화에 의해서만 이루어지는 것으로 설명되고 있다. 그렇지만 소득변화에 따른 화폐수요의 변화 그리고 이로 인한 이자율의 변화까지 고려한다면 그렇게 조정과정이 단순하지만은 않다. 그러므로 〈그림 8-4〉에 표시된 것과 같은 조정을 나타내는 화살표는 단순하게 생산물시장만의 불균형에 반응하는 경우의 조정방향을 나타낸다.

〈그림 8-4〉 생산물시장의 불균형과 조정

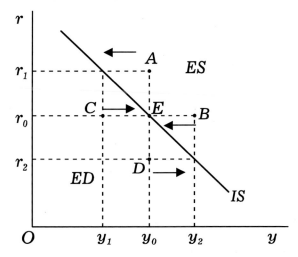

이상에서 우리는 생산물시장을 시장을 균형시키는 국민소득 y와 이자율 r의 조합인 IS곡선에 대해 살펴보았는데 다음과 같이 요약할 있다.

첫째, IS곡선은 일반적으로 우하향하는 형태를 띤다.

둘째, IS곡선의 기울기는 투자가 이자율에 탄력적(비탄력적)일수록 완만한(가파른) 형태를 한다.

셋째, 정부지출이 증가(감소)할 때 IS곡선은 오른쪽(왼쪽)으로 이동한다.

넷째, 조세가 증가(감소)할 때 IS곡선은 왼쪽(오른쪽)으로 이동한다.

다섯째, IS곡선의 우측에서는 생산물시장에서 초과공급이, 좌측에서는 초과수요가 발생한다.

제2절 화폐시장의 균형과 LM곡선

1. LM곡선의 정의 및 LM곡선의 도출

IS곡선이 생산물시장의 균형을 표시한다면 LM곡선은 화폐시장의 균형을 표시하는 곡선이다. LM곡선의 L은 Liquidity Preference, 즉 화폐에 대한 유동성선호를 의미하고, M은 Money Supply 즉 화폐공급을 의미한다. 그러므로 LM곡선이란 화폐시장을 균형시키는 실질국민소득 y와 이자율 r의 조합을 (y, r) 평면에 나타낸 곡선이다.

화폐시장의 균형은 화폐에 대한 수요와 공급이 일치할 때 성립한다. 그런데 우리는 앞에서 화폐의 공급(M^s)은 중앙은행에 의해 외생적으로 공급된다고 가정하였다. 이제 중앙은행이 통화량을 $\overline{M}$ 만큼 공급한다고 하면 다음과 같이 쓸 수 있다.

$$M^s = \overline{M} \qquad \text{또는} \qquad \frac{M^s}{P} = \frac{\overline{M}}{P}$$

여기서 P는 물가수준으로 M^s/P는 실질통화공급량을 나타낸다.

화폐에 대한 수요는 거래적 수요(예비적 수요 포함)와 투기적 수요로 구성된다. 앞에서 거래적 수요는 소득수준에 비례하고, 투기적 수요는 이자율과 역의 관계가 있음을 살펴보았다. 그러므로 실질 총화폐수요(M^d/P)는 이자율 r과 소득수준 y의 함수로 표시된다. 거래적 수요를 L_1, 투기적 수요를 L_2라고 한다면

$$\frac{M^d}{P} = L_1(y) + L_2(r) = L(y, r)$$

$$(\text{단}, \ L_y^{'} > 0, \ L_r^{'} < 0)$$

여기서 L_y'은 소득 한 단위가 변했을 때 (거래적) 화폐수요가 얼마나 변하는가를 나타내고, L_r'은 이자율 한 단위가 변했을 때 (투기적) 화폐수요가 얼마나 변하는가를 나타낸다. 소득이 증가하면 (거래적) 화폐수요가 증가하기때문에 $L_y' > 0$ 이고, 이자율이 상승하면 (투기적) 화폐수요가 감소하기 때문에 $L_r' < 0$이된다.

이제 화폐시장의 균형조건은 아래와 같이 쓸 수 있다. 그런데 이와 같은 화폐시장의 균형조건을 달성시키는 국민소득 y와 이자율 r의 조합은 무수히 많다. 이러한 무수히 많은 y와 r의 조합을 (y, r) 평면에 나타낸 곡선이 바로 LM곡선이다.

$$\frac{\overline{M}}{P} = L_1(y) + L_2(r) = L(y, r)$$

우리는 앞에서 케인즈의 유동성선호설에서 화폐시장의 균형에 대해서 이미 살펴보았다. 화폐수요곡선은 이자율에 역의 관계에 있고 소득이 증가하면 거래적 수요가 증가하기 때문에 우측으로 이동하고, 반대로 소득이 감소하면 화폐수요곡선은 좌측으로 이동한다는 것도 이미 배웠다.

〈그림 8-5〉 화폐시장의 균형과 LM곡선

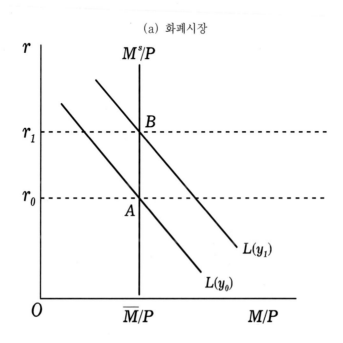

(a) 화폐시장

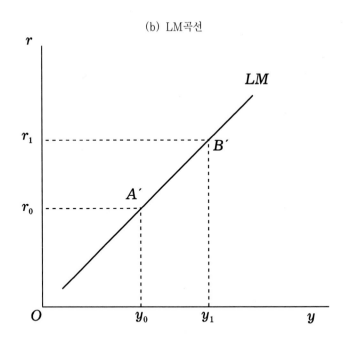

(b) LM곡선

이제 LM곡선을 〈그림 8-5〉를 이용해 도출해 보자. 〈그림 8-5〉의 (a)에는 화폐시장이 나타나 있다. 이때 화폐공급은 $\overline{M/P}$ 수준에서 고정되어 수직선으로 나타나 있다. 화폐수요곡선은 두 개의 소득수준 y_0와 y_1에 대응하는 두 개의 화폐수요곡선이 도출되어 있다. 소득수준이 y_0에서 y_1으로 증가함에 따라 화폐수요곡선은 $L(y_0)$에서 $L(y_1)$으로 오른쪽으로 이동한다.

이러한 화폐수요곡선이 고정된 통화공급을 나타내는 수직선과 교차하는 점에서 화폐시장이 균형이 이루어진다. 먼저 소득이 y_0일 때 화폐시장이 균형은 A점에서 성립하고 이자율은 r_0가 된다. 이러한 화폐시장의 균형점 A(r_0, y_0)를 〈그림 8-5〉(b)의 (r, y) 평면에 나타낸 점이 바로 A'다. 즉 〈그림 8-5〉의 (b)에서 점 A'(r_0, y_0)는 화폐시장의 균형을 나타내는 〈그림 8-5〉(a)의 A점에 대응하는 점이므로 화폐시장의 균형점인 LM곡선 위의 한 점이 된다. 이 때 소득수준이 y_1으로 상승했다고 하자. 그러면 거래적 화폐수요가 증가하고 따라서 실질화폐수요곡선은 〈그림 8-5〉의 (a)에서 $L(y_0)$에서 $L(y_1)$으로 오른쪽으로 이동한다. 그러면 화폐시장의 균형은 B점에서 성립하고 균형이자율은 r_1으로 결정된다. 이러한 화폐시장의 균형점 B(r_1, y_1)는 다시 〈그림 8-5〉(b)의 (r, y) 평면에 B'로 표시할 수 있다. 그러므로 〈그림 8-5〉(b)의 한 점 B'(r_1, y_1) 역시 화폐시장의 균형을 이루는 LM곡선 상의 한 점이 된다. 이러한 방법으로 각각의 소득수준에 상응하는 균형이자율을 구할 수 있으며, 이러한 소득과 이자율의 조합을 (r, y) 평면에서 연결하면 완전한 LM곡선을 도출할 수 있다.

LM곡선은 〈그림 8-5〉의 (b)에 나타난 바와 같이 (r, y) 평면에서 우상향의 형태, 즉 정 (+)의 기울기를 갖는다. 이것은 소득수준이 높아질수록 화폐시장이 균형을 이루기 위해서는 이자율이 상승해야 한다는 것을 의미한다. 이제 LM곡선이 우상향하는 이유를 살펴보자. 거래적 화폐수요는 소득수준에 비례하므로 주어진 이자율 수준하에서 소득이 증가하면(예를 들어 〈그림 8-4〉에서 y_0에서 y_1으로) 화폐수요가 증가하게 된다. 실질화폐공급량이 $\overline{M}/P$로 일정하다고 가정되어 있으므로 화폐에 대한 수급균형을 되찾으려면 화폐에 대한 투기적 수요가 감소해야 할 필요가 있다. 투기적 화폐수요는 이자율과 역의 관계에 있기 때문에 투기적 수요가 감소하기 위해서는 이자율이 상승해야 한다. 결국 소득이 증가하면 화폐시장이 균형을 유지하기 위해서는 이자율이 상승해야 하므로 LM곡선은 우상향하는 형태를 취해야 한다.

다음에서 LM곡선의 기울기를 결정하는 요인과 LM곡선을 이동시키는 요인에 대해 살펴보자. LM곡선의 기울기가 우상향하는 형태를 띠는 것은 알지만 그 기울기가 클 것인가 작을 것인가? LM곡선의 기울기는 IS곡선의 기울기와 더불어 다음 장에서 살펴 볼 정부의 재정, 금융정책의 효과에 대한 논의에서 매우 중요한 문제로 등장한다.

2. LM곡선의 기울기

앞에서 우리는 그래프를 이용하여 화폐시장의 균형조건으로부터 우상향하는 LM곡선을 도출하였다. 그러면 우상향하는 LM곡선의 기울기는 어떤 요인들에 의해 결정되는지를 살펴보자.

LM곡선의 기울기는 화폐시장의 균형식 $\dfrac{\overline{M}}{P} = L_1(y) + L_2(r) = L(y, r)$을 전미분한 식 $0 = L_y' dy + L_r' dr$을 y와 r에 대해 정리하면 다음과 같이 쓸 수 있다.

$$\frac{dr}{dy} = -\frac{L_y'}{L_r'}$$

여기서 분자 L_y'는 거래적 화폐수요의 소득탄력성을, 분모 L_r'는 투기적화폐수요의 이자율 탄력성을 나타낸다. 소득이 증가하면 거래적 화폐수요가 증가하기 때문에 $L_y' > 0$이고, 이자율이 상승하면 투기적 화폐수요가 감소하기 때문에 $L'_r < 0$이다. 따라서 LM곡선의 기울기는 정($+$)의 값을 가지며(r, y) 평면에서 우상향하게 된다. 그리고 여기서 LM곡선의 기울기의 크기는 거래적 화폐수요의 소득탄력성과 투기적 화폐수요의 이자율 탄력성의 크기에 의존함을 알 수 있다. 결국 LM곡선의 기울기는 거래적 화폐수요의 소득탄력성이 클수록(작을수록), 투기적 화폐수요는 이자율 탄력성이 작을수록(클수록) 점점 가파른(완만한) 형태를 띤다.

화폐수요의 소득탄력성이 클수록 LM곡선은 더 가파른 기울기를 갖지만, 일반적으로 거래적 화폐수요의 소득탄력성의 값에 대해서는 논쟁의 여지가 많지 않으며 대체로 일정한 것으로 받아들이고 있다. LM곡선의 기울기에 관한 논쟁은 주로 투기적 화폐수요의 이자율 탄력성을 중심으로 일어나고 있다. 그러므로 여기서는 화폐수요의 이자율 탄력성 위주로 LM곡선의 기울기를 살펴본다.

화폐수요의 이자율 탄력성은 이자율이 변했을 때 투기적 화폐수요가 얼마나 민감하게 반응하는가를 나타내는 수치이다. 화폐공급이 일정하게 주어진 경우 소득이 증가하면 (거래적) 화폐수요가 증가하게 되어 화폐시장이 균형을 회복시키기 위한 이자율 상승폭은 (투기적) 화폐수요가 얼마나 이자율 변화에 민감한가에 달려 있다. 화폐수요의 이자율 탄력성과 LM곡선의 기울기와의 관계는 〈그림 8-6〉으로 설명할 수 있다.

〈그림 8-6〉의 (a)는 화폐수요의 이자율 탄력성이 낮은 경우이다. 이 경우 이자율이 큰 폭으로 변해도(예 그림 (a)의 r_0에서 r_1) 화폐수요는 크게 변하지 않을 것이므로 화폐수요곡선은 상대적으로 가파른 형태를 띤다. 먼저 소득이 y_0일 때 화폐수요곡선 $L(y_0)$과 일정한 통화공급을 반영하는 수직의 화폐공급곡선 M^s/P가 만나는 곳 즉 A점에서 화폐시장이 균형을 이루며 이 때 이자율은 r_0가 된다. 이러한 소득과 이자율의 조합은 〈그림 8-6〉 (a)의 오른쪽 (r, y) 평면에서 A'으로 표시할 수 있다. 이제 소득이 y_1으로 증가하면 거래적 화폐수요가 증가하기 때문에 화폐수요곡선은 $L(y_0)$에서 $L(y_1)$으로 AE만큼 우측으로 이동한다. 화폐공급이 일정하게 주어져 있기 때문에 화폐시장이 새로운 균형을 이루기 위해서는 투기적 화폐수요가 감소하여야 한다. 그런데 투기적 화폐수요의 이자율 탄력성이 낮은 경우 이자율이 소폭으로 상승하여서는 화폐수요가 크게 증가하지 않을 것이기 때문에, 화폐수요를 고정된 화폐공급 수준($\overline{M/P}$)으로 감소시키기 위해서는 이자율이 큰 폭으로 상승하여야 한다. 따라서 새로운 화폐시장의 균형은 B점에서 성립하고, 이 때 균형이자율을 r_1이다. 이와 같은 새로운 균형점 B에 대응하는 점은 〈그림 8-6〉 (a)의 오른쪽 (r, y) 평면에서 B'으로 표시할 수 있다. 이처럼 화폐수요가 이자율에 비탄력적인 경우 각각의 소득수준에 상응하는 균형이자율을 구할 수 있으며, 이러한 소득과 이자율의 조합을 (r, y) 평면에서 연결하면 〈그림 8-6〉 (a)에서와 같이 가파른 형태의 LM곡선을 도출할 수 있다.

〈그림 8-6〉 화폐수요의 이자율 탄력성과 LM곡선의 기울기

(a) 화폐수요의 이자율 탄력성이 작은 경우

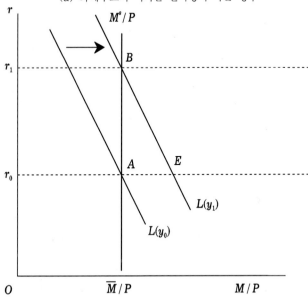

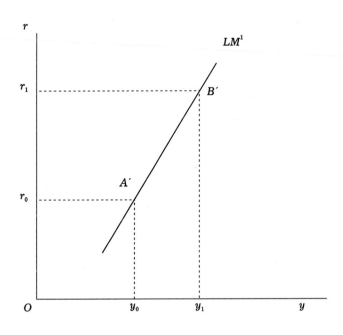

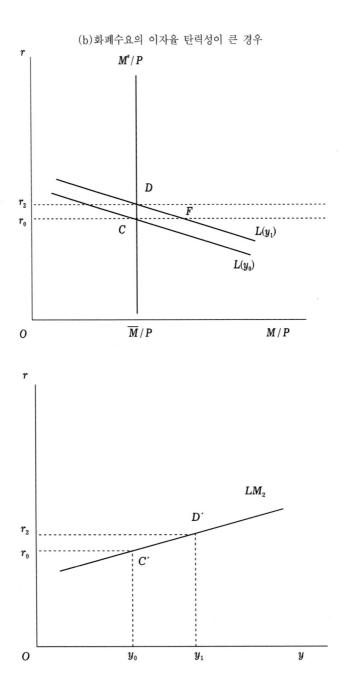

(b)화폐수요의 이자율 탄력성이 큰 경우

한편 화폐수요의 이자율 탄력성이 매우 큰 경우는 〈그림 8-6〉의 (b)에 나타나 있다. 먼저 화폐수요가 이자율 변화에 민감해서 이자율 탄력성이 큰 경우 화폐수요곡선의 기울기는 매우 완만하다. 왜냐하면 이자율이 소폭으로하락(상승)하여도 화폐수요는 크게 증가(감소)

하기 때문이다. 앞에서와 마찬가지로 소득이 y_0에서 y_1으로 증가하면 거래적 화폐수요가 증가하기 때문에 화폐수요곡선은 $L(y_0)$에서 $L(y_1)$으로 CF만큼 우측으로 이동한다. 〈그림 8-6〉의 (b)는 소득의 증가의 크기($\triangle y = y_1 - y_0$)가 〈그림 8-5〉의 (a)의 경우와 동일하다는 가정하에 그려졌다. 따라서 〈그림 8-6〉의 (a)와 (b)에서 소득에 의해 유발된 (거래적) 화폐수요의 증가분은 동일하고, 이는 화폐수요선의 동일한 크기만큼 이동함을 뜻한다. 즉 〈그림 8-6〉의 (a)에서 화폐수요곡선의 이동한 폭 AE와 〈그림 8-6〉의 (b)에서 화폐수요곡선이 이동한 폭 CF는 같다. 이와 같이 화폐수요가 이자율에 탄력적인 경우 소득증가로 인하여 화폐수요가 증가할 때, 화폐시장의 새로운 균형은 이자율이 소폭 상승($r_0 \rightarrow r_2$)하여도 성립한다. 그러므로 〈그림 8-6〉의 (b)에서의 LM곡선의 기울기는 비교적 완만하다. 만일 화폐수요가 이자율 변화에 매우 민감하다면, 이자율이 조금만 상승하여도 투기적 화폐수요가 큰 폭으로 증가하여 소득이 y_0에서 y_1으로 증가함으로써 유발되는 거래적 화폐잔고의 증가를 충분히 상쇄시킬 수 있다.

우리는 이상에서 화폐수요의 이자율 탄력성에 따라 LM곡선의 기울기가 결정됨을 살펴보았다. LM곡선은 화폐수요가 이자율에 비탄력적일수록 가파른 형태를 띠고, 화폐수요가 이자율에 탄력적일수록 완만한 형태를 띤다. 그러면 화폐수요의 이자율 탄력성이 0이거나 혹은 매우 크게 될 때(무한대) LM곡선의 형태는 어떻게 될까?

먼저 화폐수요의 이자율 탄력성이 0인 경우를 알아보자. 화폐수요의 이자율 탄력성이 0 (혹은 완전비탄력적)이라는 것은 이자율이 아무리 크게 변해도 화폐수요는 변화하지 않는다는 의미이다. 이제 초기 균형상태에서 소득이 증가했을 경우 화폐시장이 다시 균형을 회복하기 위해 필요한 이자율의 상승폭을 생각해보자. 소득이 증가하며 거래적 화폐수요가 증가하므로 화폐공급이 일정하게 주어져 있을 경우 화폐시장이 새로운 균형이 되기 위해서는 투기적 화폐수요가 감소해야 한다. 그런데 화폐수요가 이자율 변화에 전혀 반응하지 않을 경우 이자율의 상승에 의해 투기적 화폐수요가 감소하지 않으므로 화폐수요를 고정된 화폐공급수준으로 환원시킬 수 없게 된다. 이러한 경우에는 이자율이 상승하더라도 투기적 화폐수요가 감소하지 않기 때문에, 단지 하나의 소득수준만이 균형수준이 될 수 있는 것이다. 따라서 화폐수요가 이자율에 완전비탄력적인 경우에는 LM곡선은 하나의 소득수준에서 수직이 된다. 이러한 경우를 고전학파의 경우라고 한다. 왜냐하면 고전학파의 경우에는 화폐수량설에서 보았듯이 화폐수요는 오직 소득의 크기에만 의존하고 이자율에는 영향을 받지 않기 때문이다.

또 하나의 극단적인 경우는 케인즈의 유동성함정(liquidity trap)에서와 같이 화폐수요의 이자율 탄력성이 거의 무한대에 가깝게 커지는 경우이다. 이 경우에는 화폐수요곡선이 거의 수평의 형태를 띤다. 그러면 소득이 증가할 경우 이자율이 아주 조금만 상승하여도 화폐시장의 균형은 회복될 것이다. 그 이유는 화폐수요가 이자율 변화에 아주 민감하기 때문이다. 이와 같은 구간에서는 LM곡선의 거의 수평에 가깝다.

지금까지 (투기적) 화폐수요의 이자율 탄력성에 따라 LM곡선의 기울기가 달라진다는 것을 살펴보았는데, 화폐수요의 이자율 탄력성에 대해서는 고전학파와 케인즈학파는 서로 상반된 견해를 주장한다. 고전학파의 경우 화폐수량설에서 보았듯이 이자율이 화폐수요에 미치는 영향은 거의 없는 것으로 간주하였다. 그러므로 이들은 LM곡선의 기울기가 매우 가파른 형태를 띤다고 주장한다. 극단적으로 화폐수요가 이자율에 전혀 영향을 받지 않는다면 LM곡선은 수직선이 된다. 반면에 케인즈학파는 투기적 화폐수요를 중시하였을 뿐만 아니라 화폐수요는 이자율 변화에 민감하게 반응한다는 견해를 가지고 있다. 그렇게 때문에 LM곡선의 기울기는 매우 완만한 형태라고 주장한다. 극단적으로 이자율이 아주 낮은 수준이라서 모든 사람들이 이자율이 곧 상승할 것이라고 생각한다면 투기적 화폐수요는 무한히 증가하여 화폐수요곡선과 LM곡선 모두 수평선이 될 것이다. 케인즈는 이러한 상황을 유동성함정이라고 하였다.

한편 IS곡선의 기울기와 마찬가지로 LM곡선의 기울기도 재정정책과 화폐금융정책의 상대적 유효성을 분석하는데 매우 중요하다. 이에 대해서는 다음 장에서 자세히 다룰 것이다.

3. LM곡선의 이동

LM곡선은 화폐시장을 균형시키는 이자율과 국민소득의 조합을 연결한 궤적을 나타낸다. 앞에서 우리는 소득 이외의 기타 요인은 일정하게 주어졌다고 가정하고 소득을 변화시키는 경우 그에 따른 균형이자율을 찾아 LM곡선을 도출하였다. 따라서 LM곡선을 도출할 때 화폐시장에서 외생적으로 일정하다고 가정했던 변수가 변하면 LM곡선이 이동한다.

LM곡선을 이동시키는 두 가지 요인은 외생적으로 결정되는 실질통화량의 변화와 외생적인 화폐수요의 변화이다. 왜냐하면 이 두 요인은 LM곡선의 위치를 결정하기 위해서 일정 수준으로 고정시켜 놓았던 변수들이기 때문이다. 여기서는 정책변수인 통화공급이 외생적으로 변했을 때 LM곡선이 어떻게 이동하는가를 중심으로 살펴보기로 한다.[2]

---

2) 실질통화공급 이외의 LM곡선을 이동시키는 또 하나의 요인은 외생적인 화폐수요의 변화인데, 이러한 화폐수요의 변화에 의한 LM곡선의 이동은 앞으로 논의를 전개시켜 나가는데 크게 중요하지 않기 때문에 여기서는 자세한 설명은 생략하고 그 결과만을 요약한다. 외생적으로 화폐수요가 증가하면 화폐시장에서 균형이자율이 증가하므로 LM곡선은 좌측으로 이동하고, 반대로 화폐수요가 감소하면 균

〈그림 8-7〉은 실질 통화공급의 증가가 어떻게 LM곡선을 이동시키는가를 보여주고 있다. 여기서 정책변수인 통화공급의 변화로 인한 LM곡선의 이동을 분석하기 위해 물가(P)는 당분간 변하지 않는다고 가정하자. 이제 통화당국이 통화량을 M_0^s에서 M_1^s으로 증가시키면 실질 화폐공급곡선은 M_0^s/P에서 M_1^s/P으로 이동한다. 처음 통화량이 M_0^s일 때 LM곡선은 〈그림 8-7〉의 (b)의 LM_0로 주어져 있다. 초기 LM곡선을 보면 예를 들어 소득수준이 y_0라면 그래프의 점 A'에서 보는 바와 같이 이자율이 r_0일 때 화폐시장이 균형을 이룬다. 소득수준 y_0에 대한 화폐시장의 균형은 〈그림 8-7〉의 (a)에서 초기 화폐공급곡선 M_0^s/P과 화폐수요곡선 $L(y_0)$가 교차하는 A점에서 이루어진다.

〈그림 8-7〉(a)에서 통화량을 M_0^s에서 M_1^s으로 증가시키면 화폐공급곡선이 M_0^s/P에서 M_1^s/P으로 이동하기 때문에 주어진 소득수준 y_0에 대해 균형이자율은 r_0에서 r_1으로 하락시킴을 알 수 있다. 소득이 일정할 때 새로 증가된 화폐공급과 화폐수요가 일치하기 위해서는 이자율이 하락하여 투기적 화폐수요가 증가하여야 한다. 〈그림 8-5〉의 (b)의 LM곡선에서 보면 소득수준 y_0에 대한 새로운 LM곡선 상의 균형이자율은 r_1이 된다. 이러한 소득과 이자율의 조합 (y_0, r_1)은 새로운 LM_1 상의 점이며 그래프에서는 점 B'으로 표시되고 있다.

일반적으로 주어진 소득수준 하에서 통화공급이 증가하면 화폐시장을 균형시키는 이자율은 낮아지게 된다. 그러므로 새로운 LM곡선, 즉 LM_1은 〈그림 8-7〉의 (b)에서와 같이 원래의 곡선 LM_0보다 아래쪽에 있다.

이제 이자율이 r_0에 상응하는 균형 소득수준을 보여주는 새로운 LM곡선 상의 점을 살펴보자. 초기 통화공급 M_0^s하에서 이자율 r_0에 상응하는 균형소득수준은 y_0이었다(〈그림 8-7〉의 (a)와 (b)에서 점 A와 A'). 통화량이 M_1^s으로 증가한 후에도 화폐시장이 r_0의 수준에서 균형을 이루기 위해서는 소득이 y_1으로 증가하여 화폐수요곡선은 〈그림 8-7〉의 (a)에서 점선으로 나타난 곡선 $L(y_1)$으로 이동하여야 한다. 즉 통화공급은 증가하고 이자율이 일정(투기적 화폐수요 일정)할 때 화폐시장의 균형을 이루기 위해서는 거래적 화폐수요가 증가하여야 하므로 소득수준이 높아져야 한다. 그러므로 r_0에 상응하는 새로운 LM곡선, 즉 LM_1상의 점들은 점 A'보다 오른쪽에 있어야 하는데, 이는 〈그림 8-7〉의 (b)에서 점 C'으로 나타나고 있다. 따라서 증가된 통화공급 M_1^s하에서 새로운 LM곡선인 LM_1은 〈그림 8-7〉의 (b)에서 보는 바와 같이 원래의 LM곡선보다 오른쪽에 위치하게 된다.

요약하면 통화공급의 증가는 LM곡선을 우측으로 이동시킨다.[3] 마찬가지 방법으로 분석

형이자율이 하락하므로 LM곡선은 우측으로 이동한다.

하면 통화공급이 감소하면 LM곡선은 좌상방(왼쪽)으로 이동한다는 것을 알 수 있다.

앞에서는 물가가 일정하다고 가정하고 정책변수인 명목통화공급이 변했을 때 LM곡선이 어떻게 이동하는지를 살펴보았다. 즉 물가가 일정한 경우 명목통화공급의 증가(감소)는 실질 통화공급을 증가(감소)시켜 LM곡선은 우측(좌측)으로 이동한다. 따라서 물가가 변하는 경 우에도 같은 방법으로 살펴볼 수 있다. 명목통화량은 일정한데 물가가 하락하면 실질통화공 급(M/P)이 증가한 것과 같은 효과가 나타나므로 LM곡선은 우측으로 이동하고, 반대로 물가가 상승하면 실질통화공급이 감소하므로 LM곡선은 좌측으로 이동한다.

〈그림 8-7〉 통화공급의 증가와 LM곡선의 이동

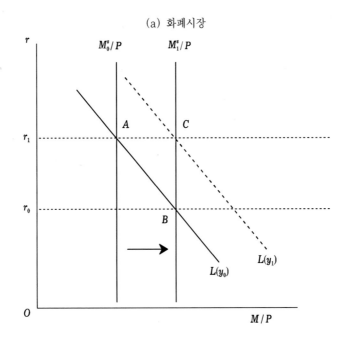

(a) 화폐시장

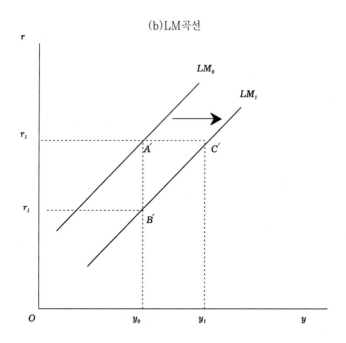

(b)LM곡선

4. 화폐시장의 균형과 불균형

여기서는 LM곡선을 이용하여 화폐시장의 균형상태와 불균형상태를 알아보자. LM곡선의 정의상 LM곡선 위에 있는 모든 점들은 화폐에 대한 수요과 공급이 일치하는 점들의 집합이다. 그러므로 화폐에 대한 수요와 공급이 일치하지 않는 상태에서는 이자율과 국민소득을 나타내는 점의 위치는 LM곡선 위에 있지 않게 된다. 이를 〈그림 8-8〉을 이용해 설명해 보자.

〈그림 8-8〉에서 LM곡선 위의 점 $E(r_0, y_0)$는 화폐에 대한 수요와 공급이 일치하여 화폐시장에서 균형이 성립한다. LM곡선 위에 있지 않은 점들, 예를 들면 점 A, 점 B, 점 C나 점 D의 경우는 어떠한가를 살펴보자.

점 A는 이자율과 국민소득이 조합이 (r_2, y_0)인 점으로 균형점 E에 비해 국민소득수준은 y_0로 같지만 이자율 수준은 r_2로 균형수준보다 높기 때문에 화폐시장에서 초과공급(ES)이 존재한다. 왜냐하면 이자율이 높아지면 투기적 화폐수요가 감소하기 때문이다. 마찬가지로 점 B에서도 화폐시장에서 초과공급이 발생한다. 왜냐하면 점 B와 균형점 E를 비교해보면 이자율수준은 r_0로 동일하지만 국민소득수준은 y_1으로 E점보다 작아져 거래적 화폐수요가 감소하기 때문이다. 이로부터 우리는 LM곡선의 상방에 있는 점들에서는 화폐시장에서 초과공급이 존재한다는 것을 알 수 있다. 이와 같이 화폐시장에서 초과공급이 존재하면 이자율이 하락하는 방향으로 조정된다. 이러한 조정과정은 〈그림 8-8〉에서 A점이나 B점에서 아래로 향하는 화살표로 나타나 있다.

반대로 LM곡선보다 밑에 있는 점 C나 D에서는 화폐시장에서 언제나 초과수요가 발생한다는 것을 알 수 있다. 이와 같이 화폐에 대한 초과수요가 존재하면 사람들은 채권을 팔아 화폐를 보유하려 할 것이기 때문에 채권가격이 하락하고 이자율이 상승하면서 화폐시장이 다시 균형을 회복하게 된다. 이러한 불균형의 조정과정은 〈그림 8-8〉에서 점 C나 D에서 위로 향하는 화살표로 표시되어 있다.

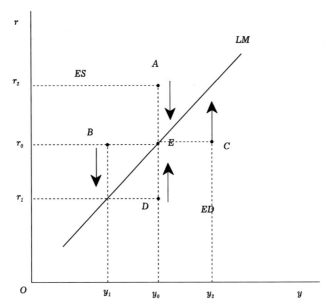

〈그림 8-8〉 화폐시장의 불균형과 조정

이상에서 우리는 화폐시장을 시장을 균형시키는 국민소득 y와 이자율 r의 조합인 LM곡선에 대해 살펴보았는데 다음과 같이 요약할 있다.

첫째, LM곡선은 일반적으로 우상향하는 기울기를 갖는다.

둘째, LM곡선의 기울기는 화폐수요가 이자율에 탄력적(비탄력적)일수록 완만한(가파른) 형태를 한다.

셋째, 실질통화량이 증가(감소)하면 LM곡선은 오른쪽(왼쪽)으로 이동한다.

넷째, LM곡선의 위쪽에서는 화폐시장에서 초과공급이 발생하고, 아래쪽에서는 초과수요가 발생한다.

제3절 생산물시장과 화폐시장의 동시균형(수요측 균형)

앞에서 본 바와 같이 IS곡선은 생산물시장의 균형을 나타내는 곡선이고, LM곡선은 화폐시장의 균형을 나타내는 곡선이다. 그러므로 생산물시장과 화폐시장은 IS곡선과 LM곡선이 교차하는 점에서 동시에 균형을 이루게 된다. 이때 결정되는 국민소득 y와 이자율 r은 더 이상 어느 방향으로 조정되어 갈 필요가 없다는 의미에서 각각 균형국민소득, 균형이자율이라고 할 수 있다.

〈그림 8-9〉는 IS곡선과 LM곡선을 결합한 것으로 위의 설명을 그림으로 나타낸 것이다. 그림에서 두 곡선이 교차하는 점 E가 생산물시장과 화폐시장을 동시에 균형시키는 유일한 점이고, 이때 균형이자율과 균형국민소득 조합은 (r_0, y_0)이다.

〈그림 8-9〉 생산물시장과 화폐시장의 동시적 균형

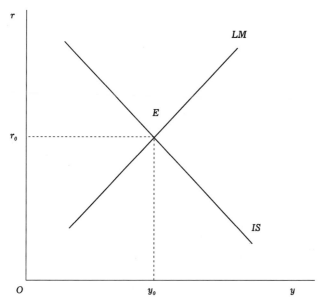

IS-LM곡선 모델의 균형의 성질은 두 곡선의 교차점 즉 점 E 이외의 다른 점들이 균형점이 될 수 없는 이유를 살펴봄으로써 알아볼 수 있다. 〈그림 8-10〉에 IS곡선과 LM곡선의 교차점 E와 두 곡선 위의 어느 곳에도 있지 않은 4개의 점(A, B, C, D)그리고 어느 한 곡선 위에만 존재하는 점(F, G)이 표시되어 있다.

먼저 위에서도 언급했듯이 두 곡선이 만나는 점 E는 IS곡선 위에 있으면서 동시에 LM 곡선 위에 있기 때문에 생산물시장과 화폐시장 모두 균형을 이루고 있는 상태다. 따라서 E 점에서는 생산물에 대한 수요와 공급이 일치하고 또한 화폐시장에서 화폐공급과 화폐에 대한 수요가 일치하고 있다.

이제 점 A나 점 B와 같이 IS곡선보다 오른쪽에 있는 점들을 생각해 보자. 점 A와 점 B에서와 같이 IS곡선의 오른쪽에 있는 점에서는 생산물시장에서 초과공급, 즉 총공급(총산출)이 총수요를 초과하거나 또는 저축 및 조세의 합(s+t)이 투자 및 정부지출의 합(i+g)보다 크게 된다. A점이나 B점에서의 산출량수준은 동일한 이자율하에서 투자와 저축의 합이 저축과 조세의 합과 완전히 일치되는 IS곡선상의 점으로 주어진 산출량 수준보다 더 크므로 생산물시장에서 산출량의 초과공급(ES_G)이 존재한다. 이러한 경우 이자율이 고정되어 있는 한 초과공급을 해소하기 위해 산출량을 감소시키려는 힘이 작용하며, 이러한 조정방향은 〈그림 8-10〉의 점 A, 점 B에서 화살표가 왼쪽으로 향하는 것으로 표시된다.

반대로 점 C나 D와 같이 IS곡선의 좌측에 있는 점의 경우에는 생산물시장을 균형시키는 데 필요한 총수요보다 더 적은 양이 생산되어 공급되고 있기 때문에 생산물시장에서 초과수요(ES_G)가 발생한다. 이러한 경우에는 기업이 생산을 확대하여 공급하려 할 것이기 때문에 그러한 점들에서는 화살표가 오른쪽 방향을 가리키고 있다.

다음으로 점 B나 점 C와 같이 LM곡선 위편에 있는 점들을 생각해 보자. 앞에서 화폐시장의 불균형에서와 마찬가지로 LM곡선의 위편에 있는 모든 점에서는 화폐의 초과공급(ES_M)이 발생한다. 그 이유는 점 B나 C점의 소득수준에 상응하는 이자율은 LM곡선상의 이자율 즉 화폐시장을 균형시키는 이자율 수준보다 높기 때문에 투기적 화폐수요가 감소하기 때문이다. 이와 같이 화폐시장에서 초과공급이 존재하면 이자율이 하락하는 방향으로 조정되는데, 이러한 조정과정은 〈그림 8-10〉에서 점 B나 점 C에서 LM 곡선을 향하여 아래로 향하는 화살표로 나타나 있다. 마찬가지로 점 A나 점 D와 같이 LM곡선보다 밑에 있는 점에서는 화폐시장에서 언제나 초과수요(ED_M)가 발생한다는 것을 알 수 있다. 이러한 화폐에 대한 초과수요가 발생하면 이자율을 상승시키려는 힘이 작용한다. 이러한 조정과정은 〈그림 8-10〉에서 점 A나 D에서 위로 향하는 화살표로 표시되어 있다.

한편 IS, LM 두 곡선 중 어느 한 곡선상에만 있고 다른 곡선상에는 있지 않은 점은 생산물시장과 화폐시장 중 어느 한 시장에 대하여 불균형이 된다. 예를 들어 〈그림 8-10〉의 점 F는 IS곡선 상에 존재하므로 생산물시장은 균형을 이루지만, LM곡선보다 아래에 있기 때문에 화폐시장에서는 초과수요가 존재한다. 마찬가지로 LM곡선상에서 점 E가 아닌 어떤 다른 점에서도 생산물시장의 불균형을 초래한다. 결국 생산물시장과 화폐시장을 동시에 균형시키는 유일한 점은 두 곡선의 교차점이 점 E뿐이다. 그러므로 점 E에서는 어떤 외생적인 충격이 없는 한 이자율이나 산출량이 더 이상 변화하려는 유인이 발생하지 않으므로, 점 E에서의 이자율 r_0과 국민소득 y_0이 바로 균형이자율과 균형국민소득이 된다. 이것이 바로 IS-LM 모형에서의 균형조건이다.

여기서 불균형상태에서 균형으로의 조정과정은 한 특정시장을 분석할 때 다른 시장 상황은 변하지 않는다는 가정하에 그 시장에서의 초과공급이나 초과수요를 해소하는 방향으로 움직이는 것으로만 설명되고 있다는 점에 주의할 필요가 있다. 즉 〈그림 8-10〉에서 표시된 것과 같은 조정을 나타내는 화살표는 어디까지나 어느 한 시장만이 불균형에 반응하는 경우의 조정방향을 나타낸 것이다. 실제로는 생산물시장과 화폐시장에서 소득수준과 이자율이 두 시장이 상호 작용하면서 조정되어 간다.

지금까지 IS-LM 곡선을 이용하여 생산물시장과 화폐시장에서 균형이자율과 균형국민소득이 어떻게 결정되는가를 살펴보았다. 다음 장에서 이러한 균형값들이 재정정책과 통화금융정책에 등과 같은 정책변수에 의해 어떻게 영향을 받는가를 고찰한다.

〈그림 8-10〉 IS-LM 모형에서의 균형조정과정

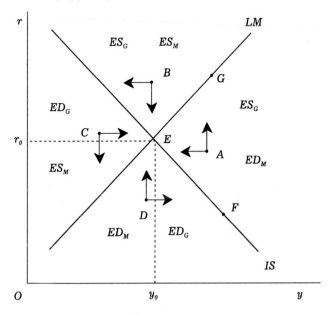

제4절 IS-LM 분석의 한계

지금까지 IS-LM 모형을 자세히 설명하였다. 이러한 IS-LM 모형을 이용한 케인즈 경제학의 해석은 그 간결함과 명쾌함 때문에 매우 인기가 있으며 오랫동안 케인즈 경제학의 표준적인 해석방법으로 인식되어 왔다. 그러나 IS-LM 모형은 복잡한 현실을 단지 두 곡선으로 일반화시킨 단순한 모형이기 때문에, 거시경제학을 처음 접하는 학생들에게는 매우 유용하지만 현실경제를 분석하는 데에는 많은 한계를 지니고 있다고 하겠다.

IS-LM 분석은 힉스(J.R. Hicks)가 고안하고 한센(A. Hansen) 등 케인지안들에 의해 발전된 모형이기 때문에 엄밀하게 말하면 케인즈 자신의 분석방법은 아니다. 따라서 IS-LM 분석은 케인즈가 원래 의도했던 이론을 모두 그대로 반영하고 있다고 할 수 없다. 사실 케인즈 경제이론은 매우 어려운 내용을 포함하고 있기 때문에, 설명의 편의를 위해 두 곡선으로 단순화시킨 IS-LM분석의 내용을 이해했다고 하더라고 케인즈가 주장한 내용을 모두 파악하고 있다고 볼 수는 없을 것이다.

아래에서는 IS-LM분석이 어떠한 한계를 가지고 있는가를 알아보기로 한다. 그러나 IS-LM 분석의 한계에 대한 구체적인 설명은 매우 전문적인 지식을 필요로 하기 때문에 여기서는 기본적인 점만을 간단히 요약하고자 한다.

첫째, IS-LM 분석의 기본적인 문제점은 이론적 테두리가 균형분석에 있다는 것이다. 원래 균형분석이란 수요와 공급이 일치하여 시장이 청산되고 있는 상태만을 분석할 수 있다. 이미 앞 절에서 살펴보았듯이 IS-LM 분석에서는 불균형상태에서 어떤 경로를 통해 균형으로 복귀하는가에 대해서만 언급할 뿐 균형상태에 도달하는데 필요한 시간에 대해서는 명시적으로 다루지 않는다. 즉 앞에서 언급한 균형으로의 조정경로에 관한 분석은 조정에 필요한 시간이 매우 짧으며 순간적으로 이루어진다는 가정하에서 분석되었다.

영국의 여류 경제학자 로빈슨(J. Robinson)은 IS-LM 분석은 이론적인 시간(logical time)만을 다루고 있을 뿐 현실적으로 진행되는 역사적 시간(historical time)을 다룰 수 없다고 비판하고 있는데, 이러한 비판이 바로 IS-LM 분석의 무시간성(timelessness)을 지적한 것이라고 할 수 있겠다.

둘째, IS-LM 모형은 총수요측면을 강조한 부분균형분석으로 물가수준이 불변이고 불완전고용과 유휴생산설비가 존재하여 수요만 있으면 언제든지 공급이 가능하다고 가정한다. 그러기 때문에 물가수준이 지속적으로 상승하는 현상인 인플레이션 현상을 분석하는데는 한

계가 있다. 이러한 한계는 나중에 노동시장과 총생산함수를 이용한 총급곡선과 함께 분석함
으로써 어느 정도 해결이 가능하다.

셋째, IS-LM 분석은 사람들이 행동이나 외적 환경 그리고 케인즈가 강조했던 불확실성
하에서의 기대(expections) 등이 변하지 않는 단기를 대상으로 하여 분석되고 있다. 이러한
외생적 요인들이 변하는 장기를 고려하면 IS-LM 곡선은 항상 상하 또는 좌우로 움직이게
되어 분석도구로서 유용하지 못하게 되어 버린다. 따라서 불균형점에서 균형점으로의 조정에
소요되는 시간은 국민소득의 조정을 포함해서 매우 짧은 시간이 필요하게 되는 것이다.

한편 IS-LM 모형의 균형분석적인 성질(불균형상태에서 매우 신속하고 즉각적으로 균형
으로 회복된다는 것)은 케인즈 경제학이 갖는 불균형적인 성질(경제는 일반적으로 불균형상
태에 있다는 것)과 상호 조화될 수 없는 것이라는 비판이 최근에 제기되고 있다. 그리고 케
인즈는 자본주의 사회에서 경제주체의 심리적 요소가 매우 중요하다고 하였는데[4], IS-LM
분석은 이러한 점을 충분히 반영하지 못하고 있다.

오늘날 이러한 새로운 인식에 서서 원래 케인즈가 의도한 거시경제학이란 무엇이냐에 대하
여 많은 논란이 거듭되고 있는 실정이다. 그 일환으로 「케인즈 경제학의 미시적 기초」에 관한
연구와 「불균형 동학이론」 등 케인즈가 원래 구현하고자 했던 경제이론에 대한 연구가 활발
하게 이루어지고 있다.

---

4) 케인즈는 가계의 소비수준을 결정하는 한계소비성향, 기업의 투자수준을 결정하는 투자의 한계효율,
   그리고 이자율을 결정하는 유동성선호를 경제주체의 3대 기본심리라고 불렀다. 그는 이 세 가지 기본
   적인 심리가 고용 및 국민소득 등 경제변수를 결정하는데 중요한 영향을 미친다고 보았다.

제9장 IS-LM 모형에서의 정책효과

제9장에서는 IS-LM 곡선을 이용하여 정부의 재정정책과 통화금융정책 등 경제안정화 정책이 국민소득과 이자율의 균형수준에 미치는 영향을 분석한다. 우리는 이미 제8장을 통해 이러한 분석을 위한 준비를 마쳤다. 알고 있는 바와 같이 생산물시장과 화폐시장을 균형시키는 균형이자율과 균형국민소득은 IS곡선과 LM곡선이 만나는 곳에서 결정된다. 이러한 균형수준은 IS곡선이나 LM곡선이 움직이면 이동한다. 결국 균형이자율이나 균형국민소득을 변화시키는 요인은 IS곡선이나 LM곡선을 이동시키는 요인들이다. 여기서는 IS곡선과 LM곡선을 동시에 고려하면서 그 곡선의 이동이 이자율과 소득수준에 어떻게 영향을 미치는가를 살펴보는 것이다.

본장의 제1절에서는 균형국민소득과 이자율에 영향을 미치는 요인들을 살펴본다. 제2절에서는 경제정책의 효과가 IS곡선과 LM곡선의 기울기에 따라 어떻게 달라지는가를 분석한다. 앞에서도 여러 번 언급하였지만 IS곡선과 LM곡선의 기울기는 경제체제의 여러 가지 요인들에 의해 의존하고 있고, 그 중에서도 가장 중요한 것이 바로 투자와 화폐수요가 이자율 변화에 얼마나 민감하게 반응하는가를 나타내는 이자율 탄력성임을 이미 앞에서 자세히 살펴보았다. 또한 재정정책과 통화금융정책의 상대적 유효성은 이와 같은 요인에 어떻게 의존하고 있는가 하는 문제도 살펴보기로 한다.

제1절 균형이자율과 국민소득에 영향을미치는 요인

1. 화폐의 영향: LM곡선의 이동

IS-LM곡선을 이용하여 통화량의 변화가 이자율과 국민소득에 미치는 영향을 고찰해 보자. 〈그림 9-1〉은 통화당국이 통화량을 M_0에서 M_1으로 $\triangle M$만큼 증가시켰을 경우를 보여주고 있다. 초기의 IS곡선과 LM곡선은 〈그림 9-1〉에서 각각 IS_0와 LM_0이고 생산물시장과 화폐시장의 균형은 두 곡선이 교차점인 E_0에서 이루어진다. 이 때 두 시장을 균형시키는 이자율과 국민소득은 각각 r_0, y_0이다.

이제 다른 변수들은 일정하게 고정되어 있는 상태에서 통화량이 M_0에서 M_1으로 $\triangle M$만큼 증가했다고 하자. 이러한 통화량의 증가는 LM곡선을 오른쪽을 이동시켜 〈그림 9-1〉에서 LM_1이 된다. 그러면 새로운 균형은 다시 두 곡선이 만나는 점인 E_1에서 성립하고 이 때 균형이자율은 r_0에서 r_1으로 하락하며, 균형국민소득은 y_0에서 y_1으로 증가한다. 즉 다른 조건은 일정한 상태에서 통화량을 증가시켰을 때 이자율은 하락하고, 국민소득은 증가한다.

이와 같은 과정을 살펴보면, 다른 조건은 변하지 않은 상태에서 화폐공급이 증가하면 화폐시장에서 초과공급이 발생한다. 경제주체들은 많아진 화폐를 가지고 채권을 구매하려 할 것이기 때문에 채권가격이 상승하고 이자율은 하락한다. 이러한 이자율의 하락은 생산물시장에서 투자수요, 따라서 총수요의 증가를 유발시키기 때문에 국민소득은 증가한다. 새로운 균형은 이자율 하락과 소득증대의 동시적 작용에 의해 증가된 화폐수요의 크기가 증가한 화폐공급과 같아지는 점에서 이루어진다.[1] 이러한 균형점이 바로 새로운 LM곡선과 IS곡선이 만나는 점 E_1으로 표시된다.

반면에 통화공급이 감소하였을 경우에는 위와 반대의 결과가 초래된다. 즉 〈그림 9-1〉에서 이러한 통화량의 감소는 LM곡선을 좌측으로 이동($LM_0 \rightarrow LM_2$)시켜 새로운 균형은 E_2에서 성립한다. 이 경우에는 균형이자율은 r_2로 상승하고, 국민소득은 y_2로 감소한다.

---

1) 앞에서 우리는 화폐수요함수가 이자율과 역의 관계에 있고, 소득과 정의 관계에 있음을 보았다. 즉 이자율이 하락하면 투기적 화폐수요가 증가하고, 소득이 증가하면 거래적 화폐수요가 증가하여 총화폐수요가 증가하게 된다.

〈그림 9-1〉 통화량이 변하는 경우 균형점의 이동

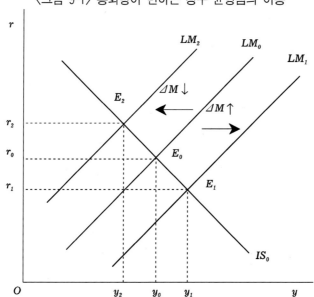

2. 실물의 영향: IS곡선의 이동

생산물시장과 화폐시장의 동시적 균형은 IS곡선과 LM곡선이 만나는 곳에서 성립하고, IS곡선이나 LM곡선이 이동하면 균형점이 이동한다. 앞에서는 LM곡선을 이동시키는 요인인 통화량이 변했을 때 균형이자율과 국민소득이 어떻게 변하는지를 살펴보았다. 마찬가지로 IS곡선이 이동하면 균형점이 변하고 이에 따라 이자율과 국민소득이 변하게 된다.

우리는 이미 제8장에서 IS곡선을 이동시키는 요인들에 대해 살펴보았다. 정부지출이나 조세 등과 같은 재정정책 변수들은 모두 IS곡선을 이동시키는 요인이고, 따라서 이 요인들은 균형이자율과 균형국민소득에 영향을 미친다. 여기서는 IS-LM의 테두리 내에서 정부지출 및 조세 변화 등 재정정책 수단들이 변했을 때 균형이자율과 균형국민소득이 어떻게 변하는가를 중심으로 살펴보고자 한다.

〈그림 9-2〉는 다른 조건은 일정한 상태에서 정부지출이 증가했을 때 균형이 자율과 균형국민소득수준이 어떻게 변하는가를 보여준다. 처음에 IS곡선과 LM곡선은 IS_0와 LM_0로 주어져 있고, 균형은 이 두 곡선이 만나는 E_0에서 성립한다. 따라서 초기 균형이자율과 균형국민소득수준은 각각 r_0, y_0수준이다. 이제 정부지출이 g_0에서 g_1으로 $\triangle g$만큼 증가

하면 IS곡선은 IS_0에서 IS_1으로 우측으로 이동하여 새로운 균형은 새로운 IS곡선과 LM 곡선이 서로 교차하는 E_1에서 이루어진다. 그러면 균형이자율은 r_1으로 상승하고, 균형 국민소득수준 또한 y_1으로 증대한다.

정부지출을 증가시켰을 때 국민소득이 증가하고 이자율이 상승하는 과정을 좀 더 자세히 살펴보자. 먼저 정부지출은 총수요의 한 구성요소이므로 정부지출이 증가하면 그만큼 총수요가 증가하므로 국민소득이 증대하게 된다. 다음으로 이자율이 올라가는 과정을 알아보자. 다른 조건은 일정하고 정부지출만 증가했기 때문에 LM곡선은 움직이지 않는다. 그리고 화폐공급 또한 변하지 않았다는 점을 상기하자. 정부지출 증대로 소득이 증가하면 거래적 화폐수요가 증가한다. 화폐공급이 일정한 상태에서 거래적 화폐수요가 증가하면 경제주체들의 채권수요는 그만큼 감소한다. 채권수요가 감소하면 채권가격은 하락하고 이자율은 상승한다. 이자율이 상승하는 이유는 소득의 증가에 따른 거래적 화폐수요의 증가와 채권수요가 감소하기 때문에 발생되는 것이다. 이러한 이자율의 상승은 투기적 화폐수요를 감소시켜 화폐시장은 새로운 균형이 성립한다. 다시 말하자면 경제전체의 화폐공급의 변화가 없는 상태에서 소득이 증가하여 거래적 화폐수요가 증가하면 그와 동일한 크기만큼 투기적 화폐수요가 감소하여 결국 화폐수요의 순변화가 없을 만큼 이자율이 충분히 상승하였을 때 새로운 화폐시장의 균형이 성립한다. 그러한 이자율 수준이 바로 〈그림 9-2〉에서 r_1이다.

제8장 제1절의 IS곡선의 이동을 공부할 때 서술한 바와 같이 정부지출이 g_0에서 g_1으로 $\triangle g$만큼 증가했을 때 IS곡선은 $\dfrac{1}{1-b}\triangle g$ 만큼 수평으로 우측으로 이동한다. 즉 IS곡선은 화폐시장을 도입하지 않은 단순한 케인지안 모형에서의 정부지출승수에 정부지출의 증가분을 곱한 것만큼 우측으로 수평 이동한다. 이 수평 이동한 거리는 제5장의 정부지출승수에서 살펴본 소득의 증가분과 동일하며, 이에 해당하는 균형소득은 〈그림 9-2〉에서 y_2로 표시되어 있다. 즉 정부지출이 증가였을 때 이자율이 변하지 않는다면 소득은 y_0에서 y_2로 $\dfrac{1}{1-b}\triangle g(=\triangle y_2)$ 만큼 증가한다. 이것이 바로 화폐시장을 고려하지 않은 단순모형에서의 정부지출 승수효과와 그 크기가 같다. 그러나 화폐시장을 도입한 IS-LM모형에서는 새로운 균형은 E_1에서 성립하고 소득 또한 단순모형에서보다 적게 $\triangle y_1(=y_1-y_0)$만큼만 증가한다. 왜 그런지 그 이유를 살펴보자.

IS-LM 모형에서는 생산물시장 뿐만 아니라 화폐시장도 동시에 고려하고 있기 때문에, 정부지출이 증가할 때 화폐시장이 균형을 이루기 위해서는 이자율이 상승해야 한다는 것을 위에서 살펴보았다. 이러한 이자율의 상승은 투자지출을 감소시키므로 총수요가 감소한다. 즉 투자지출의 감소는 정부지출이 증가에 따른 총수요 증가의 일부 또는 전부를 상쇄시키게 된다. 그러므로 화폐시장을 고려하지 않고 또한 투자를 완전한 외생변수로 간주한 단순모형에서보다 소득은 덜 증가한다. 제5장에서 살펴본 화폐시장을 고려하지 않은 단순 케인즈 모형은 이자율 상승과 이에 따른 투자 감소 효과를 고려하지 않음으로써 정부지출 증대의 효과를 과대평가하고 있다고 할 수 있다.

한편 정부지출이 감소하는 경우에는 이와 반대로 IS곡선이 좌측으로 이동하고 균형국민소득은 감소하고 이자율이 하락한다.

<그림 9-2> 정부지출이 증가하는 경우 균형점의 이동

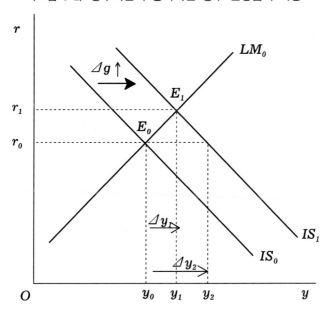

다음으로 조세(t)의 증가가 IS-LM 모형에서 국민소득과 이자율에 어떤 효과를 미치는지를 살펴보자. <그림 9-3>은 조세가 t_0에서 t_1으로 $\triangle t$만큼 증가하는 경우의 효과를 나타낸다. 먼저 초기 균형부터 살펴보자. 즉 조세가 t_0일 때의 균형은 IS곡선(IS_0)과 LM곡선(LM_0)이 만나는 E_0에서 성립하고 균형이자율과 균형국민소득수준은 각각 r_0, y_0이다. 조세가 증가하면 IS곡선은 IS_0에서 IS_2으로 좌측으로 이동하여 새로운 균형은 E_2에서 성립한다. <그림 9-3>에서 보는 바와 같이 균형국민소득은 y_0에서 y_2로 감소하고 이자율 역시 r_0에서 r_2로 하락한다.

여기서 주의할 점은 앞의 정부지출 증가의 경우에서와 마찬가지로 조세의 증가에 의해 소득이 감소하는 폭($\triangle y_2$)은 IS곡선의 이동한 폭($\triangle y_1$)보다 더 작다는 것이다.[2] 즉 단순 케인지안 모형에서와 같이 화폐시장을 배제하고 생산물시장만을 고려하는 경우에 이자율이 일정하므로 조세가 $\triangle t$만큼 증가하면 국민소득은 IS곡선이 이동한 폭 만큼 즉 $\triangle y_1 (= y_0 - y_1)$만큼 감소한다. 반면에 화폐시장을 포함한 IS-LM 모형에서는 국민소득은 이보다 더 작은 $\triangle y_2 (= y_0 - y_2)$만큼 감소한다. 그 이유는 〈그림 9-3〉에서 보는 바와 같이 IS-LM 모형에서 조세가 증가하면 IS곡선이 좌측으로 이동하면서 이자율이 하락하고, 이러한 이자율 하락이 투자수요를 증대시켜 조세 증가에 의해 소비감소를 부분적으로 상쇄시키기 때문이다.

조세를 감소시키는 경우에는 이와 반대로 IS곡선을 우측으로 이동시켜 균형이자율은 상승하고, 국민소득은 증가한다. 결국 IS-LM 모형에서 정부지출이 증가하거나 조세가 감소하는 경우에는 IS곡선을 우측으로 이동시켜 국민소득은 증가하고, 이자율은 상승한다. 반면에 정부지출이 감소하거나 조세가 증가하는 경우에는 IS곡선을 좌측으로 이동시키고 균형국민소득은 감소하고 이자율은 하락한다.

〈그림 9-3〉 조세가 증가하는 경우 균형점의 이동

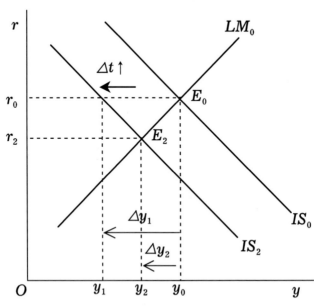

2) 〈그림 9-3〉에서 IS곡선은 제8장에서 설명한 바와 같이 $\dfrac{-b}{1-b} \triangle t (= y_0 - y_1)$, 즉 단순 케인즈 모형의 조세승수에 조세변화분을 곱한 것만큼 좌측으로 이동한다.

제5장에서 고찰한 균형예산승수를 IS-LM 모형에서 살펴보자. 즉 화폐시장을 포함하는 경우 정부지출과 조세를 동일한 크기만큼 변화($\triangle g = \triangle t$) 시켰을 때 국민소득에 미치는 효과를 살펴보자. 이러한 효과는 〈그림 9-4〉를 이용하여 설명할 수 있다.

초기에 정부지출은 g_0, 조세는 t_0일 때 IS곡선은 IS_0로 표시되고, 따라서 초기균형은 이러한 IS곡선과 LM곡선이 만나는 점 E_0에서 성립하고 있다. 이때 균형이자율과 균형국민소득수준은 각각 r_0, y_0이다. 이 때 정부가 정부지출을 g_0에서 g_1으로 $\triangle g$만큼 증가시키고, 이와 동일한 크기만큼 조세를 더 징수($\triangle g = \triangle t$)하여 지출한다고 하자. 정부지출의 증가는 〈그림 9-4〉에서 IS곡선을 IS_0에서 IS_1으로 우측으로 이동시킨다. IS곡선이 이동한 수평거리는 $\overline{E_0 A}$인데 그 크기는 앞에서 살펴본 것과 같이 $\frac{1}{1-b} \triangle g$가 된다. 즉, 생산물시장만을 고려한다면 이자율은 일정하므로 정부지출이 $\triangle g$만큼 증가하면 소득은 y_0에서 y_1'로 $\frac{1}{1-b} \triangle g$만큼 증가한다. 이것은 단순모형에서의 정부지출승수의 효과와 같다. 그러나 화폐시장을 고려하면 정부지출의 증가는 이자율을 상승시키므로 국민소득은 이보다 더 작은 y_1만큼만 증가한다. 즉 정부지출만 $\triangle g$만큼 증가했을 경우 균형점은 E_1이 된다.

그런데 정부지출과 동일한 크기만큼 조세가 증가했기 때문에 이러한 조세의 증가는 IS곡선을 좌측으로 이동시키는데, IS곡선이 좌측으로 이동한 거리는 〈그림 9-4〉에서 $\overline{AB}$ ($= \frac{b}{1-b} \triangle t$) 만큼이다. 이것은 〈그림 9-4〉에서 IS곡선이 IS_1에서 IS_2까지의 이동으로 나타나 있다. 여기서 한 가지 중요한 사실은 최초에 정부지출의 증가에 의해 우측으로 이동한 IS곡선이 동일한 크기만큼 조세의 증가에 의해 단지 부분적으로만 상쇄되어 IS곡선은 정확히 원래의 IS곡선으로 복귀하지는 않는다는 점이다. 즉 IS곡선이 최종적으로 이동한 거리는 다음과 같다.

$$(\frac{1}{1-b}) \triangle g + (\frac{-b}{1-b}) \triangle t = (\frac{1-b}{1-b}) \triangle g = \triangle g \text{ 3)}$$

위 식에서 알 수 있듯이 정부지출과 조세를 동일 크기만큼 증가시키면 IS곡선은 정부지출 증대분 만큼 우측으로 이동하는데, 이는 〈그림 9-4〉에서 $\varDelta g = \overline{E_0 B}$만큼이다. 이것은 제5장에서의 균형예산승수와 일치된다.

그러나 앞에서 정부지출 증가나 조세 증가가 소득에 미치는 효과에서 살펴보았듯이 균형예산인 경우에도 소득의 실제적인 변화는 IS곡선의 단순 수평이동거리보다 작을 것이다. 따라서 여기서의 균

---

3) 이 식에서 정부지출과 조세는 동일한 크기만큼 증가했으므로 $\triangle g = \triangle t$ 이고, 따라서 $\triangle t$ 대신에 $\triangle g$를 대입하여 정리하면 이 결과를 얻을 수 있음.

형예산승수는 1보다 작게 된다. 부연하면 화폐시장을 도입한 IS-LM 모형에서는 〈그림 9-4〉에서 보듯이 최종적인 균형이 IS곡선이 이동 결과 IS_2와 LM곡선이 만나는 E_2에서 성립하여 소득은 y_0에서 y_2로 증가하는데 그 크기는 정부지출이나 조세가 증가한 폭($\Delta g = y_2' - y_0 = \overline{E_0 B}$)보다는 작다. 왜냐하면 앞에서도 설명했듯이 화폐시장을 도입하면 이자율 변화효과를 고려해야 하는데, 최종적인 균형점 E_2에서 보듯이 이자율을 상승시키기 때문이다. 이자율 상승은 투자수요를 감소시키게 되므로 생산물시장만을 분석하는 단순 케인즈 모형에서보다 소득이 더 작게 증가하게 된다.

〈그림 9-4〉 정부지출과 조세가 동일한 크기로 증가하는 경우의 효과

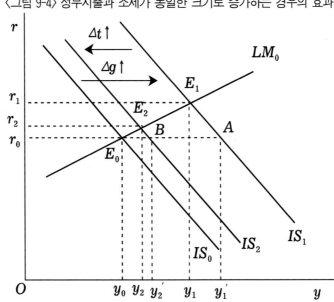

제2절 재정정책과 통화정책의 상대적 유효성

앞 절에서 균형 국민소득과 균형이자율에 영향을 미치는 요인들을 IS곡선을 이동시키는 재정정책수단(정부지출과 조세)과 LM곡선을 이동시키는 통화정책수단(통화량)을 중심으로 살펴보았다. 이러한 정책변수들의 변화가 국민소득과 이자율에 미치는 효과는 다음 〈표 9-1〉에 간단히 요약할 수 있다.

〈표 9-1〉 정책변수의 변화가 국민소득과 이자율에 미치는 영향*

	재 정 정 책		통화정책
	정부지출(g)	조세(t)	통화량(M)
국민소득(y)	+	−	+
이자율(r)	+	−	−

*: 여기서 '+' 표시는 정책변수의 변화가 y와 r을 동일방향으로 움직이게 한다는 것을 나타내고, '−' 표시는 반대방향으로 움직임을 나타낸다. 즉 g와 y의 관계는 '+'로 표시되었는데, 이는 정부지출 g가 증가하면 국민소득 y가 증가한다는 것을 의미한다. 반대로 M과 r의 관계는 '−'로 나타났는데, 통화량이 증가하면 이자율은 하락하는 것을 의미한다.

본 절에서는 IS-LM 모형의 테두리 내에서 재정정책과 통화금융정책[4]의 상대적 유효성 (effectiveness)에 대해 검토하고자 한다. 일단 국민소득을 증대시키는 것이 두 정책의 목표 라고 하고, 재정정책과 통화금융정책 중 어느 것이 목표 달성에 좀더 효과적인지를 살펴보자. 이 때 이들 정책의 상대적 유효성은 IS곡선과 LM곡선의 기울기에 크게 의존하기 때문에 아래 에서는 이들 곡선의 기울기에 따라서 어떻게 정책효과가 달라지는지를 차례로 살펴보기로 한다.

1. 재정정정책의 유효성

여기서는 재정정책의 효과가 IS곡선과 LM곡선의 기울기에 따라 어떻게 달라지는지를 살 펴본다. 재정정책이란 한 나라 경제가 1930년대와 같이 불황의 늪에 빠져 있든가 1960년 대나 1970년대와 같이 경기가 과열되어 인플레이션이 발생할 때 경제를 안정화시키기 위해 취해지는 정책을 말하며, 재정정책수단이란 총수요를 관리하기 위한 수단이라고 하겠다. 이러 한 수단의 대표적인 것으로 정부지출과 조세를 들 수 있다. 앞에서 이미 살펴보았듯이 정부지 출과 조세가 변하면 IS곡선을 이동시키고 따라서 균형국민소득수준과 이자율에 영향을 미치게 된다. 여기서는 정부지출을 증가시키는 확대재정정책의 경우를 주로 분석하고자 한다.[5]

정부지출이 증가하면 IS곡선이 우측으로 이동하면서 이자율은 상승하고 국민소득은 증가 한다. 그런데 우리가 재정정책의 유효성을 논할 때 최종적으로 국민소득이 어느 정도 증가

---

[4] 본 교재에서는 통화정책을 금융정책, 통화금융정책, 통화신용정책, 화폐정책 등 여러 가지 용어로 혼 용하여 쓰고 있음.

[5] 정부지출의 변화나 조세변화는 모두 IS곡선을 이동시키기 때문에 정부지출의 변화나 조세의 변화는 그 중 하나가 유효하면 다른 하나도 유효하게 되고, 하나가 유효하지 않으면 다른 하나도 유효하지 않게 된다. 그러므로 조세정책의 유효성에 대해서는 별도로 설명하지 않아도 된다.

하는가가 기준이 된다고 하였다. 정부지출이 증가할 때 최종적으로 국민소득이 얼마나 증가할 것인가는 결국 IS곡선과 LM곡선의 기울기에 의존한다. 이를 좀 더 부연 설명하도록 하자. 예를 들어 정부지출이 g_0에서 g_1으로 $\triangle g$만큼 증가했을 때 IS곡선은 $\frac{1}{1-b}\triangle g$만큼 수평으로 우측으로 이동한다. 즉 정부지출이 증가하면 초기에는 정부지출 증가분에 정부지출승수를 곱한 것만큼 국민소득이 증가한다. 이는 〈그림 9-2〉에서 소득이 y_0에서 y_2로 $\triangle y_2$만큼 증가하는 것으로 설명할 수 있다. 그러한 생산물시장에서의 국민소득의 증가는 2차적으로 화폐시장에서 (거래적) 화폐수요를 증대시키고 또한 이자율을 상승(〈그림 9-2〉에서 r_0에서 r_1)시킨다. 이러한 이자율의 상승은 다시 생산물시장에서 투자를 위축시켜 국민소득수준이 감소하는 과정이 반복된다. 그러면 최종적으로 국민소득이 얼마만큼 증가했는가 하는 것은 첫째, 소득 증가로 화폐수요가 증가하면 이자율이 얼마나 상승할 것인가와 둘째, 이자율 상승이 얼마나 투자를 위축시킬 것인가에 의존하게 된다.

첫째 이자율 상승폭은 LM곡선의 기울기에 따라 달라진다. 즉 정부지출이 증가하면 IS곡선이 우측으로 이동하면서 이자율이 상승하는데 과연 이자율이 얼마나 상승할 것인가 하는 것은 LM곡선이 가파르냐 완만하냐에 의존하게 되는 것이다. 이러한 LM곡선의 기울기는 제8장에서 살펴보았듯이 (투기적) 화폐수요의 이자율 탄력성과 밀접한 관련을 갖는다. 즉 화폐수요가 이자율에 탄력적일수록 LM곡선은 완만하고, 비탄력적일수록 LM곡선의 기울기는 가파른 형태를 띤다.

둘째 이자율이 상승할 때 투자가 얼마나 감소할 것인가는 투자의 이자율 탄력성에 의존한다. 투자가 이자율에 탄력적일수록 이자율 변화에 투자가 민감하게 움직인다. 그리고 투자의 이자율 탄력성은 IS곡선의 기울기와 밀접한 관련을 갖는다는 것 또한 앞 장에서 살펴보았다. 즉 투자가 이자율에 탄력적일수록 IS곡선의 기울기는 완만하고 투자가 이자율에 비탄력적일수록 IS곡선은 가파른 형태를 띤다.

결국 확대재정정책을 실시할 때 그 정책의 유효성은 IS곡선과 LM곡선의 기울기에 의존하게 된다. 이제 IS곡선과 LM곡선의 기울기에 따라 재정정책의 효과가 어느정도 유효한지를 차례로 살펴보도록 하자.

(1) LM곡선의 기울기와 재정정책의 유효성

먼저 LM곡선의 기울기에 따라 확대재정정책의 효과가 어떻게 달라지는가를 검토해보자. 앞에서도 수차례 설명했듯이 LM곡선의 기울기는 화폐수요의 이자율 탄력성에 의존한다. 화폐수요가 이자율 변화에 민감할수록 즉 화폐수요의 이자율 탄력성이 클수록 LM곡선은 상대적으로 완만한 형태를 하고, 반대로 화폐수요가 이자율에 비탄력적일수록 LM곡선은 점점 가파르게 된다. 그리고 화폐수요가 이자율에 완전 비탄력적이라면, 즉 아무리 이자율이 변동해도 화폐수요가 전혀 이에 반응하지 않는 경우에는 LM곡선은 수직이 된다. 반면에 화폐수요의 이자율 탄력성이 무한대인 경우 LM곡선은 수평의 형태를 띤다.

〈그림 9-5〉는 세 가지 유형의 LM곡선, 즉 (a) 완만한 LM곡선, (b) 가파른 LM곡선, (c) 수직의 LM곡선에 따라 정부지출의 증가가 어떠한 영향을 미치는지를 나타내고 있다. 초기에 정부지출이 g_0일 때 세 가지 유형 모두 균형은 E_0에서 출발하고 있고, 이때 균형국민소득은 y_0이고, 균형이자율은 r_0이다. 이러한 상태에서 정부가 정부지출을 g_0에서 g_1으로 $\triangle g$만큼 증가시켰을 때 정책효과가 LM곡선의 기울기에 따라 어떻게 나타나는지를 살펴보자. 정부지출의 증가는 IS곡선을 우측으로 이동시키는데, IS곡선의 기울기는 모든 그림에서 동일하고 또한 정부지출을 동일한 크기만큼 증가시켰기 때문에 IS곡선이 이동한 거리 또한 동일하다. IS곡선은 〈그림 9-5〉에서 $\overline{EA}$만큼 이동하였다. 이때 이자율이 r_0로 일정하면 국민소득은 y_4로 증가한다. 이 경우가 바로 생산물시장만을 고려하였을 때의 정부지출 승수효과이다.

화폐시장을 도입하는 경우 정부지출이 증가하면 〈그림 9-5〉에서 보듯이 이자율이 상승하는데 이자율이 상승하는 정도는 LM곡선의 기울기 즉 화폐수요의 이자율 탄력성에 의존한다. 〈그림 9-5〉에서 보는 바와 같이 이자율은 LM곡선이 가파를수록 크게 상승한다. 이에 따라 정부지출 증대가 국민소득에 미치는 효과는 LM곡선이 비교적 완만할 때 가장 크며 (〈그림 9-5〉의 (a)), LM곡선이 가파를수록 점점 작아져 극단적으로 LM곡선이 수직인 경우(〈그림 9-5〉의 (c))에는 효과가 전혀 없다.

이상에서 재정정책의 효과는 LM곡선이 상대적으로 완만할수록 점점 더 크고, LM곡선이 가파를수록 더 작아진다고 하였는데 그 이유를 살펴보자. IS-LM 모형은 생산물시장뿐만 아니라 화폐시장도 포함하기 때문에 이자율의 변화를 고려해야 한다. 즉 정부지출을 증가시키면 이자율이 상승하는데 이러한 이자율 상승은 바로 투자의 위축을 초래하여 투자승수 효과만큼 국민소득이 감소한다. 이와 같이 정부지출 증가로 인한 총수요 증가효과가 민간투자의 감소로 상쇄되는 현상을 구축효과(crowding-out effect)라고 한다. 이러한 구축효과는 확대재정정책이 이자율을 상승시키기 때문에 발생한다. 이자율이 얼마나 상승하는가 하는 것은 화폐수요의 이자율 탄력성에 의존한다. 그 과정을 보면 정부지출의 증가는 소득을 증가시키고, 소득이 증가함에 따라 화폐시장에서 거래적 화폐수요가 증가하는데 통화공급이 증가하지 않은 상태에서 화폐시장이 균형이 되기 위해서는 이자율이 상승하여 투기적 화폐수요가 감소하여야 한다. 이 때 만일 (투기적) 화폐수요가 이자율에 매우 탄력적이라면,

이자율이 조금만 상승하여도 큰 폭으로 화폐수요가 감소하기 때문에 화폐시장을 균형시키기 위하여 이자율이 조금만 상승하여도 된다. 즉 화폐수요가 이자율 변화에 민감할수록 LM곡선은 상대적으로 완만해지고, 이자율은 조금만 상승하여도 화폐시장의 균형이 회복된다. 〈그림 9-5〉의 (a)가 바로 이 경우를 나타내는데 여기서 이자율은 r_0에서 r_1으로 조금만 상승한다. 이 경우에는 이자율이 조금만 상승하였기 때문에 다른 조건이 동일하다면 이자율 상승에 따른 투자의 감소는 작아지게 되고, 따라서 국민소득의 감소 폭(〈그림 9-5〉 (a)의 $y_4 - y_1$)또한 작아지게 되어 균형은 E_1에서 성립하며 국민소득은 최종적으로 y_0에서 y_1으로 증가한다.

이번에는 화폐수요가 비교적 비탄력적인 경우를 살펴보자. 〈그림 9-5〉의 (b)가 화폐수요가 비탄력적인 경우를 나타내는데 소득증가로 인하여 화폐수요가 증가할 때 화폐시장이 다시 균형을 회복하기 위해서는 그림에서 보듯이 r_0에서 r_2으로 보다 높은 이자율의 상승이 요구된다. 이러한 높은 이자율의 상승은 투자를 더욱 위축시키게 되고, 정부지출의 소득확장효과를 보다 많이 상쇄시키게 된다(〈그림 9-5〉 (b)의 $y_4 - y_2$) 결국 균형은 E_2에서 성립하여 국민소득은 최종적으로 y_0에서 y_2로 증가한다.

극단적으로 화폐수요가 이자율에 완전비탄력적이라서 LM곡선이 수직이 되는 경우(〈그림 9-5〉 (c))를 살펴보자. 정부지출 증가로 소득이 증가($y_0 \to y_4$)하여 거래적 화폐수요가 증가할 때 화폐시장이 다시 균형이 되기 위해서는 이자율이 상승하여 투기적 화폐수요가 감소해야 한다. 그렇지만 화폐수요가 이자율에 완전비탄력적이라면 이자율이 아무리 상승하더라도 이러한 이자율 상승으로 인해서는 화폐수요가 감소하지 않는다. 따라서 화폐시장이 다시 균형을 회복하기 위해서는 소득이 원래수준(y_0)으로 감소하여야만 한다. 결국 새로운 균형은 E_3에서 성립하고 소득은 증가하지 않고 이자율만 r_3로 상승하였다. 이자율의 상승은 투자 감소를 초래하는데, 여기서는 정확히 정부지출 증가한 것과 동일한 양만큼 감소하여 총수요는 변하지 않게 되고 따라서 국민소득은 원래 수준에서 증가하지 않는다. 그러므로 화폐수요가 이자율에 완전비탄력적인 경우에는 재정정책의 효과는 전혀 나타나지 않는다고 할 수 있다. 이러한 경우를 완전구축효과(perfect crowding-out effect)라고 한다.

고전학파는 〈그림 9-5〉의 (c)의 경우처럼 LM곡선이 수직인 상황을 전제하였다. 그 이유는 화폐가 순전히 거래적 목적으로만 수요되며 투기적 수요는 존재하지 않기 때문에, 이자율의 변화가 있더라도 화폐에 대한 수요는 변하지 않는다고 믿기 때문이다. 그러므로 LM곡선이 수직인 경우를 우리는 고전학파 영역이라고도 한다. IS-LM을 이용한 분석이 지극히 케인지안적인 특성을 가졌다고 할지라도 이 고전학파 영역인 경우의 재정정책에 대한 결론은 고전학파적인 특성을 띠고 있다. 즉 정부지출의 증가는 이자율에는 영향을 미치지만 소득수준에는 전혀 영향을 미치지 않기 때문에 재정정책의 효과는 무력하다고 할 수 있다.

〈그림 9-5〉 LM곡선의 기울기와 재정정책의 효과

(a) 완만한 LM곡선

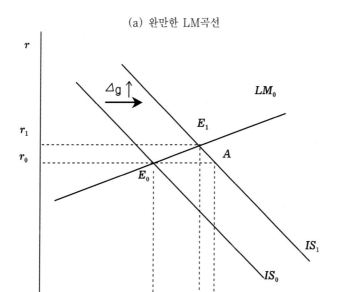

(b) 가파른 LM곡선

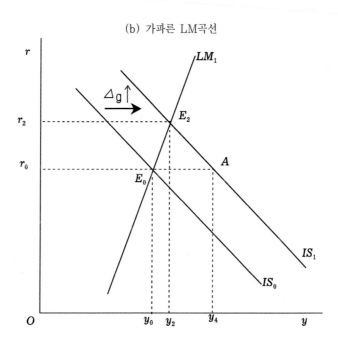

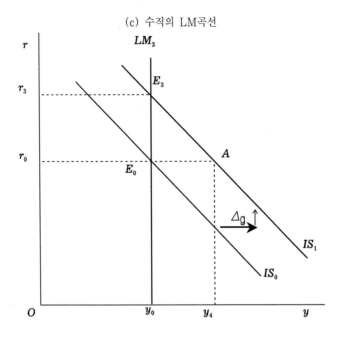

(c) 수직의 LM곡선

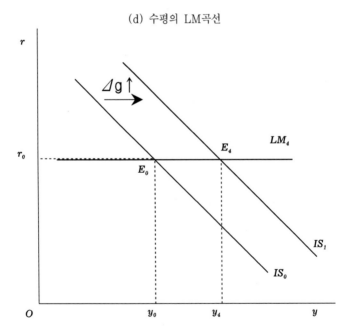

(d) 수평의 LM곡선

(2) IS곡선의 기울기와 재정정책의 유효성

여기서는 재정정책의 효과가 IS곡선의 기울기에 따라 어떻게 달라지는지를 살펴보자. 〈그림 9-6〉에서는 IS곡선의 기울기가 (a) 완만한 경우, (b) 가파른 경우 및 (c) 수직인 경우에 대한 정부지출 증가의 효과를 각각 보여주고 있다. 세 가지 경우 모두 정부지출을 $\triangle g$만큼 증가시킬 때 IS곡선을 IS_0에서 IS_1으로 우측으로 이동시킨다. 물론 IS곡선의 이동한 거리는 모두 $\overline{EA}$로 동일하다. 이 수평이동거리는 단순한 케인지안 모형에서의 정부지출승수배인 $(\dfrac{1}{1-b})\triangle g$ 만큼이다.

〈그림 9-6〉 IS곡선의 기울기와 재정정책의 효과

(a) 완만한 IS곡선

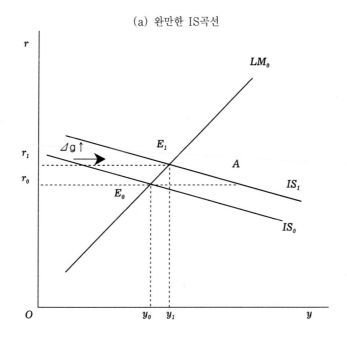

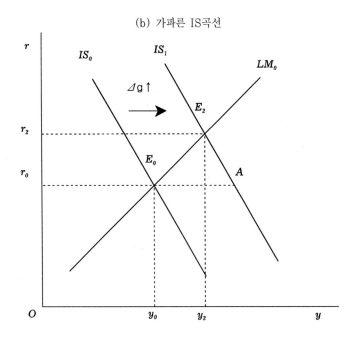

(b) 가파른 IS곡선

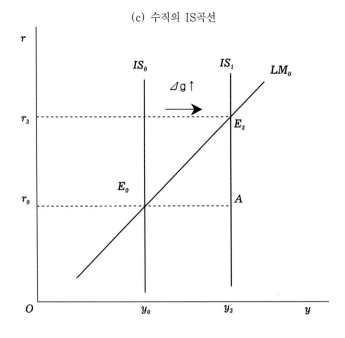

(c) 수직의 IS곡선

〈그림 9-6〉에서 보듯이 재정정책은 IS곡선이 가파를수록 더욱 효과적임을 알 수 있다. IS 곡선이 완만한 (a)의 경우에는 새로운 균형은 E_1으로 이자율은 r_1으로 상승하고 소득은 y_1

으로 증가한다. IS곡선이 가파른 (b)의 경우에는 E_2 균형점에서 이자율은 r_2, 소득은 y_2이다. 마지막으로 IS곡선이 수직인 경우에는 국민소득이 y_0에서 y_3로 가장 큰 증가폭을 보이고 있다. IS곡선의 기울기는 투자의 이자율 탄력성에 의존하고, 투자가 이자율에 비탄력적일수록 IS곡선의 기울기는 가파르게 된다는 것을 우리는 이미 알고 있다. 따라서 IS곡선이 가파를수록 재정정책이 더 효과적이라는 것은 투자가 이자율 변화에 민감하지 않을수록 재정정책의 효과가 더 크다는 것과 같은 의미이다. 이와 같이 재정정책의 효과가 IS곡선의 기울기에 따라 달라지는 이유는 정부지출이 증가할 때 이자율이 상승하는데 이 이자율 상승이 투자의 이자율 민감도에 따라 투자수준에 미치는 영향이 다르기 때문이다. 그 과정을 살펴보자.

정부지출이 증가하면 소득이 증가하고, 소득이 증가하면 화폐시장에서 (거래적) 화폐수요가 증가한다. 그런데 화폐공급이 일정하기 때문에 화폐시장의 균형이 유지되기 위해서는 (투기적) 화폐수요가 감소하여 총화폐수요가 원래 수준을 유지하도록 이자율이 상승하여야 한다. 이와 같은 이자율의 상승은 민간투자를 감소시킴으로써 정부지출 증가의 국민소득 증대 효과를 부분적으로 상쇄시킨다. IS-LM 테두리 내에서 소득이 단순 케인지안 모형보다 작게 증가하는 이유는 이자율의 상승에 의해 유발되는 투자의 감소 때문이다. 이러한 구축효과로 인해 소득은 IS곡선의 수평이동거리 $\overline{EA}$ 보다 작게 증가한다.

구축효과의 크기에 따라 소득증대효과를 상쇄시키는 크기가 달라지고 결국 재정정책의 유효성이 결정된다. 구축효과의 크기는 IS곡선의 기울기 즉 투자의 이자율 탄력성에 달려 있다. 〈그림 9-6〉의 (a)에서와 같이 IS곡선이 완만한 경우 즉 투자가 이자율 변화에 민감하게 반응하는 경우에는 이자율이 조금만 상승하여도 투자 감소폭은 상당히 크므로 소득도 단순 케인지안 모형의 경우보다 상대적으로 크게 감소하여 최종적으로 소득이 y_0에서 y_1으로 소폭 증가한다. 반면에 (b)의 경우에서와 같이 투자가 이자율 변화에 비탄력적이면 이자율의 상승은 투자를 조금만 감소시킬 것이고, 이로 인한 소득 감소폭도 크지 않아 최종적으로 국민소득이 y_0에서 y_2으로 상대적으로 많이 증가한다.

한편 〈그림 9-6〉의 (c)에서와 같이 투자가 이자율에 완전 비탄력적이라서 IS곡선이 수직인 경우를 살펴보자. 정부지출의 증가가 이자율을 상승시키지만($r_0 \to r_3$) 투자는 이자율 변화에 전혀 반응하지 않기 때문에 투자는 전혀 감소하지 않는다. 그러므로 국민소득은 IS곡선의 수평 이동거리 만큼인 y_0에서 y_3으로 증가한다. 이 경우에는 민간투자지출에 대한 구축효과가 전혀 나타나지 않는다.

이상 본 절에서 확대재정정책의 효과를 LM곡선과 IS곡선의 기울기에 따라 어떻게 달라지는지를 살펴보았다. 그 결과를 정리하면 재정정책은 LM곡선이 완만할수록(화폐수요가 이자율에 탄력적일수록) 그리고 IS곡선이 가파를수록(투자가 이자율에 비탄력적일수록) 효과가 더 크다. 그 이유는 정책효과가 전달되는 과정에서 이자율이 상승하여 투자를 위축시키는 구축효과가 발생하기 때문이다. 다른 조건이 일정하다면 화폐수요가 이자율에 민감하게 반응할수록 정부지출 증가가 이자율을 소폭 상승시키므로 구축효과가 상대적으로 작아져 재정정책은 LM곡선이 완만할수록 더 효과적이다. 반면에 다른 조건이 일정할 경우 투자의 이자율 탄력성이 작을수록 이자율 상승에 의한 투자 감소 효과가 작기 때문에 재정정책이 효과적이 된다.

2. 통화정책의 유효성

한 나라 경제를 운용하는데 있어서 재정정책과 더불어 중요한 것은 통화정책(monetary policy)이다. 통화정책의 목표도 기본적으로는 재정정책과 동일하며 될 수 있는 한 경기변동을 작게 하고 안정적인 경제성장을 달성시키는데 있다. 즉 통화정책이란 경제의 안정화정책의 일환으로서 LM곡선을 이동시키며, 최종적으로는 총수요곡선을 이동시킬 수 있는 총수요관리정책의 한 수단인 것이다.

통화정책의 대표적인 수단으로 통화공급을 들 수 있는데, 앞에서 이미 살펴 보았듯이 통화공급이 변하면 LM곡선을 이동시키고 따라서 균형국민소득수준과 이자율에 영향을 미치게 된다. 여기서는 통화공급을 증가시키는 확대 통화정책의 경우를 주로 분석하고자 한다.

통화공급이 증가하면 LM곡선이 우측으로 이동하면서 이자율을 하락하고 국민소득이 증가한다. 통화정책의 유효성은 통화공급이 변했을 때 최종적으로 국민소득이 얼마나 증가하는가가 기준이 된다. 이는 재정정책의 경우와 마찬가지로 IS곡선과 LM곡선의 기울기에 의존한다. 통화공급이 증가하면 이자율이 하락하고, 이러한 이자율의 하락은 투자를 자극하여 총수요가 증가하고 결국 국민소득이 증가한다. 이 과정에서 통화공급 증가가 최종적으로 국민소득을 얼마나 증가시킬 것인가는 첫째 통화량 증가로 인해 이자율이 얼마나 하락하는가, 둘째 이자율 하락이 투자를 얼마나 증가시킬 것인가에 의존한다.

첫째 통화공급 증가에 의한 이자율 하락폭은 LM곡선의 기울기에 의존한다. LM곡선의 기울기는 화폐수요의 이자율 탄력성과 밀접한 관련을 갖는다. 즉 화폐수요가 이자율에 탄력적일수록 LM곡선은 완만하고, 비탄력적일수록 LM곡선의 기울기는 가파른 형태를 띤다.

둘째 이자율 하락에 의한 투자 증가폭은 투자의 이자율 탄력성에 의존한다. 투자의 이자율 탄력성은 IS곡선의 기울기와 밀접한 관련을 갖는다. 즉 투자가 이자율에 탄력적일수록 IS

곡선의 기울기는 완만하고 투자가 이자율에 비탄력적일수록 IS곡선은 가파른 형태를 띤다.

결국 확대 통화정책을 실시할 때 국민소득이 얼마나 증가할 것인가를 논하는 정책의 유효성은 IS곡선과 LM곡선의 기울기에 의존한다. 아래에서는 IS곡선과 LM곡선의 기울기에 따라 통화정책의 효과가 어떠한지를 살펴본다.

(1) IS곡선의 기울기와 통화정책의 유효성

먼저 통화정책의 효과가 IS곡선의 기울기에 따라 어떻게 달라지는지를 살펴보자. 〈그림 9-7〉에서는 IS곡선의 기울기가 (a) 가파른 경우(IS_1), (b) 완만한 경우(IS_2) 및 (c) 수직인 경우(IS_3) 각각에 대한 통화공급 증가의 효과를 보여주고 있다. 세 경우 모두 초기균형점은 E_0로 같고 이때 균형국민소득과 균형이자율은 y_0, r_0로 동일한 값을 갖는다. 확대 통화정책을 실시하여 통화공급이 $\triangle M$만큼 증가하면 LM곡선은 LM_0에서 LM_1으로 우측으로 이동한다. 물론 동일한 양만큼 통화공급을 증가시켰기 때문에 LM곡선의 이동한 거리는 세 경우 모두 $\overline{EA}$로 동일하다.

〈그림 9-7〉 IS곡선의 기울기와 통화정책의 효과

(a) 가파른 IS곡선

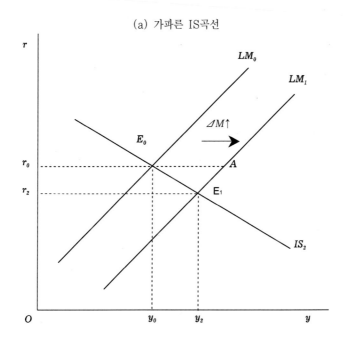

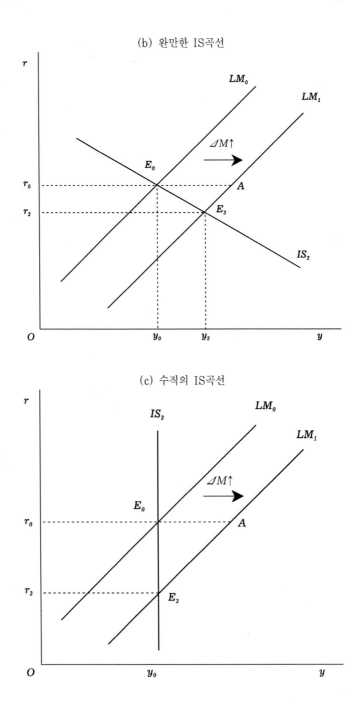

(b) 완만한 IS곡선

(c) 수직의 IS곡선

〈그림 9-7〉(a)는 IS곡선이 가파른 경우인데 이것은 투자수요의 이자율 탄력성이 작은 경우이다. 이 경우 확대 통화정책을 실시하면 LM곡선이 LM_0에서 LM_1으로 우측으로 이동하

면서 균형점이 E_0에서 E_1으로 이동한다. 이 경우 그래프에서 볼 수 있듯이 국민소득은 y_0에서 y_1으로 조금만 증가하여 통화정책은 그다지 효과적이라고 할 수 없다.

〈그림 9-7〉의 (b)에서 LM곡선의 기울기는 (a)와 같고, 또한 통화량 증가로 인한 LM곡선의 이동 폭 또한 $\overline{EA}$로 동일하다. 반면에 IS곡선은 (a)에 비해 훨씬 완만한 형태를 보이고 있다. 즉 투자가 이자율에 매우 민감하게 반응하는 경우이다. 이 경우 확대 통화정책의 결과 균형점은 E_0에서 E_2로 이동하고 국민소득은 y_0에서 y_2로 증가하여 (?a)의 경우보다 국민소득의 증가폭이 더 크다. 이로부터 IS곡선이 수평에 가까울수록 통화정책은 더욱 효과적임을 알 수 있다. 왜 그런지 그 이유를 보자.

IS-LM 분석의 테두리 내에서는 확대 통화정책은 이자율을 하락시켜 투자를 증대시킴으로써 국민소득에 영향을 미친다. 따라서 이자율이 하락할 때 투자의 이자율 탄력성에 따라 국민소득에 영향을 미치는 정도가 다르다. 예를 들어 〈그림 9-7〉의 (a)처럼 IS곡선이 가파른 경우에는 투자가 이자율의 변화에 거의 영향을 받지 않으므로 확대통화정책의 결과 이자율이 하락하여도 투자증대효과가 크지 않기 때문에 국민소득은 조금만 증가한다. 반면에 〈그림 9-7〉의 (b)에서와 같이 투자가 이자율에 탄력적인 경우에는 이자율이 조금만 하락하여도 투자증대효과가 크기 때문에 통화정책은 더욱 효과적이 된다.

극단적으로 투자가 이자율 변화에 전혀 반응하지 않는다면, 즉 투자의 이자율 탄력성이 0이라면 IS곡선은 수직선이 된다. 이러한 경우는 〈그림 9-7〉의 (c)에 그려져 있다. 이 경우에도 확대통화정책을 실시하면 앞에서와 마찬가지로 LM곡선을 동일한 폭만큼 우측으로 이동시키지만 균형은 IS곡선이 수직이기 때문에 E_0에서 E_3로 수직으로 이동한다. 이자율은 화폐수요가 증가하여 화폐시장의 균형이 다시 회복될 만큼 충분히 하락하지만 국민소득은 y_0수준에서 불변이다. 국민소득이 증가하기 위해서는 통화량의 증가로 인한 이자율 하락이 투자수요를 자극해야 하지만, IS곡선이 수직인 경우에는 투자가 이자율에 완전비탄력적이기 때문에 이자율 하락에 따른 투자수요 증대 효과는 전혀 나타나지 않는다. 그러므로 IS곡선이 수직인 경우에는 확대통화정책의 효과는 전혀 없다.

이상으로부터 통화정책은 IS곡선이 완만할수록 즉 투자가 이자율에 탄력적일수록 더욱 효과적이고, IS곡선의 기울기가 가파르면 가파를수록 즉 투자가 이자율에 비탄력적일수록 효과는 점점 작아진다는 것을 알 수 있다.

(2) LM곡선의 기울기와 통화정책의 유효성

여기서는 LM곡선의 기울기, 즉 화폐수요의 이자율 탄력성에 따라 통화정책의 효과가 어떻게 나타나는가를 살펴보자. 〈그림 9-8〉은 앞에서와 마찬가지로 세 가지 유형의 LM곡선, 즉 (a) 완만한 LM곡선, (b) 가파른 LM곡선, (c) 수직의 LM곡선에 따라 통화공급의 증가가 어떠한 영향을 미치는지를 나타내고 있다. 세 가지 모두 초기균형은 E_0이고 이 때 균형국민소득은 y_0이고, 균형이자율은 r_0이다. 이러한 상태에서 정부가 통화공급을 M_0에서 M_1으로 $\triangle M$만큼 증가시켰을 때 정책효과가 LM곡선의 기울기에 따라 어떻게 나타나는지를 살펴보자. 각 경우에 통화공급의 증가는 LM곡선을 LM_0에서 LM_1으로 동일한 거리 $\overline{EA}$ 만큼 우측으로 이동시킨다.

〈그림 9-8〉에서 보듯이 통화공급이 증가했을 때 균형점은 LM곡선의 기울기에 따라 각각 E_1, E_2, E_3로 이동하고, 이에 따라 균형국민소득은 y_0에서 각각 y_1, y_2, y_3가 되어 통화정책은 LM곡선이 비교적 완만한 〈그림 9-8〉(a)에서 가장 효과적이지 못함을 알 수 있다. 통화량 증가로 인한 소득증대효과는 화폐의 이자율 탄력성이 〈그림 9-8〉의 (b)에서 더욱 크며, 화폐수요의 이자율 탄력성이 0이고 LM곡선이 수직인 (c)에서 가장 크게 나타난다.

그 이유는 통화공급이 증가했을 때 화폐수요의 이자율 탄력성 즉 LM곡선의 기울기에 따라 이자율이 하락하는 정도가 다르기 때문이다. 세 경우 모두 IS곡선의 기울기는 동일하다는 가정하에 출발하므로 투자의 이자율 탄력성은 모두 같다. 그러므로 통화량이 증가했을 때 이자율이 크게 하락할수록 투자수요를 더욱 자극하기 때문에 국민소득 증대효과가 더 크다. 이자율의 하락은 이자율이 낮아지고 소득이 증대됨에 따라 증가된 화폐수요가 증가된 화폐공급과 일치하는 점까지 계속된다. 그러면 어떤 경우가 이자율을 더 많이 하락시킬까?

LM곡선이 매우 완만한 〈그림 9-8〉(a)에서는 그림에서 보는 바와 같이 이자율이 r_0에서 r_1으로 조금만 하락해도 된다. 왜냐하면 이 경우에는 화폐수요가 이자율에 매우 탄력적이기 때문에 이자율이 조금만 하락하여도 화폐수요가 충분히 증가하여 화폐시장이 균형을 회복하기 때문이다. 따라서 이 경우에는 투자의 증가와 이에 따른 소득 증가는 작게 나타나게 된다. 〈그림 9-8〉의 (b)에서와 같이 LM곡선이 매우 가파른 경우에는 화폐수요의 이자율 탄력성이 낮고 따라서 통화량의 증가에 따라 화폐시장이 균형을 다시 회복하기 위해서는 이자율이 상당히 큰 폭으로 하락($r_0 \rightarrow r_2$)해야 한다. 따라서 투자수요가 크게 증가하여 국민소득도 보다 크게 증가($y_0 \rightarrow y_2$)한다. 화폐수요가 이자율에 완전 비탄력적인 〈그림 9-8〉의 (c)에서도 통화량이 증가하면 이자율이 하락한다. 이 경우에는 화폐수요가 이자율 변화에 전혀 반응하지 않기 때문에 이 이자율 하락이 화폐수요의 증가나 화폐시장의 균형을 회복시키는 것과는 관계가 없다. 그러나 이자율의 하락은 투자를 자극하고 국민소득을 증대시킨다. 이 소득의 증가과정은 증가된 화폐공급이 추가적인 거래적 화폐수요로 흡수될 때까지 계속된다. 화폐공급이 증가할 때 화폐시장이 다시 균형으로 회복되기 위해서는 화폐수요가 증가하여야 한다. 그러나 화폐수요가 이자율에 완전비탄력적인 경우에는 이자율 하락에 의한 (투기적) 화폐수요의 증대를 기대할 수 없기 때문에, (거래적) 화폐수요가 충분히 증가하여야 한다. 이를 위해서 소득이 큰 폭으로 증가하여야 한다. 요약하면 통화량 증가가 소득수준에 미치는 효과는 화폐수요의 이자율 탄력성이 낮을수록, 즉 LM곡선이 수직에 가까울수록 점점 더 크게 된다.

이상에서 확대통화정책의 효과를 IS곡선과 LM곡선의 기울기에 따라서 그 효과가 어떻게 달라지는지를 알아보았다. 그 결과를 정리하면 통화정책은 IS곡선이 완만할수록(즉 투자가 이자율에 탄력적일수록) 그리고 LM곡선은 수직에 가까울수록(즉 화폐수요가 이자율에 비탄력적일수록) 더 효과적이다.

〈9-8〉 LM곡선의 기울기와 통화정책의 효과

(a) 완만한 LM곡선

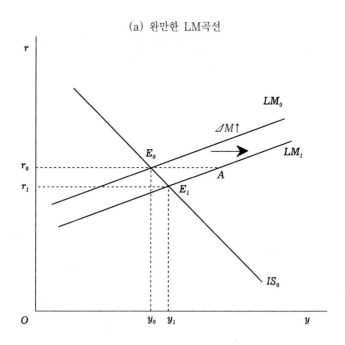

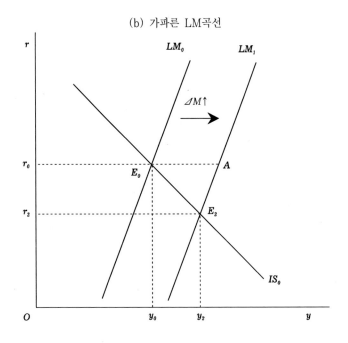

(b) 가파른 LM곡선

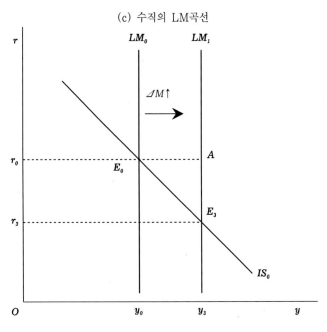

(c) 수직의 LM곡선

제3절 종 합

우리는 제1절에서 일반적인 IS-LM의 테두리 내에서 국민소득과 이자율에 영향을 미치는 요소들에 대해서 살펴보았고, 제2절에서는 IS곡선과 LM곡선의 기울기에 따라 확대재정정책과 확대통화정책의 유효성에 대해 살펴보았다. 그 결과는 〈표 9-2〉에 요약 정리되어 있다.

〈표 9-2〉 IS-LM곡선의 기울기와 재정 및 통화정책의 상대적 유효성

구 분	재정정책		통화정책	
	IS곡선	LM곡선	IS곡선	LM곡선
완만할 때	비효과적	효과적	효과적	비효과적
가파를 때	효과적	비효과적	비효과적	효과적

케인즈 이후 재정정책과 통화금융정책의 유효성을 둘러싸고 케인즈학파와 고전학파(몽화주의자) 사이에 격렬한 논쟁이 벌어졌다. 케인즈학파는 자유방임상태의 자본주의 경제는 그 자체만으로는 불안정하다고 믿는다. 따라서 정부가 적극적으로 개입하여 자본주의의 불안정을 초래하는 요소들을 제거해야 하며, 이를 위해서는 재정정책이 유효하다고 주장하였다. 반면에 고전학파는 무분별한 정부 개입이 자본주의경제의 불안정을 초래한다고 생각했다. 그러므로 정부의 개입이 필요하더라도 직접적인 개입이 상대적으로 배제될 수 있는 통화금융정책이 더 바람직하다고 주장했다.

이러한 양자의 입장 차이는 IS곡선과 LM곡선의 기울기에서도 나타난다. 케인즈학파는 투자의 이자율 탄력성이 낮기 때문에 IS곡선이 가파른 기울기를 갖게 되므로 재정정책이 유효하다고 주장했다. 반면에 고전학파는 투자의 이자율 탄력성이 크기 때문에 IS곡선이 완만한 기울기를 갖게 되므로 통화정책이 유효하다고 주장하였다.

통화정책에 관하여 케인즈학파는 1930년대에 미국이 경험한 것과 같은 불황하에서는 통화정책이 유효하지 못하다고 주장한다. 불황기는 낮은 이자율수준과 낮은 소득수준으로 특징지을 수 있으며 LM곡선에 대하여 극단적인 케인즈학파는 유동성함정이 존재하여 LM곡선이 수평인 상황을 전제하였다. 그렇기 때문에 통화정책은 전혀 효과가 없고 재정정책의 효과는 아주 크다고 주장한다. 반면 고전학파는 LM곡선이 수직인 상황을 전제하였다. 왜냐하면 고전학파는 화폐가 거래목적으로만 수요되며 투기적 화폐수요는 존재하지 않기 때문에, 이자율의 변화가 있더라도 화폐에 대한 수요는 변하지 않는다고 믿기 때문이다. 이 경우에는 재정정책의 효과는 전혀 없고 통화금융정책만이 유효하고 효과 또한 크다.

제10장 총수요·총공급과 거시경제정책

　앞의 IS-LM 분석에서는 물가수준이 고정되어 있다는 가정하에서 국민소득이 결정되는 과정을 분석하였다. 이와 같은 테두리 내에서는 산출량이 총수요에 의해서만 결정된다. 지금까지 물가수준이 고정되어 있다고 가정한 것은 그것이 현실을 잘 반영하기 때문이 아니라 케인지안 체계 내에서의 총수요의 역할을 강조하기 위해서였다. 그러나 현대경제에서 어느 나라를 막론하고 지금 시급하게 해결되어야 할 경제문제로서 많은 사람들이 지적하고 있는 것이 물가안정의 문제이다. 물가문제는 그만큼 현대의 일상생활에 중대한 영향을 미치고 있는 것이다.

　완전경쟁시장에서 생산물의 균형가격과 거래량은 시장수요곡선과 시장공급곡선의 교차에 의하여 결정된다. 이와 동일한 논리가 국민경제 전체적으로 적용된다. 개별생산물의 가격을 모든 생산물에 걸쳐 가중평균하면 일반물가수준이 된다. 개별생산물의 거래량을 모든 최종 생산물에 걸쳐 합하면 실질국민소득이 된다. 균형물가수준과 균형국민소득수준이 총수요곡선과 총공급곡선의 교차에 의하여 결정된다고 보는 것을 총수요·총공급의 이론이라고 한다. 즉 복잡한 것처럼 보이는 거시경제의 균형은 총수요곡선과 총공급곡선의 교차점에서 달성되며 균형국민소득, 균형물가가 총수요부문의 IS-LM곡선과 총공급부문의 총생산함수와 노동시장의 균형에 의해 뒷받침된다.

　본 장에서는 먼저 생산물시장과 화폐시장의 균형으로부터 총수요곡선을 유도하고 노동시장과 총생산함수로부터 총공급곡선을 유도하여 거시경제의 균형을 살펴본 다음 이 곡선들을 이용해 총수요관리정책의 효과를 알아볼 것이다. 그런데 거시경제정책의 효과에 대하여 고전학파와 케인즈학파간에 서로 다른 견해를 취하고 있는데, 마지막 절에서 고전학파와 케인즈학파의 논리와 그에 따른 총수요관리정책의 상대적 유효성을 비교해 볼 것이다.

제1절 총수요곡선(Aggregate Demand Curve)

1. 총수요곡선의 도출

우리는 앞 장에서 물가수준은 일정하다고 가정하고 생산물시장과 화폐시장에서 IS곡선과 LM곡선이 교차하여 어떻게 국민소득과 이자율이 균형수준에서 결정되는가를 살펴보았다. 이제 물가수준 P를 변화시켜 균형국민소득이 어떻게 변화하는가를 살펴봄으로써 총수요곡선을 도출할 수 있다. 총수요곡선(aggregate demand curve; AD)이란 생산물시장과 화폐시장이 동시에 균형을 이루는 물가수준 P와 실질국민소득 y의 조합을 연결한 곡선이다.

총수요곡선을 도출함에 있어서 우리는 각각의 물가수준 하에서 수요되는 산출량 수준을 찾으면 된다. 이것을 찾기 위해서는 IS-LM 곡선의 위치, 즉 두 곡선이 교차하는 점에서 국민소득 수준과 이자율수준이 어떻게 물가변동에 의하여 영향을 받는지를 검토할 필요가 있다. 주어진 물가수준 하에서 IS곡선 및 LM곡선이 서로 교차하는 점에서의 국민소득수준은 총수요곡선상에 있는 점이다.

IS곡선 위에서는 생산물시장이 균형을 이루고, LM곡선 위에서는 화폐시장이 균형을 이룬다. 따라서 생산물시장과 화폐시장의 동시적 균형은 〈그림 10-1〉의 (a)에 나타난 IS곡선과 LM곡선의 교차점 E_0에서 성립한다. 이 점에서는 생산물시장이나 화폐시장에서 수요·공급이 일치하여 불균형이 존재하지 않으므로, 이점에서 결정되는 r_0와 y_0를 수요측면의 균형을 달성시키는 균형이자율과 균형국민소득수준이라고 할 수 있다.

이 때 생산물시장과 화폐시장의 동시적 균형을 가져다주는 국민소득은 물가수준의 변화에 따라 어떻게 움직이는가? 우리는 제8장에서 실질화폐공급(M/P)이 변하면 LM곡선이 이동한다는 것을 배웠다. 실질화폐공급(M/P)의 변동은 명목화폐공급 M의 변화와 물가수준 P의 변화에 의해서 나타날 수 있다. 만약 M은 고정되어 있는데 P가 하락하면 실질화폐공급 (M/P)이 증가하게 되어 LM곡선은 우측으로 이동한다. 즉 〈그림 10-1〉의 (a)에서 물가수준이 P_0에서 P_1으로 하락하면 LM곡선은 $LM_0(P_0)$에서 $LM_1(P_1)$으로 우측으로 이동한다. 이처럼 LM곡선이 우측으로 이동하면 균형점은 E_0에서 E_1으로 이동하고, 이때 생산물시장과 화폐시장을 동시에 균형시키는 국민소득은 y_1으로 증가하고 이자율은 r_1으로 하락한다.

이를 바탕으로 생산물시장과 화폐시장의 균형을 동시에 가져다주는 물가수준 P와 균형국민소득 y와의 관계를 나타낸 것이 〈그림 10-1〉의 (b)이다. 이와 같이 물가수준 P와 수요측면의 국민소득 y의 균형관계를 연결한 선을 총수요곡선이라고 부른다. 이것을 총수요곡선이라고 부르는 이유는 IS-LM 모형에서의 국민소득은 $y = c + i + g$를 의미하는 지출국민소득으로서 수요만 있으면 공급은 얼마든지 가능하다고 전제되어 있기 때문이다. 따라서 IS-LM곡선에 의한 균형이란 공급측면을 전혀 고려하지 않은 수요측면만의 균형을 의미한다.

경제는 초기에는 〈그림 10-1〉의 (a), (b)의 E_0에서 균형상태에 있다. 이 때 균형이자율은 r_0, 균형국민소득은 y_0, 그리고 이에 대응하는 물가수준은 P_0이다. 이제 물가수준이 P_1으로 하락하면 LM곡선이 LM_1으로 이동하며 균형은 E_1으로 이동한다. 〈그림 10-1〉 (a)의 점 E_1은 〈그림 10-1〉 (b)의 물가수준 P_1과 소득수준 y_1의 조합을 나타낸다. 이와 같이 모든 가능한 물가수준과 이에 대응하는 실질화폐공급 M / P를 고려하면 각각의 실질화폐공급에 대하여 〈그림 10-1〉의 (a)에서 각각 다른 LM곡선이 존재하며, 각 LM곡선에 따라서 〈그림 10-1〉의 (b)에서 각 물가수준에 대응하는 균형소득수준이 존재한다. 이 모든 점들을 연결하면 〈그림 10-1〉의 (b)에서보는 바와 같이 우하향하는 총수요곡선(AD)을 도출할 수 있다.

총수요곡선은 물가수준이 하락하면 국민소득이 증가하고, 반대로 물가수준이 상승하면 국민소득이 감소하는 관계를 갖고 있다. 즉 수요측 국민소득은 물가수준과 반대방향으로 움직인다. 그 이유는 다른 조건이 일정하다면 물가수준의 상승은 화폐잔고의 실질가치를 감소시켜 총수요를 줄이기 때문이다.

여기서 IS, LM곡선은 (r, y) 평면에 그려지지만, 총수요곡선(AD)은 (P, y) 평면에 그려진다는 점에 주의하여야 한다.

〈그림 10-1〉 총수요곡선의 도출

(a) 수요측면의 균형

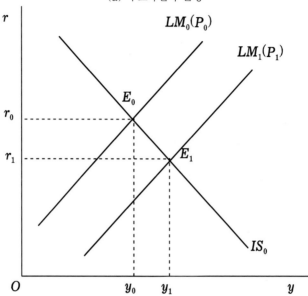

(b) 총수요곡선

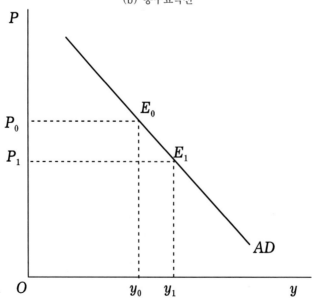

2. 총수요곡선의 이동

총수요곡선은 생산물시장과 화폐시장의 동시적 균형, 즉 IS곡선과 LM곡선으로부터 도출되었다. 따라서 이들을 적절히 이동시키면 총수요곡선도 이동하게 된다. 즉 IS곡선이나 LM곡선을 이동시키는 요인이 곧 총수요곡선을 이동시키는 요인이 된다. IS-LM 모형에서 균형소득수준을 상승시키는 요인들, 즉 일정한 물가수준에서 요구되는 산출량수준을 증가시키는 요인들은 총수요곡선을 우측으로 이동시킨다. 이와 반대로 IS-LM 모형에서 균형소득을 감소시키는 요인들은 총수요곡선을 좌측으로 이동시킨다.

제8장에서 정부지출이나 조세의 변화와 같은 재정정책변수들이 변화하면 IS곡선이 이동하고, 명목통화량(M)이 변하면 LM곡선이 이동한다는 것을 살펴보았다. 즉 정부지출이나 조세 또는 통화량 등 총수요를 관리하는 정책변수들이 변하면 총수요곡선이 이동한다.

여기서는 〈그림 10-2〉에서 보는 바와 같이 화폐공급의 증대효과를 살펴보자. 〈그림 10-2〉의 (a)에서 화폐공급의 증가는 LM곡선을 처음 위치인 $LM_0(P_0)$에서 $LM_1(P_0)$으로 우측으로 이동시킨다. 따라서 이 그림의 P_0로 주어진 물가수준하에서 균형소득은 y_0에서 y_1으로 증가하게 된다. 동시에 〈그림 10-2〉의 (b)에서 총수요곡선은 AD_0에서 AD_1으로 이동하게 된다. 총수요곡선의 수평 이동거리인 $(y_1 - y_0)$가 바로 IS-LM 모형에서 균형소득의 증가분임에 유의하라. 이것은 물가수준이 일정하게 주어진 상태에서 이루어지는 총수요와 소득의 증가이다. 반대로 화폐공급이 감소하면 LM곡선이 좌측으로 이동하면서 균형국민소득수준이 감소하므로 총수요곡선은 좌측으로 이동한다.

마찬가지로 IS곡선을 이동시키는 정부지출이나 조세변화와 같은 재정정책변수가 변하면 총수요곡선을 이동시킨다. 일정한 물가수준에서 정부지출이 증가하거나 조세가 감소하면 IS곡선이 우측으로 이동하면서 균형국민소득수준이 증가하므로 총수요곡선은 우측으로 이동한다. 반대로 정부지출이 감소하거나 조세가 증가하면 총수요곡선은 좌측으로 이동한다.

<그림 10-2> 화폐공급의 증가와 총수요곡선의 이동

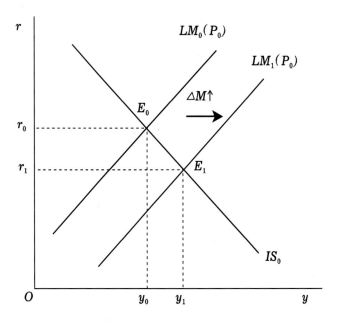

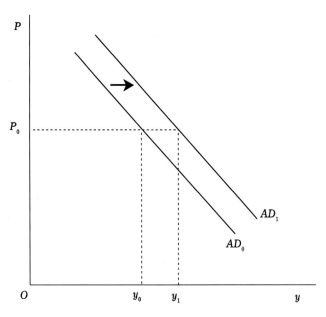

제2절 노동시장과 총공급곡선

앞에서 생산물시장과 화폐시장의 동시적 균형을 수요측면의 균형으로 규정하고, 이를 달성시키는 국민소득과 물가수준의 조합인 총수요곡선을 유도하였다. 그러나 총수요곡선만으로는 국민경제 전체의 균형을 가져다 주는 국민소득과 물가수준이 결정될 수 없다. 따라서 거시경제의 전체균형을 분석하기 위해서는 공급측면의 균형을 나타내는 총공급곡선이 추가적으로 필요하다.

총공급곡선을 도출하기 위해서는 먼저 거시경제 공급부문의 주요 구성요소를 파악하여야 한다. 거시경제의 공급부문은 노동시장과 총생산함수로 구성된다. 단기에 한 경제의 생산물의 공급은 다음과 같이 결정된다. 단기에는 자본(K)은 고정생산요소이므로 산출량은 노동투입량(L)에 의해서만 결정된다. 한편 노동투입량은 노동시장에서 노동에 대한 수요와 노동의 공급이 일치하는 곳에서 결정된다. 즉 노동시장에서 노동에 대한 수요와 공급이 같아지는 곳에서 균형고용량이 결정되면, 이것이 바로 총생산함수 $y = f(L, \overline{K})$를 통하여 투입되고 산출량이 결정된다.

그런데 노동시장에서 물가수준이 변하면 균형고용량이 변하고 이에 따라 산출량이 변하게 된다. 따라서 총생산함수와 노동시장을 이용하여 물가수준과 산출량이 어떤 관계에 있는가 하는 총공급곡선을 도출할 수 있다.

본 절에서는 총공급곡선을 도출하기 위해 먼저 공급부분의 주요 구성요소인 총생산함수와 노동시장에 대하여 살펴본다. 그런데 총공급곡선을 도출함에 있어 고전학파와 케인지안간에 커다란 견해차를 보이고 있다. 이러한 견해차는 바로 가격의 신축성에 대한 이견 때문에 나타난다. 모든 가격변수가 신축적으로 움직이는 고전학파의 세계에서 총공급곡선은 수직선의 형태를 띤다. 반면에 단기적으로 노동시장의 가격변수가 경직적이거나 화폐환상의 존재를 전제로 하는 케인지안의 세계에서는 총공급곡선이 우상향하는 형태를 띤다.

1. 총생산함수

총공급곡선을 도출하는데 있어서 핵심적인 역하를 아는 것이 국민경제 전체적인 입장에서 파악된 총생산함수(aggregate production function)이다. 총생산함수는 생산요소의 투입량과 이들 투입요소를 통하여 생산할 수 있는 국민경제 전체의 생산량 사이의 기술적 관계를 나타낸다. 총생산함수는 항상 기술적 효율성을 전제로 한다. 생산요소로는 노동(L)과 자본(K) 2대 요소만을 고려한다. 따라서 생산요소의 투입량과 생산량과의 기술적 관계는 다음과 같이 나타낼 수 있다.

$$y = f(L, \overline{K})$$ (10-1)

단, y는 실질생산량, L은 노동투입량, K는 자본투입량을 의미한다. 이 식에서 자본투입량 K는 단기간 동안 고정되어 있다고 가정되어 있으므로 이 생산함수는 단기 생산함수이다. 따라서 식 (10-1)은 단기적으로 볼 때 실질생산량 y의 수준은 노동투입량 L의 크기에 의존한다는 것을 말해준다. 단기생산함수에서는 자본투입량이 고정되어 있기 때문에 노동투입량을 증가시키면 일정수준까지 y는 증가하나 한계생산물체감의 법칙으로 인해 그 증가율은 점차 체감하게 될 것이다. 따라서 단기총생산함수를 나타내는 식을 그림으로 나타내면 〈그림 10-3〉과 같다.

즉 실질생산량 y는 노동투입량(L)의 증가함수이며, 단기총생산함수의 기울기는 노동의 한계생산물을 나타내는데 노동투입량이 증가함에 따라 점차 감소하는 것을 나타내 노동의 한계생산물이 체감하는 것을 보이고 있다.

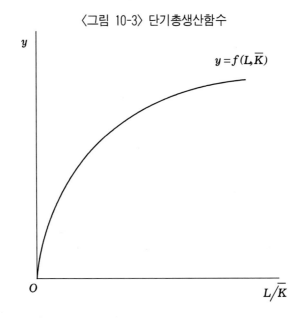

〈그림 10-3〉 단기총생산함수

생산량 y의 크기를 결정해 주는 노동투입량 L의 크기는 노동시장에서 노동에 대한 수요와 노동의 공급에 의해서 결정된다. 따라서 총생산량 결정 메커니즘을 이해하기 위해서는 노동시장에 대한 분석이 필요하다.

2. 노동시장의 균형

여기서는 먼저 기업의 입장에서 노동수요의 원리를 고찰하고, 다음에 노동자의 입장에서 노동공급의 결정 문제를 고전학파와 케인즈학파의 입장을 구별하여 살펴보기로 한다. 사실 고전학파와 케인즈학파간의 견해차는 기본적으로 노동시장에서 고용수준이 어떻게 결정되는가에 대한 견해가 다르기 때문에 나타난다. 따라서 노동시장에 대한 분석을 이해한다는 것은 거시경제학을 올바로 이해하는데 매우 중요하다.

(1) 노동에 대한 수요

생산의 주체인 기업은 생산에 필요한 노동투입량을 얼마로 결정할 것인가? 기업은 재화의 생산과 판매를 통하여 이윤을 창출한다. 기업은 이윤극대화를 기업행동의 기본원칙으로 하고 있다. 즉 기업은 생산요소인 자본과 노동을 투입하여 생산활동을 하는데, 이윤을 극대화하기 위하여 최적 노동과 자본의 투입량 및 생산량을 결정한다.

기업이 이윤을 극대화시키기 위해서는 노동의 한계수입(MR)과 노동의 한계비용(MC)이 일치되는 점에서 고용량을 결정하면 된다. 노동의 한계수입은 기업이 추가적인 노동 한단위로 생산한 제품을 판매하여 얻을 수 있는 수입으로 노동의 한계생산물가치(value of marginal product: $VMP_L = P \cdot MPP_L$)가 된다. 그리고 노동의 한계비용은 노동 한 단위를 추가적으로 더 고용할 때 들어가는 비용으로 명목임금(W)과 같다. 만약 $W > P \cdot MPP_L$이라면 노동 한 단위를 추가적으로 고용할 때의 비용이 추가적인 노동 한 단위로 생산한 제품의 가치보다 크기 때문에 기업은 고용을 감소시킬 것이다. 반대로 $W < P \cdot MPP_L$라면 기업은 고용을 늘릴 것이다.

결국 이윤극대화를 추구하는 기업은 노동의 한계생산물가치($P \cdot MPP_L$)가 명목임금(W)과 같게 되도록 노동을 고용하면 된다. 여기서 노동의 한계생산물을 $f(L)$로 표현하면 기업의 이윤극대화 노동고용량은 다음과 같이 쓸 수 있다.

$$W = P \cdot f(L) \tag{10-2}$$

식 (10-2)의 양변을 물가 P로 나누면 다음 식과 같이 기업의 이윤극대화 노동수요량을 실질임금($w = W/P$)으로 나타낼 수 있다.

$$\frac{W}{P} = w = f(L) \qquad\qquad (10\text{-}3)$$

즉 이윤극대화를 추구하는 기업은 실질임금(w=W/P)이 노동의 한계생산성 ($MP_L = f(L)$)
이 같아지는 점에서 고용을 결정한다.

위의 두 식 (10-2)와 (10-3)은 임금과 고용량의 관계를 나타내는 노동수요함수로 이해
할 수 있다. 그런데 한계생산물 체감의 법칙에 의해 노동투입량이 증가함에 따라 추가적으로
투입되는 노동 한 단위의 한계생산물은 체감하므로 노동에 대한 수요는 실질임금과 역의 관
계에 있다. 그러므로 이윤을 극대화하는 기업의 노동에 대한 수요곡선은 〈그림 10-4〉에서
보는 바와 같이 우하향한다. 각 기업의 노동수요곡선을 합하면 한 나라 경제전체의 노동수
요곡선을 얻어지며 총노동수요곡선 역시 실질임금과 역의 관계를 갖는다. 〈그림 10-4〉의 (a)
는 실질임금으로 나타낸 노동수요곡선이고, (b)는 명목임금으로 나타낸 노동수요곡선이다.

한편 〈그림 10-4〉의 (b)에서 보듯이 물가가 변하면 명목임금으로 나타낸 노동수요곡선
이 이동한다. 물가가 상승하면 노동수요곡선은 상방으로 이동하고 물가가 하락하면 노동수
요곡선은 하방으로 이동할 것이다.

〈그림 10-4〉 노동에 대한 수요곡선

(a) 실질임금과 노동수요

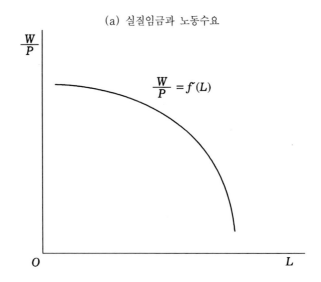

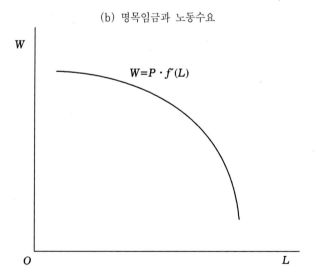

(b) 명목임금과 노동수요

(2) 노동의 공급

노동의 공급주체는 가계이다. 가계는 최종 생산물시장에서는 소비자로 행동하지만 동시에 노동시장에서 노동을 공급하는 노동자가 된다. 노동의 공급측면을 규명하는 데에는 다음과 같은 두 가지 점을 고려하여야만 한다. 첫째 노동이 물가수준의 변화에 얼마나 신속히 또는 완전하게 반응하는가? 둘째, 화폐임금 즉 명목임금이 경직적인가 또는 신축적인가?

노동자들은 기업과 달리 물가에 대한 정보가 완전하지 않으므로 앞으로 기대되는 실질임금 수준에 따라 노동공급에 대한 의사결정을 한다. 즉 노동자들은 실제물가 P에 대하여 나름대로 기대를 형성하며, 이 예상물가(P^e)를 반영한 예상실질임금($w^e = W/P^e$)의 크기에 의존하여 얼마만큼 노동을 공급할 것인가를 결정한다. 이때 예상물가는 실제물가와 정확히 일치할 수도 있고 다를 수도 있다.

고전학파들은 노동자들이 물가수준의 변동에 즉각적인 반응을 보인다고 가정한다. 즉 고전학파 경제학자들은 기업들과 마찬가지로 노동자들도 충분한 정보를 가지고 있기 때문에 예상물가는 실제물가와 정확히 일치한다. 이 경우 예상실질임금이 실질임금과 같기 때문에 고전학파에 있어서 노동의 공급은 실질임금의 크기에 의존한다.

한편, 케인즈학파의 경우에는 노동자들은 물가에 대한 정보가 부족하다고 가정하므로 노동자들이 예상하는 물가는 실제물가와 정확히 일치하지 않는다. 이 경우 노동자들은 명목임금수준을 인상시켜주면 비록 실질임금수준이 변동이 없거나 경우에 따라서는 실질임금이 하락할지라도 이를 알아차리지 못하고 더 많이 노동을 공급하려 한다. 즉 케인지안들은 노동자들이 화폐환상(money illusion)에 빠져 있는 경우를 가정하고 있다.

이상의 논의로부터 노동자들이 각각의 예상실질임금 수준에서 공급하려는 노동의 양을 나타내는 노동공급곡선을 도출할 수 있다. 예상물가를 P^e, 예상실질임금을 $w^e = W/P^e$로 나타내면 노동의 총공급함수는 다음과 같이 나타낼 수 있다.

$$w^e = \frac{W}{P^e} = g(L), \quad g'(L) > 0 \tag{10-4}$$

식 (10-4)는 노동공급을 예상실질임금의 함수로 표현한 것이다. $g'(L) > 0$는 예상실질임금이 높을수록 노동자는 노동공급을 증가시킨다는 것을 나타낸다. 위 식을 기대실질임금 대신 실제 실질임금과 고용수준간의 관계로 바꾸기 위하여 양변을 물가(P)로 나누고 기대물가(P^e)를 곱하면 다음과 같이 표시할 수 있다.

$$w = \frac{W}{P} = \frac{P^e}{P} g(L), \quad g'(L) > 0 \tag{10-5}$$

식 (10-5)를 그림으로 나타낸 것이 〈그림 10-5〉의 (a)이다. 노동자들은 실질임금이 올라갈수록 노동공급을 더 많이 하려고 하기 실질임금으로 표시된 노동공급곡선은 우상향하는 형태를 띤다.

한편 식 (10-4)나 식 (10-5)의 양변에 예상물가(P^e)를 곱하면 우리는 노동공급을 명목임금 W의 함수로도 나타낼 수 있다. 즉

$$W = P^e \cdot g(L), \quad g'(L) > 0 \tag{10-6}$$

식 (10-6)은 명목임금과 노동공급과의 관계를 나타낸다. 이것은 〈그림 10-5〉의 (b)로 나타낼 수 있다. 〈그림 10-5〉에서 물가변화에 따라 예상물가가 변하면 노동공급곡선이 상하로 이동한다. 물가변화에 따라 물가에 대한 예상이 얼마나 정확히 일치하는가에 따라 실질임금으로 표시한 노동공급곡선과 명목임금으로 표시한 노동공급곡선이 이동하는 폭이 다르게 된다. 만약 물가가 상승했을 경우 물가에 대한 예상이 정확하여 실제물가와 예상물가가 같다

면($P = P^e$), 실질임금으로 표시한 노동공급곡선은 이동하지 않지만, 명목임금으로 표시한
노동공급곡선만 상방으로 이동한다.

〈그림 10-5〉 노동의 공급곡선

(a) 실질임금과 노동공급

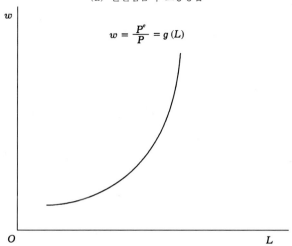

$$w = \frac{P^e}{P} = g(L)$$

(b) 명목임금과 노동공급

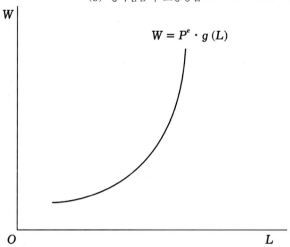

$$W = P^e \cdot g(L)$$

(3) 노동시장의 균형

노동시장의 균형은 노동에 대한 수요와 노동의 공급이 일치하는 곳에서 성립한다. 이상에서 배운 다음 방정식들을 이용하여 고찰해 보기로 하자.

노동의 수요: $w = f'(L)$ 또는 $W = P \cdot f'(L)$

노동의 공급: $w = \dfrac{P^e}{P} g(L)$ 또는 $W = P^e \cdot g(L)$

노동시장의 균형: $f'(L) = \dfrac{P^e}{P} g(L)$ (10-7a)

또는 $P \cdot f'(L) = P^e \cdot g(L)$ (10-7b)

노동시장의 균형조건 중 (10-7a)는 실질임금으로 나타낸 균형조건이고, (10-7b)는 명목임금으로 표시된 균형조건이다. 노동시장의 균형을 그래프로 나타내면 〈그림 10-6〉에서 보는 바와 같이 노동에 대한 수요곡선과 공급곡선이 교차하는 곳에서 균형고용량 L_0와 명목임금 W_0 및 실질임금 w_0가 각각 결정된다.

한편 물가가 상승하면 명목임금으로 나타낸 노동수요곡선은 그만큼 상방으로 이동한다. 그렇지만 노동공급곡선은 노동자들이 물가에 대한 예상을 어떻게 하는가에 따라 달라진다. 물가가 변했을 때 노동수요곡선과 노동공급곡선의 어떻게 이동하는가에 균형고용량이 달라지고 생산량이 달라진다. 노동시장에서 물가가 변했을 때 노동수요곡선과 노동공급곡선이 얼마나 이동하는가를 알기 위해서는 예상물가 P^e와 실제물가 P의 관계가 규정되어야 한다. 이들의 관계에 대한 가정은 고전학파와 케인지학파간에 상당한 견해 차이를 보이고 있다. 다음에서는 이러한 견해 차이와 이에 따른 총공급곡선의 형태를 살펴보자.

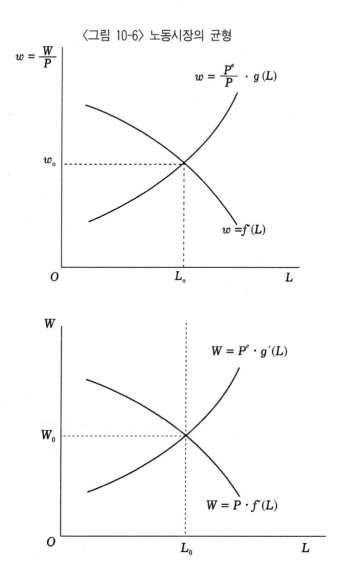

〈그림 10-6〉 노동시장의 균형

3. 총공급곡선의 도출

총공급곡선은 노동시장과 총생산함수로부터 도출된다. 그런데 노동시장, 특히 노동공급함수를 어떻게 다루느냐에 따라 여러 가지 형태의 총공급곡선을 얻는다. 노동의 공급측면을 규명하는 데에는 다음과 같은 점을 고려하여야만 한다. 첫째 노동공급이 물가수준의 변화에 얼마나 신속히 또는 완전하게 반응하는가? 둘째, 화폐임금이 경직적인가 또는 신축적인가?

이에 대해서 고전학파와 케인즈학파의 견해가 아주 다르다.

아래에서는 물가수준이 변할 때 고전학파와 케인즈학파의 경우 노동시장의 균형이 어떻게 변하는지를 각각 살펴보고 아울러 총공급곡선을 도출해 보자. 우선 노동의 공급계약은 계약 시점에서 볼 때 앞으로 물가변동과 임금인상이 얼마만큼 될 것인가를 고려하여 노사간의 타협에 의해 이루어진다. 즉 물가수준에 따라 총수입이 달라지기 때문에 노동에 대한 수요는 실제의 물가수준에 따라 결정되지만, 노동의 공급은 앞으로의 예상물가수준이 그 지표가 된다. 따라서 현실의 실제물가와 예상물가의 관계가 문제가 되는데, 각 학파들간에 보는 관점이 다르다.

(1) 고전학파의 총공급곡선

먼저 고전학파의 노동시장의 특징은 생산물시장과 마찬가지로 노동시장이 잘 작동하고 있다는 가정이다. 즉 모든 기업과 개별노동자들은 최적화를 실현하고 있으며, 그들은 모든 관련된 가격에 대해 완전정보를 갖고 있고, 화폐임금의 조정에 어려움이 존재하지 않아 시장은 언제나 청산된다고 본다.

즉 고전학파 경제학자들은 노동자들도 기업과 마찬가지로 모든 관련된 가격에 대해 완전한 정보를 가지고 있기 때문에 예상물가 P^e는 실제물가 P와 정확히 일치한다고 가정한다. 이와 더불어 이들은 만약 노동시장에 불균형이 존재할 때에는 임금이 상·하 신축적으로 움직여서 불균형을 신속하게 해소시킨다고 가정한다.

〈그림 10-7〉은 고전학파에서 물가가 변화할 때 노동시장의 균형과 총공급곡선의 형태를 보여주고 있다. 〈그림 10-7〉의 (a)는 명목임금으로 나타낸 노동수요곡선과 공급곡선, (b)는 실질임금으로 표시한 노동수요 및 공급곡선, 그리고 (c)는 노동투입량과 총생산량간의 관계를 나타내는 총생산함수이다. (d)는 노동시장과 총생산함수로부터 유도된 물가와 총생산간의 관계를 나타내는 총공급곡선이다.

〈그림 10-7〉 고전학파의 노동시장균형과 총공급곡선

(a) 노동시장(명목임금)

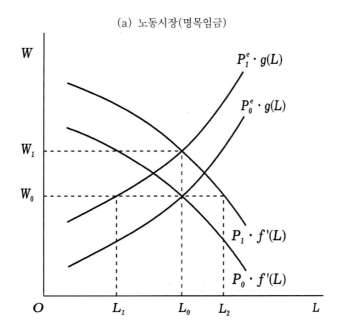

(b) 노동시장(실질임금)

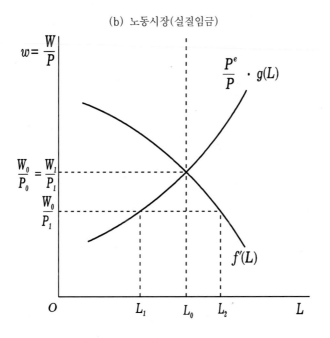

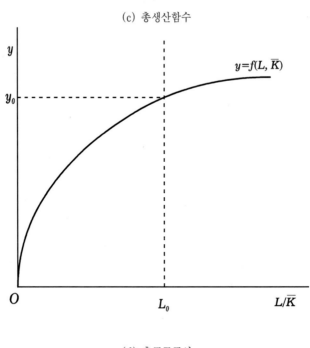

(c) 총생산함수

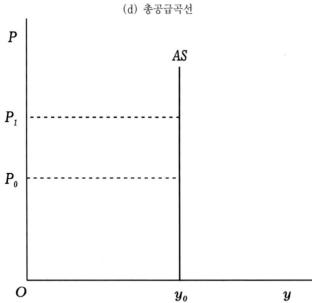

(d) 총공급곡선

이제 물가가 P_0에서 P_1으로 상승하는 경우를 살펴보자. 먼저 〈그림 10-7〉의 (a)에서 물가수준이 P_0일 때 노동에 대한 수요곡선과 공급곡선이 만나는 점 (W_0, L_0)에서 최초의 균형이 이루어진다. 이때 실질임금은 $w_0 = W_0/P_0$가 된다. 이제 물가가 P_0에서 P_1으로 상승하면 명목임금으로 표시된 노동수요곡선은 $P_0 \cdot f'(L)$ 에서 $P_1 \cdot f'(L)$ 로 물가가 상승한 것만큼 상방으로 이동한다. 즉 주어진 명목임금하에서는 물가수준이 상승할수록 실질임금이 낮아지므로 보다 많은 노동이 수요된다. 노동에 대한 수요는 오로지 실질임금에만 의존한다. 그러므로 물가수준이 P_0에서 P_1으로 상승했음에도 불구하고 명목임금이 여전히 W_0인 경우에는 실질임금이 낮아지기 때문에 노동수요는 L_2로 증가한다. 이와 같이 노동에 대한 수요가 증가하면 명목임금이 상승한다. 이전과 같은 수준인 L_0만큼의 노동량을 수요하기 위해서는 종전의 실질임금수준을 유지하도록 명목임금이 $W_0/P_0 = W_1/P_1$을 만족하는 W_1수준으로 상승해야 한다. 명목임금과 물가수준이 (W_0, P_0)에서 (W_1, P_1)으로 변했다고 해도 명목임금과 물가가 같은 비율로 증가했기 때문에 노동의 수요는 L_0수준에서 머무르게 된다. 즉 실질임금이 W_0/P_0수준에 그대로 있으므로 〈그림 10-7〉의 (a)에서 노동수요량은 L_0인 채로 남아있게 된다.

한편 고전학파 모형에서는 노동자들도 기업과 마찬가지로 모든 관련된 가격에 대해 완전한 정보를 가지고 있기 때문에 물가수준의 변화를 정확히 인식하므로 예상물가 P^e는 실제물가 P와 정확히 일치한다. 노동자들은 실질임금에 관심이 있기 때문에 물가수준이 달라지면 노동의 공급곡선도 달라지게된다. 즉 주어진 명목임금에 대하여 물가수준이 변화하게 되면 실질임금이 변하게 되므로 노동의 공급량도 변한다. 따라서 물가수준이 P_0에서 P_1으로 상승하면 〈그림 10-7〉의 (a)에서 노동공급곡선 또한 $P_0 \cdot g(L)$에서 $P_1 \cdot g(L)$로 물가가 상승한 것만큼 상방으로 이동한다. 명목임금이 주어졌을 경우 물가수준이 상승하면 실질임금이 낮아지고 따라서 보다 노동이 덜 공급된다는 점에 주목하라. 즉 물가가 P_0에서 P_1으로 상승했는데 명목임금이 이전수준인 W_0으로 유지된다면 실질임금이 W_0/P_1으로 하락하기 때문에 노동자들이 노동공급은 L_1수준으로 감소한다. 이러한 노동공급의 감소는 명목임금을 끌어올린다. 결국 이전과 같은 수준인 L_0만큼의 노동량을 수요하기 위해서는 종전의 실질임금수준을 유지하도록 명목임금이 $W_0/P_0 = W_1/P_1$을 만족하는 W_1수준으로 상승해야 한다. 개별노동자들은 오로지 실질임금에만 관심을 두고 있다는 것은 다음과 같은 사실에서 알 수가 있다. 즉 명목임금 W_0과 물가수준 P_0에서 공급되는 (실질임금 W_0/P_0하에서 공급되는) 노동량(L_0)은 W_1 및 P_1하에서도 변하지 않고 일정하다는 것이다. 명목임금과 물가수준이 같은 비율로 증가하면 노동의 공급량은 변하지 않게 된다.

다시 말하자면 명목임금으로 표시된 노동의 수요곡선과 노동의 공급곡선은 물가가 상승했을 때 물가상승폭만큼 모두 상방으로 이동하여 새로운 균형은 초기 균형점에서 상방으로 수직으로 이동하므로 균형고용량은 변하지 않게 된다.

이상의 설명을 실질임금의 함수로 표현된 노동시장을 나타내는 〈그림 10-7〉의 (b)를 보면 더욱 쉽게 이해할 수 있다. 초기에 물가가 P_0일 때 노동수요곡선과 공급곡선이 교차하는 점에서 균형을 이루며 그때 균형실질임금 W_0/P_0이고, 균형고용량은 L_0이다. 실질임금으로 표시된 노동에 대한 수요곡선과 공급곡선은 물가가 변해도 이동하지 않는다는 점을 주목하자. 이제 물가가 P_0에서 P_1으로 상승하였는데 명목임금이 W_0로 이전수준이라면 실질임금이 W_0/P_1으로 하락하여 노동시장에서는 ($L_2 - L_1$)만큼의 초과수요가 발생한다. 고전학파에서는 시장기구가 원활하게 작동하고 임금·물가가 신축적이라고 가정하기 때문에 이러한 노동의 초과수요가 발생하면 명목임금은 즉각적으로 상승하게 된다. 이러한 상승은 노동시장이 새로운 균형을 이룰 때까지 계속된다. 새로운 균형은 명목임금의 상승폭이 정확히 물가상승폭과 같게 되어 실질임금이 이전 수준과 같아질 때($W_0/P_0 = W_1/P_1$) 성립한다. 결국 노동시장의 균형은 물가상승 이전의 수준으로 다시 회복된다. 결과적으로 고전학파의 경우 물가변동($P_0 \rightarrow P_1$)은 명목임금의 변동($W_0 \rightarrow W_1$)만 가져왔을 뿐 실질임금($W_0/P_0 = W_1/P_1$)이나 고용량(L_0)에는 아무런 변화를 가져오지 않았다.

그렇다면 고전학파 모형에서 물가가 변할 때 생산량이 어떻게 변화하는지를 나타내는 곡선인 총공급곡선은 어떠한 형태를 갖게 될까? 앞에서 설명하였듯이 노동자들이 완전정보를 가지고 있고 임금과 물가가 완전신축적이라고 가정하는 고전학파 모형에서는 물가가 아무리 변동하더라도 균형고용량은 완전고용수준에서 변하지 않는다. 노동시장의 균형고용량 L_0은 〈그림 10-7〉의 (c)의 총생산함수를 통하여 y_0만큼을 생산하게 된다. 즉 물가수준이 P_0에서 P_1으로 상승해도 노동시장의 균형고용량은 L_0에 전혀 영향을 미치지 않으므로 생산량도 y_0 수준에서 변화가 없게 된다.

결국 고전학파의 경우 물가변동이 생산량의 변동에 영향을 미치지 않게 되므로 P와 y의 관계를 나타내는 총공급곡선(AS)은 〈그림 10-7〉의 (d)에서 보듯이 고용량이 완전고용수준인 L_0에 대응하는 산출수준인 y_0에서 수직선이 된다. 이것은 고전학파가 완전고용상태를 분석의 대상으로 하고 있음을 나타내주는 것이기도 하다. 수직의 총공급곡선이 이동하는 경우는 기술혁신에 의한 생산성 증가, 자본축적, 노동력 증가 등이 일어나는 경우이다.

고전학파 모형에서는 산출량 및 고용수준이 오로지 공급측 요인들에 의해서만 결정된다. 그리고 명목임금과 물가수준이 신축적으로 움직이면 항상 완전고용과 완전고용국민소득을 달성할 수 있다는 것이 고전학파 공급측면의 이론적 핵심이라고 할 수 있다.

(2) 케인즈학파의 총공급곡선

고전학파 모형의 기본적인 가정은 명목임금과 물가가 신축적으로 움직이며 또한 기업뿐만 아니라 노동자들도 완전한 정보를 보유한다는 것이다. 이러한 가정하에서는 물가변동이 노동시장의 균형고용량에 영향을 주지 못하고 따라서 생산량이 변동하지 않으므로, 완전고용 산출수준에서 수직인 총공급곡선이 도출되었다.

이에 대해 케인즈학파는 크게 두 가지 점에서 고전학파의 견해와 비교된다.

첫째 명목임금의 하방경직성을 강조하고, 때로는 주어진 물가수준을 상승시킴이 없이 얼마든지 공급을 증가시킬 수 있다는 가정이다. 케인즈에 의하면 경험적으로 볼 때 이미 제1차 세계대전 이전부터 노동조합이 강력해져서 명목임금의 하방신축성이 결여되어 있고, 일반적으로 노동조합에 의해 체결되는 임금협약은 계약기간동안 지속된다. 이와 같은 계약은 그 계약기간 동안 명목임금수준을 일정하게 고정시킨다.

둘째는 노동공급과 관련하여 노동자들이 물가의 움직임에 대한 불완전정보를 토대로 명목임금을 협상하는 경우이다. 케인즈학파는 노동계약이 명목임금으로 이루어지기 때문에 노동자들이 명목임금은 정확히 알 수 있지만, 물가변동에 대한 완전한 정보를 얻기가 어려워 노동자들이 물가상승을 느끼고 이를 임금인상에 충분히 반영하지 못한다고 주장한다. 노동의 공급이 실질임금이 아닌 명목임금에 의존한다는 것은 노동자들이 화폐환상(money illusion)을 가지고 있다는 것을 의미한다. 이 경우에는 노동자들이 물가에 대한 예상(P^e)이 중요하다.

이 두 가지 견해에 기초하여 케인즈학파의 총공급곡선을 도출하여 보자.

(가) 명목임금이 경직적인 경우의 총공급곡선

명목임금 경직성 모형에서는 노동공급이 실질임금의 증가함수라기보다 명목임금의 증가함수인데, 명목임금이 완전고용을 달성시킬 수 있도록 단기에 충분히 신축적이지 않다고 보는 것이다. 즉 노동의 공급이 노동에 대한 수요보다 클 때 명목임금이 완전고용을 달성시킬 수 있을 정도로 충분히 하락하지 않는다는 것이다. 특히 노동의 초과수요가 발생할 경우에는 명목임금이 곧 상승하지만, 초과공급이 존재할 때에는 하락하지 않는다는 화폐임금의 하방경직성(downward rigidity of money wage)을 가정한다. 케인즈는 이와 같은 화폐임금의 하방경직성이 대량실업의 원인이 될 수 있다고 생각하였다.

명목임금이 일정수준에 고정되어 있으면 노동의 공급이 수요를 초과할 때 실제 고용량은 노동의 수요에 의해 결정된다. 즉 기업은 현재의 임금수준에서 필요한 양만큼만 고용한다.

〈그림 10-8〉 명목임금경직성과 총공급곡선

(a) 노동시장

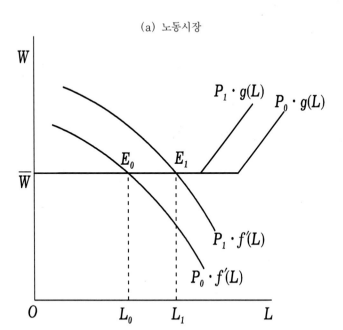

(b) 생산함수

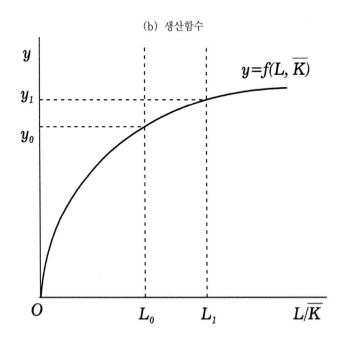

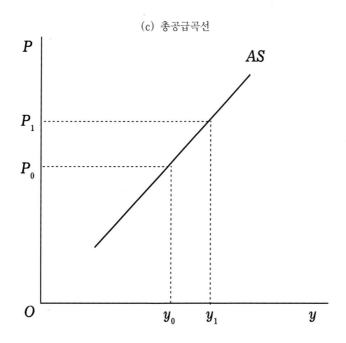

(c) 총공급곡선

예를 들어 명목임금준이 $W = \overline{W}$로 일정하게 고정되어 있는 경우를 생각해보자. 〈그림 10-8〉의 (a)는 명목임금으로 표시된 노동시장을 나타낸다. 명목임금이 $W = \overline{W}$로 일정하다고 가정하였고 어떤 이유에서건 $\overline{W}$ 이하로는 하락하지 않는다면 노동공급곡선은 $\overline{W}$에서 꺾인 형태가 된다. 노동수요곡선은 앞에서와 마찬가지로 우하향하는 형태를 띤다. 초기에 물가수준이 P_0로 주어지면 노동수요곡선과 노동공급곡선이 만나는 점 E_0에서 노동시장의 균형이 성립하고 이때 균형고용량은 L_0이다. 이 L_0의 고용량은 〈그림 10-8〉의 (b)와 같은 총생산함수를 통하여 y_0의 총공급을 결정한다.

이제 물가수준이 P_0에서 P_1으로 상승하면 노동의 수요곡선은 $P_0 \cdot f'(L)$에서 $P_1 \cdot f'(L)$으로 물가가 상승한 만큼 상방으로 이동한다. 반면에 명목임금은 $\overline{W}$ 수준에서 고정되어 있다고 가정하였으므로 새로운 노동시장의 균형은 점 E_1에서 성립한다. 그러므로 새로운 균형고용량은 L_1으로 증가함을 알 수 있다. 물가의 상승으로 노동의 수요가 증가하는 것은 실질임금이 하락하는데 그 원인이 있다. 즉 기업은 실질임금의 크기를 보고 노동에 대한 수요를 결정하기 때문에 임의로 주어진 명목임금 $\overline{W}$ 수준에서 물가의 상승은 실질임금을 하락시켜 기업으로 하여금 노동수요를 증가시키게 된다. 결국 명목임금이 일정하게 주어지는 경우 균형고용량은 전적으로 노동의 수요측면에 의해 결정된다.

노동시장에서의 고용의 증가는 총공급의 증가로 연결된다. 즉 물가가 P_0에서 P_1으로 상승하는 경우 균형고용량이 L_0에서 L_1으로 증가하고, 이는 〈그림 10-8〉의 (b)와 같은 총생산함수를 통하여 총공급이 y_0에서 y_1으로 증가한다. 이와 같이 상이한 물가에 대응하는 총공급을 추적해 가면 그림 (c)에서와 같이 우상향하는 케인즈의 총공급곡선을 얻을 수 있다.

이와 같이 명목임금이 경직적일 경우 총공급곡선이 우상향하는 형태를 띠는 이유는, 노동시장에서의 균형고용량이 전적으로 노동수요에 의존하게 되는 상황에서 물가의 상승은 실질임금을 하락시켜 기업으로 하여금 노동수요를 증가시키고 나아가 균형고용량을 증가시키고 산출량 즉 총공급을 증가시키기 때문이다.

(나) 화폐환상이 존재하는 경우의 총공급곡선

고전학파는 노동의 공급이 실질임금에 의존하는 것으로 보는 반면, 케인즈는 노동의 공급이 명목임금에 의존한다고 보고 앞에서 설명한 바와 같이 명목임금이 하방경직적이라는 것이다. 노동의 공급이 실질임금이 아닌 명목임금에 의존한다는 것은 노동자들이 화폐환상(money illusion)은 가지고 있다는 것이다. 화폐환상이란 사람들이 실질가치를 중심으로 하지 않고 명목가치를 중심으로 경제행위를 하는 것을 말한다. 화폐환상에 빠지면 사람들은 물가수준의 변화에 따른 실질소득의 변화를 간과하고 명목소득의 변화에만 집착하여 재화의 소비나 노동의 공급행태 등을 결정하는 것이다. 우리는 이와 같은 화폐환상모형을 이용하여 케인즈학파의 우상향하는 총공급곡선을 도출할 수 있다.

케인즈는 노동자들이 물가상승을 느끼고 이를 임금인상에 반영토록 요구하기까지는 시간이 걸리며, 또 물가의 변동에 대한 완전한 정보를 얻기가 어렵다고 보았기 때문에 노동자들은 명목임금에만 관심을 갖는다고 보았다. 따라서 물가에 대한 정보가 부족하면 노동자들이 예상하는 물가(P^e)와 실제물가(P) 사이에는 괴리가 발생한다. 이 경우 노동자들은 명목임금수준을 인상시켜주면 비록 실질임금수준이 변동이 없거나 경우에 따라서는 실질임금이 하락한다고 할지라도 이를 알아차리지 못하고 오히려 실질임금의 상승으로 착각하는 화폐환상에 빠지게 된다.

〈10-9〉 완전화폐환상의 경우 노동시장 균형과 총공급곡선

(a) 노동시장

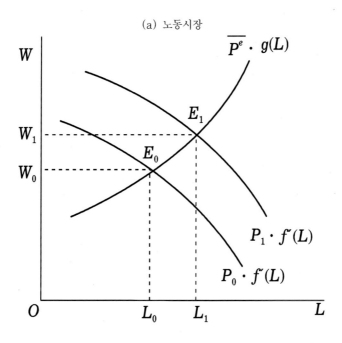

(b) 총생산함수

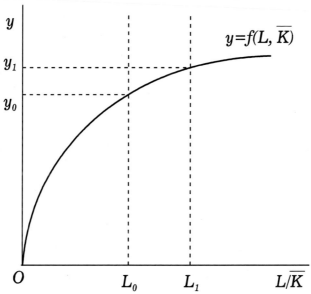

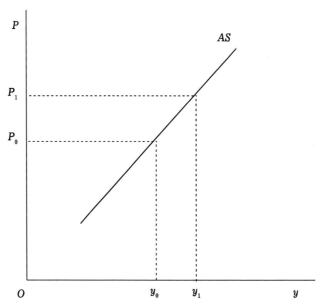

(c) 총공급곡선

먼저 노동자들이 완전 화폐환상에 빠지는 극단적인 케인즈학파의 경우를 살펴보자. 극단적인 케인즈학파는 노동자들이 장래에 대한 물가수준을 한 번 예상하면 적어도 단기에는 그 예상을 바꾸지 않는다고 가정한다. 즉 $P^e = \overline{P^e}$이다. 이들은 노동자들은 정보의 시차 때문에 금기의 물가수준을 알지 못하고 과거 물가수준의 동향을 참고하여 금기의 물가를 예상할 수 있을 뿐으로, 예상물가수준은 현재 물가수준에 관계없이 과거물가행태에 의하여 결정된다고 보기 때문이다.

〈그림 10-9〉의 (a)는 명목임금으로 표시된 노동시장의 균형을 나타낸다. 물가수준이 변하더라도 노동자들의 예상물가는 변하지 않으므로 노동공급곡선은 이동하지 않는다. 초기에 물가수준이 P_0일 때 노동수요곡선과 노동공급곡선이 만나는 점 E_0에서 노동시장은 균형을 이루며 이때 균형고용량은 L_0이다. 이 L_0의 고용량은 〈그림 10-9〉의 (b)의 총생산함수를 통하여 총공급은 y_0가 된다.

이제 물가수준이 P_0에서 P_1으로 상승하면 노동수요곡선은 $P_0 \cdot f(L)$에서 $P_1 \cdot f(L)$으로 물가가 상승한 것만큼 상방으로 이동한다. 예상물가수준은 과거물가 행태에만 의존하므로 당기물가가 상승하더라도 예상물가수준은 변하지 않고 따라서 노동공급곡선은 움직이지 않는다. 이에 따라 균형은 점 E_1에서 성립하고, 고용량은 L_0에서 L_1으로 증가한다.

노동시장에서의 고용의 증가는 총공급의 증가로 연결된다. 즉 물가가 P_0에서 P_1으로 상승하는 경우 균형고용량이 L_0에서 L_1으로 증가하고, 이는 〈그림 10-9〉의 (b)와 같은 총생산함수를 통하여 총공급이 y_0에서 y_1으로 증가한다. 결국 물가상승은 고용량의 증가로 연결되고 이는 총생산함수를 통하여 총공급을 증가시킨다. 따라서 〈그림 10-9〉의 (c)에서와 같이 우상향하는 총공급곡선을 얻을 수 있다.

이처럼 물가가 상승하는 경우 총공급이 증가하는 것은 노동자들이 화폐환상에 빠져 명목임금이 물가보다 적게 상승하여 실질임금이 떨어지더라도 노동공급을 증가시키기 때문이다. 그러나 이와 같은 물가와 총공급간에 정의 관계를 갖는 우상향의 총공급곡선을 도출하기 위해서 예상물가수준이 단기간 동안 변하지 않는다는 극단적인 가정(즉 $P^e = \overline{P^e}$)이 꼭 필요한 것은 아니다. 즉 물가수준이 변화할 때 노동자들의 예상물가가 변하더라도 노동자들이 예상물가 변동분이 실제물가 변동분 보다 작다면($\triangle P^e < \triangle P$) 우상향하는 총공급곡선을 얻을 수 있다.

이제 극단적인 가정을 완화하여, 노동자들은 물가가 상승하는 경우 물가 오르는 것을 감지하고 있긴 하지만 정보 부족으로 인하여 정확한 물가 변동폭은 모르는 경우를 분석하여 보자. 예를 들어 실제 물가는 10% 상승하고 있는데, 노동자들은 물가가 7%정도 오르는 것으로 인식하여 예상물가상승률이 7%인 경우이다.

〈그림 10-10〉 부분 화폐환상의 경우 노동시장균형과 총공급곡선

(a) 노동시장(명목임금)

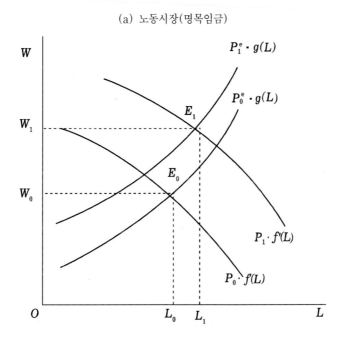

(b) 노동시장(실질임금)

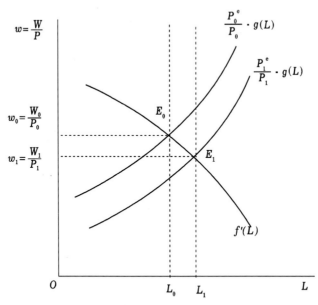

(c) 총생산함수

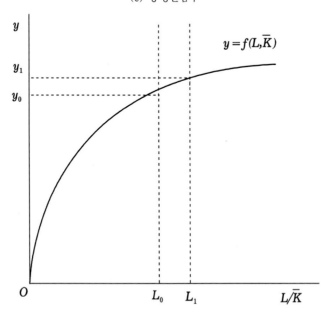

(d) 총공급곡선

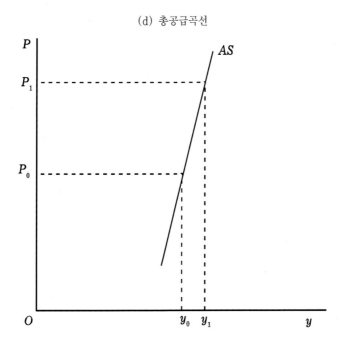

〈그림 10-10〉은 노동자들이 부분 화폐환상에 빠져 있는 경우 노동시장의 균형과 총공급곡선의 도출과정을 보여준다. 〈그림 10-10〉의 (a)에서 초기에 물가수준이 P_0일 때 $P_0 f'(L)$의 노동수요곡선과 노동공급곡선 $P_0^e g(L)$이 교차하는 점 E_0에서 균형이 성립하며, 그 때 균형임금은 W_0, 균형고용량은 L_0로 결정된다. 마찬가지로 노동시장을 실질임금으로 나타낸 (b)에서 보면 노동수요곡선과 노동공급곡선이 만나는 점에서 E_0에서 균형을 이루면서 균형실질임금은 $w_0(=W_0/P_0)$이 되고, 균형고용량은 L_0가 된다. 이 L_0의 고용량은 〈그림 10-10〉의 (c)의 총생산함수를 통하여 총공급은 y_0가 된다.

이제 물가수준이 P_0에서 P_1으로 상승하면 〈그림 10-10〉의 (a)에서 명목임금으로 나타낸 노동수요곡선은 $P_0 \cdot f'(L)$에서 $P_1 \cdot f'(L)$으로, 노동공급곡선은 $P_0^e \cdot g(L)$에서 $P_1^e \cdot g(L)$으로 이동한다. 그러나 노동공급곡선의 이동폭은 노동수요곡선의 이동폭에 미치지 못한다. 왜냐하면 노동자들은 정보부족으로 물가상승폭을 정확히 알 수 없기 때문에 예상물가는 P_0^e에서 P_1^e으로 상승하지만, 예상물가변화율은 실제물가변화율보다 작은 $\dfrac{\triangle P^e}{P^e} < \dfrac{\triangle P}{P}$ 의 관계가 성립하기 때문이다. 이에 따라 새로운 노동수요곡선과 노동공급곡선이 만나는 점 E_1에서 새로운 균형이 성립하고 균형고용량은 L_0에서 L_1으로 증가하고 명목임금 또한 W_0에서 W_1으로 상승한다.

이와 같이 물가상승으로 인한 고용의 증가는 노동시장을 실질임금으로 나타낸 〈그림 10-10〉의 (b)를 보면 더욱 쉽게 이해될 수 있다. 실질임금으로 나태난 노동수요곡선은 $f'(L)$으로 물가변화에 영향을 받지 않기 때문에 물가수준이 P_0에서 P_1으로 상승하더라도 움직이지 않는다. 그렇지만 노동공급곡선은 실제물가상승률보다 예상물가상승률이 작기 때문에 $\frac{P_0^e}{P_0} \cdot g(L)$에서 $\frac{P_1^e}{P_1} \cdot g(L)$으로 하방으로 이동한다. 이에 따라 새로운 균형은 E_1에서 성립하여 균형고용량은 L_0에서 L_1으로 증가하고 실질임금은 $w_0(= W_0/P_0)$에서 $w_1(= W_1/P_1)$으로 하락한다. 즉 물가수준이 P_0에서 P_1으로 상승하는 경우 노동자들이 이러한 물가변화를 정확히 알 수 없다면 명목임금은 W_0에서 W_1으로 상승하지만, 명목임금상승폭이 물가상승폭보다 작기 때문에 실질임금이 하락하게 된다. 결국 물가가 오를 때 균형고용량이 증가하는 이유는 화폐환상으로 인해 노동자들이 명목임금의 상승을 실질임금의 상승으로 착각하기 때문이다.

앞에서와 마찬가지로 물가상승에 따라 노동시장에서 균형고용량이 증가하면 〈그림 10-10〉의 (c)의 총생산함수를 통하여 생산이 y_0에서 y_1으로 증가하고 따라서 총공급곡선은 (d)에서 보는 바와 같이 우상향의 기울기를 가지게 된다.

이상에서 살펴본 바와 같이 물가가 상승하는 경우 노동자들이 이를 전혀 알아차리지 못하는 완전 화폐환상에 빠지거나, 물가상승을 인식하지만 그 상승폭을 정확히 알아차리지 못하는 부분 화폐환상에 빠진 경우 모두 물가상승은 실질임금의 하락을 통해 노동공급을 증가시키고 따라서 생산 또는 공급의 증가로 연결되어 총공급곡선이 우상향하는 형태를 띠게 된다. 그러나 부분 화폐환상에 빠진 경우 물가상승으로 인한 실질임금의 하락이 완전 화폐환상에 빠진 경우의 실질임금의 하락보다 더 작기 때문에 부분 화폐환상에 빠진 경우가 완전 화폐환상에 빠진 경우보다 고용의 증가폭이 더 작고 따라서 물가상승으로 인한 산출량의 증가도 부분 화폐환상의 경우가 더 작다. 그러므로 부분 화폐환상에 빠진 경우의 총공급곡선이 완전 화폐환상에 빠진 경우보다 더 가파른 형태를 띠게 된다.

〈그림 10-11〉은 앞에서 설명한 고전학파와 케인지안의 총공급곡선의 형태를 비교한 것이다. AS_0은 신축적 물가와 완전정보를 가정하는 고전학파의 총공급곡선으로 완전고용산출수준에서 수직이다. AS_1과 AS_2는 물가변동에 대한 불완전정보를 바탕으로 하는 케인지안의 우상향하는 총공급곡선으로 AS_1은 부분 화폐환상에 빠진 경우, AS_2는 완전 화폐환상에 빠진 경우이다.

〈그림 10-11〉 총공급곡선의 형태비교

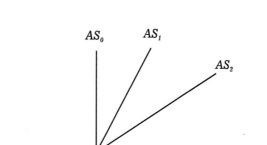

제3절 거시경제 전체균형

우리는 제1절에서 생산물시장과 화폐시장의 동시적 균형으로부터 우하향하는 총수요곡선을 도출하였고, 제2절에서 노동시장의 균형과 총생산함수를 이용하여 총공급곡선을 유도하였다. 그리고 한 나라 경제가 생산물시장, 화폐시장, 노동시장 및 자본시장으로 이루어진다고 할 때, 세 개의 시장에서 균형을 이루면 왈라스 법칙에 의해 나머지 한 시장에서도 균형이 성립한다. 따라서 총수요곡선과 총공급곡선이 만나는 곳에서 거시경제 전체 균형이 이루어진다고 할 수 있다.

지금까지 설명한 내용들은 간단히 요약하면 다음 〈표 10-1〉과 같이 정리할 수 있다. 즉 일국의 거시경제는 크게 수요측면과 공급측면으로 나눌 수 있는데 처음 두 개의 식은 수요측면의 균형을 나타내며 여기서 총수요곡선이 도출된다. 아래의 두 개의 식, 즉 총생산함수와 노동시장 균형식1)은 공급측면의 균형식을 나타내며 이로부터 총공급곡선을 유도할 수 있다. 그러므로 한

---

1) 노동시장의 균형을 보면 노동의 공급은 예상물가에 의존하는 형태로 표현되어 마치 케인즈학파의 노

나라의 경제는 생산물시장, 화폐시장 및 노동시장이 동시적으로 균형을 이룰 때 거시경제 균형이 성립한다. 즉 총수요곡선과 총공급곡선이 교차하는 점에서 경제 전체가 균형에 도달한다.

〈표 10-1〉 거시경제 전체균형

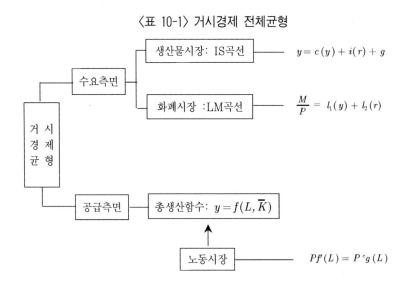

〈그림 10-12〉는 〈표 10-1〉에 나타난 거시경제의 균형식을 그래프로 나타낸 것이다. 이제 〈그림 10-12〉를 통하여 거시경제의 일반균형 달성과정에 대하여 살펴보자. 먼저 〈그림 10-12〉의 (a)에서 IS곡선은 생산물시장을 균형시키는 국민소득과 이자율 즉 (y, r)의 조합을 나타내며 LM곡선은 화폐시장을 균형시키는 (y, r)의 조합을 나타낸다. 화폐시장에서 LM곡선은 P의 값에 따라 이동하며, 이를 이용하여 생산물시장과 화폐시장의 IS-LM곡선으로부터 총수요곡선(AD)이 도출된다.

한편 (c)에는 총공급측면에서 노동시장의 균형을 명목임금으로 나타내었다. 이와 같은 노동시장의 균형과 총생산함수로부터 총공급곡선(AS)이 도출된다. 외생적으로 물가수준 P의 값이 주어지면 그에 따라 노동시장에서 균형고용량이 결정되고, 균형고용량이 결정되면 총생산함수를 통해 산출량(y)이 결정된다. 그러므로 물가(P)가 변하면 그에 상응하는 산출량(y)이 결정되어 총공급곡선이 도출된다.

〈그림 10-12〉의 (b)에 (a)와 (c)를 모두 포함하는 즉 총수요측면과 총공급측면을 모두 고려한 거시경제 전체의 균형이 나타나 있다. 결국 한 나라의 경제는 (b)에서 총수요곡선(AD)과

동공급만을 설명한 것처럼 보이지만, 고전학파의 경우에는 완전정보와 신축적 물가를 가정하므로 예상물가와 실제물가가 정확히 일치하기 때문에 여기에 표현된 노동시장의 균형식에는 고전학파의 경우까지도 포함한다.

총공급곡선(AS) 만나는 점에서 전체 균형이 성립하며 이때 균형국민소득(y_0)과 물가(P_0)가 결정된다.[2] 이와 같이 AD곡선과 AS곡선이 교차하는 곳에서 균형국민소득 수준이 y_0로 결정되면, 이에 대응하여 (a)에서 균형이자율이 r_0로 결정되고, 균형임금과 균형고용량이 각각 W_0와 L_0로 결정된다. 이때 총수요가 충분하여 AD곡선과 AS곡선이 완전고용국민소득수준(y_f)에서 교차한다면, 거시경제 전체 균형은 완전고용국민소득수준에서 성립하고, 이에 대응하여 노동시장에서 완전고용(L_f)이 달성된다.

여기서 중요한 것은 매우 복잡한 것처럼 생각되는 거시경제의 일반균형이 〈그림 10-12〉의 (b)에서와 같이 AD곡선과 AS곡선이 교차하는 점에서 달성되며, 여기서 결정되는 균형국민소득(y_0)과 물가(P_0)가 총수요측면의 IS-LM곡선과 총공급측면의 총생산함수와 노동시장의 균형에 의해 뒷받침된다는 것이다. 이것이 의미하는 바는 거시경제의 균형을 분석하기 위해서는 AD-AS 모형을 분석하는 것으로 충분하다는 것이다.

〈그림 10-12〉 거시경제의 전체균형

(a) 생산물시장과 화폐시장

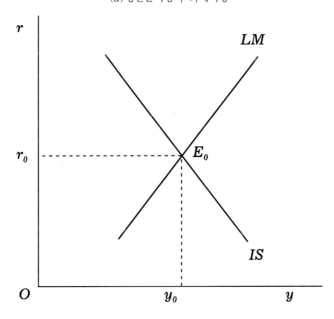

---

2) 여기서는 케인즈학파와 같이 일반적인 우상향하는 총공급곡선을 예를 들어 설명하였다. 물론 고전학파의 경우에는 총공급곡선이 수직이 되는 형태로 나타나지만, 마찬가지로 AD곡선과 AS곡선이 만나는 곳에서 균형국민소득과 물가가 결정된다.

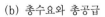

(b) 총수요와 총공급

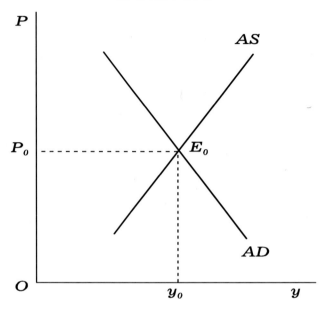

(c) 노동시장

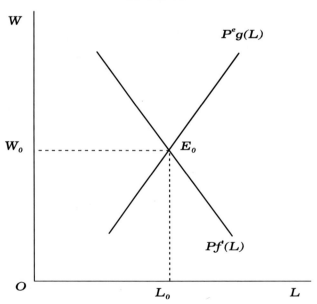

제4절 총수요관리정책과 거시경제균형의 이동

1. 총수요관리정책과 총공급관리정책

앞에서 우리는 거시경제의 일반균형이 성립되는 과정을 살펴보았다. 거시경제의 일반균형이란 생산물시장, 화폐시장 및 노동시장이 동시에 균형에 이르는 상태를 말하며 주어진 경제여건에 따라 균형국민소득, 균형물가, 균형고용량, 균형임금 및 균형이자율이 결정된다. 그런데 외생적인 경제여건이 변하면 거시경제의 균형도 변하며 따라서 주요 거시경제변수의 균형 값도 변하게 된다.

이와 같은 경제여건의 변화는 경제에 대한 일종의 충격 내지 교란으로 볼 수 있는데 크게 공급부문의 충격과 수요부문의 충격으로 구분된다. 수요충격이 발생하거나 공급충격이 발생하면 총수요곡선이나 총공급곡선의 위치와 형태가 바뀌게 되며 경제의 균형점도 달라진다. 따라서 거시경제정책은 기본적으로 이 두 곡선의 위치를 변화시키는 것으로 이해해도 된다.

수요충격은 경제의 수요측면에서 발생하는 충격으로 총수요를 변화시켜 총수요곡선을 이동시킨다. 총수요곡선은 IS곡선과 LM곡선을 통하여 도출되었으므로, IS 및 LM곡선을 이동시키는 요인들이 역시 총수요곡선을 이동시킬 것이다. 그런데 IS곡선을 이동시키는 요인은 정부지출(g)이나 조세(t)와 같은 재정정책변수들이고, LM곡선을 이동시키는 요인은 외생적인 명목통화량(M)과 같은 통화정책변수이므로 결국 재정 및 통화정책에 의해 총수요곡선은 이동하게 된다. 이와 같이 총수요곡선을 이동시킴으로써 거시경제의 균형을 변화시키는 재정 및 통화정책을 총수요관리정책이라 한다. 재정정책과 통화금융정책은 둘 다 총수요곡선을 이동시킨다는 측면에서는 공통점을 갖지만, 총수요곡선의 기초가 되는 IS곡선과 LM곡선의 위치에 상이한 영향을 미친다는 점에서 구별되어야한다. 이 두 정책에 관해서는 뒤에서 자세히 살펴볼 것이다.

〈그림 10-13〉 총수요관리정책과 총공급관리정책

(a) 수요충격, 총수요관리정책

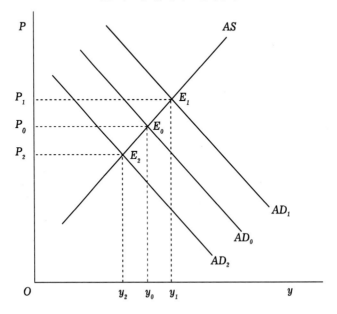

(b) 공급충격, 총공급관리정책

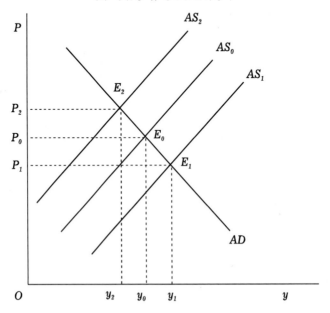

〈그림 10-13〉의 (a)에 나타난 바와 같이 초기에 거시경제균형은 총수요곡선(AD_0)과 총공급곡선(AS)이 교차하는 E_0에서 달성되었다. 이때 균형국민소득과 균형물가는 (y_0, P_0)이다. 이제 정부지출 증대나 통화량 증대와 같은 총수요곡선을 우측으로 이동시키는 확장적 정책을 쓰면 새로운 균형은 E_1에서 달성되며 균형국민소득과 물가는 (y_1, P_1)이 된다. 반대로 긴축정책을 쓰면 총수요곡선이 AD_2로 좌측으로 이동하여 새로운 균형점은 $E_2(y_2, P_2)$로 이동하여 국민소득은 증가하고 물가는 하락한다.

일반적으로 거시경제정책의 두 주요과제는 물가안정과 완전고용(실업감소)을 들 수 있다. 그런데 총수요관리정책으로는 이 두 가지 목표를 동시에 달성하기 어렵다는 것을 알 수 있다. 왜냐하면 〈그림 10-13〉의 (a)에서 보듯이 총수요관리정책은 그것이 확장적이든 긴축적이든 물가와 국민소득을 같은 방향을 변화시킨다. 즉 물가를 안정시키려면 총수요곡선을 좌측으로 이동시키는 긴축정책을 실시해야 하는데 그러면 균형점이 E_0에서 E_2로 이동하여 물가는 P_0에서 P_2로 낮아지지만 국민소득이 y_0에서 y_2로 감소한다. 이러한 소득감소는 고용감소 즉 실업증가로 이어진다. 반대로 실업을 줄이기 위해서는 산출량을 증대시키는 확장적 정책을 실시해야 하는데 이는 물가상승이 뒤따른다. 결국 총수요관리정책으로는 물가안정과 고용증대라는 두 가지 정책목표를 동시에 달성하기가 어렵다.

한편 노동생산성의 향상, 유가상승, 기술혁신, 전쟁, 홍수나 가뭄 등의 자연재해 발생 등과 같은 공급충격이 발생하면 총공급곡선이 이동한다. 노동생산성의 향상이나 유가인하, 기술혁신 등은 총공급곡선을 우측으로 이동시키는 반면, 전쟁발발, 자연재해 발생, 유가인상 등은 총공급곡선을 좌측으로 이동시키며 따라서 거시경제 균형도 이동한다. 총공급관리정책이란 총공급곡선의 이동을 통해 거시경제의 균형에 영향을 미치려는 정책을 말한다. 〈그림 10-13〉의 (b)에서 보듯이 총공급관리정책을 사용하던 총공급충격이 발생하던 총공급곡선이 이동하면 수요충격과는 달리 물가와 국민소득이 반대방향으로 이동한다. 예를 들어 총공급곡선이 AS_0에서 AS_1으로 우측으로 이동하면 균형점이 E_0에서 E_1으로 이동하여 물가는 하락($P_0 \rightarrow P_1$)하고, 국민소득은 증가($y_0 \rightarrow y_1$)한다. 따라서 총공급곡선을 이동시키는 정책을 실시하면 이론적으로는 물가안정과 소득증대(고용증대, 실업감소)라는 두 가지 정책목표를 동시에 달성할 수 있다.

그러나 이와 같은 장점이 있음에도 불구하고, 총공급관리정책이 가지고 있는 문제점으로 인해 총공급관리정책은 거시경제정책으로 사용되고 있지 못하고 있는 실정이다. 총공급관리정책이 가지고 있는 가장 큰 단점은 총공급곡선을 우측으로 이동시킬 수 있는 뚜렷한 정책수단이 없다는 점이다. 총공급곡선의 우측이동은 노동생산성의 향상이나 기술혁신 등이 이루어지면 가능하지만 이와 같은 변수는 정부가 직접 통제할 수 있는 정책변수도 아니거니와 단기간에 달성 가능한 변수가 아니다. 물론 우회적인 방법을 통해 노동생산성 향상을 유도해 볼 수는 있지만, 이러한 정책은 그 효과가 간접적이고 오랜 시간을 요하기 때문에 거시경제정책의 주요수단으로 사용하기에는 한계가 있다.

그러므로 여기에서는 주로 거시경제 균형의 변화를 총수요관리정책을 위주로 설명한다.

2. 총수요관리정책

여기서는 수요측면과 공급측면을 모두 고려하여 총수요관리정책의 효과를 분석한다. 총수요관리정책은 한 나라의 총수요를 적절히 관리함으로써 물가안정과 고용증대라는 정책목표를 달성하기 위한 유용한 수단으로 활용될 수 있다. 먼저 일반적인 케인즈학파의 가정 아래 총수요곡선의 이동을 초래할 재정정책과 통화금융정책의 파급경로와 그 효과를 살펴보자. 즉 생산물시장에서 투자는 이자율의 감소함수를 반영하여 IS곡선은 우하향하고, 화폐시장에서는 거래적 화폐수요 뿐만 아니라 투기적 화폐수요까지 포함하여 화폐수요가 이자율의 감소함수임을 반영하여 우상향하는 LM곡선을 가정한다. 그리고 노동시장에서는 케인즈학파의 주장처럼 화폐환상과 명목임금의 경직성을 반영하여 총공급곡선은 우상향한다고 가정하여 총수요관리정책의 파급경로를 살펴본다. 그런 다음 케인즈학파와 고전학파가 설정하는 특수한 상황에서의 재정·금융정책의 효과를 비교해 보기로 한다.

(1) 재정정책의 효과

우리는 이미 제5장의 생산물시장만을 고려한 단순모형에서 정부지출승수를 이용하여 재정정책의 효과를 살펴보았고, 아울러 제9장에서는 화폐시장을 도입한 IS-LM모형에서 IS곡선의 이동을 통한 재정정책의 효과를 학습하였다. 여기서는 지금까지의 수요측면만을 중심으로 한 분석에서 모형을 더욱 확대하여 총수요측면 뿐만 아니라 총공급측면까지 모두 포함하는 AD-AS곡선을 이용하여 재정정책의 효과를 살펴보기로 한다. 총수요곡선과 총공급곡선을 이용하면 총수요관리정책과 물가변동간의 관계를 명시적으로 분석할 수 있다는 이점이 있다.

최초에 경제는 〈그림 10-14〉의 점 E_0에서 균형을 이루고 있다고 하자. 균형국민소득은 y_0, 균형물가수준은 P_0이며, 생산물시장과 화폐시장의 균형은 〈그림 10-14〉의 (a)에서 마찬가지로 점 E_0에서 달성되므로 균형이자율은 r_0이다. (c)의 노동시장에서 노동의 균형수급량은 L_0이며, 균형임금은 W_0이다.

〈그림 10-14〉 확대재정정책의 효과

(a) 생산물시장과 화폐시장

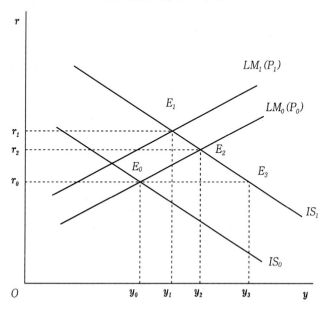

(b) 총수요와 총공급

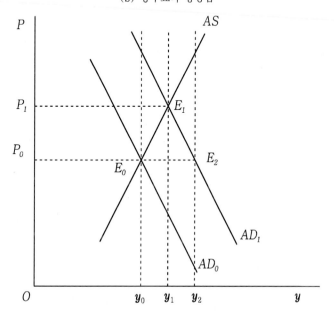

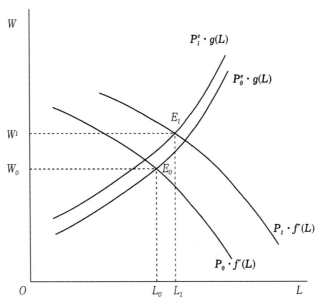

(c) 노동시장

이제 정부가 총수요를 자극하기 위해 확대재정정책을 사용하여 정부지출을 증가시켰다고 하자. 정부지출의 증가는 물가수준이 P_0일 때 〈그림 10-14〉의 (a)에서 IS곡선을 IS_0에서 IS_1으로 우측으로 이동시킨다. 정부지출 증가가 이자율을 상승시키지 않는다면 국민소득은 y_3까지 상승할 것이다. 이것이 제5장에서 설명했던 가장 단순한 정부지출승수효과이다.[3] 그러나 이와 같은 IS_1상의 점 $E_3(r_0, y_3)$는 LM곡선 위에 있지 않으므로 화폐시장에서 불균형(초과수요)을 초래한다. 이러한 화폐시장의 초과수요는 이자율이 r_0에서 r_2로 상승함으로써 해소된다. 즉 새로운 IS곡선(IS_1)과 LM곡선(LM_0)이 만나는 점 E_2에서 새로운 균형이 성립한다. 이자율 상승은 민간투자를 위축시켜 국민소득은 y_2수준에 머무르게 된다.[4]

한편 확대재정정책으로 정부지출이 증가하면 〈그림 10-14〉의 (b)에서 총수요곡선이 우측($AD_0 \to AD_1$)으로 이동한다. 이때 물가수준이 P_0에서 변하지 않으면 국민소득은 (a)에

---

3) 정부지출을 $\triangle g$ 만큼 증가시켰다면 단순모형에서 국민소득은 $\triangle y (= y_3 - y_0) = \dfrac{1}{1-b} \triangle g$ 만큼 증가한다. 여기서 b는 한계소비성향이다.

4) 이와 같이 정부지출 증가가 이자율 상승 등을 초래하여 총수요증가효과가 민간투자의 감소로 상쇄되는 현상을 구축효과(crowing-out effect)라고 한다. 〈그림10-14〉의 (a)에서 구축효과는 ($y_3 - y_2$)만큼이다.

서와 같은 y_2수준이 된다. 그러나 점 $E_2(P_0, y_2)$는 균형점이 아니다. 왜냐하면 이 점에서는 총수요가 총공급을 ($y_2 - y_0$)만큼 초과하고 있기 때문이다. 총수요와 총공급이 일치하기 위해서는 물가수준이 P_0에서 P_1으로 상승할 필요가 있으며 결국 균형은 (b)에서 새로운 총수요곡선(AD_1)과 총공급곡선이 만나는 점인 $E_1(P_1, y_1)$에서 성립한다. 물가수준이 상승하면 실질통화공급(M/P)이 감소하기 때문에 (a)에서 LM곡선이 LM_0에서 LM_1으로 상방이동하며, 새로운 생산물시장과 화폐시장의 균형은 E_1에서 달성된다. 이때 이자율이 r_2에서 r_1으로 상승하여 민간투자가 더욱 위축되므로 결국 국민소득은 y_1으로 감소한다.

한편 공급측면에서 물가의 상승은 노동시장에서 노동에 대한 수요와 노동의 공급에 영향을 미치게 된다. 노동자들이 화폐환상을 갖는다고 가정하였기 때문에 물가의 상승은 〈그림 10-14〉의 (c)에서 노동수요곡선을 노동공급곡선 보다 큰 폭으로 이동시킨다. 그 결과 노동시장의 균형은 물가상승으로 인하여 이동한 새로운 노동수요곡선 $P_1 f'(L)$과 노동공급곡선 $P_1^e g(L)$이 만나는 점인 E_1에서 성립하여 균형고용량은 L_0에서 L_1으로 증가하고, 명목임금은 W_0에서 W_1으로 상승한다.

궁극적으로 확장적 재정정책으로 인한 새로운 거시경제의 균형은 〈그림 10-14〉의 모든 그림의 E_1에서 달성되며 균형소득은 y_1, 균형물가수준은 P_1, 균형이자율은 r_1, 균형 고용량은 L_1, 균형임금은 W_1이 되며 모든 시장은 동시에 청산된다. 결국 확대재정정책의 단기적인 효과는 ① 실질국민소득과 고용을 증대시키고, ② 이자율의 상승시키며, ③ 물가와 명목임금을 상승시킨다는 점으로 요약할 수 있다.[5]

지금까지와는 반대로 긴축적 재정정책의 경우에는 총수요곡선을 좌측으로 이동시켜 위와 반대의 효과가 나타난다. 한편 제5장과 제9장에서는 물가상승의 효과가 명확하게 분석되지 않았으나 본 장에서는 AD-AS곡선을 이용함으로써 물가수준과 재정정책과의 관계를 명시적으로 분석할 수 있게 되었다.

(2) 통화금융정책의 효과

여기서는 확장적 통화정책이 총수요에 미치는 효과를 검토하기로 하자. 초기 균형은 재정정책의 효과를 분석할 때와 같다. 즉 최초에 경제는 〈그림 10-15〉의 점 E_0에서 균형을 이루고 있다. (b)에서 균형국민소득은 y_0, 균형물가수준은 P_0이며, 생산물시장과 화폐시

---

5) 물가와 명목임금은 상승하였지만 물가상승폭이 명목임금상승폭보다 더 크기 때문에 실질임금은 하락한다.

장의 균형은 〈그림 10-15〉의 (a)에서 마찬가지로 점 E_0에서 달성되므로 균형이자율은 r_0, (c)의 노동시장에서 노동의 균형수급량은 L_0, 균형임금은 W_0이다.

〈그림 10-15〉 확대통화정책의 효과

(a) 생산물시장과 화폐시장

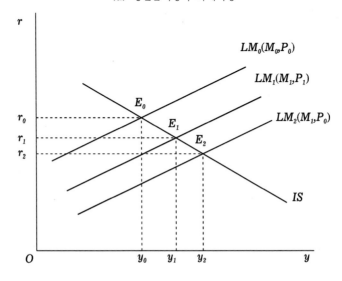

(b) 총수요와 총공급

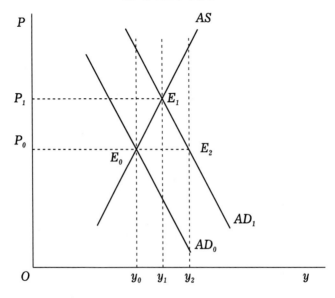

(c) 노동시장

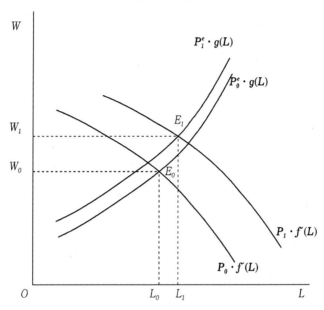

이제 중앙은행이 통화량을 증가시키는 확대 통화정책을 실시했다고 하자. 확대 통화정책
은 LM곡선을 우측으로 이동시키고, 이것은 또한 총수요곡선을 우측으로 이동시킨다. 초기
LM곡선 $LM_0(M_0, P_0)$은 통화공급이 M_0이고 물가수준이 P_0일 때 화폐시장의 균형을 나
타내는 곡선이고 이것이 주어진 IS곡선과 만나는 곳에서 수요측 균형국민소득 y_0과 균형이
자율 r_0가 결정된다. 이때 총수요곡선 AD_0과 총공급곡선이 만나는 곳에서 물가수준 P_0
과 수요측 균형국민소득 y_0에 해당되는 점 E_0가 결정된다. 이때 확장적 통화정책으로 통
화량이 M_0에서 M_1으로 증가하고 물가수준이 변동 없이 종전수준인 P_0에 그대로 머문다
고 가정하면 LM곡선은 우측으로 이동하여 $LM_2(M_1, P_0)$가 된다. 따라서 새로운 균형은
IS곡선과 새로운 LM곡선 LM_2가 만나는 점 E_2에서 성립하여 균형이자율은 r_2로 하락하
고 균형국민소득은 y_2로 증가한다. 이것은 총수요곡선의 이동으로 나타나서 〈그림 10-15〉
의 (b)에서 소득 y_2와 물가수준 P_0에 상응하는 새로운 총수요곡선 AD_1상의 E_2가 된다.

그러나 점 E_2는 재정정책의 경우와 마찬가지로 초과수요상태의 점이며, 따라서 머지 않아
물가수준은 P_0에서 P_1으로 상승할 것이다. 그 결과 새로운 균형점은 총공급곡선과 새로운
총수요곡선 AD_1이 교차하는 점 E_1이 되고 균형국민소득수준은 y_1이 된다. 이때 물가상
승은 실질통화공급(M / P)을 감소시켜 〈그림 10-15〉의 (a)에서 LM곡선을 $LM_2(M_1, P_1)$에서

$LM_1(M_1, P_1)$으로 좌상방으로 이동시켜 새로운 IS-LM곡선의 교차점도 점 E_1으로 이동하여 균형이자율은 r_1, 균형국민소득은 y_1수준이 된다.

한편 물가의 상승은 노동시장에서 노동의 수요와 공급에 영향을 미치게 된다. 노동자들이 화폐환상을 갖는다고 가정하였기 때문에 물가의 상승은 〈그림 10-15〉의 (c)에서 노동수요곡선을 노동공급곡선 보다 큰 폭으로 이동시킨다. 그 결과 노동시장의 균형은 새로운 노동수요곡선 $P_1f'(L)$과 노동공급곡선 $P_1^e g(L)$이 만나는 점인 E_1에서 성립하여 명목임금은 W_0에서 W_1으로 상승하고, 균형고용량은 L_0에서 L_1으로 증가한다. 이에 따라 총공급도 y_1수준으로 증가한다.

궁극적으로 확장적 통화정책으로 인한 새로운 거시경제의 균형은 〈그림 10-15〉의 모든 그림의 E_1에서 달성되며 균형국민소득수준은 y_1, 균형물가수준은 P_1, 균형이자율은 r_1, 균형 고용량은 L_1, 균형임금은 W_1이 되며 모든 시장은 동시에 청산된다. 이러한 과정을 정리하면 확장적인 통화정책의 단기적인 효과는 ① 실질국민소득과 고용을 증대시키고, ② 이자율을 낮추며, ③ 물가와 명목임금이 상승(실질임금은 하락)한다는 점으로 요약할 수 있다. 물론 긴축적인 통화금융정책은 총수요곡선을 좌측으로 이동시켜 이와 반대의 효과를 초래한다.

확장적 통화정책의 효과가 확장적 재정정책의 그것과 다른 점은 확장적 재정정책은 이자율을 상승시켜 민간투자를 위축시키지만, 확장적 통화정책은 이자율을 하락시켜 민간투자를 촉진시킨다는 것이다. 그러나 물가가 상승한다는 점에 있어서는 두 정책 모두 동일하다.

제9장에서 살펴본 바와 같이 총수요에 미치는 재정정책과 통화정책의 효과는 IS곡선 및 LM곡선의 기울기와 밀접한 관련을 가지고 있다. LM곡선이 보다 수직적이고 IS곡선이 보다 수평적이면 통화정책이 총수요에 미치는 효과는 커진다. 그러나 이 경우 재정정책의 효과는 매우 작다. 한편, IS곡선이 보다 수직에 가깝고 LM곡선이 보다 수평적이면 통화정책의 총수요에 미치는 효과는 매우 작아진다. 이 경우 통화량에 큰 변화가 일어난다고 해도 총수요곡선은 조금밖에 변동하지 않게 되기 때문에 소득증가가 거의 나타나지 않는다. 그러나 이런 상황하에서는 재정정책은 총수요에 큰 영향을 주게 되므로 통화정책보다는 재정정책이 효과적이 된다.

이제 총수요곡선의 변동을 가져오는 총수요관리정책의 효과를 극단적인 고전학파와 케인즈학파의 이론체계 내에서 각각 분석하고 그 차이점을 서로 비교해 보기로 한다.

3. 고전학파와 극단적인 케인즈학파의 비교

앞에서는 일반적인 케인즈학파의 가정 아래 총수요곡선의 이동을 초래할 재정정책과 통화금융정책의 파급경로와 그 효과를 살펴보았다. 여기서는 고전학파와 케인즈학파가 제시하는 극단적인 상황에서의 총수요관리정책의 효과를 비교해보기로 한다.

(1) 고전학파의 총수요관리정책

고전학파의 이론체계에서는 세이의 법칙과 신축적인 가격을 전제로 노동시장에서 완전고용이 달성되며 따라서 총공급곡선(AS)은 수직이 된다. 즉 물가수준의 변동과는 관계없이 총공급은 완전고용수준에서 불변이 되는데, 그 이유는 신축적인 가격의 변동을 통하여 시장에서 총수요와 총공급이 항상 조정되며 경제 내의 모든 생산자원은 계속 완전고용을 유지하기 때문이다. 그리고 고전학파는 투자가 이자율에 민감하게 반응한다고 보기 때문에 생산물시장의 균형을 나타내는 IS곡선은 상당히 완만한 형태를 갖는다.

다음으로 고전학파의 화폐이론은 제7장에서 살펴본 바와 같이 화폐수량설이다. 화폐수요는 거래적 화폐수요만으로 구성되어 있기 때문에 화폐수요는 이자율과는 무관하고 소득의 증가함수로만 표현된다. 그러므로 화폐시장의 균형을 나타내는 LM곡선은 수직이 된다.

이와 같이 고전학파 이론체계의 특징은 IS곡선은 상당히 완만한 기울기를 가지며, LM곡선과 AS곡선은 수직의 형태를 띠는 것으로 요약할 수 있다. 이와 같은 특징을 토대로 고전학파 이론체계에서의 재정 및 통화정책의 효과와 경제의 조정과정을 살펴보기로 한다.

〈그림 10-16〉 고전학파의 총수요관리정책의 효과

(a) 확장적 재정정책의 효과

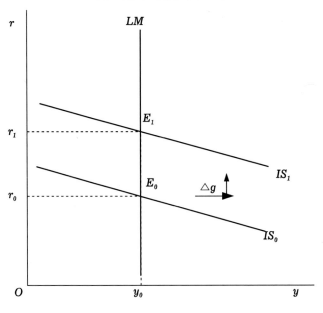

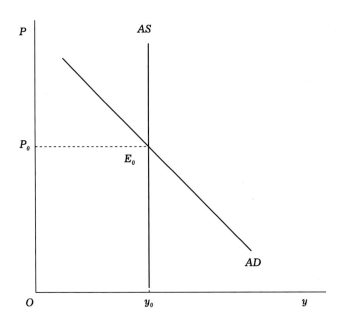

(b) 확장적 통화정책의 효과

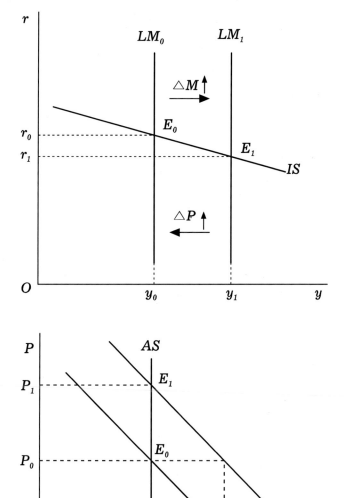

먼저 확장적 재정정책의 효과를 보자. 고전학파의 경우 LM곡선이 수직이 되므로 재정정책
은 아무런 효과를 발휘하지 못할 것이다. 이러한 관계는 〈그림 10-16〉의 (a)에 잘 나타나 있

다. 만약 정부에서 확대 재정정책을 실시하여 정부지출을 $\triangle g$만큼 증가시키면 IS곡선이 IS_0에서 IS_1으로 우측으로 이동한다. 그러면 LM곡선이 수직인 한 확대 재정정책은 이자율만 r_0에서 r_1으로 상승시킬 뿐 수요측 국민소득에는 전혀 영향을 미치지 못한다. 즉 총수요곡선에는 아무런 영향을 미치지 못한다. 이러한 현상을 완전한 구축효과(perfect crowding-out effect)라고 한다. 그 이유는 정부지출 증가로 인한 총수요 증가효과가 이자율 상승에 따른 민간투자의 감소로 완전히 상쇄되어 총수요가 전혀 변하지 않기 때문이다. 단지 총수요의 구성항목 중에서 정부부문의 비중은 커지고 민간부문의 비중은 작아지는 효과만을 갖는다.

다음으로 고전학파의 이론체계에서 확장적 통화정책의 효과를 살펴보기로 하자. 결론적으로 말하자면 고전학파의 세계에서는 통화정책의 경우에도 재정정책과 마찬가지로 국민소득을 증가시키지 못한다. 즉 화폐의 중립성(neutrality of money) 명제가 성립한다. 이것을 그림 〈10-16〉 (b)의 IS-LM 모형과 총수요－총공급곡선을 통하여 분석하기로 하자. 〈그림 10-16〉의 (b)에서 확대통화정책의 결과 LM곡선이 LM_0에서 LM_1으로 우측으로 이동하고 총수요곡선도 AD_0에서 AD_1으로 이동한다. 이에 따라 이자율은 r_0에서 r_1으로 하락하고 투자가 증가하게 되므로 소득은 y_0에서 y_1으로 증가하게 된다. 그러나 고전학파의 이론체계에서는 명목임금이 신축적이고 화폐환상이 존재하지 않는 노동시장에서 항상 완전고용이 달성된다고 가정한다. 따라서 총공급곡선이 y_0에서 수직인 형태를 띠므로 총수요곡선의 우측이동은 〈그림 10-16〉 (b)에서 $(y_1 - y_0)$만큼 초과수요를 발생시키고 따라서 물가가 상승하게 된다. 이러한 물가상승은 초과수요가 해소되는 새로운 균형점 E_1에 도달할 때 까지 계속된다. 즉 물가는 P_0에서 P_1으로 상승한다. 물가상승은 실질통화공급을 감소시켜 LM곡선을 원래의 위치인 LM_0로 복귀하고, 이자율도 r_0수준으로 회복된다.

결국 확대통화정책은 IS-LM 모형에서 수요측 국민소득은 증가시킴으로써 그 효과가 나타나는 것처럼 보였으나, 총공급곡선이 수직인 고전학파의 이론체계에서는 비례적인 물가상승만을 가져올 뿐 균형국민소득을 증가시키지는 못한다. 한편 재정정책과는 달리 통화정책 실시 이후 새로운 균형점에서는 총수요의 구성항목간의 비중 변화도 없다. 이것은 화폐가 중립적이라는 고전학파의 명제를 다시 한 번 확인시켜 주는 것이다.

(2) 극단적인 케인즈학파의 총수요관리정책

고전학파의 세계에서는 재정 및 통화정책과 같은 총수요관리정책이 소득수준에 전혀 영향을 미치지 못함을 살펴보았다. 그러나 케인즈학파에서는 불황으로 인하여 비자발적 실업이 존재하는 상황에서는 총공급곡선이 수직일 수 없으며, 경우에 따라서는 수평적일 수도 있음을 강조하였다. 즉 불황시 총수요의 증가는 물가를 상승시킴이 없이 소득수준을 증가시킬 수 있음을 제시하고 있다.

앞에서 일반적인 케인즈학파의 경우를 살펴보았기 때문에 여기서는 극단적인 케인즈학파의 총수요관리정책에 대해 알아보고자 한다. 극단적인 케인즈학파의 특징은 수직의 IS곡선과 수평의 LM곡선 그리고 수평선 형태의 AS곡선으로 표현될 수 있다. 수직의 IS곡선의 기울기는 투자함수가 이자율에 완전 비탄력적임을 반영하는 것이고, 수평의 LM곡선은 유동성함정에 빠져 있는 경제를 반영하는 것이다. 이와 같이 투자가 이자율에 완전 비탄력적인 경우에는 불황으로 인해 물가가 하락하여 실질통화공급이 증가하여 이자율이 감소하여도 투자가 증가하지 않으므로 총수요가 증가하지 않는다. 따라서 극단적인 케인즈학파의 세계에서는 총수요곡선이 수직선의 형태로 나타난다. 또한 케인즈는 경제가 불황에 빠져 있을 때 수요만 있으면 물가 상승 없이도 얼마든지 공급을 증가시킬 수 있음을 강조하였는데, 이 경우 총공급곡선이 수평이 된다.

〈그림 10-17〉 극단적인 케인즈학파의 총수요관리정책의 효과

(a) 확장적 재정정책의 효과

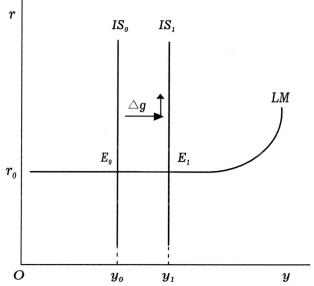

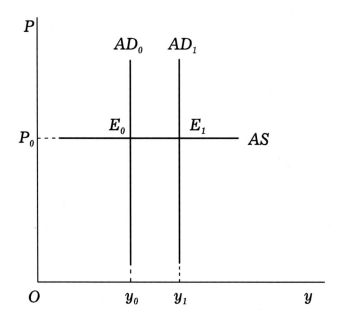

(b) 확장적 통화정책의 효과

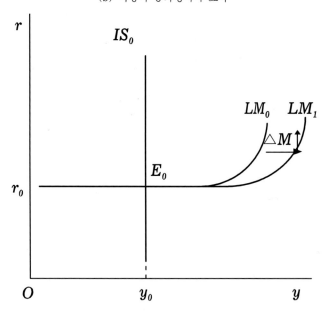

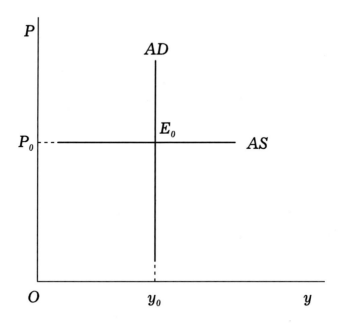

이제 수직의 IS곡선과 수평의 LM곡선 및 수직의 AD곡선과 수평의 AS곡선으로 특징지을 수 있는 극단적인 케인즈학파의 총수요관리정책의 효과를 살펴보자.

먼저 극단적인 케인즈학파의 세계에서 확대재정정책의 효과를 살펴보자. 〈그림 10-17〉에는 이들의 주장을 반영하는 수직의 IS곡선과 수평의 LM곡선 및 수평의 AS곡선과 수직의 AD곡선이 나타나 있다. 〈그림 10-17〉의 (a)에서 확대 재정정책으로 정부지출을 $\triangle g$만큼 증가시킬 경우 IS곡선은 IS_0에서 IS_1으로 이동하고 총수요곡선 또한 AD_0에서 AD_1으로 이동한다. 경제가 유동성함정에 빠져 LM곡선이 수평일 경우 확대재정정책으로 정부지출을 증가시키는 경우 이는 이자율 상승을 유발하지 않을뿐더러, 또한 투자가 이자율에 완전 비탄력적이기 때문에 민간투자가 전혀 감소하지 않는다. 그러므로 극단적인 케인즈학파의 세계에서는 확장적 재정정책은 큰 폭의 총수요 증대효과를 가져온다. 또한 총공급곡선이 수평이므로 총수요가 증가한 것만큼 총공급의 증가를 가져온다. 결국 극단적인 케인즈학파의 세계에서 확장적 재정정책은 전혀 구축효과를 초래하지 않으므로 단순한 케인즈의 모형에서 정부지출 승수 배만큼 균형국민소득을 증가시킨다.

한편 극단적인 케인즈학파의 세계에서 확장적 통화정책의 효과는 〈그림 10-17〉의 (b)에 잘 나타나 있다. 유동성 함정에 빠져 있기 때문에 확장적 통화정책으로 통화량를 $\triangle M$만큼 증가시키면 LM곡선이 LM_0에서 LM_1으로 이동하는데 전혀 총수요는 증가하지 않는다(총

수요곡선 고정). 왜냐하면 유동성함정에 빠진 경우에는 통화당국이 통화공급을 아무리 증가
시켜도 모두 사람들의 투기적 화폐수요로 흡수되므로 이자율은 더 이상 하락하지 않고 따라
서 민간투자 역시 증가하지 못하기 때문이다. 결국 유동성함정에 빠져 있고, 투자가 이자율
에 완전 비탄력적인 극단적인 케인즈학파는 세계에서는 확장적 통화정책의 균형국민소득에
미치는 효과는 전혀 없다.

결론적으로 극단적인 케인즈학파는 1930년대에 미국이 경험한 것과 같은 불황하에서는
통화정책이 유효하지 못하다고 주장한다. 불황기에는 낮은 이자율수준과 낮은 소득수준으로
특징지을 수 있으며 LM곡선에 대하여 극단적인 케인즈학파는 유동성함정이 존재하여 LM
곡선이 수평인 상황을 전제하였다. 그렇기 때문에 통화정책은 전혀 효과가 없고 재정정책의
효과는 아주 크다고 주장한다.

제11장 인플레이션, 실업 및 필립스곡선

오늘날의 거시경제학의 이론 및 정책에 있어 핵심이 되는 두 과제는 실업과 인플레이션의 문제라고 할 수 있다. 실업의 문제는 1930년대 세계경제가 대공황을 겪으면서 케인즈가 유효수요의 부족으로 인해 실업이 발생한다고 보고 재정정책을 통한 총수요관리정책을 실시할 것을 주장한 것이 실업이론의 출발점이라고 할 수 있다.

종래의 케인지언들은 케인즈의 유효수요원리에 기초하여 실업의 문제를 실질 GNP의 증가를 통하여 극복하여 하였고, 통화주의자들은 인플레이션을 실증연구를 통하여 해결하려 하였기 때문에 실업과 인플레이션은 제각기 별개의 연구대상으로 간주되었다. 그러다가 1970년대 들어 실업과 인플레이션이 동시에 진행되는 스태그플레이션 현상이 발생하자 이 둘을 함께 고려하는 필립스 곡선이 제시되었다.

본 장에서는 먼저 전통적인 관점에서 인플레이션의 발생원인을 분석하고 그것을 총수요곡선과 총공급곡선을 이용하여 분석함으로써 인플레이션의 본질을 규명할 것이다. 다음으로 필립스곡선을 중심으로 인플레이션과 실업의 관계를 규명하고, 예상인플레이션을 도입하여 기대가 실업 및 인플레이션에 미치는 역할을 살펴본다.

제1절 인플레이션의 발생원인

인플레이션은 일반물가수준이 지속적으로 상승하는 현상을 말한다. 구체적으로 인플레이션은 제3장에서 배운 물가지수가 증가하는 것으로 표시된다. 제10장에서 배운 총수요−총공급 분석에서 인플레이션은 총수요곡선과 총공급곡선의 교차점이 이전보다 높아지는 것으로 표시된다.

인플레이션은 총수요나 총공급의 변동으로 발생한다. 통화량 증대나 총수요 구성요소인 소비나 투자 또는 정부지출의 증대 등과 같은 수요측 요인에 의해 인플레이션이 발생하는 경우를 수요견인 인플레이션(demand pull inflation)이라 한다. 반면에 생산비용을 반영하는 공급측 요인에 의해 발생하는 경우를 비용인상 인플레이션(cost push inflation)이라 한다. 수요측 요인과 공급측 요인이 혼합되어 물가상승을 일으키는 경우를 혼합형 인플레이션(mixed inflation)이라 한다.

수세기에 걸쳐 발생했던 인플레이션은 20세기 후반에 접어들면서 전 세계적으로 확산되고 있다. 특히 현대의 인플레이션은 그 발생원인이 분명하게 구별되지 않으며 따라서 적절한 해결책을 모색하기란 쉽지 않다.

2차 세계대전 이전의 인플레이션은 일반적으로 초과수요에 의한 것으로 설명되고 있다. 그 중에서도 전비조달을 위한 통화량의 과다공급이 주요 요인으로 꼽히고 있으며, 그 외에도 소비 및 투자의 증가 등 실물적 요인도 작용한 것으로 보여진다. 이러한 경우 정부의 총수요 관리정책에 의해 인플레이션 문제가 해결될 수 있을 것이다. 그러나 2차 세계대전 이후의 인플레이션은 이전과 다른 양상을 보이고 있다. 즉 인플레이션은 전시뿐만 아니라 평상시에도 발생하고 있으며, 재정적자를 보이고 있는 나라뿐만 아니라 재정흑자를 시현하고 있는 나라에서도 발생하는 등 세계적 인플레이션 양상을 띠고 있다.

이와 같이 만성적이고 전세계적인 물가상승 현상은 인플레이션 문제에 대한 이론적 논쟁을 불러 왔다. 지금까지의 총수요관리정책만으로는 인플레이션 현상을 설명하거나 해결할 수 없기 때문에 총수요관리정책의 역할을 재검토하는 것 이외에도, 총수요 변화에 대하여 가격과 임금이 어떻게 반응하는가 하는 시장구조에 대해서도 관심을 가지게 되었다. 그리하여 노조의 임금인상 압력 및 독과점 기업의 초과이윤 등도 인플레이션의 원인으로 작용할 수 있음을 밝히고 있다. 이러한 요인들은 인플레이션의 발생원인을 설명하는 데 나름대로 설득력을 가지고 있다.

이하에서는 인플레이션의 원인을 수요측 요인과 공급측 또는 비용요인으로 나누어 보다 자세히 살펴보기로 한다.

1. 수요견인 인플레이션(demand pull inflation)

수요견인 인플레이션이란 총수요 증가에 의해 초과수요가 발생함으로써 물가가 오르는 것을 말한다. 총수요의 증가는 소비 및 투자의 외생적 증가, 정부지출의 증가 등과 같은 실물적 요인과 통화량의 외생적 증가와 같은 화폐적 요인에 의해 발생한다.

이러한 수요견인 인플레이션에 대해서는 고전학파나 통화론자 또는 케인즈학파 모두 같은 의견을 보이고 있다. 그러나 고전학파는 총수요 증가가 통화증발에 의한 것이라고 하여 인플레이션의 화폐적 요인을 강조하는 반면, 케인즈학파에서는 소비, 투자, 정부지출 등에 의한 것이라고 주장하면서 비화폐적·실물적 요인을 강조하였다. 이를 각각 나누어 살펴보기로 한다.

(1) 통화량 증대에 의한 인플레이션

통화공급이 증가하면 총수요곡선이 우측으로 이동하여 물가가 상승한다. 이와 같이 수요견인 인플레이션의 한 형태로 그 원인이 화폐적 요인에 의존하는 경우를 화폐적 인플레이션이라고 한다. 화폐적 인플레이션은 고전학파와 통화주의에 의해 주장되는 것으로 "너무 많은 화폐가 너무 적은 상품을 쫓고 있기(too much money chasing too few goods)" 때문에 물가가 상승하는 현상으로 집약된다. 이와 같은 경우 인플레이션을 치유하는 가장 적절한 정책수단은 통화량을 축소시키는 것이다.

우리는 이미 제7장의 고전학파의 화폐수량설에서 통화량과 물가수준 사이에 비례관계에 있음을 충분히 살펴보았다. 즉 고전학파 경제학자들은 노동은 완전고용이 실현되고 화폐의 유통속도가 일정하다고 보기 때문에 통화량의 증가는 물가수준을 비례적으로 상승시킨다고 주장한다. 〈그림 11-1〉은 $MV = Py$라는 화폐수량설로 도출되는 총수요곡선과 완전고용국민소득수준에서 수직인 총공급곡선 및 통화량과 물가상승간의 관계를 보여준다. 〈그림 11-1〉에서 통화량이 M_0에서 M_1으로 증가하면 총수요곡선은 $AD_0(M_0)$에서 $AD_1(M_1)$으로 이동한다. 이때 물가수준이 P_0에서 계속 머물러 있다면 초과수요$(y_1 - y_f)$가 발생하므로 균형물가수준은 P_0에서 P_1으로 상승하게 된다. 고전학파에서는 총공급곡선이 항상 완전고용수준(y_f)에서 수직이기 때문에 공급측 요인에 의한 비용인상 인플레이션은 발생할 수 없다.

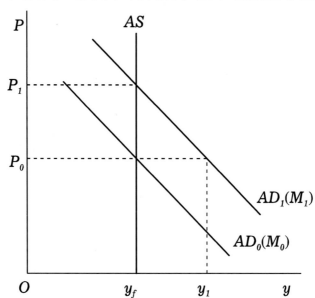

〈그림 11-1〉 고전학파의 화폐수량설에 의한 수요견인 인플레이션

고전학파의 화폐수량설에서 실질국민소득(y)과 화폐의 유통속도(V)가 일정하다고 가정하기 때문에 통화량과 물가가 비례한다는 명제가 성립한다. 즉 고전학파의 가정이 옳다면 인플레이션은 전적으로 화폐적 현상이라고 할 수 있다.

통화주의자들은 신화폐수량설을 내세워 화폐의 유통속도 V나 마샬의 k가 이자율과 무관하기 보다는 오히려 상관관계가 있다고 주장하면서 물가상승이 통화량 증가에 정확히 비례하지는 않으나 인플레이션은 여전히 화폐적 현상임을 강조한다.

제7장에서 이미 살펴보았듯이 교환방정식 $(MV = Py)$을 변화율 형태로 표현하고, 물가상승률에 대해 정리하면 다음과 같이 쓸 수 있다.

$$\dot{P} = \dot{M} + \dot{V} - \dot{y}$$

각 변수 위에 표시된 점은 증가율을 나타낸다. 위 식은 통화량 증가율($\dot{M}$)이 높을수록 물가상승률($\dot{P}$) 또한 높아진다는 주장을 뒷받침해 주고 있다.

통화주의 학파에 의하면 유통속도 변화율($\dot{V}$)은 뚜렷한 증가나 감소추세를 보이지 않으므로 평균적으로 0이라 볼 수 있다. 단기에 통화공급이 증가하면 그 증가율은 인플레이션율과 경제성장률로 분해된다. 그러나 장기에는 통화량이 국민소득의 증대에 미치는 효과는 사라지고 모두 인플레이션율로 나타난다. 프리드먼은 결국 통화공급의 증가가 발생하지 않으면 인플레이션은 지속되지 않는다면서 인플레이션은 "항상 그리고 어디에서나 화폐적 현상이다(always and everywhere a monetary phenomenon)"고 주장한다.

그러나 일반적으로 성장하는 경제를 가정할 때에는 실질국민소득과 화폐의 유통속도 또한 가변적이라고 할 수 있다. 위식은 통화증가율만큼 실질소득 즉 경제성장률이 높아지면 물가상승률은 영이 될 수 있음을 보여주고 있기도 한다. 더욱이 화폐의 유통속도가 감소한다면 통화증가율이 물가상승률에 미치는 영향은 더욱 작아질 것이다. 따라서 $\dot{V} = \dot{y} = 0$ 이 아닌 한 물가상승률은 통화량 증가율 이외의 변수에 의해서도 영향을 받게 됨을 알 수 있다. 즉 화폐의 유통속도나 실질소득에 영향을 미치는 변수들에 의하여 인플레이션도 영향을 받는다는 것이다. 이 경우 인플레이션은 완전히 화폐적 현상이라고 보기에는 무리가 있다.

(2) 총수요 증가에 의한 인플레이션

소비 및 투자의 외생적 증가, 정부지출이나 순수출의 증가 등과 같은 총수요를 구성하고 있는 요소들이 증가하여 총공급을 초과하게 되면 초과수요가 발생하고 이에 따라 인플레이션이 발생한다.

〈그림 11-2〉에서 최초의 균형이 E_0점, 즉 실질국민소득 y_0와 물가수준 P_0이 결정되었다고 하자. 이제 생산물시장에서 IS곡선을 우측으로 이동시키는 요인이 발생하였다고 하자. 그것이 투자의 외생적 증가, 정부지출의 증가 혹은 조세삭감, 순수출의 증가와 같은 요인 중의 하나 혹은 그 이상의 변화에 의하여 비롯될 수 있다. 그러면 총수요곡선은 AD_0에서 AD_1으로 이동한다. 이때 물가수준이 P_0에서 계속 머물러 있다면 초과수요 $(y_1 - y_0)$가 발생하며, 이것은 다시 물가를 P_0에서 P_1으로 상승시키는 결과를 초래한다. 이러한 유형을 수요견인 인플레이션(demand pull inflation)이라고 한다. 이것은 총수요의 증가가 우상향하는 총공급곡선을 따라 물가수준을 끌어올리는 모양을 나타내는 것을 의미한다. 여기에서 물가수준이 어느 정도 상승할 것인가는 총수요곡선의 이동폭과 총공급곡선의 기울기에 따라 결정된다. 만약 현재 경제가 완전고용수준에 가까이 있어서 총공급곡선이 가파르게 나타난다면 물가수준은 크게 상승하고 실질산출량의 증가는 매우 작을 것이다. 그러나 총공급곡선이 완만하면 동일한 총수요 증가에 의해서 물가상승의 정도는 미약하고 실질산출량은 크게 증가할 것이다. 제4장에서 이미 살펴보았듯이 케인즈는 완전고용소득수준에서 총수요가 총공급

을 초과하는 경우 인플레이션 갭이 나타나며 이에 따른 인플레이션을 진성 인플레이션(true inflation)이라고 하였다. 즉 총공급곡선은 완전고용국민소득수준 (y_f)에서 수직이 되는데 총수요가 완전고용수준 (y_f) 이상으로 증가하면 실질산출량은 증가하지 않고 물가수준만 상승한다.

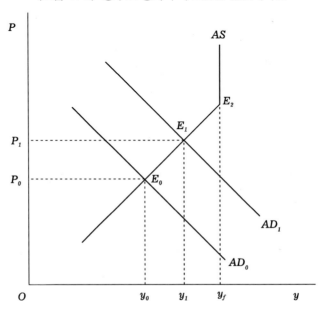

〈그림 11-2〉 총수요 증가와 수요견인 인플레이션

전통적인 케인지안적인 총수요관리정책은 수요견인 인플레이션에 대응하여 재정정책과 통화정책을 적절히 구사함으로써 총수요곡선의 우측이동을 상쇄시킬 수 있다. 즉 정부지출 축소나 통화량 감소 등과 같은 긴축적 총수요관리정책을 실시함으로써 총수요곡선을 좌측으로 이동시켜 인플레이션 압력을 해소하고 물가수준의 상승을 방지할 수 있다. 그러나 이러한 긴축적 총수요관리정책을 실시하는 경우에는 실질산출량도 동시에 감소하게 되므로 이러한 정책의 평가는 경제의 현재 상태에 달려 있다. 만약 경제가 완전고용상태에서 균형 (E_2)을 이루고 있다면 애초에 총수요 증가에 의한 실질산출량의 증가는 일시적인 것이 되므로 긴축적 총수요관리정책으로 인한 실질산출의 감소는 우려할 만한 것이 되지 않을 것이다.

그러나 경제가 완전고용수준 이하에서 균형을 이루어 노동시장에 실업이 존재하는 경우라면 문제가 발생한다. 〈그림 11-2〉로 돌아가서 최초의 균형점 E_0에서는 비자발적 실업이 존재하는 상태이다. 그리고 외생적인 총수요 증가로 총수요곡선이 AD_0에서 AD_1으로 이동하면 균형은 $E_1(P_1, y_1)$에서 성립하여 물가수준과 실질산출량이 함께 증가하며 따라서 실업도 감소한다.

이때 인플레이션을 억제하기 위해 긴축적인 정책을 실시하여 총수요곡선을 원래 수준인 AD_0으로 이동시키면 경제가 완전고용상태로 근접하는 것을 막는 결과가 된다. 이러한 의미에서 적어도 단기적으로는 실업과 인플레이션의 상반관계(trade-off)가 성립한다. 그러므로 정책 당국자는 총수요곡선이 AD_1으로 유지되는 것을 바람직하게 생각할 수 있으며, 오히려 물가상승을 감수하더라도 총수요곡선을 더욱 우측으로 이동시켜 실업률을 더욱 감소시키기를 원할지도 모른다.

이렇게 볼 때 고전학파의 화폐수량설이나 케인즈의 인플레이션 갭 접근방법의 경우 모두 인플레이션의 원인을 총수요 측면에서 찾았던 것이다.

2. 비용인상 인플레이션(cost push inflation)

인플레이션 발생 원인을 설명하는 전통적 이론은 총수요 증가가 물가상승을 유발시킨다고 하는 수요견인 인플레이션이라고 할 수 있다. 그러나 공급측면에서도 임금이나 이윤율, 원자재 가격 상승 또는 예상물가수준 상승 등으로 기업의 비용부담이 커지면 인플레이션이 발생하게 된다.

총공급곡선은 모든 기업들의 한계비용곡선과 밀접한 관계를 가지므로 생산요소비용이 변하면 이동하게 된다. 생산비용의 증가는 기업들의 이익을 감소시켜 기존의 가격수준에서 생산량을 감소시키고, 공급 감소는 물가상승을 초래한다. 즉 생산비용의 상승은 총공급곡선을 좌상방으로 이동시켜 인플레이션을 초래한다. 이와 같이 공급측면에서 비용상승 등으로 총공급곡선이 좌상방으로 이동하면서 발생하는 인플레이션을 비용인상 인플레이션이라고 한다. 이러한 공급측면에서의 비용상승에 의한 인플레이션 이론은 1950년대 말 미국에서 대두 되었고 특히 1970년대의 두 차례에 걸친 석유파동은 석유수입국들로 하여금 극심한 인플레이션과 소득감소가 나타나는 소위 스태그플레이션(stagflation) 현상을 경험하게 되었다.

단기총공급곡선을 예기치 않게 이동시키는 사건을 공급충격(supply shock)이라 한다. 불리한 공급충격이 발생하면 총공급곡선이 좌상방으로 이동하여 예기치 못한 비용인상 인플레이션이 나타내게 된다.

〈그림 11-3〉은 노조 파업이나 석유파동 등과 같은 공급충격 발생으로 인한 생산비용의 상승으로 총공급곡선이 좌상방으로 이동한 결과를 나타낸다. 생산비용의 상승은 총공급곡선을

AS_0에서 AS_1으로 이동시켜 실질산출 수준을 y_0에서 y_1으로 감소시키고 물가수준은 P_1으로 상승하게 된다. 〈그림 11-3〉에서 보는 바와 같이 이러한 비용인상 인플레이션 하에서는 수요견인 인플레이션과 달리 실질산출량이 감소한다. 이와 같이 물가의 상승과 실질산출량의 감소 즉 실업의 증가가 동시에 발생하는 현상을 스태그플레이션이라고 부른다.

〈그림 11-3〉 공급충격과 비용인상 인플레이션

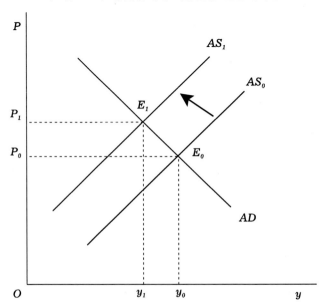

여러 가지 비용인상 인플레이션 요인 중에서 케인즈학파는 임금상승에 주목하였다. 미국·영국 등의 선진국은 과거에 자동차, 석탄, 철강산업 등 몇몇 기간산업에서 노동조합이 강력하여 노동생산성을 초과하는 임금인상을 요구하곤 하였다. 이는 곧 제품가격의 상승으로 전가되고 또 다른 산업에도 파급되는 임금인상의 반향효과(echo effect)를 초래하였다. 케인즈학파는 이러한 과도한 임금인상이 1970년대부터 일어난 높은 인플레이션의 주된 원인이라고 본다.

임금상승률과 물가상승률의 관계는 기업의 이윤극대화 과정을 통하여 도출할 수 있다. 기업은 이윤극대화 과정에서 노동에 대한 수요를 결정하는데, 명목임금(W)과 노동의 한계생산물가치 ($VMP_L = P \cdot MP_L$)가 일치할 될 때 이윤극대화 1차 조건이 충족된다. 즉 $W = P \cdot MP_L$일 때이다. 우리는 이 식으로부터 각 변수의 증가율(변화율)을 얻을 수 있다. 노동의 한계생산성을

θ 즉 $MP_L = \theta$라고 놓으면 다음의 관계식을 얻을 수 있다.

$$\dot{W} = \dot{P} + \dot{\theta} \qquad\qquad (11\text{-}1)$$

또는

$$\dot{P} = \dot{W} - \dot{\theta} \qquad\qquad (11\text{-}2)$$

위의 식 (11-2)를 보면 다른 조건이 불변일 때 물가상승률은 명목임금의 상승률에서 노동생산성의 증가율을 뺀 값과 같다. 만약 노동생산성은 일정하고($\dot{\theta} = 0$) 명목임금만 상승하면 그만큼 인플레이션이 발생하게 된다. 한편 명목임금이 노동생산성 증가만큼 상승한다면, 즉 $\dot{W} = \dot{\theta}$라면 인플레이션은 전혀 발생하지 않는다($\dot{P} = 0$).

비용인상 인플레이션은 물가상승과 함께 소득 및 고용이 감소하는 스태그플레이션을 초래한다. 이때 정책당국이 물가안정을 위해 긴축정책을 사용하면 물가는 안정되지만 소득감소와 실업증가라는 희생을 치러야 하는 반면, 정책당국이 소득과 고용의 안정화에 우선순위를 두어 확대정책을 실시한다면 소득과 고용의 안정은 달성되지만 물가가 상승하는 딜레마에 빠지게 된다. 왜냐하면 앞에서 살펴본 바와 같이 재정 및 통화정책은 총수요곡선을 이동시키는데, 이러한 정책으로는 경제의 원상회복이 완전히 이루어지지 않기 때문이다.

이와 같은 정책 딜레마를 그림 〈11-4〉를 통해 살펴보기로 한다. 최초의 균형은 총수요곡선 AD_0와 총공급곡선 AS_0이 만나는 점 $E_0(P_0, y_0)$에서 이루어져 있다. 이제 임금이 급격하게 상승하거나 원자재가격 인상 등과 같은 공급측 요인의 변동에 의하여 총공급곡선이 AS_1으로 이동했다고 하자. 그러면 새로운 균형은 점 $E_1(P_1, y_1)$에서 성립하며 실질산출량의 감소 및 실업증대와 함께 물가수준이 $P_0 \rightarrow P_1$으로 상승하는 비용인상 인플레이션이 발생한다. 이때 정책당국이 실질산출량과 실업을 원래 수준으로 회복시키기 위해 확대재정정책이나 통화정책을 사용하면 총수요곡선은 오른쪽으로 이동 $(AD_0 \rightarrow AD_1)$하여 균형은 E_2에서 성립한다. 그러면 소득과 고용은 원래 수준을 회복하지만 이 과정에서 물가가 P_2 수준으로 더욱 상승한다. 한편 물가수준을 안정시키기 위하여 긴축적인 정책을 실시하면 총수요곡선이 왼쪽으로 이동 $(AD_0 \rightarrow AD_2)$하여 균형은 E_3에서 성립하며 물가수준은 원래 수준인 P_0으로 낮아졌지만 실질산출량이 y_2 수준으로 더욱 감소하므로 실업이 증가하게 된다. 따라서 정책당국은 물가안정과 산출증대(실업감소)라는 두 개의 장책 목표 중에서 어느 하나를 달성하고 다른 하나는 포기해야 하는 정책 딜레마에 빠지게 된다. 아직까지 이러한 스태그플레이션 문제에 대한 완벽한 해결책을 제시하지 못하고 있는 실정이다.

〈그림 11-4〉 비용인상 인플레이션과 정책 딜레마

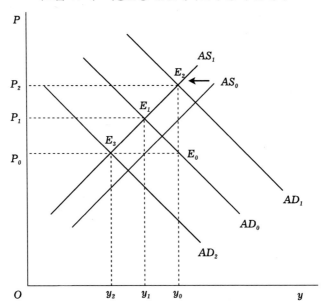

비용인상 인플레이션을 발생시키는 요인으로 여러 가지가 있는데, 특히 케인즈학파는 임금인상에 주목하였다. 즉 케인즈학파는 과도한 임금인상이 70년대에 발생한 높은 인플레이션의 원인으로 본다. 그러므로 인플레이션을 억제하기 위해서는 임금이 과도하게 상승하지 않도록 정부는 소득정책(income policy)을 적극 실시해야 한다고 주장하였다. 소득정책이란 정책당국이 총수요관리를 통하기 보다는 임금과 물가수준의 직접적인 규제를 통하여 사람들의 임금과 기타 소득에 직접적으로 영향을 미치고자 하는 정책을 말한다. 소득정책의 예로서 정부가 매년 임금상승률의 범위를 정하는 임금가이드라인정책이나 직접 임금 및 물가의 상승을 억제하거나 동결시키는 임금−물가통제정책 등을 들 수 있다. 케인즈학파는 소득을 증대시키고 고용을 증대시키기 위해 재량적인 총수요증대정책을 실시할 것을 주장했는데 그 결과 파생되는 수요견인 인플레이션에 대해서는 감수하되, 임금인상으로 인한 비용인상 인플레이션은 소득정책으로 대처해야 한다는 입장이다. 반면에 통화주의 학파는 재량정책으로 수요견인 인플레이션이 발생하면 이것이 경제주체들의 인플레이션 기대심리에 영향을 미쳐 비용상승 인플레이션까지 일어나게 되므로 재량적인 정책의 실시를 반대하였다.

비용상승 인플레이션의 발생요인으로는 임금상승 이외에도 여러 가지를 들 수 있다. 기후 조건의 악화로 인한 농업생산의 감소, 에너지 및 주요 원자재 공급감소와 가격 상승, 독과 점 기업에 의한 관리 가격의 인상, 정부의 각종 규제 등이 주요 요인들이라 할 수 있다.

3. 혼합형 인플레이션

앞에서 우리는 인플레이션의 발생원인을 크게 수요견인형과 비용인상형으로 나누어 분석하 였으나 현실적으로 이러한 요인들이 구별되기 어렵거나 혼합되어 나타나기도 한다. 노동조합 이 과도한 임금인상 요구를 관철시키거나 석유파동과 같은 불리한 공급충격이 있게 되면 비 용인상 인플레이션이 나타난다. 이러한 공급측 요인으로 인한 비용인상 인플레이션은 생산감 소와 실업증가를 동반하기 때문에 더욱 좋지 않다. 이 경우 정책당국이 실업을 감소시키고 고용을 증대시키기 위해 재량적 확대정책을 실시하면 물가가 상승한다. 〈그림 11-4〉에서 총 수요곡선을 AD_1으로 이동시켰을 경우 물가가 P_2로 상승한 것이 이에 해당한다. 이와 같은 물가상승으로 인하여 하락한 실질소득을 회복하기 위하여 노동조합이 임금인상을 관철시켰 을 경우 다시 물가상승으로 연결되는 악순환에 빠지게 될 가능성이 높다.

이러한 물가상승과정에서 기대 인플레이션은 높아지고 사회에 인플레이션 심리가 만연되어 임금상승이 인플레이션을 초래하고, 인플레이션은 다시 더 높은 임금인상을 요구하도록 함으로 써 임금과 인플레이션의 악순환이 발생하게 된다. 이와 같은 형태의 인플레이션은 수요견인 및 비용인상 요인이 연속적으로 혼합되어 발생한 것이며 이를 혼합형 인플레이션(mixed inflation)이라고 한다. 혼합형 인플레이션 하에서는 임금인상이 물가상승을 유발하고 물 가상승은 더 높은 임금인상을 요구하여 임금·물가상승의 악순환이 발생하기 쉽다. 이처럼 혼합형 인플레이션 하에서는 물가와 임금의 상승이 나선형으로 지속된다고 하여 나선형 인 플레이션(inflation spiral)이라고도 한다. 통화주의학파와 새고전학파는 1970년대 일부 남미제국이 경험한 높은 인플레이션이 바로 이러한 혼합형 인플레이션이라고 본다. 이러한 견해는 제2절에서 필립스곡선을 살펴볼 때 다시 거론된다.

따라서 인플레이션 현상과 원인을 분석할 때에는 인플레이션의 전기간을 고찰하는 것이 요구된다. 그렇지 않고 만약 일회적 원인에 따라서 인플레이션을 비용상승형 혹은 수요견인 형으로 분류한다면 정확한 원인분석이 어렵기 때문이다. 왜냐하면 인플레이션의 출발점을 어디로 설정하느냐에 따라서 그것은 서로 다른 성질로 분류될 수 있기 때문이다.

제2절 필립스곡선

우리는 제1절에서는 수요 및 공급측 요인에 따라 물가수준과 실질산출량이 어떻게 변하는가를 살펴보았다. 그런데 실질산출량의 변동은 실업률을 그와는 반대로 변동시킬 것이다. 예를 들어 총수요 증가로 인한 수요견인 인플레이션에서는 물가수준과 실질산출량이 동시에 증가했으므로 인플레이션과 실업률은 서로 반대 방향으로 움직일 것이다. 따라서 실업을 줄이려면 어느 정도의 인플레이션을 감수할 수밖에 없고, 또한 인플레이션을 진정시키려면 어느 정도의 실업은 피할 수 없다는 의미에서 인플레이션과 실업 사이에는 상충관계(trade-off)가 존재한다고 알려져 왔다. 이에 대해 영국의 필립스(A. W. Phillips)는 영국의 통계자료를 기초로 명목임금의 변화율과 실업률 간에는 상당히 안정적인 음(−)의 관계가 있음을 발견하였다. 이와 같이 명목임금 변화율과 실업률이 역의 관계를 유지하는 곡선을 발견자의 이름을 따서 필립스곡선(Phillips curve)이라고 부른다. 이러한 실증적 관계는 립시(R. G. Lipsey)에 의해 물가상승률과 실업률의 관계로 수정·발전되었고, 이후 필립스곡선에 대한 끊임없는 논쟁을 불러일으키면서 인플레이션 분석의 중심을 차지하게 되었다. 먼저 필립스 곡선에 대한 정의부터 살펴보기로 하자.

1. 필립스 곡선의 정식화

필립스곡선이란 원래 영국의 필립스(A. W. Phillips)가 과거 약 100년간(1861~1957년)간에 걸친 영국의 통계자료를 기초로 명목임금변화율($\dot{W}$)과 실업률(u) 간의 관계를 계량경제학적으로 실증분석해서 얻은 결과를 〈그림 11-5〉와 같은 곡선으로 표시한 것을 말한다.

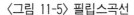

〈그림 11-5〉 필립스곡선

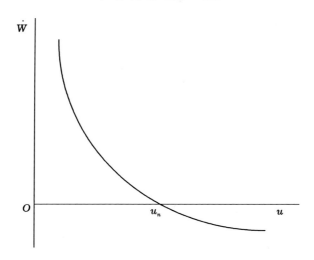

〈그림 11-5〉에서 u_n은 자연실업률[1])을 나타낸다. 명목임금상승률과 실업률간의 관계는 그림에서 보듯이 우하향하는 모양을 하고 있다. u_n보다 낮은 실업률($u < u_n$)하에서는 노동시장에서 노동에 대한 수요가 공급을 초과하여 임금이 상승하고($\dot{W} > 0$), 반대로 실업률이 u_n을 넘어서는 상황($u > u_n$)하에서는 노동공급이 수요를 초과하여 임금이 하락하며($\dot{W} < 0$), 실업률이 자연실업률 u_n과 같게 될 때에는 노동시장이 균형을 이루어 임금은 변하지 않게 된다($\dot{W} = 0$). 따라서 실업률이 감소하면 명목임금상승률은 높아지고, 실업률이 증가하면 명목임금상승률이 떨어진다. 즉 필립스곡선은 명목임금상승률과 실업률의 상충관계(trade-off)를 그림으로 나타낸 것이라고 할 수 있다.

양 변수간의 경험적 관계에 의해 도출된 필립스곡선은 그 후 립시(R. G. Lipsey)에 의해 물가상승률(인플레이션율)과 실업률의 관계로 발전되었다. 이제 명목임금상승률을 물가

---

1) 자연실업률은 프리드먼(M. Friedman)에 의해 명명된 것으로 완전고용수준에서의 실업률을 의미한다. 즉 자연실업률이란 공급측면에서 교란이 없을 때 인플레이션을 가속화하지 않으면서 지속가능한 최대생산수준, 즉 잠재적 GDP 수준에서의 실업률을 의미한다. 이러한 의미에서 자연실업률은 인플레이션을 가속화시키지 않고 달성할 수 있는 최저수준의 실업률이란 뜻으로 NAIRU(non-accelerating inflation rate of unemployment)라고 부르기도 한다. 인플레이션을 가속화시키지 않는 실업률은 실질임금이 안정적인 실업률은 노동시장에서 초과공급도 초과수요도 없는 상태에서의 실업률, 즉 경제가 장기균형을 달성할 때의 실업률을 말한다. 따라서 자연실업률하에서는 현행의 임금수준에서 일하고자 하는 사람은 모두 고용되고 있다고 할 수 있다. 실업상태에 있는 사람은 이사를 하거나 보다 좋은 직장을 얻기 위해 다른 직장을 탐색하는 과정에 있는 노동자와 같은 마찰적·탐색적 실업자(자발적 실업자)에 국한되고 있다.

상승률로 전환함으로써 인플레이션과 실업률간의 관계를 구체화 해보자. 앞의 식 (11-2)에서 보았듯이 물가상승률($\dot{P}$)은 명목임금상승률($\dot{W}$)에서 노동생산성 증가율($\dot{\theta}$)을 뺀 것과 같다. 예를 들어 명목임금상승률이 6%일 때 노동생산성이 2% 증가하면 물가상승률은 4%가 된다. 그러므로 〈그림 11-5〉에서 종축을 명목임금상승률($\dot{W}$) 대신에 물가상승률($\dot{P}$)로 표시해도 동일한 형태의 곡선이 그려지게 될 것이다. 그러나 양자는 〈그림 11-6〉에서 나타난 바와 같이 종축의 절편, 즉 노동의 한계생산성 증가율($\dot{\theta}$)만큼 이동된 것을 제외하고는 사실상 그 모양이 같다. 여기서는 노동생산성증가율을 2%로 가정하였다. 〈그림 11-6〉 (b)를 보면 임금상승률이 2%일 때 물가상승률이 0이다. 〈그림 11-6〉 (b)가 바로 립시에 의해 수정된 물가판 필립스곡선(a price Phillips curve)이다.

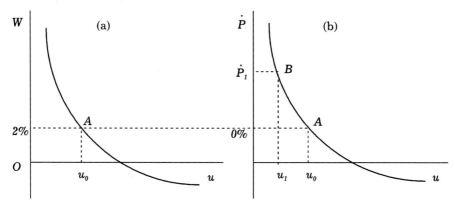

〈그림 11-6〉 물가판 필립스곡선

필립스곡선은 원래 명목임금상승률과 실업률 간의 관계로 표시되었지만, 현재는 주로 립시에 의해 수정된 물가판 필립스곡선을 가지고 인플레이션율($\dot{P}$)과 실업률(u) 사이의 관계로 표시된다. 따라서 필립스 곡선의 관계식은 다음과 같이 쓸 수 있다.

$$\dot{P} = g(u), \qquad g'(u) < 0 \qquad\qquad (11\text{-}3)$$

수정된 형태의 필립스 곡선 역시 〈그림 11-6〉 (b)에서 보듯이 실업률이 높을수록 인플레이션율은 낮아지며, 실업률이 낮을수록 인플레이션율이 높아짐으로써 실업률과 물가상승률간의 역의 관계를 나타낸다. 우하향하는 필립스곡선은 정책당국이 직면하는 선택문제로 파악되고 있다. 즉 정책당국자는 〈그림 11-6〉 (b)에서와 같이 높은 실업률과 낮은 인플레이선을 나타내는 A점과, 낮은 실업률과 높은 인플레이션율을 나타내는 B점 중에서 어느 하나를 선택하여야 하는 양자택일의 문제에 직면하게 되는 것이다. 즉 물가안정과 고용증대(실업감소)라는 두 상반된 경제정책 목표 중에서 정책당국이 높은 인플레이션을 기꺼이 감수할 용의가 있다면 낮은 실업률을 유지할 수 있으며, 그 반대로 높은 실업률이라는 희생을 치를 수만 있다면 낮은 인플레이션율을 유지할 수 있음을 나타내고 있다. 이는 정책당국이 필립스 곡선상에서 바람직하다고 생각되는 실업률과 인플레이션율의 조합을 선택할 수 있다고 하는, 즉 정책당국이 명확한 정책목표를 가질 수 있다는 것을 의미한다.

이러한 정책적 논의가 타당성을 갖기 위해서는 필립스 곡선이 안정성을 가지고 있어야 한다. 즉 필립스 곡선은 항상 우하향하며 이동하지 않아야 하는데, 실제로 이러한 안정성이 성립하지 않으면 인플레이션율과 실업률간의 상충관계가 무너지게 된다. 그러나 오늘날에는 필립스 곡선이 안정적이지 않고 수시로 이동하기 때문에 인플레이션율과 실업률 간에 상충관계에 있다고 하더라도 그러한 관계가 단기적으로 밖에 존재하지 않는 것으로 알려지고 있다. 또한 통화주의자들은 장기적으로는 재정, 통화정책을 통해 실업률을 축소시킬 수 없다고 주장한다. 다음에는 이와 같은 필립스 곡선의 안정성 여부에 대한 논쟁을 살펴보기로 한다.

2. 필립스 곡선의 안정성

필립스 곡선의 안정성을 분석하기 위해서는 먼저 필립스 곡선의 기울기에 대하여 재검토해 보기로 한다. 제1절에서 살펴본 바와 같이 수요견인 인플레이션의 경우 물가상승과 실업의 감소로 나타났었다. 이러한 경우 필립스 곡선은 우하향하는 기울기를 가질 것이다.

우하향하는 필립스 곡선은 총공급곡선과 밀접한 관계가 있다. 〈그림 11-7〉은 총공급곡선이 기울기가 우상향일 때 총수요가 증가하는 경우 필립스 곡선을 설명해 준다. 경제는 초기에 〈그림 11-7〉의 A점에 있다고 하자. 〈그림 11-7〉의 (a)에서 A점은 인플레이션율이 1%이고, 실업률은 4%인 경우를 나타내고 있다. 이때의 물가수준을 P_0, 실질산출(실질국민소득)수준을 y_0라고 하면 총수요·총공급모형인 (b)에서 A점으로 나타낼 수 있다. 이제 정부의 확대정책으로 인해 (b)에서 총수요곡선이 AD_0에서 AD_1으로 우측으로 이동하게 되면 새로운 균형은 B점에서 성립하여, 물가수준은 P_1으로 상승하고, 실질산출수준은 y_1으로 증가한다. 실질산출수준이 증가하면 고용이 증가하고 실업은 감소한다. 이러한 물가상승과 실업감소는 〈그림 11-7〉(a)의 A점에서 B점으로 이동을 초래한다. 즉 총수요·총공급모형에서 총수요증가로 인한 물가상승, 실질산출 증가는 필립스 곡선에서는 인플레이션율 상승, 실업률 감소로 나타나는 것이다.

　이상에서 본 필립스 곡선은 우상향하는 총공급곡선이 주어졌다고 보고 총수요곡선이 이동할 때 인플레이션율과 실업률 간의 상충관계를 나타낸다. 실업률을 낮추기 위해서는 물가가 상승하고, 반대로 인플레이율을 낮추자면 실업률이 증가하는 관계를 나타낸다. 따라서 수요견인 인플레이션의 경우에는 필립스 곡선의 안정성, 즉 우하향의 기울기를 보장해 준다.[2]

〈그림 11-7〉 총수요 증가와 우하향하는 필립스 곡선

(a) 최초의 필립스 곡선

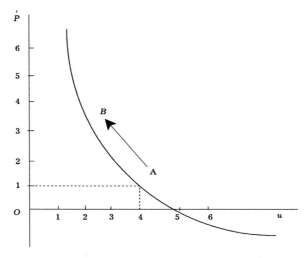

___

2) 만약 고전학파가 주장하는 것처럼 총공급곡선이 수직인 경우에는 총수요가 증가하면 실질산출수준은 불변이고 물가만 상승한다. 실질산출수준이 변하지 않으면 실업률은 변하지 않을 것이므로 이 경우에는 일정한 실업률 하에서 인플레이션율만 높아지게 되므로 필립스 곡선은 수직선이 될 것이다.
　케인즈학파와 통화주의 학파는 단기에 총공급곡선이 우상향한다고 보았다. 따라서 초기의 필립스곡선은 이 우상향의 총공급곡선을 실증적으로 밝힌 것이라 할 수 있다.

b) 총수요증가와 수요견인 인플레이션

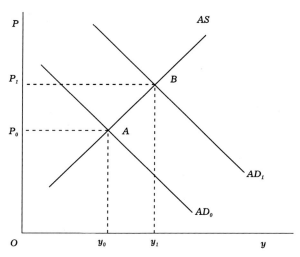

그러나 총수요곡선이 주어졌을 때 임금이나 원자재가격 상승 등으로 총공급곡선이 좌상방으로 이동하는 비용인상 인플레이션의 발생하는 경우 생산량은 감소하고 물가와 실업은 증가한다. 이 때 물가상승은 총공급의 감소 때문에 나타나는 현상이다. 따라서 비용인상 인플레이션이 발생하면 스태그플레이션이 나타난다.

필립스 곡선은 총공급곡선과 표리의 관계를 가지므로 총공급곡선이 이동한다는 것은 필립스 곡선 자체가 이동한다는 것과 같다. 〈그림 11-8〉은 공급충격으로 인한 비용인상 인플레이션과 이로 인한 필립스 곡선의 이동을 보여준다. 즉 〈그림 11-8〉의 (a)에서 총공급곡선이 AS_1으로 이동하여 균형점이 A에서 B로 이동하였다면 (b)에서와 같이 필립스 곡선 자체가 PC_0에서 PC_1으로 이동하고 균형점은 A'에서 B'로 이동한 것과 같다. 이와 같이 비용인상 인플레이션의 경우 필립스 곡선을 우상방으로 이동시키기 때문에 필립스 곡선의 안정성에 문제가 발생하게 된다.

〈그림 11-8〉 비용인상 인플레이션과 필립스 곡선의 이동

(a) 공급충격과 비용인상 인플레이션

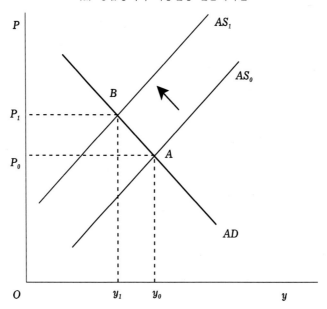

(b) 필립스곡선의 이동

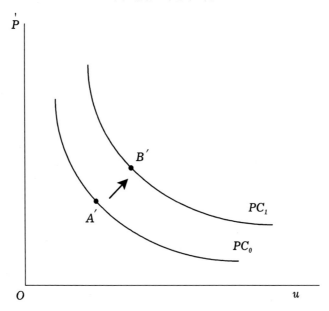

　　지금까지의 분석결과에 의하면 물가상승률($\dot{P}$)과 실업률(u)과의 관계는 수요측 요인일 경우에는 우하향하는 필립스 곡선 위에서 움직이고, 공급측 요인인 경우에는 필립스 곡선의 이동으로 나타날 수 있기 때문에 정확한 관계는 불확실하다고 할 수 있다.

　　이에 따라 필립스 곡선이 영국의 1861~1957년 기간 외에도 실제로 현실경제에 존재하는가를 입증하기 위해 미국을 비롯한 여러 국가의 각기 다른 기간에 대해 수많은 통계분석이 수행되어 왔다. 한 가지 예로서 미국의 필립스 곡선을 보기로 한다. 〈그림 11-9〉에서 1960년대의 물가 상승률과 실업률간의 관계를 나타내는 필립스 곡선은 PC_1으로 매우 안정적인 모양을 하고 있다. 이러한 안정적인 우하향의 필립스 곡선은 케인즈학파에 재량적인 안정화정책의 당위성을 부여해 주는 것으로 받아들여졌다. 즉 필립스 곡선상의 인플레이션율과 실업률의 바람직한 조합을 달성하기 위해 정부가 재량적으로 총수요를 관리하면 된다는 것이다. 따라서 1960년대에는 서구 각국의 정책당국은 케인즈학파가 처방하는 총수요관리정책으로 경제를 미조정(fine-turning)하면 아주 낮은 인플레이션 하에서 완전고용을 유지할 수 있을 것으로 전망하기도 하였다.

　　그러나 1970년대에 들어서면서 상황이 변화하였다. 인플레이션은 진정되지 않거나 오히려 더 상승하는 가운데 케인즈학파적인 총수요관리정책을 실시해도 실업률은 줄어들지 않고 높은 수준을 유지하는 스태그플레이션 현상이 발생한 것이다. 예로서 1975년의 미국의 실업률은 8.5%였으며, 물가상승률은 9.1%로 매우 높게 나타났다. 따라서 미국의 1970년대의 필립스 곡선은 그 모양이 확실하지 않다고 할 수 있다. 〈그림 11-9〉에서 필립스 곡선을 PC_2와 같이 그릴 수도 있으나, 1969~1979년까지 화살표로 연결하면 나선형의 고리(loop)를 만들면서 우상향의 기울기, 혹은 우측 이동으로 이해될 수 있다. 이와 같이 1970년대 이후에는 필립스 곡선이 매우 불안정한 모양을 갖게 되어, 1960년대에 보인 인플레이션과 실업간의 안정적인 역의 관계가 사라지게 된 것이다. 왜 1970년대 이전까지는 오랫동안 안정적이던 필립스 곡선이 1970년대 들어와 불안정한 모습을 보이는가? 1970년대에 필립스 곡선을 오른쪽으로 이동시킨 요인으로 일부 케인즈학파는 석유가격과 원자재 가격 및 임금상승 등과 같은 공급측 요인을 강조한다. 반면에 통화주의학파는 지속적인 총수요관리정책에 따른 예상인플레이션의 상향조정을 강조한다.

〈그림 11-9〉 미국 경제의 물가상승률과 실업률의 관계(1962-1979)

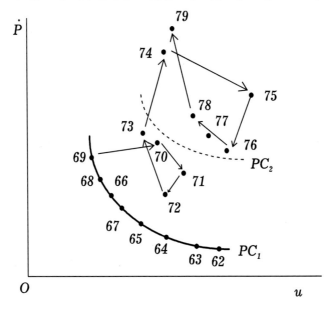

1970년대 이후 미국의 경우에서 살펴본 것처럼 필립스 곡선의 불안정성은 많은 논쟁을 불러일으키면서 필립스 곡선에 대하여 풀어야할 몇 가지 문제점들을 제시하였다. 첫째, 왜 영국의 1857~1961년과 미국의 1960년대에는 물가상승률과 실업률의 관계는 우하방으로 내려가는 안정적인 모습을 보였는가? 둘째, 왜 미국에서 1970년대 이후 우하향하는 필립스 곡선이 사라졌는가? 즉 1970년대에 오면 필립스 곡선은 우상방으로 나선형을 그리면서 이전하고 있어서 물가상승률과 실업률의 관계가 매우 불안정할 뿐만 아니라 실업이 인플레이션과 공존하는 스태그플레이션이 심화되는 현상을 어떻게 설명할 것인가? 셋째, 필립스 곡선은 실제로 정책당국자들로 하여금 바람직하다고 생각되는 실업률과 인플레이션율의 조합을 선택할 수 있는 기회를 주는가?

이러한 문제들에 대해 1960년대 후반 프리드먼(M. Friedman)과 펠프스(E. Phelps)는 필립스곡선에 기대인플레이션율을 포함시킴으로써 필립스 곡선의 우상방 이동을 해명하고 스태그플레이션 현상을 이론적으로 규명하고자 하였다.

3. 기대가 포함된 필립스 곡선과 자연실업률 가설

케인즈 경제학은 노동자들의 화폐착각(money illusion)을 전제로 하였으므로 필립스곡선에 노동자들의 예상물가상승률을 반영하지 않았다. 이에 따라 필립스와 립시는 경제주체가 판단하는 예상명목임금의 변화는 그가 판단하는 예상실질임금의 변화와 같다고 보았고, 명목임금상승률(또는 물가상승률)과 실업률 간에는 안정적인 상충관계를 나타내는 필립스곡선이 존재한다고 주장하였다. 그러나 실제로는 노동자들은 임금계약을 체결할 때 앞으로 예상되는 물가상승률을 충분히 고려하여 명목임금상승률을 요구하게 될 것이다. 기업의 입장에서도 경쟁기업의 임금규모에 비례하여, 또 일정한 기술과 경험을 가진 숙련노동자들을 확보하기 위해서는 명목임금을 인상시킬 필요가 있다. 기업의 임금인상폭은 기본적으로 노동시장의 여건, 즉 노동시장의 초과수요에도 의존한다. 그렇지만 경쟁기업이 임금을 올렸거나 올릴 것으로 예상된다면 한 기업의 임금인상 가능성은 더욱 커진다.

따라서 주어진 실업률 수준에서 과거의 임금상승률이 높을수록, 미래에 예상되는 임금상승률이 높을수록 또는 과거의 물가상승률이나 미래에 예상되는 물가상승률이 높을수록 임금상승률은 더욱 높아지는 경향이 있다. 즉 임금인상이 임금인상을 초래하고, 또 물가상승도 임금인상을 초래하는 과정에서 노동자와 기업가는 과거지향적(backward looking)일 수도 있고, 미래지향적(forward looking)으로 임금과 물가의 상승분을 미리 반영할 수도 있다. 예를 들면 전자는 작년의 물가상승률이 5%였으면 올해의 임금상승률에 그만큼을 추가하여 반영하는 것이고, 후자는 내년에 5%의 물가상승이 예상된다면 미리 그만큼을 올해의 임금상승률에 반영하는 것이다.

이와 같은 사고에 기반하여 프리드먼과 펠프스는 노동의 초과수요와 양(+)의 상관관계를 갖는 것은 명목임금 변화율이 아니라 실질임금 변화율이라고 보고 새로운 필립스 곡선 이론을 제기하였다. 이들은 기대(예상) 실질임금 변화율을 결정하는 중요한 요인인 기대(예상) 인플레이션율의 역할을 강조하였다. 특히 이들은 1970년대 들어 필립스 곡선이 우상방으로 이전하면서 높은 물가상승률과 실업률이 공존하는 스태그플레이션 현상을 예상인플레이션율의 변화로 해석하였다. 이들이 주장한 내용을 보다 자세히 알아보도록 하자.

(1) 기대가 포함된 필립스곡선(expectation-augmented Phillips curve)

1960년대 후반 프리드먼(M. Friedman)과 펠프스(E. Phelps)는 이론적으로 인플레이션율과 실업률간에 음(−)의 상충관계가 존재한다는 필립스 곡선의 논리에 대하여 반박하였다. 그들은 원래의 필립스 곡선에 자연실업률(natural rate of unemployment: u_n)과 기대 물가상승률을 도입하여 물가상승률과 실업률간의 관계를 다음과 같이 나타내었다.

$$\dot{P} = g(u - u_n) + \dot{P}^e \quad \text{또는} \quad \dot{P} - \dot{P}^e = g(u - u_n)$$

$$(g(0) = 0, \ g' < 0) \tag{11-4}$$

여기서 $\dot{P}^e$는 예상(기대)물가상승률이고 u_n은 자연실업률이다. 그리고 실제 인플레이션율에서 예상인플레이션율을 뺀 $\dot{P} - \dot{P}^e$는 예상치 못한 인플레이션율이다. 위의 식 (11-4)를 기대가 포함된 필립스 곡선이라 하며, 프리드먼−펠프스 모형이라고도 부른다. 최초의 필립스 곡선이 실제 인플레이션율과 실업률 간에 음의 상관관계가 있다고 보는데 반하여 예상이 포함된 필립스 곡선은 식 (11-4)의 두 번째 식에서 보는 바와 같이 예상치 못한 인플레이션율과 실업률간에 음의 관계가 있다고 본다. 만약 예상물가상승률이 0 즉 $\dot{P}^e = 0$이라면 최초의 필립스 곡선이 된다.

예상이 포함된 필립스 곡선에 의하면 실제 인플레이션율이 예상된 인플레이션율보다 낮아지면 $(\dot{P} < \dot{P}^e)$, 실제실업률은 자연실업률보다 커지며 $(u > u_n)$, 반대로 실제 인플레이션율이 예상된 인플레이션율보다 높아지는 경우$(\dot{P} > \dot{P}^e)$에는 실제실업률이 자연실업률보다 낮아지게 된다 $(n < u_n)$. 장기적으로 실제 인플레이션율이 예상 인플레이션율과 같아지면 즉 $\dot{P} = \dot{P}^e$이면 $u = u_n$으로서 실업률은 자연실업률에서 고정된다. 이때 필립스 곡선은 자연실업률 상에서 수직이 되며, 실업률과 인플레이션의 상반관계는 더 이상 성립하지 않게 된다. 프리드먼과 펠프스는 이것을 장기에 성립하는 진정한 필립스 곡선이라고 불렀다. 또한 이들은 이와 같은 기대 물가상승률을 고려한 필립스 곡선을 통해 화폐공급의 변화가 실물부문에 아무런 영향을 미치지 못한다는 화폐의 장기적 중립성을 주장했다. 기대가 포함된 필립스 곡선에 대해 좀더 구체적으로 살펴보기로 하자.

먼저 식 (11-4)와 같이 기대가 도입된 필립스 곡선에 따르면 예상 인플레이션율이 $\dot{P}^e_0$일 때 필립스 곡선은 〈그림 11-10〉에서 점 $A(u_n, \dot{P}^e_0)$를 지나 우하향하는 곡선 PC_0로 나타낼 수 있다. 이제 어떤 요인에 의해 기대 인플레이션율이 $\dot{P}^e_1$으로 상승하면, 필립스 곡선은 점 $B(u_n, \dot{P}^e_1)$를 지나는 곡선 PC_1으로 평행이동하게 된다. 즉 식 (11-4)에 나타난 바와 같이 예상 인플레이션율의 크기가 변하면 우하향하는 필립스 곡선은 상하 평행 이동한다.

한편 장기에서는 모든 정보가 반영되므로 실제 인플레이션율은 기대 인플레이션율과 같아지게 된다. 또한 장기적으로 노동시장에서는 노동에 대한 수요와 공급이 균형을 이루어 노동의 초과수요나 초과공급이 항상 0이 되므로 실제 실업률은 자연실업률과 일치한다. 결국 장기에서는 필립스 곡선이 〈그림 11-10〉에서 자연실업률 수준에서 수직인 PC_L로 나타낼 수 있다. 다음에서는 이와 같은 장기필립스 곡선이 갖는 정책적 의미를 자세히 살펴보자.

〈그림 11-10〉 예상인플레이션율과 필립스 곡선

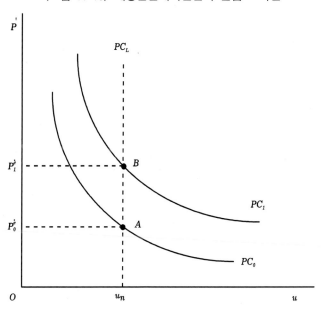

(2) 장기 필립스곡선과 자연실업률가설

프리드먼과 펠프스는 1960년대 말에 기대가 포함된 필립스 곡선을 이용하여 자연실업률 가설을 제시하였다. 자연실업률 가설에 따르면 단기에 경제주체들의 기대 인플레이션율이 변하지 않을 때 단기 필립스 곡선은 최초의 필립스 곡선과 같이 안정적인 우하향하는 곡선으로 그려진다. 그러나 만약 앞에서 살펴본 바와 같이 기대 인플레이션율이 변하면 필립스 곡선도 그만큼 상하로 이동한다. 따라서 안정적인 우하향의 필립스 곡선을 이용하고자 하는 재량적인 정책은 기대 인플레이션율을 상승시켜 소기의 성과를 달성하지 못한다.

기대가 포함된 필립스 곡선은 첫째, 높은 실업률과 인플레이션이 공존하는 스태그플레이션을 설명할 수 있고, 둘째 단기 필립스 곡선은 사람들의 인플레이션에 대한 기대가 변하면 이동하게 되고, 셋째 단기를 제외하고는 재량적인 정책이 실업률을 감소시킬 수 없다는 점을 시사하고 있다.

앞에서 살펴 본 대로 기대가 포함된 필립스 곡선은 기대 인플레이션율이 변화함에 따라 상하로 이동한다. 식 (11-4)에서 기대 물가상승률에 따라 필립스 곡선이 이동하는 것을 〈그림 11-11〉을 통하여 살펴보기로 하자. 〈그림 11-11〉은 수직으로 나타나는 하나의 장기 필립스 곡선(PC_L)과 각기 상이한 기대 인플레이션율은 반영한 우하향하는 많은 단기 필립스 곡선(PC_0, PC_4, PC_8)을 보여주고 있다.

〈그림 11-11〉 장·단기 필립스 곡선과 자연실업률 가설

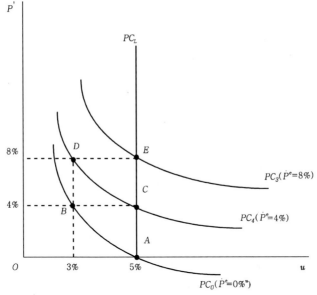

〈그림 11-11〉에서 PC_0, PC_4 및 PC_8은 예상 인플레이션율이 각각 0%, 4% 및 8%인 경우의 단기 필립스 곡선을 보여주고 있다. 각 단기 필립스 곡선의 위치는 예상 인플레이션율의 값($\dot{P}^e$)에 의존한다. 예상 인플레이션율의 값이 클수록 단기 필립스 곡선은 상방으로 이동하게 된다. 그런데 예상인플레이션율이 실제 인플레이션율과 같아지는 곳에서 단기 필립스 곡선이 장기필립스 곡선과 교차함을 유의하기 바란다. 예컨대, 예상 인플레이션율이 0에 해당하는 단기 필립스 곡선 PC_0는 실제 인플레이션율이 0인 점 A에서 장기 필립스 곡

선 PC_L과 교차한다. 마찬가지로 예상 인플레이션율이 4%에 해당하는 단기 필립스 곡선 PC_4는 실제 인플레이션율이 4%인 점 C에서 장기 필립스 곡선과 교차한다.

최초에 경제가 인플레이션율은 0%이고 실업은 자연실업률 수준인 5%라고 가정하자. 즉 초기에 경제주체들의 예상 인플레이션율이 0%일 때의 우하향하는 단기 필립스 곡선 PC_0는 A점(자연실업률 $u_n = 5\%$)을 통과하고 있다. 이제 정책당국이 5%의 실업률이 너무 높다고 판단하여 이것을 줄이기 위해서 총수요 확대정책을 채택한다고 상정하자. 예를 들어 목표 실업률을 3%로 낮추고 대신 4%의 물가상승을 감수하기로 했다고 하자. 실업률을 3%로 낮추기 위하여 총수요 확대정책을 쓰면 물가상승이 일어나게 된다.

총수요 확대정책에 의해서 실제로 물가는 4%로 오르는데 노동자들은 아직도 4%의 물가상승을 알아차리지 못하고 예상물가상승률이 그대로 유지($\dot{P}^e = 0\%$)될 것으로 생각하고 있다. 물가가 상승하면 기업들은 노동에 대한 수요를 증가시켜 고용량은 증가하고 명목임금은 상승하게 된다. 이 때 명목임금의 상승률은 물가상승률보다 낮다. 기업의 입장에서는 노동자가 물가상승을 알아차리는 데에는 시간이 걸리기 때문에 물가상승률만큼 올려줄 필요가 없는 것이다. 그러므로 기업의 입장에서는 실질임금이 하락하게 되어 노동에 대한 수요를 증가시킨다. 반면에 노동자의 입장에서는 예상실질임금($W/\dot{P}^e$)에 따라 노동공급을 결정하는데 명목임금(W)은 상승하지만 예상물가상승률은 이전 수준을 그대로 유지($\dot{P}^e = 0\%$)될 것으로 생각하기 때문에 예상실질임금이 상승하게 되어 노동의 공급량을 증가시킨다. 결국 물가변화에 대한 예상이 고정되어 있는 경우 총수요 확대정책은 고용을 증가시켜 〈그림 11-11〉에서 자연실업률 5%수준에서 3%까지 실업을 감소시키게 되므로 경제는 단기 필립스 곡선 PC_0을 따라 좌상방으로 이동하여 B점에 다다르게 된다.

그러나 점 B의 상태는 불안정한 균형이기 때문에 이와 같은 실업률의 감소는 오래 가지 못할 것이다. 왜냐하면 시간이 경과함에 따라 노동자들은 총수요 증가로 인하여 물가가 4% 상승했다는 것을 알게 되어 기대 물가상승률을 0%에서 4%로 상향 조정하게 되기 때문이다. 이에 따라 노동자들은 새로운 임금계약을 체결할 때 기대물가가 상승함에 따라 실질임금이 하락하게 되므로 이와 같은 기대 물가상승률을 고려하여 임금인상을 요구할 것이다. 이때 노동자들이 물가상승을 인식하고 또 물가상승이 지속될 것으로 예상하여 예상 인플레이션율을 조정하게 되면 필립스 곡선은 상방으로 이동한다. 예를 들면 예상 물가상승률이 처음에는 1%로 그 다음에는 3%로 그리고 나서 4%로 점차 상승하게 되면 단기 필립스 곡선은 점점 우상방으로 이동하고 이에 따라 실업률은 점점 높아지게 된다.

이와 같은 과정을 되풀이 하여 노동자들의 예상 물가상승률이 실제 물가상승률과 정확하게 일치하게 된다면, 궁극적으로 예상 인플레이션율은 4%가 되어 필립스 곡선은 PC_4로 상방으로 이동하고 균형은 점 C에서 달성된다.

점 C에서의 실업률은 최초의 점 A에서와 같은 자연실업률 수준이고, 인플레이션율은 점 A에 비하여 훨씬 높은 4% 수준이 되는 결과가 된다. 결국 실업률을 3% 수준으로 낮추고자 하는 정부의 목적은 달성되지 않고 인플레이션율만 4%로 오른 것이다. 이는 노동자들이 물가상승을 정확히 예측하면 총수요확대정책은 실업률 감소와 같은 실물경제에 전혀 영향을 미치지 못한다는 것을 의미한다. 만약 정부가 당초의 의도대로 실업률을 3% 수준으로 유지하기 위해 또다시 총수요확대정책을 쓴다면 인플레이션이 가속화 되어 단기 필립스 곡선 PC_4를 따라 경제는 점 D로 이동한다.

그런데 점 D는 단기 필립스 곡선 PC_4 상에 놓여 있어 실제 물가상승률은 8%이지만 예상 물가상승률은 4%이므로 두 물가상승률 사이에 괴리가 발생한다. 이 경우 앞에서 설명한 것과 마찬가지로 노동자들이 시간이 흐름에 따라 예상 인플레이션율을 수정하게 되므로 결국 이 점은 장기 균형점이 될 수 없다. 따라서 앞에서와 같은 논리로 장기적으로 물가만 상승시키고 다시 자연실업률 수준으로 돌아오게 되어 점 E에서 균형을 이룬다. 점 E에서 실업률은 최초의 점 A에서와 같고 인플레이션율은 점 A에 비해 훨씬 높은 수준인 8%에 이른다. 그러므로 만약 정부가 실업률을 계속 자연실업률보다 낮은 3% 수준에서 유지하려 하고 또한 노동자들이 실제 인플레이션율에 맞추어 예상 인플레이션율을 조정하게 된다면, 단기 필립스 곡선은 계속 상방으로 이동하고 인플레이션은 더욱 가속화 될 것이다.

장기 필립스 곡선은 실제물가상승률과 예상물가상승률이 같은 점들(A, C, E)을 연결한 수직선이다. 이는 단기에는 인플레이션과 실업이 역의 상충관계에 있지만 장기에는 아무런 관계가 없다는 것을 의미한다. 장기에 있어서는 경제가 자연실업률하에서 완전고용수준에 정착된다. 따라서 총수요확대정책은 장기에 예상물가의 상승을 통해 물가만 상승시킬 뿐 생산 및 고용을 증대시키지 못하며 실업은 장기적으로 자연실업률 수준에 머무르게 된다. 이를 프리드먼−펠프스의 자연실업률 가설(natural rate hypothesis)이라고 한다. 따라서 예상 인플레이션율을 고려한 필립스 곡선의 분석에 따르면 장기 균형점은 자연실업율을 통과하는 수직선 위의 점이며, 경제는 이 점에서 균형을 이룬다. 〈그림 11-11〉의 예에서 보면 실업률은 단기적으로는 3%가 되지만 장기적으로는 5%로 되돌아가게 된다. 자연실업률 가설에서는 실업률을 자연실업률 이하로 낮추기 위한 총수요확대정책은 가속적인 물가상승

$(P\uparrow \to \dot{P}^e\uparrow \to P\uparrow \to \dot{P}^e\uparrow \to \cdots)$을 일으키기 때문에 '인플레이션 가속화 가설'(inflation acceleration hypothesis)이라고도 한다. 그러므로 만약 정책당국이 실제실업률을 자연실업률 이하로 유지하려면 실제인플레이션이 예상인플레이션을 초과할 때만 성공할 수 있다.

결국 프리드먼에 따르면 '문제가 되는 것은 인플레이션 그 자체가 아니라 예상하지 못하는 인플레이션이며, 인플레이션율과 실업률 사이에는 아무런 안정적인 상관관계가 존재하지 않는다는 것, 경제의 실질적 제요인과 조화하고 사람들의 올바른 지각과 양립할 수 있는 자연실업률이 존재한다는 것, 가속화되는 인플레이션에 의해서만 실업률을 자연실업률 이하로 유지할 수 있다'고 본다. 그러나 가속화되는 인플레이션을 영속시키는 것은 불가능하기 때문에 결국 장기의 필립스 곡선은 수직으로 된다는 것이 자연실업률 가설이 주장하는 내용이다.

우하향하는 단기 필립스 곡선에서는 물가상승률과 실업률 사이의 선택이 가능하다. 하지만 수직선 형태의 장기 필립스 곡선에서는 양자 사이의 선택이 불가능하다. 프리드먼과 펠프스가 주장한 자연실업률 가설은 통화주의학파에 있어서 화폐의 장기적 중립성 명제를 다시 한 번 논증해 준다. 예를 들어 통화량 증대와 같은 확대 통화금융정책은 단기적인 경기부양효과는 가지고 있을지 모르나, 장기적으로는 실질산출량이나 실업률 등 실질변수에 아무런 영향을 미치지 못하며 다만 인플레이션만을 초래할 뿐이다. 즉 화폐가 장기적으로 중립적이라는 것이다. 자연실업률 가설은 화폐수요함수의 안정성과 더불어 통화주의학파의 핵심을 이루고 있다.

이 자연실업률 가설로부터 통화주의학파는 단기의 재량적인 정책이 불필요하다는 입장을 다시 한 번 확인한다. 그러나 케인즈학파는 시장기구가 자기보정적인 역할을 하도록 자유방임하는 것은 너무 오랫동안 큰 고통을 수반하기 때문에 단기적인 처방이 필요하다고 주장한다.

제12장 소비이론과 투자이론

케인즈의 유효수요의 원리는 총수요가 총공급 즉 국민소득을 결정한다는 것이다. 그런데 한 경제의 총수요를 구성하는 두 주요 항목은 소비와 투자이다.[1] 앞에서 우리는 소비와 투자에 대해 거듭해서 언급해 왔지만, 그 내용이 무엇이며 어떠한 요인에 의해서 영향을 받는냐에 관해서는 명시적으로 다루지 않았다. 그렇지만 정부가 총수요관리정책을 통하여 경제의 움직임으로 조정하려면 총수요를 구성하는 각 항목이 어떠한 요인에 의하여 결정되고 변동하는가를 확실히 알아볼 필요가 있다. 그러므로 본 장에서는 이와 같은 총수요를 구성하는 소비와 투자를 보다 구체적으로 분석한다.

여기에서 소비라 함은 한 나라 전체의 가계의 소비재에 대한 지출을 말하며, 투자라 함은 역시 한 나라 전체의 기업의 투자재 혹은 생산재에 대한 지출을 의미하므로 정확하게 표현한다면 소비는 소비지출(소비수요), 투자는 투자지출(투자수요)을 말한다. 이는 소비와 투자를 지출측면에서 본다는 것이다.

어느 나라를 막론하고 총수요 구성항목 중에서 소비지출이 차지하는 비중이 가장 높기 때문에 소비가 어떻게 결정되는가를 고려하지 않고 총수요를 관리한다는 것은 사실상 불가능하다. 그리고 총수요 구성요소 중 투자는 소비에 이어 두 번째 비중을 차지한다. 투자는 금액상으로는 소비에 비해 적지만 경제변동의 주역은 오히려 투자라고 할 수 있으며 따라서 경제를 분석하는 데에 있어서는 투자가 더 중요한 의미를 갖는다고 할 수 있다. 그 이유는 소비는 상대적으로 안정적인데 비해 투자가 큰 변동을 보이는 경우가 많기 때문이다.

---

1) 물론 정부부문과 해외부문을 고려할 경우에는 정부지출이나 순수출도 총수요를 구성하는 항목이 된다.

제1절 소비이론

여기서는 총수요 구성항목 중 가장 큰 비중을 차지하는 소비에 대해 알아본다. 소비수준이 어떻게 결정되는가는 이미 살펴본 케인즈의 소비함수 이외에도 여러 가설들이 있다. 그 중에서도 프리드만 (M. Friedman)의 항상소득가설, 모딜리아니-브람버그-앤도(F. Modigliani, R. Brumberg and, A. Ando)의 생애주기가설, 그리고 듀젠베리(J. Duesenberry)의 상대소득가설 등이 있다. 케인즈의 소비함수는 절대소득가설이라고 불리는데 소비이론의 효시를 이룬다.

소비함수는 소비와 소비수준에 영향을 미치는 변수 사이에 존재하는 관계를 나타낸다. 위에서 언급한 여러 소비함수에 관한 가설들은 소비를 결정하는데 가장 핵심적인 역할을 하는 소득의 개념을 각각 다른 각도에서 접근한다. 케인즈는 현재소득의 소비에 미치는 효과를 분석한 반면, 듀젠베리의 상대소득가설은 과거소득의 소비에 미치는 효과를, 항상소득가설과 생애주기가설은 미래의 기대(예상)소득과 소비의 관계에 중점을 두어 분석한다. 그러나 이들 이론은 서로 배타적인 것이 아니고 상호 보완적인 것으로 파악해야 한다. 즉 소비지출에 영향을 미치는 요인으로 과거, 현재, 미래의 시간적 차원이 모두 소비이론에 도입되어야 한다.

본 장에서는 여러 가지 소비함수에 대한 가설이 등장하게 된 배경과 주요 내용을 살펴본다.

1. 케인즈의 소비함수: 절대소득가설

소비는 가장 기본적인 경제활동으로 사람들이 자신의 욕망을 충족시키기 위해 필요한 재화와 용역을 소모하는 것을 말한다. 가계의 소비지출은 국내총생산의 60% 이상을 차지할 정도로 크다. 우리는 제4장에서 소득과 소비와의 관계, 즉 소비함수가 케인즈의 국민소득결정이론에서 중심적 역할을 하고 있음을 보았다.

케인즈는 그의 『일반이론』(1936)에서 소비의 크기가 주로 소득의 절대적 크기에 의존한다는 절대소득가설(absolute income hypothesis)을 주장하였다. 절대소득이란 일정기간에 얻어진 소득, 혹은 당기소득(current income)을 말한다.

케인즈의 『일반이론』에 나타난 소비함수의 특징은 다음의 두 가지로 요약할 수 있다.

첫째, 소득이 증가함에 따라 소비를 증가시키는 경향이 있지만, 소비는 소득증가비율만큼 증가하지는 않는다. 즉 한계소비성향(MPC)이 0보다 크지만 1보다는 작다.

둘째, 소득이 증가함에 소득에서 차지하는 소비의 비율 즉 평균소비성향(APC)은 감소한다. 소득이 증가함에 따라 평균소비성향이 감소한다는 것은 평균소비성향이 한계소비성향보다 크다는 것을 의미한다.

이와 같은 특징을 갖는 케인즈의 소비함수는 다음과 같이 표현된다.[2]

$$C = a + bY \quad (a > 0,\ 0 < b < 1) \tag{12-1}$$

여기에서 C는 소비, Y는 국민소득이며, a는 기초소비를, b는 한계소비성향을 나타낸다.

케인즈 소비함수의 두 번째 특징 즉 "소득이 증가함에 따라 소비는 증가하지만, 소득에서 차지하는 소비의 비율(C / Y), 즉 평균소비성향(APC)은 감소한다"는 점을 보기 위해 식 (12-1)의 양변을 소득 Y로 나누면 다음과 같은 식을 얻을 수 있다.

$$\frac{C}{Y} = \frac{a}{Y} + b \tag{12-2}$$

이 식에서 a와 b는 상수이므로 소득수준(Y)이 높아짐에 따라 a / Y가 작아지므로 C / Y 즉 평균소비성향은 감소한다. 그리고 식 (12-2)에서 b는 한계소비성향을 나타내므로 평균소비성향은 한계소비성향보다 크다는 것을 알 수 있다.

이상과 같은 특징을 갖는 케인즈의 소비함수를 나타낸 것이 〈그림 12-1〉이다.

〈그림 12-1〉 케인즈의 소비함수

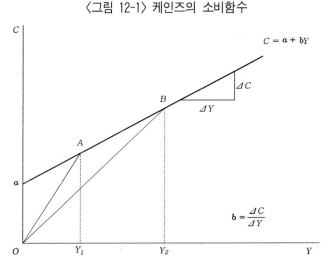

---

2) 우리는 제4장에서 이와 같은 형태의 소비함수를 이용하여 국민소득결정과정을 살펴보았다.

그림에서 원점을 통과하는 직선의 기울기는 소득과 소비의 비율(C / Y)이므로 평균소비성향을 나타낸다. 예를 들어 〈그림 12-1〉에서 소득이 Y_1인 점 A에서 소비가 이루어지면 선분 OA의 기울기는 평균소비성향을 나타낸다. 마찬가지로 소득이 Y_2인 점 B에서의 평균소비성향은 선분 OB의 기울기가 된다. 그러므로 소득이 Y_1에서 Y_2로 증가할 때 평균소비성향은 감소한다는 것을 알 수 있다. 반면에 한계소비성향은 소비함수의 기울기 b로 항상 일정하다. 소득 증가에 따른 평균소비성향의 감소는 MPC<APC의 관계가 성립함을 의미한다. 결국 케인즈의 소비이론에 따르면 한계소비성향은 일정하지만 평균소비성향은 소득이 증가함에 따라 감소하게 되고 한계소비성향은 평균소비성향보다 작게 된다. 그 까닭은 케인즈의 소비함수가 a의 절편(기초소비)을 가지고 있기 때문이다.

이상에서 분석한 케인즈 소비함수의 두 번째 특징은 승수이론에서는 그다지 중요하게 생각하지 않았다. 왜냐하면 승수이론에서는 한계소비성향만으로도 분석이 가능하였기 때문에 평균소비성향은 크게 다루지 않았다. 그러나 자본주의 경제의 장기침체에 대한 우려가 제기되면서 평균소비성향의 중요성이 부각되기 시작하였다.

소비율 즉 평균소비성향이 소득수준이 증가함에 따라 감소한다는 것은 곧 저축률 즉 평균저축성향($\frac{S}{Y}$)이 상승한다는 것을 의미한다. 이렇게 케인즈는 성숙된 자본주의경제에서는 소득이 증가함에 따라 저축률이 증가한다고 보았다. 경제가 성장해서 소득이 증가하면 저축률이 증가하는데 이에 알맞은 투자율이 뒷받침되지 않는다면 경제는 대량의 실업을 수반하게 된다. 이렇게 투자가 저축에 비해 부족할 때에 경제는 불황에 빠지게 되며, 따라서 케인즈는 정부지출이 증가하지 않는 한 경제는 불황에서 회복될 수 없다고 보았다. 케인즈가 제시한 소비함수는 이와 같은 뜻을 함축하고 있다.

2. 소비함수 논쟁

케인즈의 절대소득가설이 제시된 이후 경제학자들은 소비이론에 대한 연구를 진전시키는 과정에서 많은 통계적 실증분석을 시도하였다. 소비가 과연 절대소득의 크기에 의존하는가에서부터 한계소비성향이 1보다 작다는 가정이 현실에 잘 부합하는지 또는 소득이 증가할수록 평균소비성향이 감소하는지 등 여러 가지 가설이 경험적으로 시험대에 올랐다.

초기 즉 제2차 세계대전 이전의 실증분석 결과들은 케인즈의 절대소득가설이 맞는다는 것을 입증하였지만, 전쟁 중에는 그다지 설득력을 갖지 못했다. 그러나 이 경우에는 전쟁기간이기 때문에 크게 문제가 되지 않았다. 케인즈의 소비함수가 문제가 된 직접적인 동기는 제2차 세계대전이 끝나기 직전에, 케인지언들은 전후 미국경제는 불황에 직면할 것이라고 예측했는데 이러한 예측이 빗나가게 되면서 비롯되었다.

(1) 빗나간 예측

제2차 세계대전이 끝나갈 무렵 미국에서는 일련의 경제예측이 이루어지고 있었다. 즉 미국경제가 전시경제에서 평시경제로 되돌아갈 때 실업문제가 야기될 것이라는 것이었다. 이 예측에 사용된 경제이론이 바로 케인즈의 절대소득가설이다. 전쟁이 끝나서 전비지출이 감소하면 승수효과가 역으로 작용하게 되어 국민소득이 감소하고, 따라서 고용이 감소하고 실업이 발생하게 될 것으로 예측하였다. 이처럼 케인즈의 절대소득가설과 승수이론에 기초한 연구들은 전후의 미국경제에 심각한 불경기와 실업이 발생하게 될 것이라는 비관적 예측을 하였다.

그러나 일부 경제학자들은 케인지언들과 반대의 예측을 하였다. 즉 전쟁이 끝나면 사람들은 전쟁시 억제했던 내구소비재에 대한 수요를 증가시키게 될 것이므로 실업이 아니라 오히려 미국경제는 호황과 인플레이션을 수반할 것이라고 예측했던 것이다. 전쟁이 끝난 후 정부지출이 감소하였음에도 불구하고 미국경제는 불황에 빠지지 않고 오히려 인플레이션을 수반하는 호경기가 계속되었다. 이렇게 되자 케인즈의 소비함수의 타당성에 대한 논쟁이 벌어질 수밖에 없었다.

(2) 쿠즈네츠의 실증분석

케인즈의 절대소득가설에 따르면 소득이 증가함에 따라 평균소비성향이 감소하는 특징을 보인다. 이후 이러한 가설을 검정하기 위하여 많은 실증분석이 이루어졌다. 초기의 실증분석 결과들은 많은 학자들이 계량분석을 통하여 이와 같은 케인즈의 소비함수가 단기적으로는 타당하다는 것을 발견하였다.

그러나 미국의 경제학자 쿠즈네츠(S. Kuznets)는 1946년에 미국의 소득과 소비에 관한 1869년~1929년의 자료를 분석한 결과에 의하면 횡단면분석과 단기 시계열분석은 케인즈의 소비함수가 잘 맞지만, 장기 시계열자료의 경우에는 평균소비성향이 대략 일정한 크기를 보인다는 점을 발견하였다. 즉 쿠즈네츠는 분석기간 중 소득이 크게 증가되었음에도 불구하고 소득과 소비의 관계가 매우 안정적인 관계를 유지하는 것을 발견하였다. 환언하면 장기적으로 소득이 증가함에 따라서 APC와 MPC가 일정하다는 것을 발견하였는데 이는 케인즈 소비함수의 두 번째 특성에 위배된다.

당시의 미국의 국민소득계정(1929~1941)을 이용한 단기시계열분석 결과를 보면 케인즈형 소비함수의 타당성이 인정되었으며 한계소비성향(MPC)이 약 0.75였다. 즉 이 당시 이러한 시계열자료를 케인즈형 소비함수에 도입하여 분석한 결과를 보면 MPC는 1보다 작고 APC는 소득이 증가함에 따라 감소하고 있다는 것이었다.

그렇지만 쿠즈네츠는 미국의 시계열자료를 장기(1869-1938) 걸쳐 정리해서 볼 때 소득과 소비는 다음과 같은 관계가 있다는 것을 밝혔다.

$$C \fallingdotseq 0.9Y \qquad\qquad\qquad (12\text{-}3)$$

즉 소비는 소득에 비례하며, 따라서 평균소비성향은 장기에 걸쳐 거의 일정(0.9)하다는 것이다. 이러한 사실은 최근 소비함수에 관한 많은 실증분석에서 뒷받침되고 있다.

이러한 쿠즈네츠의 실증분석 결과는 확실히 케인즈형 소비함수와는 모순되는 것이다. 케인즈형 소비함수는 장기의 소비함수(C=bY)와는 달리 절편(a)를 가지고 있어서 한계소비성향이 0.75밖에 안되며 쿠즈네츠의 0.9에 비하면 매우 작은 편이다.

이러한 까닭에 1940년대와 50년대에 걸쳐 경제학자들간에 치열한 소비함수 논쟁이 벌어지게 되었다. 소비함수에 관한 연구쟁점은 '왜 케인즈 절대소득가설이 일부의 실증분석에서는 성립하고 또 다른 실증분석에서는 성립하지 않는가?'이다. 즉 소비함수에 관한 케인즈의 절대소득가설은 가계자료를 중심으로 한 횡단면 자료와 단기 시계열자료에 의해서는 실증적으로 뒷받침되는 반면, 장기 시계열자료에 의해서는 뒷받침되지 않는데 그 이유를 밝히는 것이 연구쟁점이 된 것이다. 이와 같은 논쟁에서 1950년대까지 다음과 같은 사실들이 경험적, 실증적으로 확립되었다.

첫째, 가계자료를 중심으로 한 횡단면 자료에 의하면 소득수준이 높을수록 평균소비성향이 감소한다. 즉 APC>MPC이다.

둘째, 단기 가계조사자료의 분석결과에 의하면 평균소비성향이 호황기에는 장기평균보다 낮고 경기침체기에는 장기평균보다 높다. 즉 단기 소비함수에서는 APC>MPC이다.

셋째, 장기 시계열자료에 의하면 평균소비성향은 일정하다. 즉 장기소비함수에서는 APC=MPC이다.

실증분석 결과 나타난 두 가지 소비함수 유형을 그림으로 표시하면 〈그림 12-2〉와 같다. 가계의 소비행태를 중심으로 한 횡단면 자료와 단기 시계열자료의 경우 케인즈의 소비함수가 실증적으로 입증이 되는데 이를 단기소비함수라고 한다. 한편 장기에는 소득에 관계없이 APC가 일정한 소비함수가 실증적으로 입증이 되는데 이를 장기소비함수라 한다. 〈그림 12-2〉를 보면 장기소비함수는 원점을 통과하게 그려지면 소득수준에 관계없이 APC와 MPC는 동일하며 일정한 값을 갖는다. 반면에 단기소비함수는 절편을 가지며 소득수준이 증가함에 따라 APC는 작아지는데 비해 MPC는 일정한 값을 갖고 APC>MPC가 된다. 그리고 단기소비함수는 시간이 흐름에 따라 상방으로 이동한다. 이후 경제학자들은 단기소비함수와 장기소비함수가 상충되지 않고 상호 일관성이 있다는 것을 입증하기 위해 소비함수에 관한 다수의 가설을 제시하게 되었다.

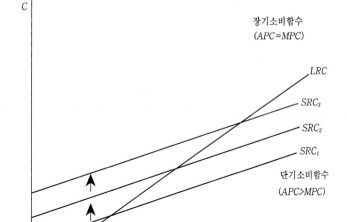

〈그림 12-2〉 단기소비함수와 장기소비함수

단기 소비함수가 실질국민소득이 증가함에 따라 상방으로 이동한다는 것이 가계조사자료에서 밝혀졌다. 그러면 단기소비함수는 시간이 흐름에 따라 왜 상방으로 이동하는가? 또한 단기의 한계소비성향(MPC)이 왜 장기의 한계소비성향(MPC=APC)보다 작은 까닭은 무엇인가? 이러한 문제점을 해명하기 위해 상대소득가설이나 라이프싸이클(평생소득) 가설, 항상소득가설 등이 등장했다. 이러한 가설들의 공통점은 소득이라는 개념을 현재소득(current income)에 국한하지 않고 보다 넓은 개념으로 확장시켰다는데 있다.

케인즈의 절대소득가설은 소비지출이 현재소득에 의존한다는 것이다. 그러나 논쟁이 전개되는 가운데서 우선 소득의 개념이 폭넓게 해석되어졌다. 보다 넓은 개념이란 상대소득가설의 경우 '상대소득', 라이프싸이클 소득가설인 경우 '평생소득', 그리고 항상소득가설의 경우 '항상소득'이라 부르고 있다. 상대소득가설은 소비지출이 과거소득에 의존한다는 것으로 소비행위에 있어서의 습관이나 관습을 보여주는 이론이라고 하겠다. 평생소득가설이나 항상소득가설은 소비지출이 미래의 기대소득(expected income)에 의존한다는 것이다.

따라서 현재 절대소득의 크기만을 고려한 케인즈 소비함수는 상대소득, 평생소득 그리고 항상소득이 변동하지 않는 단기에 있어서 타당한 것이며, 이렇게 확장된 소득이 변동하는 장기에 있어서는 타당하지 않는다는데 소비함수의 논쟁이 발단하게 되었던 것이다.

3. 상대소득가설

케인즈는 절대소득가설에서 각 소비자의 행태가 다른 소비자의 행태와 묵시적으로 독립적이라고 가정하고 있다. 또한 그는 소득이 증가할 때 소비증가분이 소득이 감소할 때의 소비감소분과 같다는 소비의 가역성을 전제하였다. 이에 대해 미국의 경제학자 듀젠베리(J. S. Duesenberry)는 소비에 영향을 주는 요인으로서 소비자 본인의 현재소득은 물론 비교대상이 되는 타인의 소득과 본인의 과거소득을 중요시하였다.

듀젠베리는 사람들의 소비는 현재소득이 아니라 과거의 자신의 최고소득수준에 의존한다는 이른바 소비행동에 있어서의 비가역성(irreversibility)의 명제를 제시하였다. 이를 시간적 상대소득가설이라고도 한다. 또한 듀젠베리는 사람들의 소비는 자기가 속하는 사회계층의 소비태도에 의존한다는 소행동의 상호의존성의 명제를 제시하였다. 이를 공간적 또는 사회적 상대소득가설이라고도 한다. 이처럼 듀젠베리의 이론은 한 개인의 소비가 본인과 타인, 또는 현재와 과거 사이에서 성립하는 상대소득의 함수라고 보는 것이다. 그러므로 듀젠베리의 소비함수를 상대소득가설(relative income hypothesis)이라 부른다.

듀젠베리에 따르면 사람들은 전통적으로 내려오는 경제이론에서 가정하듯이 합리적으로 소비행동을 하는 것이 아니라 어떤 개인 또는 가계의 소비행위는 타인 혹은 다른 가계의 소비와 서로 영향을 주고받으며 결정된다고 주장한다. 이것은 소비행동에 있어서 상호의존성에 의해 설명할 수 있다. 소비행동의 상호의존성이란 소비자는 항상 자기가 속해 있는 사회적 계층의 사람들과 비교하면서 생활하기 때문에 개인의 소비는 사회적 의존관계에 있는 다른 사람들의 소비행태나 소득수준에 의해 영향을 받는다는 것이다. 이것은 소비행위에 있어서 외부성이 존재한다는 뜻으로, 듀젠베리는 이와 같은 소비행동의 상호의존관계를 소비의 전시효과(demonstration effect)라 하였다.

예를 들어 자기가 살고 있는 주위에 부자만 살고 있을 때와 가난한 사람만이 살고 있을 때와는 같은 소비수준일지라도 사람들의 느끼는 효용은 크게 달라진다는 것이다. 그러므로 개인의 소비는 자신의 소득수준뿐만 아니라 타인의 소비수준에 의해서도 영향을 받는다. 따라서 다른 사람들의 소비의 가중평균치를 $\bar{C}$라 한다면, 한 소비자의 소비함수는 다음과 같이 쓸 수 있다.

$$C = \alpha Y + \beta \bar{C} \quad (\text{단, } \alpha > 0, \beta > 0) \tag{12-4}$$

이 식에 따르면 자신의 소득이 증가하거나 다른 사람의 소비가 증가하면 그 사람의 소비가 증가한다. C와 Y는 그 개인의 소비와 소득이므로 경기순환과는 관계없이 단기에 있어서 변동한다. 그러나 다른 사람들의 가중평균소비($\bar{C}$)는 단기에 있어서 일정하다고 볼 수 있다. 따라서 $\beta\bar{C}$는 케인즈의 단기소비함수에서 절편(a)에 해당한다고 듀젠베리는 보았다.

식 (12-4)의 양변을 자신의 소득으로 나누면 $\frac{C}{Y} = \alpha + \beta\frac{\bar{C}}{Y}$이 된다. 여기서 다른 사람들의 가중평균소비($\bar{C}$)는 단기에 있어서 일정하다고 볼 수 있으므로 소득이 증가하면 평균소비성향은 감소한다. 이것은 일정 시점의 가계조사자료의 횡단면 소비함수가 나타내는 결과와 일치한다.

듀젠베리에 따르면 특정 시점에서 각 개인은 소득분배상태에서 그의 위치가 높으면 높을수록 소득 가운데 더 적은 부분만을 소비한다. 이는 각 개인의 소득이 상승함에 따라 평균소비성향이 감소하는 것을 나타내는 횡단면 분석 자료의 검정과 일치한다. 그 이유를 보면 어떤 소비주체의 평균소비성향은 그의 소득분포상의 상대적 위치에 의해 결정되는데, 소득수준이 높을수록 자기보다 못사는 사람을 더 많이 보게 되어 자신의 소득수준에 비해 소비를 적게 하는 반면, 소득수준이 낮으면 자기보다 잘 사는 사람을 더 많이 보게 되어 자신의 소득수준에 비해 소비를 많이 하기 때문이다. 즉 일정시점에서 소득수준이 높은 사람일수록 평균소비성향은 감소한다.

한편 듀젠베리에 따르면 사람들은 평균적으로 보아 소득이 높아졌을 때의 소비행동이 현재의 소득이 좀 감소했다고 해서 곧바로 현재의 소득에 맞도록 수정하는 일을 없다는 경험적 사실에 착안하여 이른바 소비행동에 있어서의 비가역성의 명제를 제시하였다. 부자가 소득이 감소해도 과거 부자일 때 쓰던 버릇이 남아서 지출을 많이 하게 된다는 것이 비가역성의 한 예이다. 이와 같이 현재의 소비가 과거의 최고소득수준에 의하여 영향을 받게 되는 현상을 듀젠베리는 톱니효과(ratchet effect)라고 하였다.

〈그림 12-3〉에는 장기소비함수가 LRC로 나타나 있고, SRC_1, SRC_2, 및 SRC_3는 각각 단기소비함수를 나타낸다. 소득이 장기적인 추세로 증가하면 소비는 LRC를 따라 증가하지만, 일시적으로 소득이 감소하면 소비는 단기소 비함수를 따라 감소한다. 〈그림 12-3〉에서 초기에 A점에서 있다고 하자. 이때 소득수준은 Y_1이고 이에 상응하는 소비는 C_1이다. 경제가 순조롭게 성장하는 경우 소비는 소득이 상승함에 따라 비례적으로 증가한다. 즉 소득이 Y_1에서 Y_2으로 증가하면 소비는 C_1에서 C_2로 증가한다. 이처럼 소득이 증가하는 경우에는 보면 소비(C)와 소득(Y)의 관계는 LRC곡선을 따라 움직인다(A→B).

그러다가 경기가 좋지 않아 소득수준이 이전의 최고수준(Y_2)보다 낮아져 Y_1으로 떨어졌다고 하자. 사람들은 높은 소득수준(Y_2)에 맞추어 소비생활을 하고 있었지만 소득이 Y_1으로 떨어지면 소비를 억제할 필요가 있지만 늘어난 지출구조를 수정한다는 것은 매우 어렵다. 따라서 소득이 Y_2에서 Y_1으로 떨어져도 소비는 C_1으로 감소하지 않고 C_1' 수준만큼만 감소한다. 즉 소득이 감소하는 경우 소득과 소비는 장기소비함수인 LRC곡선을 따라 B→A점으로 움직이는 것이 아니라 단기소비함수인 SRC_2곡선을 따라 B→D로 움직인다.

한편 경기가 다시 회복되면 소비는 D점에서 B점으로 증가하며 소득이 과거의 최고수준(Y_2)을 넘어서면 또다시 장기의 소비함수에 따라 A점에서 E점으로 증가한다. 소득수준이 Y_3에 달했다가 또다시 경기후퇴가 오면 소득수준이 Y_2로 떨어지면 사람들은 소비수준을 바로 E점에서 B점으로 하락시키는 것이 아니라 과거의 소비습관에 젖어 SRC_3곡선을 따라 E점까지만 떨어진다.

이상에서 설명한 소득과 소비의 이동경로를 모두 연결해 보면 A→B→D→B→E→G→E의 경로를 통해 변화하는데 마치 톱날과 같기 때문에 소비가 과거의 최고소득에 영향을 받는다는 비가역성을 톱니효과라고 한다. 이처럼 경기후퇴기에는 과거의 최고소득수준이 소비의 감소를 억제하는 톱니역할을 한다. 일단 소득이 증대되어 소비가 늘어난 사람은 소득이 줄더라도 과거 소비수준의 영향으로 소득이 감소한 만큼 충분히 소비를 줄이지 못하므로 결국 평균소비성향은 커진다.

이렇게 듀젠베리에 따르면 〈그림 12-3〉에서 보듯이 절편을 가진 케인즈의 단기소비함수는 경기순환의 후퇴과정에서 톱니효과가 나타나는 것을 반영하는데 불과하다고 해석함으로써 단기와 장기의 소비함수가 갖는 모순을 해명했다.

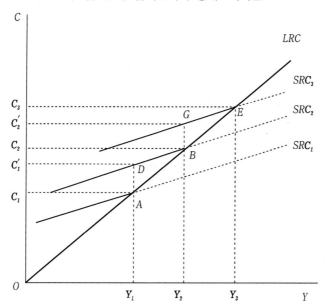

〈그림 12-3〉 톱니효과와 상대소득가설

4. 항상소득가설

프리드먼(M. Friedman)은 소비자의 소비행태를 설명하는 항상소득가설(permanent income hypothesis)을 제시하였다. 항상소득가설은 본질적으로 다음에 설명하는 라이프 싸이클 가설과 비슷한 것이다. 왜냐하면 두 가설 모두 소비자의 소비-저축 결정은 현재소비와 미래소비로부터 얻어지는 생애효용을 극대화하는 과정에서 이루어진다는 피셔(I. Fisher)의 시점간 소비자선택모형(intertemporal consumer choice model)에 기초를 두고 있기 때문이다.

프리드먼에 따르면 실제로 측정되는 소득(measured income: Y)은 항상소득(permanent income: Y_p)과 임시소득(transitory income: Y_t)의 두 부분으로 구분된다.

$$Y = Y_p + Y_t \tag{12-5}$$

항상소득이란 사람들이 자기의 소득획득능력으로 미루어 보아 미래에 기대되는 평균적 소득을 말한다. 자기의 소득획득능력이란 과거의 소득경험, 현재의 재산, 학력, 기술 등을 총칭하는 개념인데 개개인이 판단할 수 있다고 본다. 이에 대해 임시소득은 소득 중에서 경기 여하에 따라 변동하는 소득부분으로 장기에 예견되지 않는 일시적인 소득을 말한다. 따라서 임시소득은 자기의 소득획득능력과는 독립적으로 이루어지는 일시적 요인에 의해 결정되는 소득으로서 양일 수도, 0일 수도, 음일 수도 있다. 환언하면 항상소득은 평균소득인 반면 임시소득은 평균으로부터 일시적으로 이탈한 소득을 의미한다고 할 수 있다.

항상소득과 임시소득에 대한 예를 들어보자. 지금 어느 개인이 제1주에 300,000만원, 제2주에 200,000만원, 제3주에 100,000만원, 그리고 제4주에 200,000만원의 소득을 벌었다고 하자. 이 소비자의 소득은 매주 상당한 변동이 있다. 그러나 4주간을 평균해서 보면 주당 200,000만원의 소득이 되는 셈이다. 이 200,000만원의 소득을 항상소득이라고 간주할 수 있다. 그런데, 이 200,000만원의 소득을 중심으로 매 주의 변동을 보면 제1주에 +100,000만원, 제2주에 0, 제3주에 -100,000만원 그리고 제4주에 0이다. 이처럼 항상소득을 중심으로 변동하는 소득을 프리드먼은 임시소득이라고 불렀다. 한편 프리드먼은 우리가 보통 말하는 소득을 실제소득(measured income; Y)이라고 한다. 그러므로 프리드먼은 실제소득을 개념상으로 식 (12-5)와 같이 항상소득 (Y_p)과 임시소득 (Y_t)으로 구분한다.

한편 프리드먼은 국민소득계정에서 말하는 실제소비(measured consumption; C)도 역시 개념상으로 항상소비(permanent consumption; C_p)와 임시소비(transitory consumption; C_t)로 구분한다. 여기서 임시소비 (C_t)라 함은 예를 들어 길을 가다가 우연히 친구를 만나 식사를 하게 될 때 지출되는 소비를 말하며, 항상소비 (C_p)는 임시소득 (Y_t)과는 관계없이 이루어지는 지출을 말한다.

프리드먼은 사람들이 현재의 소비를 결정할 때 임시소득을 포함하는 실제 측정된 소득에 의해 이루어지는 것이 아니라 미래의 자기의 소득획득능력을 감안한 항상소득의 수준에 의해 결정된다는 데 있다. 즉 소비가 임시소득과는 아무런 상관관계가 없고 오직 항상소득에만 의존한다고 본다. 따라서 현재소비를 C로 표현하면 프리드먼은 다음의 관계를 주장한다.

$$C = kY_p \tag{12-6}$$

여기서 k는 항상소득에 대한 한계소비성향으로 0보다 크고 1보다 작은 일정한 상수이다. 항상소득가설은 위 식에서 볼 수 있는 바와 같이 소비는 항상소득에 비례한다는 것이다. 케인즈의 절대소득가설이 소비가 당해연도의 소득 즉 절대소득에 의해 결정된다고 보는 반면 프리드먼의 항상소득가설은 소비가 항상소득에 의해 결정된다고 본다.

프리드먼이 주장하는 항상소득가설의 내용을 보기 위해 식 (12-6)의 양변을 Y로 나누면 다음과 같은 관계가 성립한다.

$$\frac{C}{Y} = k\frac{Y_p}{Y} = k(\frac{Y - Y_t}{Y}) = k(1 - \frac{Y_t}{Y}) \qquad (12\text{-}7)$$

식 (12-7)을 보면 지금 k가 일정하더라도 실제소득(Y)에 포함되어 있는 항상소득 (Y_p)이 변하면 평균소비성향(C / Y)도 변한다는 것을 알 수 있다. 식 (12-7)의 논의를 위해 다음과 같이 표시할 수 있다.

$$\frac{C}{Y} = k\frac{Y_p}{Y} = k(\frac{Y_p}{Y_p + Y_t}) = \frac{k}{1 + (\frac{Y_t}{Y_p})} \qquad (12\text{-}8)$$

그런데 임시소득(Y_t)이란 단기에 변동하는 경향이 있는데 호경기에는 상승하고, 불경기에는 감소한다고 할 수 있다. 반면 항상소득(Y_p)은 단기적으로 크게 변동하지 않으므로 단기에 소득변동은 임시소득의 변동에 의한 것이라고 할 수 있다. 따라서 평균소비성향(C / Y)은 임시소득이 증가할 때 즉 호황기에는 작아지며, 임시소득이 감소할 때 즉 불황기에는 커짐을 알 수 있다. 평균소비성향은 호황기와 불황기에서 비대칭적으로 움직인다고 할 수 있다.

한편 식 (12-7)로부터 단기적으로는 APC와 MPC가 일치하지 않지만 장기적으로는 APC=MPC임을 설명할 수 있다. 단기적으로는 임시소득이 양(+)일 수도 있고 음(−)일 수도 있다. 식 (12-7)에서 Y_t가 양이면 (C / Y)<k가 되고 Y_t가 음이면 (C / Y)>k가 된다. 그러므로 단기적으로는 APC와 MPC가 일치하지 않는다. 그런데 장기적으로는 양의 Y_t와 음의 Y_t가 상쇄되어 항상소득은 실제소득의 장기평균과 같아진다. 즉 장기적으로는 임시소득의 평균의 0이되므로(Y_t=0) 항상소득에 대한 한계소비성향과 실제소득에 대한 한계소비성향이 같아진다. 식 (12-7)에서 Y_t=0이면 C / Y=k이 되어 APC=MPC=k임을 알 수 있다. 이를 종합하면 항상소득가설에 근거한 프리드먼의 소비함수를 〈그림 12-4〉와 같이 묘사할 수 있다.

〈그림 12-4〉 프리드먼의 소비함수

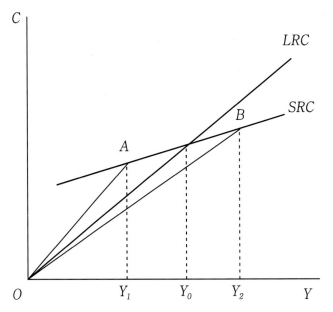

　〈그림 12-4〉에서 LRC는 항상소득과 소비의 관계를 나타낸다. 장기에는 APC=MPC=k이므로 장기소비함수는 원점을 출발하는 LRC로 표시된다.

　한편 〈그림 12-4〉에서 경제 내의 평균적인 항상소득을 Y_0이라고 한다면 Y_1은 불황기의 소득을, Y_2는 호황기의 소득을 나타낸다. 호황기에는 불황기에 비하여 임시소득이 비교적 많다. 따라서 임시소득(Y_t)이 실제소득(Y)에서 차지하는 비중은 호황기의 경우가 불황기보다 더 크다. 식 (12-7)에서 Y_t/Y가 클수록 C/Y 즉 APC는 점점 작아진다. 그러므로 호황기의 평균소비성향이 불황기의 평균소비성향보다 더 작다.[3] 이 두 점을 연결하면 단기 소비함수 SRC를 얻는다. 이 SRC에서는 케인즈의 소비함수처럼 단기에 APC가 MPC보다 더 크다.

　이번에는 항상소득가설을 가계의 횡단면자료에 적용하여 보자. 가계의 소득은 항상소득과 임시소득으로 구성된다. 평균적으로 가계는 항상소득에 비례하여 소비하게 된다. 즉 가계의 현 소득이 모두 항상소득이고 임시소득이 없다면 소득의 변화에 따라 소비는 비례적으로 변화하므로 APC는 소득에 관계없이 일정하며 한계소비성향과 일치하게 된다. 이는 시계열자

---

3) 원점과 곡선상의 한 점을 연결한 직선의 기울기가 곧 평균소비성향을 나타내므로 불황기의 APC는 원점 0와 점 A를 연결한 직선의 기울기이고, 호황기의 APC는 원점 0와 점 B를 연결한 직선의 기울기이다. 〈그림 12-4〉에서 보면 원점 0와 점 B를 연결한 직선의 기울기(호황기의 APC)가 원점 0와 점 A를 연결한 직선의 기울기(불황기의 APC)보다 큼을 알 수 있다.

료의 경우 장기소비함수에 해당된다. 그러나 소득의 변화 중 일정부분은 임시소득의 변화에 의해 발생한다. 소득이 높은 계층은 임시소득이 양(+)인 계층이라고 할 수 있으며 임시소득이 늘어났다고 해서 소비가 증가하는 것은 아니므로 평균소비성향(C/Y)은 감소한다. 반면에 소득이 평균보다 낮은 계층은 임시소득이 음(−)이라고 할 수 있으므로 APC는 증가하게 된다. 따라서 횡단면자료에서 가계의 소비함수는 (+)의 절편을 가지며 기울기는 임시소득이 전혀 없는 경우의 소비성향 k보다 작게 된다(APC>MPC).

항상소득가설에서 가장 문제가 되는 부분은 항상소득을 어떻게 측정할 것인가 하는 문제이다. 프리드먼은 항상소득을 금기의 소득과 과거 17년간의 소득의 가중 평균으로 계측하고 있다. 항상소득에 관한 자세한 계측방법은 본 서의 범위를 벗어나므로 상세한 논의는 피한다. 다만 프리드먼은 과거의 통계자료, 즉 과거의 경험을 통해서 미래의 기대소득(항상소득)을 예측할 수 있다는 점을 강조한다. 이러한 사람들의 기대형성을 적응적 기대(adaptive expectation)라고 한다.

80년대부터는 사람들이 미래소득에 대한 기대를 합리적으로 형성한다고 가정하여 항상소득을 측정하고자 하는 노력을 기울이고 있다. 합리적 기대(rational expectation)는 적응적 기대와는 달리 과거와는 관계없이 현 시점에서 미래를 예측하는 방법이다. 사람들은 현 시점에서 얻을 수 있는 모든 정보를 이용해서 미래에 대한 예상을 형성하는 것을 합리적 기대라고 한다. 프리드먼의 적응적 기대는 과거의 소득흐름에만 의존하는 기대형성으로서 어디까지나 과거의 추세에만 의존하는 기대형성 방법인데 사람들이 미래의 항상소득을 예측할 때 오로지 과거의 추세에 관한 정보만 가지고 예측한다고 할 수는 없다.

항상소득가설에 따르면 케인즈가 매우 효과적이라고 주장한 단기의 재정정책 특히 조세정책은 효과가 없다는 것이다. 즉 일시적인 조세정책의 변화는 같은 크기의 항구적인 조세정책의 변화보다 효과가 작다. 왜냐하면 정부가 단기적으로 세율을 변경시키면 이는 임시소득을 변화시킬 뿐 항상소득을 그다지 변화시키지 않기 때문이다. 결국 감세를 통해 소비증진을 꾀하는 조세정책이 효과를 거두기 위해서는 사람들의 항상소득에 영향을 미칠 수 있어야 한다.

5. 라이프 사이클 가설

소비함수의 단기와 장기의 차이를 설명하는 또 하나의 가설은 1950년대 초에 모딜리아니(F. Modigliani), 브람버그(R. Brumberg) 및 안도(A. Ando)(아래에서는 이 세 사람의 첫글자를 따서 MBA로 칭함)에 의해 주창된 라이프 사이클 가설(life-cycle income hypothesis)이다.[4] 이 가설에 따르면 사람들의 소비는 현재소득의 크기에 의해 결정되는 것이 아니라 그 개인이 일생동안 소비할 수 있는 소득의 총액-평생소득-의 크기에 따라 결정된다는 것이다. 이 이론도 어느 기간의 소비는 일생을 주기로 총효용을 극대화하기 위하여 소비의 균형을 유지하려고 한다고 본다.

일반적으로 사람들의 소득은 일생의 어느 단계에 있느냐에 따라 매우 다르다. 사람들의 소득수준은 중년기에 비하여 유년기나 청년기 그리고 노년기에 상대적으로 낮다. 소득은 일반적으로 유년기와 노년기에는 낮고 중년기에는 매우 높다. 유년기나 청년기에는 학교 교육을 받거나 노동시장에 아직 진입하지 못한 상태이므로 소득이 아예 없거나 아주 적은 상태이다. 노년기에도 일반적으로 노동시장에서 이탈한 상태이므로 소득이 없거나 소액의 연금을 받는다. 반면에 중년기에는 아주 왕성하게 경제활동을 하는 시기이므로 이 기간에는 소득이 일반적으로 높아 많은 저축을 할 수 있다. 따라서 일생에 걸쳐 일정수준의 소비를 유지하려 한다면 저축을 통해 소득과 소비수준의 괴리를 메워야 한다. 사람들은 전 생애를 통하여 대개 청년기에는 소득수준이 낮아서 부채를 지다가 중년이 되면 소득수준이 높아 이 부채를 갚고 저축을 하며, 노년기에는 다시 소득이 낮아 중년기의 저축을 소비한다.

라이프 사이클 가설에서는 개인은 자신의 일생을 통한 기대소득 즉 평생소득에 근거하여 일생의 소비지출 패턴을 계획한다고 가정되고 있다. 이 가설이 갖는 의미를 알아보기 위하여 먼저 단순화된 예를 살펴보자. 현재 일하고 있고 T년의 남은 기대수명을 갖고 있으며, N년 동안의 근로계획을 지닌 일정한 나이의 한 소비자를 생각해 보자. 예를 들면, 대표적인 한 소비자가 앞으로 50년의 남은 기대수명을 가진 30세의 사람으로서 40년 후에 은퇴할 계획을 세운다면 그는 (T-N)년 즉 10년 동안의 은퇴 후 기간이 예상된다.

이러한 대표적인 소비자는 자신의 일생을 통해서 일정한 소비를 하는 것으로 가정한다. 그리고 이 개인은 현재의 자산에다 자신의 평생소득을 합한 것만큼을 소비하며 유산상속은 하지 않는다고 가정한다. 마지막으로 그의 자산에 대해서는 이자소득이 없다고 가정한다. 즉 현재의 저축은 동일액만큼 미래의 소비를 의미한다.

이들 가정에 따르면 매년의 소비는 예상되는 평생소득에 대한 일정비율인 1 / T만큼임을 뜻한다. 따라서 이 소비자는 자신의 평생소득을 일정하게 분할하여 소비하고자 하는 계획을 세운다. 단순한 라이프 사이클 가설에 의하면 소비함수는 다음과 같이 된다.

---

4) 라이프싸이클 가설은 평생소득가설, 생애소득가설 또는 생애주기가설 등 여러 가지 이름으로 불리운다.

$$C_t = \frac{1}{T}[Y_t + (N-1)\overline{Y}^e + A_t] \qquad\qquad (12\text{-}9)$$

여기서 C_t는 t기의 소비이다. 괄호〔 〕안의 항은 기대되는 평생소득인데, 그것은 다음과 같은 항목들로 구성되어 있다. 즉

Y_t＝당기(t)의 근로소득

$\overline{Y}^e$＝개인이 일하고자 계획하는 미래 (N-1)년 기간동안의 예상 평균근로소득

A_t＝현재 개인이 보유하고 있는 자산의 가치

라이프 사이클 가설에 의하면 소비는 현재소득(Y_t)뿐만 아니라 미래의 기대소득($\overline{Y}^e$)과 현재의 보유자산(A_t)에도 의존한다는 것을 식 (12-9)로부터 알 수 있다. 라이프 사이클 가설은 현재소득이 미래의 평균기대소득을 변화시키지 않는다면 현재소득(Y_t)의 변화에 대해 소비가 대단히 둔감하리라는 것을 의미한다. 예를 들면 식 (12-9)로부터 다음을 계산할 수 있다.

$$\frac{\triangle C_t}{\triangle Y_t} = \frac{1}{T} = \frac{1}{50} = 0.02$$

한편 남은 정년까지의 근로기간을 통하여 벌어들이게 될 것으로 기대되는 소득의 증가, 따라서 $\overline{Y}^e$의 증가가 소비에 미치는 효과는 훨씬 크게 된다. 즉

$$\frac{\Delta C_t}{\Delta Y_t} + \frac{\Delta C_t}{\Delta \overline{Y}^e} = \frac{1}{T} + \frac{N-1}{T} = \frac{N}{T} = \frac{40}{50} = 0.8$$

일반적으로 라이프 사이클 가설은 소비 및 저축행동의 상호의존관계를 라이프 사이클 상에 있는 개인의 위치에 따라 설명하고자 하는 것이다. 처음으로 사회에 진입하는 젊은 사람들은 비교적 소득이 낮고 따라서 낮은(또는 負가 될 수도 있는) 저축률을 갖는다. 중년기에는 소득이 증가함에 따라 저축률도 증가한다. 은퇴를 하게 되면 소득의 감소를 가져오고 과거의 저축을 꺼내 쓰는(음의 저축) 기간이 시작된다. 시간에 따른 소비와 저축의 이러한 관계는 〈그림 12-5〉에서 설명되고 있다. 〈그림 12-5〉에서 C곡선은 한 소비

자 개인의 소비곡선이다. 이 그림에서는 바람직스러운 소비행태가 앞서 개인의 예에서 가정한 것처럼 일정불변한 것이 아니라 시간의 흐름에 따라 완만하게 증가하는 것으로 간주되고 있다. Y곡선은 한 개인의 일생동안의 소득흐름을 나타낸다. T는 예상수명을 나타낸다. 소득형태는 처음에 보다 급격히 상승하고 있고, 단기간이지만 초기에 저축을 꺼내 쓰는 기간(음의 저축), 다음에 저축을 하는 기간, 그리고 그 다음엔 은퇴기에 다소 오랫동안 저축을 꺼내 쓰는 기간 등으로 구분되지만, 전형적인 소비자는 자신의 소비지출 흐름을 전 생애에 걸쳐 완만하게 배분시키려 한다.

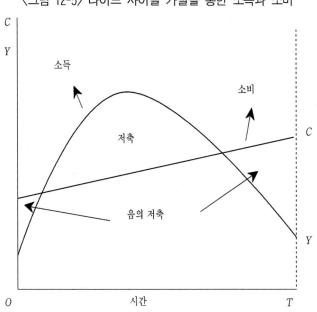

〈그림 12-5〉 라이프 사이클 가설을 통한 소득과 소비

식 (12-9)는 어느 한 개인의 경우에 해당하기 때문에 사회전체의 금기의 소비는 모든 개인을 합계해서 구할 수 있는데, 사회전체의 총체적 소비함수의 일반형태는 다음과 같다.

$$C_t = b_1 Y_t + b_2 \overline{Y}^e + b_3 A_t \qquad (12\text{-}10)$$

여기서 변수 C_t, Y_t, $\overline{Y}^e$ 및 A_t 등은 식 (12-9)에서 정의한 것과 같지만, 이제는 한 개인에 관련된 것이 아니라 경제전체의 평균으로 해석되어야 한다. b_1, b_2 및 b_3는 각각 현재 근로소득과 미래의 예상소득 및 자산에 대한 한계소비성향을 표시하며 일정한 상수이다. 식 (12-9)에서와 같이 총체적 소비함수인 식 (12-10)에서도 소비는 현재의 근로소득 (Y_t) 뿐만 아니라 미래의 예상 근로소득($\overline{Y}^e$) 과 부 또는 자산 (A_t)에도 의존한다. 근로소득의 일시적 증가 또는 단 일회의 단기적 증가(Y_t의 증가)에 대한 반응은 장기적인 평생소득 또는 항상소득의 변화(Y_t와 $\overline{Y}^e$ 의 증가)보다 비교할 수 없을 정도로 작으리라는 점은 단순화된 개인의 예에서와 마찬가지로 사회전체의 소비함수에서도 그러할 것이다.

그런데 여기에서 문제가 되는 것은 미래의 기대소득을 어떻게 측정할 수 있는가 하는 것이다. 측정할 수 있는 방법이 있다고 하더라도 예기치 못한 소득이나 인플레이션으로 재산의 가치가 올라갈 수도 있고, 또 디플레이션으로 손실을 볼 수도 있기 때문이다. 이러한 까닭에 안도와 모딜리아니는 미래의 평균 기대 근로소득을 예상할 때 현재의 근로소득에 비례한다고 단순 가정하고 있다. 즉

$$\overline{Y}^e = \beta Y_t, \ \beta > 0 \tag{12-11}$$

총체적 소비함수인 식 (12-10)의 $\overline{Y}^e$ 대신 식 (12-11)을 대입하면 다음과 같다.

$$C_t = (b_1 + b_2\beta)Y_t + b_3A_t = b_0 Y_t + b_3A_t \tag{12-12}$$

미국을 대상으로 한 연구에서 안도와 모딜리아니의 추정결과는 다음과 같다.

$$C_t = 0.72Y_t + 0.06A_t \tag{12-13}$$

미래의 근로소득에 대한 효과가 식 (12-10)에서과 같이 가정될 경우 현재 근로소득 10,000원의 증가는 7,200원 만큼의 소비를 증가시키게 된다. 또 10,000원의 자산 또는 부의 증가는 600원 만큼 소비를 증가시킨다. 미래의 기대근로소득에 영향을 주지 못하는 일시적인 소득의 증가는 부의 증가와 같은 효과를 가진다. 따라서 일시적 소득흐름의 한계소비성향은 부의 한계소비성향인 0.06과 같게 된다.

라이프 사이클 가설은 소비함수에 대한 초기의 실증연구에서 제기되었던 문제들을 해결할 수 있다. 이 가설에 따르면 소비와 현재소득간의 관계는 단기시계열 추정의 경우에서 보는

것처럼 비례적이 아니다. 함수의 절편은 부의 효과를 나타낸다(식 (12-13)에서 $0.06\,A_t$임). 그러므로 단기에는 부의 크기가 일정하므로 단기소비함수는 절편을 갖는 형태를 갖는다. 이때 단기에서는 부의 크기가 일정하더라도 장기에서는 부의 크기가 소득에 비례한다고 할 수 있다. 즉 단기소비함수들은 시간이 흐름에 따라 부가 증대하여 상방으로 이동하게 된다. 이러한 단기소비함수의 상방이동($SRC_1 \rightarrow SRC_2 \rightarrow SRC_3$)은 〈그림 12-6〉에서 설명되고 있다. 상방 이동하는 단기소비함수들의 궤적은 그림에서와 같이 원점을 지나는 장기소비함수(LRC)가 된다. 따라서 장기적으로 APC=MPC임를 보일 수 있다.

〈그림 12-6〉 단기와 장기소비함수

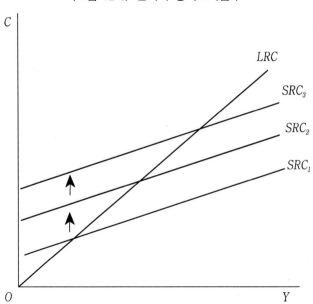

식 (12-12)가 바로 라이프 사이클 가설에서 도출되는 소비함수이며, 이 식의 양변을 소득(Y_t)로 나누면 다음과 같아진다.

$$\frac{C_t}{Y_t} = b_0 + b_3 \frac{A_t}{Y_t} \qquad\qquad (12-14)$$

식 (12-14)는 케인즈의 단기소비함수(C=a+bY)의 양변을 소득 Y로 나눈 것 ($\frac{C}{Y} = \frac{a}{Y} + b$)과 같다는 것을 알 수가 있다. 식 (12-14)에서 $\frac{C_t}{Y_t}$는 평균소비성향을

나타내는데 단기적으로 보면 사회의 재산총액 (A_t)은 일정하다고 볼 수 있으므로 호황기에 소득 (Y_t)이 상승하면 이 식에서 평균소비성향은 감소한다. 반대로 불황기에는 소득이 떨어져 평균소비성향이 증가하며 케인즈의 단기소비함수를 설명할 수 있다. 한편 재산은 장기적으로 국민소득이 성장하면 비례적으로 증가한다고 볼 수 있으므로 식 (12-14)에서 $\dfrac{A_t}{Y_t}$는 일정하다. 그러므로 평균소비성향은 장기에 일정하며, 따라서 쿠즈네츠형 장기소비함수를 설명할 수 있다.

라이프 사이클 가설은 소비의 결정요인으로서 단기소득 개념이 아닌 장기소득개념을 사용하고 있다는 점에서 앞에서 설명한 항상소득가설과 맥락을 같이한다. 프리드먼의 임시소득이 양(+)인 경우는 바로 MBA의 중년층 소득에 해당되는 것으로 볼 수 있다. 그리고 MBA의 생애평균소득은 프리드먼의 항상소득에 대응된다. 따라서 라이프 사이클 가설도 항상소득가설과 유사한 거시경제학적 시사점을 얻는다. 라이프 사이클 가설에 따르면 소비가 당기소득에 의존하는 것이 아니기 때문에 단기적인 재정정책, 특히 세율의 변화는 소비와 총수요에 별다른 영향을 미치지 못한다.

한편 라이프 사이클 가설에서는 사람들이 자기의 수명을 정확히 예측하고, 개인이 사망하기 전에 축적한 부를 모두 사용한다고 가정하고 있다. 즉 자손에게 유산을 남기지 않는다고 가정하고 도출한 것이다. 그러나 흥미롭게도 현실에서 관찰되는 음(−)의 저축의 크기는 이론이 예측하는 것보다 작은 것으로 조사된다. 즉 사망 시점에 상당한 부가 남아 있는 사람들이 많다는 것이다. 그러므로 양의 저축이 존재한다는 것을 보기 위해서는 앞에서 설정한 여러 가정의 일부를 완화함으로써 설명할 수 있다.

첫째로 불확실성으로 인해 자신의 수명을 정확히 예측할 수 없고 또 노년기에는 예기치 못한 질병 등 각종 위험에 노출될 확률이 청년기에 비해 더 크다. 생각하는 것보다 더 오래 살 수 있을 것이라고 생각하게 된다면 현재의 소비를 어느 정도 억제할 필요가 있다. 그리고 노년기에는 병원비 조달 등이 상대적으로 쉽지 않기 때문에, 이러한 위험에 대비하기 위해 라이프 사이클 가설에서 상정하는 것보다 음의 저축의 크기를 훨씬 작게 운영하는 것이 바람직하다. 이처럼 불확실성에 대비해 소비를 줄이고 저축을 늘리는 것을 예방적 저축(precautionary saving)이라고 한다.

둘째로 유산의 문제를 들 수 있다. 만약 유산을 남긴다는 것에 효용을 느끼게 된다면 현재의 소비를 억제하고 저축을 증가시켜, 어느 정도의 재산을 유산으로 남겨 주기를 원할 것이다. 이 경우 사망시점의 부의 가치가 0이 아니라 양(+)의 값을 가진다.[5]

셋째로 저축하는 것은 현재소득을 획득하고 있는 젊은 연령층이므로 젊은 연령층이 노년인구층에 비해 많으면 사회전체의 저축은 그만큼 많아지게 될 것이라는 것이다.

이상과 같은 이유를 고려한다면 라이프 사이클 가설에 기초한 소비함수는 그저 추상적인 가설이 아니라 현실세계를 설명할 수 있는 힘을 가진 이론가설이라고 볼 수 있다.

제2절 투자결정의 이론

1. 투자의 의의

투자는 소비에 뒤이어 총수요를 구성하는 중요한 한 요소이다. 소비지출은 GDP에서 차지하는 비중은 크지만 경기변동의 영향을 크게 받지 않고 비교적 안정적이다. 그러나 투자지출은 소비지출보다 크지 않고 또한 GDP에서 차지하는 비중도 그다지 크지 않지만 경기변동에 따라 심한 기복을 보이며 자본주의경제를 움직이게 하는 이른바 '엔진' 역할을 하는 원동력이다. 그러므로 투자가 어떠한 요인에 의해 결정되는나를 해명한다는 것은 경제를 안정적으로 운영하는데 매우 필수적이다.

투자는 고정투자(fixed investment)와 재고투자(inventory investment)로 나누어진다. 재고투자는 기업이 보유하고 있는 원료재고나 제품재고의 증가나 생산과정에 있는 제품의 증가를 말한다. 재고투자는 통산 총판매액의 일정비율을 재고로 유지하고자 한다고 가정한다.

고정투자는 기계, 설비, 주택 및 비주거용 건물 등을 구입하는데 사용된 지출액을 말하며, 총투자와 순투자로 구분된다. 총투자(gross investment)는 기업이 일정기간 내에 새로이 구입한 자본스톡(capital stock)의 총계를 말한다. 순투자(net investment)는 총투자에서 매년 감가상각을 뺀 것이다. 즉

$$I_n = I_g - D \qquad\qquad (12\text{-}15)$$

---

5) 이에 대해 전략적 유산(strategic bequest)의 개념을 제기하는 학자들도 있다. 전략적 유산이란 경제주체가 노년기에 자손들로부터의 존경을 유지하기 위해 저축을 모두 소비하지 않고 상당한 부를 보유한다는 것이다.

여기서 I_n은 순투자, I_g는 총투자, D는 감가상각을 나타낸다. 자본의 감가상각은 기존의 기계설비나 자본의 마모에 의해 감소되는 자본의 규모를 의미한다. 감가상각 이상의 총투자가 이루어지면 순투자는 플러스가 되고 경제의 생산능력은 커진다. 총투자의 모든 것이 감가상각으로 구성된다면 순투자는 0이 되고 경제의 생산능력은 불변이다. 감가상각에 필요한 몫 이하의 총투자밖에 하지 않으면 순투자는 마이너스가 되고 경제의 생산능력은 감소되며 경제활동은 결국 축소된다.

투자는 거시경제에서 다음과 같은 중요한 역할을 한다.

첫째, 투자지출은 총수요 중 변동성이 큰 부분을 구성하기 때문에 급격한 투자의 변동은 총수요, 산출량 및 고용에 중요한 영향을 미친다.

둘째, 투자는 자본의 축적을 가져온다. 건물과 자본설비의 증가는 잠재적 산출량을 증가시키고 장기적으로 경제성장을 촉진시킨다. 따라서 투자는 총수요를 통하여 단기산출량에 영향을 미치고 자본의 형성을 통해 잠재적 산출량에 미치는 영향을 통하여 장기산출량의 성장에도 영향을 미친다. 단기에 있어서 총수요를 증대시켜 소득을 창출하며, 장기에 있어서는 자본량을 증대로 생산능력을 향상시켜 경제성장에 영향을 미친다. 이렇게 투자는 단기 소득(유효수요) 창출효과와 장기 생산능력(자본량) 증대효과를 동시에 갖고 있다.[6] 제4장에서 전개한 케인즈의 투자승수효과 ($\triangle Y = \dfrac{1}{1-b} \triangle I$)는 투자가 국민소득을 창출하는 소득창출효과만을 분석함으로써 그의 이론체계를 단기에 국한시켰던 것이다. 이러한 까닭에 케인즈의 이론을 단기이론이라고도 한다.

투자가 어떻게 결정되는가에 관하여는 여러 가지 이론이 있다. 그중에서 대표적인 것으로는 기대수익에 의한 투자결정이론과 가속도원리, 토빈(J. Tobin)의 q이론 등이 있다.

2. 기대수익에 의한 투자결정이론

일반적으로 기업의 투자의 동기는 이윤획득에 있다. 따라서 기업의 투자지출의 크기는 그 투자로 인해 미래에 얻을 수 있다고 생각되는 수익, 즉 기대수익에 의해 결정되며 투자에 대한 기대수익이 크면 클수록 투자지출은 더욱 커진다. 이러한 기대수익에 의한 투자결정이론에는 고전학파의 투자의 현재가치법과 케인즈의 투자의 한계효율법 또는 내부수익률법이

---

6) 도마(E. Domar)는 이러한 투자의 장·단기 효과를 투자의 이중성(dual character of investment)이라고 하였다.

있다. 이 두 가지 접근방법의 이론적 전개과정은 다르지만, 두 방법 모두 투자와 이자율이 역의 상관관계를 갖는다는 점에서 일맥상통한다.

(1) 고전학파의 현재가치법

투자의 현재가치법(present value method; PV법)은 미국의 경제학자 피셔(I. Fisher)가 정립한 고전학파의 투자결정이론이다. 피셔가 전개한 투자의 현재가치법의 내용을 보기로 하자. 이 이론을 이해하기 위해서는 우선 기대수익의 현재가치를 계산하는 방법을 알아야 한다.

기업이 투자를 할 때 당장에 투자비용이 들어가지만 수익은 당장 나타나는 것이 아니라 미래에 서서히 실현된다. 투자비용의 가치는 시점에 따라 다르기 때문에 미래수익과 현재의 비용을 직접 비교하는 것은 합리적인 방법이 아니다. 미래수익의 현재가치와 현재비용을 비교하는 것이 합리적인 계산이다.

지금 기업이 C원을 들여 기계를 구입했다고 하자. 그러면 기업의 현재 투자금액(투자비용)은 C원이 된다. 이 기계로부터 투자가 이루어질 당시부터 n년 간에 걸쳐 $R_1, R_2, \cdots, R_n$ 의 수익이 예상된다고 하자. 여기서 수익이란 일정기간 동안 생산한 생산물의 판매액에서 원재료비, 임금 등의 가변비용을 제외한 차액을 말한다. 이 때 시장이자율이 r이라고 하면 투자로 인한 예상 총수익의 현재가치(PV)는 다음과 같다.

$$PV = \frac{R_1}{(1+r)} + \frac{R_2}{(1+r)^2} + \cdots + \frac{R_n}{(1+r)^n} \qquad (12\text{-}16)$$

물론 n년 후에는 기계는 폐기될 것이다. 현재가치란 미래의 예상수익을 현재시점에서 평가한 것을 말한다. 예를 들어 이자율이 5%라면 내년의 10,000원의 수익은 금년의 9,520원에 해당한다. 왜냐하면 식 (12-16)의 공식에 따라 1년 후의 10,000원의 현재가치는 $\frac{R_1}{(1+r)} = \frac{10,000}{(1+0.05)} ≒ 9,520$원이기 때문이다. 마찬가지 방법으로 하면 2년 후의 10,000원을 현시점에서 평가하면 이자율이 5%인 경우 약 9,070원($\frac{100}{(1+0.05)^2} ≒ 9,070$)이 된다.

식 (12-16)과 같이 계산된 현재가치(PV)가 기계구입비용 즉 투자금액(C)보다 크다면 투자로 인한 수익이 투자비용보다 크다는 것을 뜻하므로 기업은 기계를 구입 즉 투자를 할 것이다. 반대로 PV<C라면 기계를 구입하면 오히려 손해를 보는 경우이기 때문에 투자를 하려고 하지 않을 것이다. 이와 같이 투자로부터 얻을 수 있는 기대수익의 현재가치와 투자

비용을 비교하여 투자의 실시 여부를 결정하는 것이 투자의 현재가치법이다.

　기업이 한 개의 투자사업만이 아니라 여러 가지 투자사업을 계획하는 경우를 생각해 보자. 〈그림 12-7〉은 이들 투자사업의 PV들을 식 (12-16) 방식으로 계산하여 크기 순서대로 배열한 것이다. 기업은 PV가 현재의 투자비용(C)보다 큰 경우(PV>C), 즉 순이익이 플러스가 되는 사업에 투자할 것이다. 〈그림 12-7〉에서 AB곡선은 이자율이 r_0일 때 투자로부터 기대되는 수익의 현재가치곡선이다. 이때 기업이 자금이 충분하고 모든 사업에 대한 투자비용이 C로 일정하다면 기업의 투자는 원점 0에서 I_0까지 이루어 질 것이다. 물론 이러한 투자계획을 뒷받침할 수 있는 자금조달이 충분히 못한 경우, I_0수준의 외쪽에서 한계 투자사업의 현재가치가 가장 큰 투자사업부터 투자를 하게 될 것이다. I_0이상의 수준에서는 PV<C가 되어 투자로부터 손실이 발생하기 때문에 그러한 투자계획은 실행되지 않는다.

〈그림 12-7〉 이자율의 변화와 투자사업의 결정

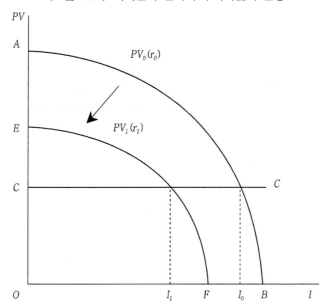

　그런데 투자의 현재가치(PV)는 식 (12-16)에서 보듯이 이자율 변화에 민감하게 반응한다. 만약 다른 조건이 일정하고 이자율만 r_0에서 r_1으로 상승한다면 미래 기대수익의 현재가치가 감소하므로 PV곡선은 〈그림 12-7〉에서 AB에서 EF로 하방으로 이동한다. 그러면 투자비용이 C로 동일하다고 한다면 PV>C 구간인 원점 0에서 I_1수준까지만 투자가 이루어진다. 그러므로 이자율이 상승하면 투자가 감소한다. 반대로 이자율의 하락은 투자수익의 현재가치를 상승시켜 PV곡선을 상방으로 이동시키므로 투자의 증가를 가져온다. 그러므로 투자수요는 이자율의 감소함수가 된다.

이상은 기업수준에서 거론한 투자의 현재가치와 투자의 관계이지만 경제전체의 투자의 현재가치는 개별기업의 투자의 현재가치를 수평으로 순차적으로 합해서 구할 수 있으며, 연속적인 곡선으로 투자곡선을 그릴 수 있다. 결국 투자의 현재가치법으로부터 투자(I)는 이자율(r)에 의존한다는 고전학파의 투자함수를 도출할 수 있다. 즉

$$I = I(r), \quad \frac{\triangle I}{\triangle r} < 0 \tag{12-17}$$

이상에서 설명한 투자와 이자율의 관계는 〈그림 12-8〉에서 우하향하는 투자곡선으로 그릴 수 있다. 이로부터 이자율이 r_0에서 r_1으로 상승하면 투자수준은 I_0에서 I_1으로 감소하게 된다는 것을 알 수 있다.

〈그림 12-8〉 고전학파의 투자곡선

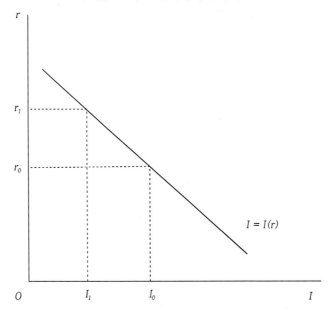

(2) 케인즈의 내부수익률법

투자의 내부수익률법(internal rate of return method)은 고전학파에서 발전시킨 투자의 현재가치법과 큰 차이가 없지만 케인즈가 투자와 이자율 사이의 관계를 명확히 하기 위하여 고전학파의 현재가치법을 변형시킨 투자결정이론이다.

케인즈는 기업가의 미래에 대한 기대가 변하지 않는 단기에 있어서는 투자는 투자의 한계효율(marginal efficiency of investment: MEI)에 의해 결정된다고 보았다. 투자의 한계효율이란 기업이 여러 투자사업계획이 있는데 제각기 투자사업에서 얻어지는 예상수익률(내부수익률)을 말한다.

피셔(I. Fisher)의 경우 투자의 현재가치를 평가하는데 식 (12-16)에서 보듯이 이자율(r)이 도입되어 있지만 케인즈의 경우 투자의 한계효율(ρ)이라는 개념을 도입하였다. 케인즈는 투자의 한계효율을 투자계획의 현재가치(PV)와 투자비용(C)을 일치시키는 할인율이라도 정의하였다. 다시 말해서 앞의 예에서와 같이 투자금액을 C, 투자로부터 예상되는 기대수익을 $R_1, R_2, \cdots, R_n$이라고 할 때, 다음 등식을 성립할 수 있게 하는 할인율 ρ가 곧 투자의 한계효율이다.

$$C = \frac{R_1}{(1+\rho)} + \frac{R_2}{(1+\rho)^2} + \cdots + \frac{R_n}{(1+\rho)^n} \qquad (12\text{-}18)$$

위 식 (12-18)을 충족시킬 수 있는 ρ를 케인즈는 투자의 한계효율이라고 불렀다. 투자의 한계효율이 바로 기업의 내부수익률이다.

이러한 투자의 한계효율법을 나타내는 식 (12-18)과 투자의 현재가치법을 나타내는 식 (12-16)을 비교하면 다음과 같은 투자의 결정기준을 유도할 수 있다. 만약 $\rho > r$이면 $PV > C$이다. 즉 이자율보다 투자의 한계효율이 더 크다면 투자의 기대수익의 현재가치가 투자비용보다 크기 때문에 투자하는 것이 더 수지가 맞는다. 반대로 어떤 투자계획이 $\rho < r$이면 $PV < C$이므로 투자하면 손실이 발생하기 때문에 투자를 하지 않는다.

이제 기업이 여러 가지 투자사업을 계획하는 경우를 생각해 보자. 이들 각 투자계획에 대한 ρ를 크기 순서대로 배열하면 〈그림 12-9〉와 같은 투자의 한계효율곡선(MEI)를 얻을 수 있다. 여기서 ρ값이 큰 투자계획이 반드시 더 유리한 투자사업은 아니라는 점을 주의할 필요가 있다. 그 이유는 ρ는 이자율의 변화에 따른 투자 우선순위의 변동을 고려하지 못하기 때문이다.

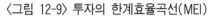

〈그림 12-9〉 투자의 한계효율곡선(MEI)

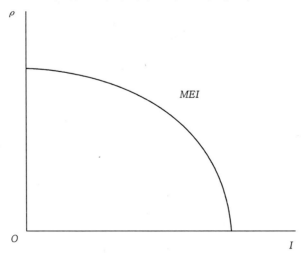

투자의 한계효율 (ρ)은 객관적인 시장이자율(r)과는 전혀 무관하게 투자계획자체에 의해서만 결정된다. 그런 의미에서 투자의 한계효율을 내부수익률(internal rate of return)이라고도 한다. 즉 식 (12-18)에서 보듯이 ρ는 투자비용 C와 투자로부터 예상되는 기대수익 $R_1, R_2, \cdots, R_n$에 의해서 결정된다. 그리고 기대수익 $R_1, R_2, \cdots, R_n$은 기업가의 주관적인 평가에 의한 것이므로, ρ는 기업가가 주관적으로 기대하는 수익률이라고 할 수 있다. 반면에 고전학파의 PV는 객관적인 시장이자율의 영향을 받는다.

투자의 내부수익률법도 고전학파의 현재가치법과 마찬가지로 투자가 이자율의 감소함수라는 것을 보여준다. 이자율이 상승하면 기존에 $\rho > r$이던 투자계획들 가운데 일부는 $\rho < r$으로 바뀌고 이에 다라 그 투자계획에 대하여는 투자하지 않게 될 것이기 때문이다. 〈그림 12-10〉은 이러한 투자결정과정을 보여주고 있다. 〈그림 12-10〉에서 AB는 투자의 한계효율곡선(MEI)이다. 먼저 이자율이 r_0로 주어지면 여러 가지 투자계획 중 $\rho > r$인 사업에 투자할 것이므로 투자는 원점 0에서 I_0만큼 이루어진다. 이제 다른 조건들은 일정 불변인데 이자율만 r_1 수준으로 상승하면 〈그림 12-10〉에서 $(I_0 - I_1)$의 투자계획들은 $\rho < r$가 되어 투자하지 않게 되고 따라서 투자수준을 I_1수준으로 감소한다. 즉 투자는 이자율과 역의 관계를 갖는다. 그러므로 투자수요함수는 일반적인 형태로 다음과 같이 쓸 수 있는데 고전학파의 현재가치법과 동일하다.

$$I = I(r), \quad \frac{\triangle I}{\triangle r} < 0 \tag{12-19}$$

〈그림 12-10〉 이자율과 투자

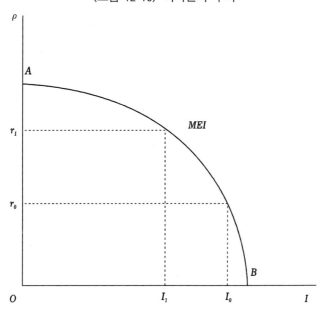

이렇게 케인즈의 경우도 고전학파의 경우와 마찬가지로 투자는 이자율의 감소함수라는 것을 투자의 한계효율에 기초하여 투자이론을 도출하였다. 물론 경제전체의 투자의 한계효율표도 개별기업의 한계효율을 수평으로 합하여 순차적으로 합해서 구할 수 있으므로 〈그림 12-8〉에서 본 고전학파의 경우처럼 우하방으로 내려가는 연속적인 투자함수를 그릴 수가 있다.

여기에서 현재가치법(PV)과 한계효율법(MEI)을 비교해 보면 PV는 시장이자율을 반영하고 있으므로 투자의 기회비용을 반영하고 있는 반면, MEI는 시장이자율과 무관하게 투자순위가 결정됨으로써 PV순위와 MEI순위가 다를 수도 있다. 그러므로 여러 투자계획들 중에서 어느 것에 투자할 것인가를 결정하는 데에는 두 방법이 서로 다른 결론에 도달할 수 있다. 물론 하나의 투자대상을 놓고 그것에 투자할 것인가 안 할 것인가를 결정하는 데는 PV를 사용하거나 MEI를 사용하거나 간에 동일한 결론에 도달한다. 이 경우에는 현재가치법을 사용하는 것이 타당하다. 여러 가지 투자대상들 가운데 하나를 선택할 때에는 MEI방법보다는 PV법이 더 안전하고 정확한 기준을 제시해 주기 때문이다. 예를 들어 식

(12-18)에 의해 도출된 내부수익률 ρ는 허수가 나올 수 있다는 점에서 현실성이 결여되어 있다고 보아야 할 것이다.

3. 가속도원리

기업이 기계와 같은 자본설비를 구입하는 것은 재화를 생산하기 위해서이다. 따라서 투자계획은 생산계획의 일환으로 파악해야 한다. 자본설비는 내구성을 가지고 있으므로 투자계획을 세울 때에는 현재는 물론 미래의 생산계획을 고려하여야 한다.

투자와 생산량간의 관계를 좀더 자세히 보기 위해서는 우선 투자를 독립투자와 유발투자로 구분할 필요가 있다. 독립투자는 새로운 기술개발을 위한 투자나 정부에서 정책적으로 행하는 투자로 이자율이나 생산물의 가격, 소득 등과 같은 변수와 독립적으로 결정되는 투자를 말한다. 반면에 소득수준의 변화에 따라 증감하는 투자를 유발투자라고 한다. 케인즈는 그의 승수이론에서 한계소비성향에 주목하면서 투자의 증가가 국민소득의 증가를 가져오는 경우를 분석하고 있는데 이 경우는 투자는 독립적인 것이며, 이 투자로 얻어진 소득의 증가가 소비의 증가를 통하여 투자를 자극하는 점, 즉 유발투자의 작용은 고려하지 않았다. 즉 케인즈는 국민소득의 증가로 유발되는 유발투자는 도외시하고 독립투자만을 고찰했던 것이다.

일반적으로 소득이 증가하면 소비가 증가한다. 소비의 증가는 생산의 증가를 초래하고 생산의 증가는 다시 투자수요를 초래한다. 이와 같이 소비의 변동이 유발투자의 변동을 초래하는 것을 고전적 가속도원리(acceleration principle)이라고 한다. 근대적 가속도원리는 고전적 가속도원리를 발전시킨 형태를 띠는데 생산, 즉 소득의 변화가 투자변동을 야기하는 원리를 설명하는 것이다.

지금 t기에서의 생산(소득)수준을 Y_t라고 표시하고 바람직하다고 생각하는 자본량(desired capital stock)을 K_t^*라고 하면, 가장 단순한 형태의 가속도원리에서는 K_t^*가 Y_t와 비례한다고 가정한다. 즉

$$K_t^* = vY_t, \quad v > 0 \tag{12-20}$$

여기서 v는 자본량(capital stock)의 산출량(output)에 대한 비율을 나타내는 일정한 상수이다.

한편 단순한 가속도원리에서는 바람직한 계획된 자본량과 전기로부터 남겨진 자본량과의 차이가 투자와 같다고 가정한다. 그러므로 현존하는 자본량에 대해 감가상각을 무시한다면 우리는 다음과 같은 식을 얻을 수 있다.

$$I_t = K_t^* - K_{t-1} \qquad\qquad (12\text{-}21)$$

전기에서 물려받은 자본량은 전기의 소득에 기초를 두고 전기에 바람직한 자본량이 될 것이다. 즉

$$K_{t-1} = K_{t-1}^* = vY_{t-1} \qquad\qquad (12\text{-}22)$$

따라서 식 (12-21)은 다음과 같이 쓸 수 있다. 즉

$$I_t = K_t^* - K_{t-1} = vY_t - vY_{t-1} = v(Y_t - Y_{t-1})$$
$$\therefore \quad I_t = \triangle Y_t \qquad\qquad (12\text{-}23)$$

식 (12-23)은 투자가 산출량 또는 소득의 변동에 의존한다는 것으로 가장 단순한 형태의 가속도원리를 나타내는 관계식이다.

4. 신축적 가속도원리

식 (12-23)으로 표현되는 단순한 형태는 가속도원리의 중요한 특징을 보여주고 있다. 우선 소득변동과 투자 간에 고정적인 기술적 관계를 상정하는 단순한 가속도원리는 단순하고 명쾌한 투자이론이며, 경기가 호경기를 맞아 $\triangle Y_t$가 클 때에는 투자도 활발해진다는 현실을 어느 정도 설명해 줄 수 있다. 그러나 이러한 단순한 형태의 가속도원리는 실제로 경제를 운영하는데 어느 정도 유효한 이론이 될 수 있는가에 대해서는 문제점을 가지고 있다.

첫째 가속도원리는 경제가 불경기의 국면에 들어가서 과잉생산능력이 존재할 때에는 원칙적으로 적용하지 않는다. 불경기란 $\triangle Y_t$가 마이너스가 되어 투자도 마이너스가 된다는 것을 의미하는데 자본설비란 한 번 설치해 놓으면 필요 없다고 해서 해체할 수는 없다. 즉 자

본은 비가역적이라는 말이다. 따라서 가속도원리는 경기가 하강하는 국면에서는 유효하지 못하다.

둘째, 가속도원리에서는 자본-산출비율 즉 자본계수 v가 고정되어 있다는 것이다. 만약 자본계수가 고정된 상수가 아니라 이자율이나 자본재 가격 등과 같은 변수에 민감하게 반응한다면 가속도원리의 타당성은 감소한다.

셋째, 가속도원리에서는 사전에 계획된 투자계획이 각기마다 이루어지며 사후적으로 보아도 자본량과 산출량 사이에 바람직한 관계가 성립된다는 것을 상정하고 있다. 그러나 현실세계에서는 자본량의 수준이 산출량의 변화에 대응해서 각기마다 순간적으로 조정된다는 것은 매우 어려운 일이다.

넷째, 바람직한 자본량(K^*)과 실제자본량(K)간의 괴리가 발생하더라도 그 차이를 인식하여 투자계획을 세우고 투자를 실행하기까지는 많은 시차가 존재한다. 대부분의 투자에는 위험이 따르기 때문에 미래의 수요에 대한 확신이 있어야 한다. 어느 날 수요가 증가했다고 해서 미래의 수요도 이에 따라 반드시 증가하는 것이 아니기 때문에 기업가가 확신을 갖고 투자를 결정하기까지는 오랜 시간이 필요하다. 원래 기계설비와 같은 자본재는 백화점에서 상품을 구하듯이 구할 수 있는 그런 성질을 갖는 것이 아니며, 특히 투자가 이루어지는 데에는 준비기간이 필요하다. 결국 기업은 매기에 K^*를 달성하고자 하지만 현실적으로 불가능하다. 왜냐하면 투자 프로젝트를 계획하고 완성하는 데에는 시간이 소요되고, 이 기간을 단축시키려 하면 조정비용(adjustment cost)이 크게 들어가기 때문이다. 가속도원리는 이러한 시차와 조정비용을 고려하지 않고 있다.

이상과 같은 가속도원리의 문제점을 해소하면서 보다 현실적인 것으로 만드는 방법은 바람직한 자본량수준에 실제의 자본량을 조정해 가는 데 소요되는 시차를 고려하는 일이다. 이러한 시차조정을 반영하면 식 (12-21)은 다음과 같이 수정된다. 즉

$$I_t = \lambda(K_t^* - K_{t-1}), \quad 0 < \lambda < 1 \qquad (12\text{-}24)$$

여기서 I_t는 금기의 투자, K_t^*는 금기의 바람직한 최적자본량, K_{t-1}은 전기말의 실제자본량이다. λ는 조정속도로서 최적자본량(K_t^*)과 현실의 자본량의 차에서 금기의 투자로 이루어지는 비율을 말하며 흔히 신축적 가속도인자(flexible accelerator)라고 부른다. λ는 일반적으로 0과 1 사이의 값을 갖는데, 이것은 자본량이 매기마다 100% 바람직한 수준에서 조정되는 것이 아니라 그 일부만이 조정된다는 것을 의미한다.

식 (12-24)는 K_t^*와 K_{t-1}의 갭에 일정비율 λ를 곱한 만큼 새로운 투자가 이루어지는 부분조정메커니즘을 보여주고 있다. K_t^*와 K_{t-1}의 갭이 작아지면 t기에 이루어지는 투자의 규모는 작아진다. 식 (12-24)을 자본스톡조정모형(capital stock adjustment model) 또는 신축적 가속도원리(flexible accelerator principle)라고 한다. 신축적 가속도원리는 단순한 가속도원리가 갖는 문제점들을 어느 정도 극복할 수 있다.

신축적 가속도원리는 바람직한 자본량과 실제 자본량 간의 차이를 줄이기 위해 투자가 이루어지는 속도(λ로 표시되는)의 변화를 고려할 수 있도록 수정하는 것이 가능하다. 이것은 분명히 기업의 선택변수이며 이자율 수준, 조세 그리고 기타 다른 변수 등을 포함하는 여러 신용조건에 의해 영향을 받을 수 있다. 예를 들어 다른 조건이 불변일 경우 이자율이 낮을 때보다도 이자율이 높을 때 실제 자본량과 바람직한 자본량 간의 갭을 없애기 위한 투자가 더 적게 이루어지게 된다. 그러므로 신축적 가속도원리는 투자가 이자율과 역의 관계에 있다는 앞에서 설명한 투자이론과 모순이 없다.

기업의 목표 생산량이 높을수록 K_t^*와 투자수요가 증가한다. 따라서 신축적 가속도원리는 생산 및 소득의 증대가 투자를 증대시킨다는 단순한 가속도원리도 포함하고 있다.

5. 토빈의 'q' 투자이론

토빈(J. Tobin)은 q이론이라는 새로운 투자이론을 제시하였다. 앞서 설명한 전통적 이론들이 산출량이나 이자율 등이 자본재 수요에 영향을 미친다는 투자이론인 반면, 토빈의 q이론은 주식시장이 기업의 새로운 투자계획에 대한 평가를 하고 이를 바탕으로 투자가 결정된다는 이론이다.

토빈은 q를 기업자본에 대한 다음의 두 가지 가치개념의 비율로 정의한다.

$$q = \frac{\text{기업의 시장가치}}{\text{현존 자본량을 현재의 시장가격으로 구입하는 비용총액}} \qquad (12\text{-}25)$$

여기에서 기업의 시장가치란 주식시장에서 평가하는 기업의 주식의 시가총액으로, 기업의 주가에 발행주식수를 곱한 값이다. 한편 분모에는 그 기업의 보유하고 있는 현존 자본량을 현재의 시장가격을 구입할 때의 비용총액을 둔다. 이것은 그 기업의 실물자본 대체를 위해 이를 시장에서 구입하는데 드는 비용, 즉 총체적 실물자본의 구입가격으로 관찰할 수 있다.

식 (12-25)의 q가 1보다 크다면 기업의 시장가치가 이 회사가 현재 보유하고 있는 실물자본의 가치보다 크다는 것을 의미한다. 이것은 구입한 자본재의 수익성이 자본재의 구입가격보다 크기 때문에 기업은 실물자본재를 구입, 즉 투자할 것이다. 반면에 q가 1보다 작으면 투자하지 않는다.

이렇게 q이론은 기업이 주가를 평가하는데서 투자를 한다는 것인데 결국 투자는 q값이 상승할수록 투자유인이 커진다는 것을 말해준다. 그러므로 투자는 q의 증가함수로서 다음의 세 가지의 경우를 생각할 수 있다.

$$I = I(q) \tag{12-26}$$

첫째, $q > 1$인 경우에는 기업의 주식에 대한 시장가치가 현존 자본량의 시장가치보다 크기 때문에 이윤이 증가할 것으로 예상되어 투자를 증가시킨다.

둘째, $q < 1$인 경우에는 반대로 손실발생이 예상되므로 투자를 감소시킨다.

셋째, $q = 1$이라면 현재의 자본재는 적정수준이므로 투자를 변화시키지 않는다.

토빈의 q이론은 오늘날 투자이론에서 중심적인 위치를 차지하고 있다. 그렇다면 토빈의 q이론과 기타 투자이론과의 본질적인 차이점을 어떠한 것인지 살펴보자.

첫째, 토빈은 주식시장을 명시적으로 도입하여 기업의 투자활동과 연결시켰다는 점이다. 주식시장은 기업의 미래가치를 설명할 수 있는 시장이므로 기업이 주식시장을 고려하면서 투자한다는 것은 매우 설득력을 갖는다고 할 수 있다. 즉 투자자의 장래 수익성에 대한 예측이 기업의 주가에 반영되어 있음을 지적하면서 주식시장을 통한 투자자의 기대가 투자결정에서 차지하는 역할을 강조하였다.

둘째 q이론에서는 투자의 조정비용를 내포하고 있다는 점이다. 투자의 조정비용이란 기업이 어느 일정한 설비투자를 해서 생산능력을 확대시킬 때 성장률을 높이려고 하면 할수록 여분의 비용이 추가적으로 발생하는 비용을 말한다. 이러한 조정비용으로 인해 자본량이 한꺼번에 바람직한 수준으로 조정될 수 없다. 그러므로 케인즈의 한계효율법에서 주장하는 것과 달리 투자의 한계효율이 시장이자율과 같아질 때까지 투자가 이루어지지 않는다는 것이다. 가속도원리에서는 조정비용 때문에 최적자본량과 실제 자본량간에 갭이 존재한다는 것도 이미 살펴보았다.

조정비용이 없는 경우에는 투자의 한계효율과 시장이자율, 최적자본량과 실제자본량은 언제나 일치한다. 이것을 q이론으로 표시하면 조정비용이 0인 경우에는 q가 1이된다는 것이다. 그러나 현실경제에서는 조정비용이 존재하기 때문에 q가 1보다 크거나 작아진다.

만약 자본재시장과 주식시장이 완전경쟁적이고 효율적이라면 기업의 시장가치와 실물자본 대체비용이 항상 일치하여 토빈의 q는 항상 1이 되어야 한다. 그러나 단기적으로 기업이 자본량을 조정하는 데에는 조정비용이 들기 때문에 기업의 시장가치와 대체비용 간에는 괴리가 발생하여 q값이 1이 되지 않을 가능성이 높다. 아무튼 q가 1보다 크든 작든 1에서 괴리하더라도 조정비용이 실제로 존재하기 때문에 q가 곧바로 1이 되지 않고 시간이 흐르면서 조정된다는 것이다.

한편 q이론도 여러 가지 문제점을 지니고 있다. 먼저 q투자이론에서는 기업의 가치를 그 기업이 발행한 주식의 시가총액으로 평가하고 있는데, 과연 주가가 얼마나 정확하게 기업의 가치를 반영하고 있는가의 의문이 제기된다. 예를 들면 현실적으로 주식시장에서는 종종 거품(bubble)이 존재하는데, 과대평가된 주가에 따라 기업이 실물투자를 증가시킬 것인가에 대해서는 의문이다.

그리고 주가가 실물자본의 수익성을 충실히 나타내는 지표라 하더라도 투자 결정이 이루어진 뒤에서 실제 투자가 실행이 되기까지에는 상당한 시차가 존재하는 것이 현실이다. 그렇기 때문에 투자를 행하는 기업이 주가변동에 어느 정도 민감하게 반응하여 투자 여부를 결정할지는 미지수이다.

제13장 경기변동이론

경기는 국민경제의 총체적인 활동수준을 의미한다. 자본주의 경제는 산업화 초기부터 경제활동에 있어서 호황과 불황을 경험하여 왔다. 일반적으로 경기가 좋다는 것은 생산, 투자, 소비 등의 경제활동을 종합해 볼 때 통상 기대하는 평균수준이상으로 활발한 경우를 말하며, 경기가 나쁘다는 것은 이의 반대현상을 나타낸다.

장기적인 관점에서 볼 때 자본주의 경제는 안정되어 있는 것이 아니라 호황과 불황이 번갈아 나타나는 순환적 변동을 경험해 왔다. 경기는 확장→후퇴→수축→회복 과정을 반복하면서 끊임없이 변동한다. 이러한 경기의 순환과정은 확장과 수축이 교차하면서 발생하는 반복성, 다수의 경제활동을 포괄하는 다양성, 확장 또는 수축양상이 시차를 두고 경제 각 부문에 전달되는 파급성, 그리고 일정한 방향으로 계속 확대해 나가는 누적성 등의 특징을 갖고 있다. 국민경제가 안정적인 성장을 지속하도록 하기 위해서는 경기변동의 원인과 그 규칙성을 찾아 이를 미연에 방지하려는 노력과 더불어 경기의 움직임을 사전에 보다 빠르고 정확하게 예측하여 알맞은 정책을 실시하는 것이 중요하다.

경기순환이론은 19세기 후반부터 시작되어 제2차 세계대전 전까지만 해도 경제이론의 주류를 이루어왔으나, 제2차 대전 후 1970년대 초까지는 케인즈의 총수요관리정책이 각광을 받으면서 그 중요성에 대한 인식이 크게 감소했다. 케인즈는 1930년대의 대공황을 처방하는데 있어서 실업이 장기화될 것으로 예측했지만, 2차대전 이후의 자본주의 경제는 인플레이션을 수반한 호황을 경험하면서 성장의 원동력을 발휘하게 된다. 이와 같이 2차대전 이후 60년대까지 세계 각국이 커다란 경기변동 없이 안정적 성장을 이룸에 따라 경기변동이론은 케인즈의 총수요이론에 밀리고 말았다.

그러나 1970년대에 들어오면서 불황과 인플레이션이 공존하는 스태그플레이션이 나타나

세계경제는 감속화 시대를 맞이하여 다시 자본주의 경제에 대한 비관론이 대두되자 경기순환에 대한 연구가 다시 활발해졌다.

경기순환은 자본주의경제에서 필연적으로 나타나는 현상이라고 이해될 수 있기 때문에 매우 중요한 의미를 갖는다. 따라서 본 장에서는 경기변동의 개념과 의미, 경기변동의 국면, 경기변동의 유형 등 경기순환에 관련된 기본적인 내용들을 서술하고 지금까지 제시된 경기변동이론들을 간략히 살펴보도록 한다.

제1절 경기변동의 의의와 종류

1. 경기변동의 의의

경기변동(business fluctuation)이란 일정기간을 주기로 하여 경제활동이 상당한 규칙성을 보이며 변동하는 것을 말하며 이런 현상이 반복된다고 해서 경기순환(business cycle)이라고도 한다. 여기서 경기란 국민경제의 총체적인 활동수준을 의미한다. 이 경우 총체적 경제활동은 크게 생산, 소비, 투자, 고용 등 실물부문과 화폐의 수요와 공급 등 금융부문, 그리고 수출과 수입 등 대외부문의 활동을 망라한 거시경제변수들의 움직임이 종합(comovements of macroeconomic aggregates)된 것이라고 할 수 있다.

국민경제를 부문별로 보면 기업생산이 늘어나 공급이 증가하더라도 수요가 이에 따르지 못하는 경우가 있는가 하면, 전반적으로 경기가 좋은 가운데서도 부진한 모습을 보이는 산업이 있을 수 있다. 이처럼 국민경제를 구성하고 있는 개별 경제단위의 활동들은 동일한 방향으로 진행되는 것이 아니므로 특정 시점에서 경기를 판단하는 입장이 서로 다를 수가 있으나 경제정책을 수립하거나 경제행위를 합리적으로 결정함에 있어서는 개별 부문이 아니라 국민경제 전체의 활동수준을 파악할 필요가 있다.

자본주의 경제는 장기적으로 안정되어 있는 것이 아니라 호황과 불황이 번갈아 나타나는 순환적 변동을 경험해 왔다. 경기는 확장→후퇴→수축→회복 과정을 반복하면서 끊임없이 변동한다. 이러한 경기의 순환과정은 확장과 수축이 교차하면서 발생하는 반복성, 다수의 경제활동을 포괄하는 다양성, 확장 또는 수축양상이 시차를 두고 경제 각 부문에 전달되는 파급성, 그리고 일정한 방향으로 계속 확대해 나가는 누적성 등의 특징을 갖고 있다.

이처럼 자본주의의 전개과정을 보면 경제활동이 활발할 때가 있는 반면 침체가 따라오고, 얼마동안의 침체기간이 지나면 경제활동이 다시 활발해지는 순환적인 변동을 되풀이 하여 왔다. 경기가 좋다 나쁘다 하는 평가는 일차적으로 생산활동이 얼마나 활발한가 활발하지 못한가에 달려 있다. 이 생산과 더불어 여러 가지 총량의 경제 시계열이 같이 움직이면서 경기가 활기와 침체를 교대로 반복한다.

우리는 현실에서 경제총량 변수들이 함께 움직여 나가는 현상은 쉽게 관찰할 수 있고 또한 설명할 수 있다. 그러나 이 동시적 진행이 어떤 메커니즘에 의하여 누적적으로 이루어지는가, 어떤 단계에 이르면 반대방향으로의 전환이 이루어지는 원인은 무엇인가, 순환적 규칙성을 보이는 원인은 무엇인가 등에 대하여는 쉽게 대답할 수 없다. 이러한 경기변동(순환)의 전형적인 양상과 그 원인을 연구하는 이론이 바로 경기변동론 또는 경기순환론이다.

자본주의 경제는 사회주의의 계획경제와는 달리 경기순환을 하면서도 추세적으로 보면 경제성장을 지속해 왔기 때문에 순환적 성장(cyclical growth)이라고 특징지울 수 있다. 그러나 순환과 성장을 동시에 분석할 수 있는 통합된 이론을 수립하는 것은 매우 어려운 일이다. 따라서 경제학자들은 경기순환과 경제성장의 문제를 제각기 분리해서 다루고 있다.

자본주의 역사를 돌이켜 보면 1930년대와 같이 대불황의 늪에 빠졌을 때에는 불황과 실업의 문제를 해결할 수 있는 케인즈 경제학이 등장했고, 1960년대와 같이 호황을 구가하고 있는 때에는 프리드먼과 같은 통화주의자들의 주장이 설득력을 가지게 되었다. 1970년대에 등장한 합리적 기대형성론자들(rational expectations theorists)은 경기변동의 테두리 내에서 실업과 인플레이션의 반복적인 현상인 자본주의 경제의 움직임을 이론적으로 해명하려고 하였다.

그러나 케인즈가 1930년대에 발생한 대공황을 이론적으로 해명하기 전까지는 경기변동이라는 주기(cycle) 현상을 주로 통계자료를 가지고 설명하였다. 그러다가 케인즈 이후에는 경기변동을 이론적으로 접근하고자 하였다.

2. 경기변동의 국면

경기는 장기적인 관점에서 보면 경제의 장기 성장추세를 중심으로 끊임없이 상승(확장)과 하강(수축)을 반복하며 변동한다. 즉 실제의 경기변동은 경제성장과 결부되어 있기 때문에 경기가 하강기에 접어들었다고 해도 경제활동의 수준 그 자체가 절대적으로 떨어지는 것이 아니라 경제성장의 증가율이 둔화된다는 것을 의미하며 장기적으로 추세성장을 하는 것이다. 따라서 경기변동의 현상을 순수한 주기운동으로 파악하기 위해서는 장기적 성장추세를 경제변수의 시계열의 통계자료에서 제거시켜, 경기변동이 성장의 추세에서 괴리되는 현상으로 나타내어야 한다.

경제활동이 활발하여 경기가 상승하면 마침내 정점 (peak)에 이르게 되고 이후 경제활동이 둔화되어 경기가 하강하다가 저점 (trough)에 이르게 되면 다시 상승으로 반전한다. 정점과 저점은 각각 상방전환점(upper turning point)과 하방전환점(lower turning point)이라고 부른다. 이처럼 경제활동에 두드러진 변화가 나타나기 시작하여 그 변화가 낙착되기까지의 한 순환을 경기순환이라고 한다. 이때 경기의 저점에서 다음 저점까지의 기간 (또는 정점에서 다음 정점까지의 기간)을 경기의 주기 (cycle)라고 하고, 저점에서 정점까지의 높이를 경기의 진폭이라고 부른다.

피어슨(E. Pearson)과 미첼(W. Mitchell)은 정점과 저점을 기준으로 하여 확장국면 (expansion)과 수축국면(contraction)의 두 국면으로 구분하고, 다시 확장국면을 회복기(recovery)와 확장기 (expansion)로 나누고 수축국면을 후퇴기 (recession)와 수축기 (contraction)로 세분하여 경기순환의 4국면을 일반화시켰다. 확장국면이란 경기가 과열된 상태, 즉 호황(인플레이션)을 의미하며, 수축국면은 경제활동이 저조한 상태, 즉 불황 (실업)을 망한다.

슘페터(J. Schumpeter)는 경제의 균형상태를 경기순환국면 분류의 기준으로 설정하여 파동의 변곡점을 중심으로 호경기와 불경기로 구분하였다. 즉 변곡점보다 위에 있을 때를 호경기, 아래에 있을 때를 불경기라고 규정하고 있다.

일반적으로 경기순환은 〈그림 13-1〉에서 보는 바와 같이 ① 수축 또는 불황, ② 회복 ③ 확장 또는 호황 ④ 후퇴의 네 가지 국면으로 구분하고 있다.

<그림 13-1〉 경기순환의 국면

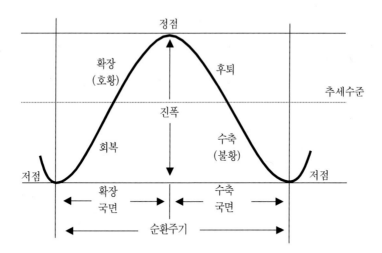

경기순환의 움직임은 생산·소득·가격이 일단 한 방향으로 변동하면 같은 방향으로 누적적으로 발전하며, 어느 점에 달하게 되면 기동력이 감퇴되어 드디어 반대방향으로 역전되는 경향을 갖는다.

호황의 국면에서는 경제활동이 활발하게 이루어져 생산·고용·국민소득 등은 확대되며 이에 따라 재고와 실업은 감소하고 물가의 상승이 현저하게 나타난다. 그러나 호황이 지속되다 정상에 도달하면 수요가 포화상태에 달하게 되어 경기후퇴 국면에 들어가게 된다. 이 국면에서는 경제활동이 활기를 잃고 그 규모가 전반적으로 축소된다. 수요가 급속히 감소하여 생산·고용·국민소득이 떨어지며 기업이 도산하고 실업이 증가한다.

이러한 경기후퇴가 더욱 심화되는 국면을 수축 또는 불황국면이라고 한다. 불황국면에서는 생산이나 고용량이 계속 감소하며, 기업의 이윤은 격감한다. 이에 따라 기업의 도산은 더욱 증가하고 물가는 하락하여 낮은 수준에서 머무른다.

불황이 진행되어 경기의 밑바닥인 저점에 도달하면 경기는 회복국면으로 들어선다. 회복국면에 접어들면 채산이 맞는 투자가 유발되어 수요가 점차 증가하기 시작하므로 생산·고용·국민소득·물가가 상승하며, 이것이 누적되면 호황의 확장국면으로 들어가게 되는 것이다.

한편 경기순환 국면에서 호황국면이 급격하게 나타나는 경우를 특수경기(boom)라고 하며, 호황국면이 정상적인 기간 이상으로 오랜 기간동안 지속되는 현상을 고원경기(plateau)라고 한다. 또한 경기의 급격한 후퇴국면을 공황(crisis)이라고 한다.

이상에서 설명한 경기의 순환과정을 살펴보면 다음과 같은 몇 가지 중요한 특징을 발견할 수 있다.

첫째, 단순히 확장과 수축이 교차하면서 반복적으로 나타나는 것이 아니라 각 순환과정의 주기와 진폭이 서로 다르게 나타나고 한 주기 내에서도 확장기와 수축기의 길이가 다르게 나타나는 것이 일반적이다.

둘째, 경기순환은 다양한 경제활동의 순환적 변동을 집약화한 것이기 때문에 특정 통계자료에 의존해서 경기의 흐름을 판단할 경우 일부만 보고 경제 전체의 움직임을 보지 못하는 것과 같은 잘못이 초래될 가능성이 크다.

셋째, 개별 경제활동은 동시에 동일한 방향으로 변동하는 것이 아니라 그 영향이 상당한 시차를 두고 다음 단계로 파급된다. 예를 들어 장래의 경기를 미리 예고 해 주는 수주활동이 활발해질 경우 이의 효과가 일시에 여러 부문에 파급되는 것이 아니라 상당한 시간이 경과한 후에 「생산→고용→소득→소비」의 순서로 영향을 미치게 되며, 이러한 경기의 파급경로는 산업이나 지역에 따라 각각 다르게 나타난다.

넷째, 경기가 확장에서 수축 또는 수축에서 확장국면으로 일단 반전되기 시작하면 경제활동은 일정한 방향으로 누적적인 확대현상을 보이게 된다. 경기가 확장국면에 접어들었다 하더라도 초기에는 일부 부문에 국한하여 영향을 주게 되나 시간이 흐를수록 그 파급정도가 강해져서 경기의 흐름은 한층 빨라지고 증폭되어 나타난다. 그러나 이러한 상태가 무한정 지속되는 것은 아니고 확장 또는 수축 중 어느 한 쪽의 국면이 확대되면 이와 함께 각종 제약조건도 늘어나게 되어 마침내 경기의 반전현상이 일어난다.

3. 경기지표

경기는 기본적으로 생산 및 수요에 관한 여러 가지 경제지표를 분석하여 파악할 수 있는데 가장 대표적인 지표로 사용되는 자료가 GDP(국내총생산) 통계이다. GDP란 한 나라의 모든 경제주체가 일정기간 동안에 생산한 재화와 용역의 부가가치를 시장가격으로 환산하여 합계한 것으로 각 부문의 생산활동은 물론 소비, 투자, 수출 등 수요동향까지도 살펴볼 수 있는 종합적인 지표라고 할 수 있다. 그러나 GDP통계는 당해연도 또는 분기가 끝난 후 상당기간(약2~3개월)이 경과한 후에야 추계가 가능하기 때문에 이를 통하여 신속히 현재의 경기상황을 판단하거나 장래의 경기흐름을 예측하기는 어렵다. 따라서 경기동향을 보다 신속히 파악하기 위해서는 가능하면 월별로 발표되는 각종 경제지표들을 이용하여 수요 및 생산의 움직임을 주의 깊게 살펴볼 필요가 있다.

월중 수요의 움직임을 나타내는 경제지표들을 부문별로 살펴보면, 우선 소비활동과 관련되는 지표로서 도소매판매액지수, 소비재출하지수, 소비재수입액 등이 있다. 다음으로 투자활동 관련지표로서는 건설활동을 나타내는 건축허가면적, 국내건설공사수주액, 건설용중간재출하지수, 시멘트 출하량 등과 설비투자 동향을 나타내는 국내기계수주액, 설비투자추계, 설비용기계류 내수출하지수, 기계류수입액 등이 있다. 마지막으로 수출입 동향을 나타내는 지표로는 수출액, 수출신용장(L/C) 내도액, 수입액 등이 있다. 한편 생산활동과 관련된 경제지표에는 산업생산지수를 중심으로 생산자출하지수, 생산자제품재고지수, 제조업 생산능력지수 및 가동률지수 등이 있다.

그런데 월별로 파악된 개별 경제지표들은 경제활동의 한 측면만을 나타내는 것이므로 국민경제 전체의 경기상태와 동향을 파악하기 위해서는 각종의 지표들을 종합할 필요가 있다. 이에 따라 세계 각국은 다수의 경제지표들을 일정한 방법에 의해 합성한 종합경기지표 (business indicator)를 작성하여 이용하고 있다.

종합경기지표는 어떤 방법으로 합성하는가에 따라 여러 형태로 분류될 수 있는데 현재 널리 이용되고 있는 것으로는 경기종합지수(composite index; CI)와 경기동향지수(또는 확산지수, diffusion index; DI)가 있다.

경기동향지수 또는 확산지수는 경기의 움직임을 나타내는 지표를 선정하고, 이에 기초하여 경기의 국면이나 앞으로의 동향을 예측하기 위해 작성하는 지표이다. 그런데 이러한 경기의 움직임을 반영할 수 있는 지표는 무수히 많은데 크게 선행지표, 동행지표 및 후행지표로 나눌 수 있다.

선행지수는 약 3개월 후의 경기동향을 나타내는 지표로서 통화량과 같이 장래의 경제활동 수준에 큰 영향을 미치는 지표나 수출신용장내도액·기계수주액 등과 같이 앞으로 발생할 경제현상을 예측하는 지표들로 구성된다. 동행지수란 현재의 경기상태를 나타내는 경기지표로서 산업생산지수·제조업근로자수·도소매판매액지수 등과 같이 경제전체의 경기변동과 같은 방향으로 움직이거나 국민경제의 변동 그 자체를 나타내는 지표로 구성된다. 마지막으로 후행지수는 경기의 변동을 나중에 확인하는 기계류수입액·생산자제품 재고지수·일반은행예대율 등과 같은 지표들로 구성된다. 경기동향지수는 이와 같은 선행, 동행 및 후행지수의 3개군으로 구분되어 작성된다.

경기종합지수 작성방법은 각 군의 총구성지표수에서 차지하는 증가지표수와 보합지표수를 파악하여 다음과 같이 계산하는데 0~100의 수치로 표시된다.

$$DI = \frac{증가지표수 + (보합지표수 \times 0.5)}{구성지표수} \times 100 \qquad (13-1)$$

위의 공식에 의해 작성된 경기동향지수가 50에서 100사이에 있으면 경기는 확장국면에, 0에서 50 미만이면 수축국면에 있음을 나타낸다. 50이면 경기가 전환점에 있는 것으로 간주된다. 그러나 경기동향지수는 경기종합지수와는 달리 개별 경제지표들의 변화방향만을 종합한 경기지표이므로 경기동향지수 자체가 경기의 변동속도를 정확히 나타내는 것은 아니다. 예를 들어 경기동향지수가 60일 때보다 90일 때의 경기확장속도가 1.5배 빠르다고 할 수 없으며, 반대로 40일 때에 비해 20일 때의 수축 속도가 2배나 강하다고 할 수 없다는 것이다.

한편 경기종합지수(CI)는 우리나라의 대표적인 종합경기지표라고 할 수 있는데, 국민경제의 각 부문을 대표하고 경기 대응성이 높은 각종 경제지표들을 선정한 후 이를 가공·종합하여 작성하고 있다. 경기종합지수의 전월에 대한 증감률이 양(+)인 경우에는 경기상승을, 음(-)인 경우에는 경기하강을 나타내며 그 증감률의 크기에 의해 경기변동의 진폭까지도 알 수 있다. 그러므로 경기종합지수를 통하여 경기변동의 방향, 국면 및 전환점은 물론 변동속도까지도 동시에 분석할 수 있다. 우리나라에서 경기종합지수는 통계청에서 1981년 3월부터 매월 작성하여 발표하고 있다.

이상에서 살펴본 경기종합지수나 경기동향지수와 같은 종합경기지표에 의한 경기분석은 전체 경제의 움직임을 포괄적으로 파악할 수 있다는 장점이 있으나 경기지표의 작성 및 해석 등 여러 가지 측면에서 나름대로 한계를 지니고 있다. 따라서 경기동향의 파악과 더불어 경기변동의 원인을 보다 깊이 있게 진단하기 위해서는 종합경기지표에만 의존하기보다는 경기흐름을 올바르게 반영해 주는 개별 경제지표들의 움직임도 함께 살펴볼 필요가 있다.

4. 경기변동의 유형

현실적으로 나타나는 경기순환의 국면은 〈그림 13-1〉에서 보는 바와 같이 단순히 확장과 수축이 교차하면서 반복적으로 나타나는 것이 아니라 각 순환과정의 주기와 진폭이 서로 다르게 나타나고 한 주기 내에서도 확장기와 수축기의 길이가 다르게 나타나는 것이 일반적이다. 이처럼 경기순환이 불규칙적인 형태를 보이는 이유는 진폭과 주기를 달리하는 여러 유형의 순환이 동시에 존재하고 있는데 현실적으로 나타나는 경기순환을 이러한 여러 유형의 순환이 합성된 결과로 나타나기 때문이다.

경기변동은 일반적으로 1회의 순환에 소요되는 주기의 장단에 따라 단기파동, 중기파동, 장기파동으로 구분된다.

(1) 단기파동

단기파동이란 평균 약 40개월(3~5년)을 주기로 나타나는 소순환(minor cycle)으로 발견한 사람의 이름을 따서 키친(Kitchen)파동이라고도 한다. 단기파동은 주로 수요과 공급의 불일치를 조정하기 위한 재고투자의 변동을 중심으로 일어나는 것으로 알려져 있다. 재고는 생산과 판매 사이를 연결하는 파이프 라인의 역할을 하며, 예상과 현실 사이의 갭을 조정하는 과정에서 경기변동을 발생시키게 된다.

(2) 중기파동

중기파동은 8~10년을 주기로 하는 경기순환으로서 발견한 사람의 이름을 따라 쥬글라 파동(Juglar wave)이라고도 한다. 경기순환 중에서 중심적인 순환이라는 의미에서 주순환(major cycle)이라고 한다. 쥬글라 파동의 원인은 주로 기업의 설비투자의 순환에서 찾고 있다.

(3) 장기파동

장기파동은 40년에서 70년, 평균해서 약 50년을 주기로 하는 순환으로 발견자의 이름을 따서 콘트라티에프(Kondratiev)파동이라고도 한다. 장기파동을 발생시키는 원인은 기술혁신, 전쟁이나 혁명, 신자원의 발견 등을 들 수 있다. 그러나 역사적 자료를 통해 지금까지 세 차례의 장기파동이 나타난 것으로 알려지고 있는데 이 세 번의 파동은 모두 기술혁신이 주된 요인이었다는 슘페터(J. Schumpeter)의 주장이 널리 받아 들여 지고 있다. 〈표 13-1〉은 슘페터가 제시한 원인을 세 시기로 구분해서 정리한 것이다. 이러한 맥락에서 일부 학자들은 1940년대부터 현재까지 반도체와 컴퓨터 등 신기술의 등장과 이에 따른 대규모 투자에 주도되고 있는 제4순환기로 보기도 한다.

〈표 13-1〉 슘페터의 기술혁신설에 의한 장기파동

	기　간	원　인
제1순환	1785~95년-1844~51년	섬유와 직물을 중심으로 한 산업혁명
제2순환	1844~51년-1890~96년	증기기관과 철강에 의한 철도건설
제3순환	1890~96년-1914~20년	전력 · 자동차 · 화학공업에 의한 산업발전

이상에서 세 가지 유형의 경기변동의 유형에 대해 살펴보았다. 그러나 현실적으로 일정기간 중에 관찰된 경기의 순환적인 흐름을 몇 개의 파동으로 정확히 구분하여 고찰하기는 매우 어렵다. 이는 각 파동의 주기를 어느 진행되는 경기변동에서 이들 파동을 정확하게 구분해내기는 쉽지 않다. 이는 하나의 중기파동에 몇 개의 단기파동이 혼재되는 등 여러 가지 성격의 경기순환이 복합되어 나타나기 때문이다. 각국에서 비교적 뚜렷하게 식별해 낼 수 있는 경기순환은 단기파동이기 때문에 일반적으로 경기순환이라 할 때에는 단기파동을 뜻한다.

지금까지는 경기순환을 그 순환주기에 따라 구분하였는데, 때로는 그 변동현상이 주로 일어나는 분야별로 구분하기도 한다. 건축순환, 설비투자순환, 재고순환, 내구소비재순환, 농산물 파동 등이 그 예이다. 이러한 순환은 전체경기에 선 (후)행해서 움직이거나 또는 같이 움직여서 경기순환의 심도를 강하게 하거나 약하게 한다.

제2절 경기변동이론

경기변동은 상호 밀접하게 관련되어 있는 수많은 요인들과 정치 · 경제 · 사회적인 여러 상황들이 혼합되어 나타나는 복잡한 경제현상이다. 그러므로 경기변동의 원인을 하나로 귀착시켜 이해하려고 해서는 안 될 것이다. 그러나 경기변동은 여러 가지 요인과 상황 중에서 가장 기본적이라고 생각되는 것들은 경기순환마다 공통적으로 나타나고 있다. 경기변동이론은 바로 이러한 기본적인 요인들의 인과관계를 분석하여 이론을 형성한 것이다.

경기변동을 설명하려는 이론에는 여러 종류가 있다. 우선 경기변동이 경제 체제밖에 있는 요인, 예컨대 전쟁, 혁명, 선거, 금광의 발견, 인구 증가율의 변화, 새로운 식민지나 원료의 확보, 기술 혁신, 태양 흑점이나 기후 등과 같이, 외적 요인 때문에 발생한다고 보는 이론이 있는데, 이를 외생적 경기변동이론이라고 한다. 한편 경기변동의 원인이 경제체제 내에 있는 요인, 예컨대 화폐공급의 불균형, 과잉투자, 과소 소비 등으로 인해 발생한다고 보는 이론이 있는데 이를 내생적 경기변동이론이라고 한다. 또 경기순환의 원인을 화폐적 현상으로 설명하는 이론과 실물적 현상으로 설명하는 이론으로 대별할 수 있는데, 전자를 화폐적 경기변동이론이라 하고, 후자를 실물적 경기변동이론이라고 한다. 그리고 경기 순환이 시장 균형 상태에서 발생하는가 아니면 불균형 상태에서 발생하는가에 따라 균형경기순환이론과 불균형경기순환이론으로 구분하기도 한다. 한편 경기변동이론이 주장된 시점을 케인즈를 전후로 구분하여 케인즈 이전의 경기변동이론과 케인즈 이후의 경기변동이론으로 나누기도 한다.

일반적으로 케인즈를 기준으로 그 이전의 경기변동이론을 전통적 경기변동이론이라고 하고, 케인즈 및 케인지안의 경기변동이론을 근대적 경기변동이론 그리고 70년 대 스태그플레이션을 계기로 나타난 경기변동이론을 균형경기변동론이라고 한다. 여기서는 이 이론들을 중심으로 각 경기변동이론들이 경기순환을 촉발시키는 원인과 지속적인 호황·불황을 가져오는 메커니즘을 어떻게 설명하고 있는지를 살펴보자.

1. 전통적 경기변동이론

일반적으로 케인즈의 일반이론이 각광을 받기 이전의 경기변동이론을 전통적 경기변동이론이라고 한다. 전통적 경기변동이론은 외생적 이론과 내생적 이론으로 나눌 수 있다. 외생적 이론은 경기변동의 발생원인을 태양흑점, 전쟁, 천재지변, 기후변동과 같은 경제조직의 외부에서 찾는 이론이다. 이에 반해 내생적 이론은 경기변동의 원인을 소비, 저축, 투자, 신용창조 등 경제조직 그 자체의 내부에서 찾고 있다.

대표적인 외생적 경기변동이론으로는 제본스의 태양흑점설을 들 수 있다. 전통적 내생적 경기변동이론에는 과잉투자설, 과소소비설, 화폐적 과잉투자설, 기술혁신설 등을 들 수 있다.

(1) 태양흑점설

W. 제본스 (W. S. Jevons)는 태양흑점으로 인해 기후가 바뀌어서 곡식 생산량이 변하고 그래서 농업 분야에서부터 경기순환이 발생할 수 있다고 보았다. 즉 제본스는 태양흑점의 주기와 경기순환의 주기가 약 10년간으로 일치한다는 것을 발견하고 태양흑점의 변화→기후의 변화→농업생산의 변화라는 인과관계를 도출하였다.

제본스의 태양흑점설은 1701년 이후 영국의 경기공황 발생의 평균 주기가 10.466년이고, 이 것이 태양흑점 활동의 주기인 10.45년과 거의 일치한다는 사실에 근거한 것이다. W. 제본스가 사망한 후 그의 아들 H. 제번스(Herbert Jevons)는 "실업의 원인-경기변동과 태양활동"이라 는 논문(1909)에서 경기순환의 주기가 10~11년임을 주장함으로써 그의 아버지의 학설을 뒷받 침하였다.

(2) 과잉투자설

일반적 과잉투자설에 따르면 경기변동은 자본재, 특히 고정자본 설비생산 변화에서 온다고 주장한다. 즉 호황이 시작되면 우선 철강·시멘트·목재 등 자본재수요가 증가되고, 그 후 소 비재수요도 따라서 증가한다. 수요 증가로 자본재 및 투자원료 가격이 상승하면 이윤도 따라서 증가하며 더욱 투자활동이 유발된다. 이와 같이 해서 생긴 호황은 과잉투자를 뒷받침할 수 있 는 저축이 부족하면 자본이 부족하게 되어 조만간 불황국면으로 전환하게 된다는 것이다.

러시아의 경제학자 바라노브스키(M.I. Tugan Baranovski)는 투자를 위해 쓸 수 있는 저축을 산업분야와 농업분야로 나누어 생각했다. 농업 분야의 경제는 경기 침체기라 해도 대 개는 상당히 건실하므로 저축은 늘어간다. 이렇게 농업분야에서 저축이 늘면, 이자율은 낮아 져 산업분야에서 빌려 쓰기 시작하고 그 결과 산업분야는 성장한다. 그러나 산업분야의 저축 까지 포함하여 자금 총량이 종국에는 모두 투자로 쓰여 지게 되면 이자율은 다시 상승하기 시작한다. 이와 같은 이자율 상승은 투자 감퇴의 원인이 되고 곧 경기침체를 초래한다.

한편 하이에크(F. von Hayek)와 미세즈(I. E. von Mises)는 화폐적 과잉투자설을 강조했다. 그들에 따르면 현실 이자율이 자연이자율보다 낮을 때에는 투자가 늘면서 신용창 조가 늘어나고, 신용창조가 늘면 기업의 투자 또한 더욱 늘어나 자본재 가격은 상승하고 생 산 구조는 점점 고도화되면서 경기는 과열되어 간다고 한다. 반대로 현실 이자율이 자연 이 자율보다 높을 때에는 투자가 줄면서 신용도 축소되고, 기업 투자 또한 더욱 줄어들어 자본 재 가격은 하락하면서 고도화된 생산 구조는 단순화되고 경기는 얼어붙는다고 주장한다.

(3) 과소소비설

여러 가지 과소소비설 유형이 있지만 공통적으로 소비재생산에 비해 소비수요가 뒤따르지 못하는데서 경기변동의 요인을 찾고 있다.

홉슨(J. A. Hobson)은 과소소비의 요인을 소득분배의 불균형으로 설명하고자 했다. 맬더스(T. R. Malthus)는 인구가 증가하면 과소소비를 초래한다고 주장했다. 그에 따르면 인구의 증가는 노동력의 공급을 증가시켜 임금은 하락하는 반면 기업의 이윤은 증가한다. 기업 이윤의 증가는 생산자로 하여금 생산을 증대시키는 반면, 노동자들의 임금의 하락으로 소득이 감소하게 되어 소비가 감소한다. 이처럼 과잉생산과 동시에 과소소비가 생겨 경기는 하락하기 시작한다는 것이다.

(4) 슘페터의 기술혁신설

슘페터(J. A. Schumpeter)는 신자원의 개발이나 신기술의 혁신 때문에 경기변동이 발생한다고 주장했다. 슘페터의 기술혁신(technical innovation)이란 ① 신제품의 개발, ② 새로운 생산방법의 도입, ③ 신시장의 개척, ④ 신자원이나 그것의 공급원천, ⑤ 새로운 관리·경영·기업조직의 도입까지 포함하는 폭넓은 개념이다. 슘페터에 의하면 기술혁신은 돌발적으로 발생하며, 기업가의 이윤추구의 동기에서 일어나게 된다는 것이다. 역사적으로 기관차의 등장이나 자동차 발명이 콘드라티에프 파동을 만든다고 설명되는 것처럼 기술혁신은 그의 창조적인 파괴와 더불어 경기순환의 원인으로 설명된다.

2. 케인지안의 경기변동이론

1920년대 말부터 시작된 세계적인 대공황은 케인즈 경제학을 출현시켰는데 케인즈 경제학은 경기변동이론에도 커다란 영향을 미쳤다. 케인즈의 이론과 그 영향 아래 있는 경기변동이론을 전통적 경기변동이론과 구분하여 현대적 경기변동이론이라고 한다.

케인즈의 일반이론(1936) 출간 이후 1940년대부터 1970년대 초까지 경기변동이론은 케인즈의 거시경제모형을 동태화하는데 주력했다. 원래 케인즈 경제학의 이론체계는 단기 정태적 모형으로서 1930년대의 대공황 시기를 대상으로 하여 출발한 것이며 유효수요의 증가를 통해 실업을 해소하고 완전고용에 근접할 수 있다고 주장하는 것이었다. 그러나 2차 대전 후 세계경제가 직면한 과제는 1930년대의 상황과는 달리 완전고용에 가까운 호황에 의한 인플레이션의 문제였다. 이러한 현상은 기존의 케인즈의 단기 정태적 이론으로는 설명될 수 없었으며 케인즈 이론을 장기 동태화로 분석도구를 확대시켜야만 했다.

   케인즈 거시모형의 장기 동태화 모형은 경기변동의 최초 원인을 독립투자에서 찾고 그 투자변화라는 외부적 충격이 어떻게 경기변동을 발생시키는지를 소득·저축·투자 등 거시 경제변수들의 상호작용에서 찾는 것이다. 이러한 관계를 설명하기 위해서는 유효수요이론과 함께 투자량의 결정과 그 변화 메카니즘을 설명해 주는 별도의 과정이 필요하다. 즉 케인즈의 유효수요이론 또는 승수이론과 별도의 투자결정이론이 결합하여 투자와 소득의 상호 의존관계를 설명함으로써 경기변동과정을 설명할 수 있게 되는 것이다. 부연하면 최초의 외부충격으로서 투자변동이 소득변동을 가져오는 승수이론과 소득변동이 다시 투자변동을 유발시키는 가속도 원리를 결합하여 경기변동모형을 결정하는 것이 케인즈의 일반이론 이후 경기변동이론의 일반 적 경향이었다. 가장 대표적인 케인지안의 경기순환이론으로 사뮤엘슨(P. A. Samuelson)의 승수-가속도원리 모형을 들 수 있다. 여기서는 사뮤엘슨의 모형을 중심으로 케인지안의 경기변동모형을 간단히 살펴보기로 한다.

   사뮤엘슨은 1939년에 케인즈의 승수이론과 가속도원리의 상호작용을 중심으로 경기순환 모형을 전개하였다.

   먼저 현재소득 또는 생산수준을 Y_t라고 한다면 이는 소비(C_t)와 투자(I_t)라는 총수요 부문으로 구성되어 있다.

$$Y_t = C_t + I_t \qquad\qquad (13\text{-}2)$$

   한편 사뮤엘슨의 소비함수는 다음과 같다.

$$C_t = aY_{t-1} \qquad\qquad (13\text{-}3)$$

   즉 사뮤엘슨 모형에서 현재소비는 현재소득(Y_t)이 아니라 전기소득(Y_{t-1})의 함수로 가정한다. a는 한계소비성향이다. 식 (13-2)와 (13-3)에 따르면 전기의 독립투자의 변화는 전기의 소득을 변화시켜 금기의 소비에 영향을 미칠 수 있다.

   다음으로 사뮤엘슨은 가속도원리의 투자이론을 가지고 유발투자의 개념을 다음과 같이 설정하였다.

$$I_t = \beta(C_t - C_{t-1}) \qquad\qquad (13\text{-}4)$$

여기에서 β는 가속도 효과의 크기를 나타내는 가속도계수(acceleration coefficient)이며, 금기의 유발투자 (I_t)는 금기의 소비 (C_t)와 전기의 소비 (C_{t-1})의 차에서 발생한다고 본다. 즉 식 (13-4)는 금기의 투자는 민간소비증가분에 비례한다는 가속도원리의 관계를 나타낸 것이다.

식 (13-3)을 전기에 대해 정리하면 $C_{t-1} = \alpha Y_{t-2}$의 관계가 성립하므로 이 식을 투자함수를 나타내는 식 (13-4)에 정리하면 다음과 같이 쓸 수 있다.

$$I_t = \alpha\beta(Y_{t-1} - Y_{t-2}) \tag{13-5}$$

이제 식 소비함수식 (13-3)과 투자함수식 (13-5)를 국민소득균형식 (13-2)에 대입하면 다음과 같은 식이 얻어진다.

$$Y_t = \alpha(1 + \beta)Y_{t-1} - \alpha\beta Y_{t-2} \tag{13-6}$$

식 (13-6)이 바로 사뮤엘슨의 경기순환모델이다. 사뮤엘슨은 그의 승수-가속도원리 모형에서 경기순환이 일어나는 이유가 투자와 소비의 의사 결정 사이에 존재하는 시차 때문이라고 주장한다. 식 (13-3)과 식 (13-5)에서 보듯이 투자는 전기와 전전기의 국민소득 차이에 근거해서 이루어지고, 소비는 전기의 국민 소득에 의해 결정된다고 간주하기 때문에, 이들을 국민소득 균형식에 대입하면 식 (13-6)과 같은 하나의 간단한 2차 차분방정식 (second order difference equation)을 얻게 된다.[1] 바로 이러한 방정식으로 표현되는 거시경제의 동태적 경로는 가속도계수 β와 한계소비성향 α의 값이 어떻게 결정되어지는가에 따라, 경기순환은 진동하면서 수렴 혹은 발산하게 되든가, 아니면 진동하지 않고 단순히 수렴 혹은 발산하는 모습을 보이게 된다.

한계소비성향 α와 가속도계수 β가 갖는 값의 조합에 따라 시간(t)이 경과함에 따른 거시경제의 동태적 변동경로의 형태는 다음과 같이 정리할 수 있다. (1) α, β의 값이 작은 경우: 소득 Y는 시간이 경과함에 따라 장기균형의 국민소득수준( )으로 수렴해 간다(수렴형). (2) α, β의 값이 큰 경우: 거시경제는 장기균형의 소득수준을 초과하여 계속해서 확대된다(발산형). (3) α, β가 중간적인 크기의 값을 가질 경우: 소득 Y는 진동하면서 장기균형

---

1) 이와 같이 t, t-1, t-2기의 서로 다른 시차를 가진 변수들로 이루어진 방정식을 2차 차분방정식 (second order difference equation)이라 한다.

수준의 소득수준으로 수렴(진동수렴형)하거나 또는 발산한다(진동발산형). 이상에서 설명한 사뮤엘슨의 승수–가속도 모형에 따른 한 나라의 경기변동의 유형을 그림으로 표시한 것이 〈그림 13-2〉이다.

〈그림 13-2〉 사뮤엘슨의 경기변동의 유형

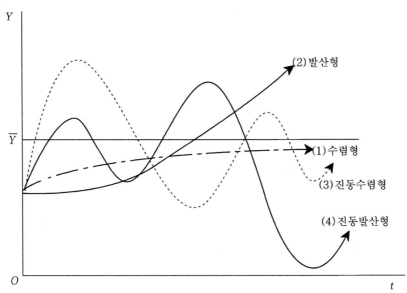

그러나 사뮤엘슨 모형만으로는 자본주의 경제가 경험해 온 주기적이고 반복적인 경기순환을 설명하는데 한계가 있다. 〈그림 13-2〉의 (1)이나 (2)의 경우처럼 수렴하거나 발산형으로는 주기적으로 반복되는 경기순환 현상을 설명할 수 없다. (3)이나 (4)의 경우처럼 진동하는 경우에는 반복적인 순환현상을 부분적으로 밖에 설명할 수 없다. 먼저 (3)에서는 한 번의 외적 충격이 발생하는 경우 순환현상을 만들기는 하나 시간이 경과함에 따라 점차 소멸된다. 따라서 한번의 외생적 충격만으로는 지속적·반복적 현상인 경기순환을 설명할 수 없다. 한편 (4)의 경우에는 시간이 흐름에 따라 경기변동의 진폭이 계속 확대되어 발산한다. 그러므로 발산을 저지하는 제약을 추가하지 않으면 지속적으로 반복되는 경기순환을 제대로 분석할 수 없다.

이러한 문제점을 해결하기 위해서 힉스(J. R. Hicks)는 사뮤엘슨의 승수–가속도모형에 일종의 제약조건을 부가함으로써 경기순환이 지속되는 현상을 설명하려고 시도하였다. 사뮤엘슨의 모형은 경기순환이론으로 발전할 수 있는 기틀을 마련한 것이고, 힉스는 이 모형을 기본으로 하고 여기에 제약조건을 첨가하여 경기순환의 종합적인 이론체계를 구축하였다.

사뮤엘슨과 힉스의 차이점을 보면 다음과 같다.

첫째, 유발투자를 보는 견해에 차이가 있다. 앞의 식 (13-4)에서 보듯이 사뮤엘슨은 t기와 t-1기의 소비의 차 $(C_t - C_{t-1})$에 가속도계수를 곱한 값을 유발투자로 본다. 즉 사뮤엘슨은 소득의 증가→소비의 증가→투자증가의 경로를 따르므로 유발투자가 금기의 소비와 전기의 소비의 차에 의존한다고 본다. 반면에 힉스는 소득의 증가가 투자를 유발한다고 본다. 즉 소비의 증가는 소득의 증가에 의존하므로 소득의 증가가 직접적으로 투자를 유발시킨다고 본다. 따라서 힉스의 유발투자함수는 다음과 같이 쓸 수 있다.

$$I_t = v(Y_{t-1} - Y_{t-2}) \qquad (13-7)$$

물론 사뮤엘슨의 경우도 식 (13-5)에서 보듯이 $I_t = \alpha\beta(Y_{t-1} - Y_{t-2})$가 되어 $\alpha\beta = v$로 보면 결국 사뮤엘슨과 힉스 사이에서 본질적인 차이는 없다. 그러나 β와 v는 동일한 것이 아니라는데 유의하여야 한다.

둘째, 독립투자(A_t)를 생각하는 방법에 차이가 있다. 사뮤엘슨은 독립투자를 일정하다고 보았으나 힉스는 해마다 일정한 율$(1+g)$로 성장한다고 가정하였다. 즉 $A_t = (1+g)^t A_0$로 보았다. 여기서 A_0는 초기 독립투자의 크기이다.

그러므로 이상에서 설명한 힉스의 투자함수를 도입한 경기변동모형은 다음과 같이 표시할 수 있다.

$$Y_t = (\alpha + v)Y_{t-1} - vY_{t-2} + (1+g)^t A_0 \qquad (13-8)$$

식 (13-8)이 힉스가 전개한 순환적 성장을 수반하는 이른바 제약형 경기순환모형이다. 힉스의 제약형 모형은 〈그림 13-2〉의 사뮤엘슨 경기순환 유형에서 (4)의 진동발산형의 경기순환 모형인데 〈그림 13-3〉에서 보듯이 상한선(ceiling)과 하한선(floor)을 설정하고 있다. 힉스는 상방제약으로 경제의 생산능력이 그 이상 초과할 수 없는 완전고용상한(full employment ceiling)을 상정했다. 또한 생산이 증가할 때와 달리 생산이 감소할 때 일정수준이하에서는 가속도원리가 제대로 작동하지 않기 때문에 하방제약이 발생한다고 주장했다.

이제 힉스 모형의 경우 어떻게 경기의 순환운동이 발생하는가를 살펴보자. 먼저 〈그림 13-3〉의 점 P_0에서부터 논의를 시작하자. 독립투자는 일정한 비율로 성장하며, 투자승수 효과가 작용하여 국민소득이 증가하고 이것이 또한 투자를 유발시킨다. 점 P_0에서 점 P_1 사이에서는 가속도원리가 작동한다. 일단 P_1에 도달하면 완전고용의 한계에 부딪힌다. 그래서 당분간은 점 P_1→점 P_2까지는 성장이 지속되지만, 가속도원리를 통하여 유발되는 투자는 절대적으로 감소하기 때문에 이후에는 하강으로 전환된다. 하강국면이 시작되면 마이너스의 순투자가 발생하지만 가속도원리가 정지되는 결과 하방한계선을 향해 수렴해 간다 (P_2→P_3). P_4에서 하강국면이 멈춘다. 왜냐하면 소비가 국민소득이 감소하는 정도로는 감소하지 않기 때문이다. 여기에서 독립투자의 영향으로 소득은 다시 상승하기 시작하고 조만간 가속도원리의 부활에 의해 본격적인 상승과정에 들어가게 된다.

이상에서 본 바와 같이 힉스의 경기순환 모형에서는 가속도원리에서 오는 결함을 제거하기 위해 가속도원리는 상승국면에서만 작동하며, 과잉설비를 수반하는 하강국면에서는 작동하지 않는다. 그러므로 힉스는 가속도원리의 비대칭성을 가정하고 있다.

이와 같이 힉스는 독립투자의 운동을 기초로 소득의 순환적 성장과정을 설명하고 있다. 즉 힉스는 경제내부에서 발생하는 변동을 방치해 두면 확장하는 성질을 갖고 있지만(가속도계수가 1보다 크다는 가정), 경제에는 동시에 이러한 움직임을 한정시키는 상한선과 하한선이 존재한다는 것이다. 그래서 힉스의 경기순환모형을 '당구대 이론'(theory of billard table)이라고도 부른다.

이처럼 단순히 독립투자 변화와 같은 외부적 충격이 국민소득 등 거시경제변수에 미치는 영향을 분석하는 케인지안의 거시경제모형은, 동태화된 승수−가속도모형으로 경기순환을 설명했다. 이 모형은 많은 문제점을 안고 있다는 비판이 있지만, 경기변동이론의 발달을 촉발시키는 계기를 마련했다는 점에서 여전히 큰 의미를 갖고 있다.

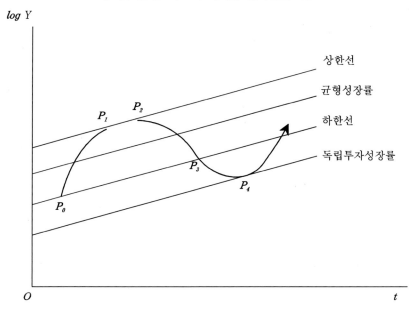

〈그림 13-3〉 힉스의 제약형 경기순환모형

3. 균형경기변동이론

자본주의 경제에서 산출량, 고용량 그리고 물가수준 등은 결코 일정하지 않고 성장과정에서 상승해 왔지만 그 상승률은 일정하지 않고 변동하고 있다. 어느 시기 또는 어느 경제에서는 일찍이 케인즈가 일반이론에서 제기한 비자발적 실업이 지속되었고, 2차 대전 이후 1960년데 후반부터는 물가가 높은 율로 상승했고, 1970년대에 와서는 경기침체와 높은 물가상승이 공존하는 이른바 스태그플레이션의 시대가 되었다.

대공황 이후 60년대 말까지의 기간동안 경기순환분석은 케인지안모형에 의해 지배되어 왔다. 그 이유는 고전학파의 기본 가정, 즉 완전경쟁과 신축적인 임금 및 물가가 순환적 변동의 관측치들과 일관성이 없는 것으로 보였기 때문이다. 그래서 케인지안들은 경기변동을 불균형 현상으로 보고, 총수요 측면에서 투자의 불안정성과 그 파급효과를 통해서 설명하려고 하였다.

그러나 1970년대에 접어들어 석유파동 등 공급측면에서의 충격에 의한 스태그플레이션이 발생하자, 총수요 변동에 입각한 케인지안들의 경기변동이론 체계에 심각한 회의가 대두되었다. 합리적 기대형성론자들은 케인지안들의 경기변동이론이 경제주체의 합리적 행동에 기초하지 않은 것을 강렬하게 비판하고 경기변동을 합리적 기대형성가설의 견지에서 균형현상으로 파악하였다.

일반적으로 경기변동의 특징을 보면 산출량, 즉 실질 국민소득 수준이 거의 모든 산업에서 같은 방향으로 움직이며 물가수준이나 이자율도 순환을 거듭하면서 같이 변한다. 루카스(R. Lucas)를 비롯한 합리적 기대형성론자들은 이러한 현상을 균형론적 견지에서 설명한다. 이러한 측면에서 이들의 경기변동이론들은 균형경기변동이론(equilibrium business cycle theory)이라 불리우게 되었다. 즉 균형경기변동이론은 수요와 공급량이 균형을 이루는 상태에서 균형량이 순환적으로 커지거나 작아지는 현상을 경기순환으로 보고 있다.

이러한 경기변동이론은 경기변동의 발생원인을 어디에서 찾느냐에 따라 크게 화폐적 경기변동이론(monetary business cycle theory: MBC)과 실물적 경기변동이론(real business cycle theory: RBC)으로 구분할 수 있다. 여기서는 이 두 가지의 균형경기변동이론에 대해 살펴보기로 한다.

(1) 화폐적 경기변동이론

루카스(Robert E. Lucas)는 경기변동이론의 새로운 방법론과 함께 예상치 못한 통화량의 변동이 경기순환을 촉발한다는 화폐적 경기변동이론을 주장했다. 경기변동에서 통화량이 중요한 역할을 한다는 견해는 이미 프리드먼 등의 통화주의자들에 의해 주장되었다.

루카스는 화폐의 역할을 강조하는 통화주의자들의 주장을 발전시켜, 특히 불완전 정보 하에서 합리적 기대를 하는 경제주체들이 상대가격의 변화와 일반물가수준의 변화를 구별하지 못함으로써 경기변동이 발생할 수 있다는 화폐적 균형경기변동이론을 제시하였다.

고전파들에 의하면 실물경제와 화폐경제는 서로 독립적으로 움직이며, 화폐는 화폐수량설에 따라서 오로지 베일(veil)의 역할 밖에 못하므로 화폐가 실물경제에 아무런 영향을 미치지 못한다. 이러한 고전학파의 이론체계를 '고전학파의 2분법과 화폐의 중립성'이라고 한다. 그리고 시장기구를 통해 완전고용에 대응하는 실질 GNP가 자동적으로 달성된다. 이러한 고전학파의 거시이론체계에서는 호경기와 불경기기 되풀이되는 경기변동 현상을 설명할 수 없다.

그러나 현실의 경제를 보면 화폐는 중립적이 아니라 실질 GNP나 고용량에 영향을 미치고 있는 것이 사실이다. 그러므로 프리드먼을 위시한 통화주의자들은 실증분석을 통하여 화폐공급량이 단기에 있어서는 실질 GNP에 영향을 미친다는 것을 해명하려고 했다.

1972년에 루카스(R. Lucas)는 "화폐는 베일(veil)이다. 그러나 베일이 휘날리면 산출량이 변동한다."(Money is veil, but veil is flutters, real output sputters.)라고 주장하고, 화폐가 실질 GNP와 고용량에 영향을 미친다고 하였다. 이처럼 화폐가 실질 GNP나 고용량의 변동을 초래해서 경기변동이 발생하는 이유는 사람들이 일반물가수준과 상대가격의 변화를 혼동하는데서 온다고 보고 있다. 그리고 합리적 기대를 도입하여 경기변동을 균형론적 접근방법으로 전개하였다.

루카스를 비롯한 합리적 기대론자들은 기본적으로 다음과 같은 가정을 한다. 첫째, 경제주체들은 합리적으로 기대를 형성한다(합리적 기대 가정). 둘째, 모든 시장에서 수요와 공급이 항상 균형을 이루도록 모든 가격이 신속하게 조정된다(연속적 시장청산 가정). 셋째, 경제주체들은 최근의 경제동향, 예를 들어 현실의 물가상승률에 대하여 불완전 정보밖에 갖지 못한다고 가정한다(불완전정보 가정).

루카스는 경제 내에 두 가지 종류의 충격이 존재한다고 가정한다. 그 하나는 일반물가수준에 영향을 미치는 총체적 충격(aggregate shock)이고, 다른 하나는 특정 개별 기업의 상품의 상대가격수준에만 영향을 미치는 개별적 충격(local shock)이다. 총체적 충격의 대표적인 예는 통화량의 증가이고, 특정 부문의 기술발전 등이 개별적 충격의 한 예이다.

한편 이윤극대화를 추구하는 기업의 의사결정에서 중요한 것은 일반물가수준이 아니라 상대가격이다. 그러므로 개별기업은 두 유형의 충격에 다르게 반응한다. 일반물가수준에 영향을 미치는 총체적 충격에 직면하면 기업은 생산량을 늘릴 이유가 없는 반면, 개별적 충격에 직면하여 상대가격이 변하면 개별 기업은 이윤극대화를 위해 생산량을 변화시킨다.

이제 정보의 불완전성으로 인하여 기업들은 상대가격의 변화와 일반물가수준의 변화를 정확히 구별하지 못하는 경우를 생각해 보자. 따라서 개별기업은 개별시장(local market)에서 자기가 생산하는 재화의 가격상승이 있을 때, 이 가격 상승이 자기제품에만 국한되는 개별적 충격에 의한 것인지 아니면 통화량 증가에 다른 일반물가수준의 변화인 총체적 충격에 의한 것인지를 정확히 구별하지 못한다. 따라서 불완전 정보하에서 통화량의 예기치 못한 변동이 있다면, 이것은 경제전체에 영향을 미치는 총체적 충격임에도 불구하고 개별기업은 이를 개별시장에만 영향을 미치는 개별적 충격으로 착각할 수 있다. 결국 경제 전체적인 총수요증가가 있을 때 실제로는 상대가격은 전혀 변화하지 않고 단지 경제 전체의 일반물가수준만 상승한 것인데도 불구하고, 잘못된 판단으로 각 기업의 생산량 변화가 발생하는 것이다.

루카스는 예상치 못한 화폐적 충격의 중요성을 강조하는 화폐적 경기변동이론을 제시했다. 즉 루카스는 경기변동의 원인으로 실물적 교란요인보다는 화폐적 교란요인을 강조한다. 그리고 앞에서 설명한 바와 같이 루카스는 개별경제주체가 경제에 대해 불완전 정보를 가지며 따라서 어떤 충격2)이 경제에 가해질 때 정보의 불완전성 때문에 그들의 공급결정이 오류를 범하게 된다는 사실을 강조한다. 그러므로 불완전 정보로 인한 개별경제주체의 상대가격에 대한 잘못된 판단이 경기변동을 야기하는 주요인이라고 보는 것이다. 부연하면 루카스의 모형은 통화량의 예기치 못한 변동과 같은 총수요충격이 발생했을 때 경제주체들은 정보의 불완전성 때문에 일반물가수준의 변화를 상대가격의 변화로 착각하는 오류를 범하게 되어 경기변동이 발생한다는 것이다. 이러한 이유로 루카스의 화폐적 경기변동이론을 화폐적 인식오류모형(monetary misperception model) 또는 불완전정보이론(imperfect information theory)이라고도 한다.

좀더 구체적으로 설명하면 지금 통화공급량이 증가하면 계속 물가가 상승하여 인플레이션이 발생한다. 이렇게 되면 모든 재화들의 가격이 함께 상승하는데, 모든 기업은 자기가 생산하여 공급하는 재화와 용역의 가격만 올랐다고 착각한다는 것이다. 말하자면 일반물가수준의 변화와 상대가격의 변화를 혼동한다는 것이다. 여기서 기업이 일반물가수준과 상대가격의 변화를 착각하는 이유는 바로 불완전 정보 때문이다. 이렇게 미래의 경제현상에 대하여 완전한 정보를 갖지 못하면 각 기업이 합리적으로 기대를 형성하고 또한 연속적인 시장균형이 이루어져도 물가나 생산량은 순환적으로 변동하는 이른바 경기변동이 일어난다는 것이다.

이러한 까닭에 일반물가수준의 변동을 일으키는 요인이 바로 경기변동의 원인이 된다고 보고, 루카스는 통화주의자와 같이 인플레이션의 원인을 통화공급량에서 찾고 있다. 그러나 합리적 기대론자들은 통화주의자들과는 달리 사람들이 합리적으로 기대를 형성한다면 통화공급량 중에서도 사람들이 '예상된 통화량의 변동'은 실질 GNP와 같은 실물경제에 아무런 영향을 미치지 못하고, 오로지 '예기치 못한 통화량의 변동'(unanticipated changes in money supply)만이 경기변동을 일으킨다고 본다. 즉 루카스 모형에서는 통화량의 변동과 같은 총수요충격 그 자체만으로는 경기변동이 발생하지 않고, 통화량 변동이 경기변동을 유발하기 위해서는 경제주체들의 일반물가수준의 변화에 대한 예상을 함에 있어서 오류가 있어야 한다는 것이다. 예상된 통화량의 변화는 산출량에 영향을 미치지 못하고 오직 물가수준만 변화시킨다.

그러나 예기치 않은 통화량의 변동이 발생했을 때 불완전 정보로 인해 경제주체들이 일반물가수준 변화에 대해 착각을 일으킬 수 있다는 사실만으로 대규모의 경기변동을 모두 설명할 수 있을지에 대해서는 여러 학자들이 회의적인 반응을 보이고 있다. 더욱이 경기순환은 변동성과 함께 지속성을 특징으로 하는데, 화폐적 경기변동이론으로는 이를 설명하기가 어렵다.

---

2) 루카스는 통화량의 예기치 못한 변동과 같은 화폐적 요인을 강조하고 있다.

그래서 경제학자들은 경기변동의 원인을 화폐적 요인 이외에 실물적 요인에서 찾게 되었다. 이제 실물적 경기변동이론을 살펴보도록 하자.

(2) 실물적 경기변동이론

1980년대에 접어들어 프레스콧(E. Prescott)이나 키드랜드(F. Kydland)는 경기순환의 원인이 되는 충격의 근원에 대해 상당히 강한 이론을 개발하였는데 이를 실물적 경기변동(real business cycle: RBC)이론이라고 한다. 이들에 따르면 예기치 않은 통화량 변동과 같은 화폐적 요인이 경기순환을 발생시킨다는 주장에 반대하면서 기술충격과 같은 실물적 충격(real shocks)이 경기변동의 1차적인 원인이 된다는 것이다. 실물적 경기변동이론은 루카스의 방법론에 따라 경기변동을 불완전 정보하에서 개별경제주체들의 동태적 최적화 및 시장청산의 결과로 나타나는 주요 거시경제변수들의 변화로 파악한다.

실물적 경기변동이론은 항상 균형이 이루어지고 있는 모형의 관점에서 순환적 변동을 설명하고자 하는 시도로부터 출발하였기 때문에 화폐적 경기변동이론과 일맥상통한다. 그러나 RBC 이론은 경기변동의 원인을 유발하는 외생적 충격으로 통화량 변동과 같은 화폐적 요인이 아니라 같은 실물적 충격에서 찾는다는 점에서 화폐적 경기변동이론과 구분된다. 실물적 경기변동이론가들은 전통적인 거시경제모형이나 화폐적 요인을 강조하는 새고전파 거시모형이 발생한다고 주장하는 효과의 유효성을 뒷받침할 수 있는 증거를 찾지 못하고 있기 때문에 실물적 교란에 관심을 가지게 된 것이다.

실물적 경기변동이론의 두개의 주요 가정은 기술변화 등 실물적 충격이 경제적 충격의 가장 중요한 원천이라는 것과 이들 실물적 충격이 완전경쟁적 시장에서 번져나간다는 것이다. 후자의 가정은 앞의 화폐적 경기변동이론에서도 가정되고 있는 것이지만 전자의 가정은 실물적 경기순환이론에서만 가정하고 있다. 실물적 충격은 경제의 실물부문에 대한 교란을 말한다. 예컨대, 생산함수, 노동력의 크기, 실질적 정부지출의 크기, 소비자들의 지출 및 저축결정에 영향을 미치는 충격들을 말한다. 실물적 충격에 대비되는 충격이 명목적 충격(nominal shocks)인데 이것은 화폐시장에서 화폐수요나 화폐공급에 대한 충격을 말한다. 많은 형태의 실물적 충격이 경제에 영향을 미칠 수 있지만 RBC 이론가들은 생산함수에 대한 충격, 즉 생산성충격(productivity shocks)을 강조한다. 생산성충격이란 신제품의 개발, 기술혁신, 새로운 경영기법의 도입, 자본이나 노동의 질의 변화, 원자재나 에너지의 가용성의 변화, 지나친 흉작이나 풍작, 날씨, 생산에 대한 정부규제의 변화, 기타 생산성에 영향을 미치는 요인들이다. 이들에 의하면 경제에 유리한 충격이 오면 호황이 오고 불리한 충격이 오면 불황이 온다는 것이다. 그러므로 이들은 실물적 충격 중에서도 특히 공급측의 교란에 초점을 맞추고 수요측면의 교란이나 통화량의 변화와 같은 정책적 교란에 의해 경기변동이 유발될 수 있다는 견해를 배제하고 있다.

이제 생산성 충격이 어떻게 경기변동을 초래하는지를 살펴보자. 예를 들어 경제에 불리한 충격인 석유파동과 같은 일시적인 역생산성 충격(adverse productivity shock)이 발생했다고 하자. 이와 같은 일시적인 역생산성 충격은 노동의 한계생산력을 감소시켜 노동에 대한 수요를 위축시킨다. 그 결과 노동시장에서 실질임금을 떨어뜨리고 고용량은 감소하며 이에 따라 산출량 역시 감소하게 되어 역생산성 충격은 경제 전체에 불황을 야기시킨다. 반대로 기술혁신과 같은 경제에 유리한 생산성 충격은 산출량을 증대시켜 호황을 초래한다.

<그림 13-4> 실물적 경기변동이론

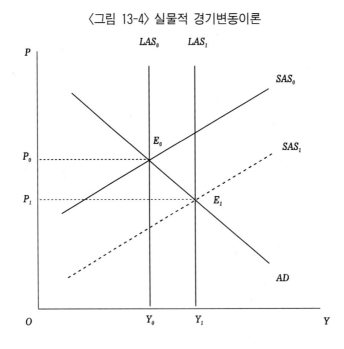

실물적 경기변동이론은 산출량, 즉 실질국민소득의 변동을 수직적인 장기총공급곡선의 이동에 의해 초래되고 있는 것으로 보고 있다. 기술혁신이나 석유파동과 같은 생산성 충격은 장기총공급곡선을 좌우로 이동하게 한다. 장기공급곡선은 수직이기 때문에 이 장기총공급곡선의 이동은 곧 국민소득의 변동을 가져온다. 만약 우하향하는 총수요곡선이 안정적이라면 일반물가수준은 총공급곡선의 이동에 따라 상승하거나 하락할 것이다. 그러나 총공급곡선의 이동하

지 않는 한 총수요곡선의 움직임이 어떤 것이든 국민소득의 크기를 변화시키지 못하게 된다. 〈그림 13-4〉은 위에서 설명한 실물적 경기변동이론을 그림으로 나타낸 것이다. 〈그림 13-4〉에서 SAS는 단기총공급곡선, LAS는 장기총공급곡선, AD는 총수요곡선을 나타낸다. 먼저 생산성충격이 있기 전의 현재의 경제상태는 SAS_0와 AD, 그리고 LAS_0가 만나는 점 E_0에서 균형을 이루고 있다고 한다. 현재의 균형산출량은 Y_0이고 물가수준은 P_0이다. 이제 기술진보와 같은 생산성충격이 있다고 하자. 이러한 경제적 교란은 노동생산성을 상승시키므로 기업은 노동에 대한 수요를 증가시킨다. 그러면 노동시장에서 주어진 노동공급곡선에서 노동수요곡선이 우상방으로 이동하므로 고용량은 증가하며 실질임금은 상승한다. 이러한 균형고용량의 증가는 장기총공급곡선을 오른쪽으로 이동 ($LAS_0{\rightarrow}LAS_1$)시킨다. 이제 장기총공급곡선은 LAS_1이므로 장기총산출량은 Y_1인데 단기균형점은 E_0(산출량이 Y_0)이므로 물가는 하락할 것이며 따라서 단기총공급곡선은 SAS_0에서 SAS_1으로 우하방으로 이동한다. 그래서 결국 새로운 장기균형점은 E_1이 되어 산출량은 Y_1으로 증가하고 되고 물가는 P_1으로 하락한다. 따라서 기술진보와 같은 생산성충격이 발생하면 산출량은 증가하고 물가는 하락하며, 고용이 증대되고 실질임금은 상승하는 등의 현상이 나타난다.

만약 석유파동과 같은 경제에 불리한 생산성충격이 있다면 위와 반대의 현상이 나타날 것이다. 이러한 과정을 따라 생산성충격에 의해 경기변동이 발생하게 된다는 것이다. 즉 경제에 유리한 생산성충격이 있으면 산출량이 증가하고, 경제에 불리한 생산성충격이 있으면 산출량이 감소하는 등의 경기변동 현상이 발생하는 것이다.

실물적 경기변동이론은 기본적으로 고전학파의 모형에 경제적 교란이 생산성 충격에 의해 발생한다는 가정을 추가한 것으로 볼 수 있다. 그러므로 실물적 경기변동이론은 기본적인 경기순환현상을 대부분 일관성 있게 설명할 수 있는 장점을 가지고 있다. 첫째, 실물적 경기변동이론은 경제가 계속적으로 생산성충격에 영향을 받는다는 가정하에서 총산출량의 변동을 어느 정도 잘 설명해준다. 둘째, 실물적 경기변동이론이 제시하는 결과는 실증적 결과에 잘 상응하고 있다. 경기가 좋으면 산출량이 증가하고 고용이 늘며 실질임금이 상승하며 경기가 나쁘면 반대로 산출량이 감소하고 고용이 줄며 실질임금이 하락하는 것은 실제의 경기내용과 일치하고 있다. 셋째, 노동시간과 평균 노동생산성은 순순환적(procyclical) 움직임을 잘 설명한다. 즉 호황하에서의 평균노동생산성이 불황하에서의 평균 노동생산성보다 높은데 이는 실물적 경기변동이론이 시사하는 바가 크다.

그러나 경기가 좋으면 물가가 하락하고 불경기에는 물가가 상승한다는 실물적 경기변동이론의 제시는 현실과 부합되지 않는다. 왜냐하면 실물적 경기변동이론에서는 불황이 역생산성 충격에 의해 도래하는 경우 물가를 상승시키기 때문이다. 즉 실물적 경기변동이론에서 불황은 곧 인플레이션의 도래를 의미하는데 이는 현실의 경기순환에서 나타나는 현상과는 부합하지 않는다.

실물적 경기변동이론의 정책적 의미를 보면 이 이론의 구조가 총수요를 통해 경제를 관리하는 정책을 사용할 수 있는 여지를 완전히 배제하고 있다. 그러면서 케인지안적인 수요관리정책을 사용하는 것은 오히려 경제에 마이너스 효과를 가져 올 수 있으며 따라서 보수주의적 자유방임정책 처방을 지지하는 결론을 내릴 수 있게 하는 내용을 포함하고 있다.

실물적 경기변동이론은 여러 가지 파급방식을 통해 경기변동의 지속성을 이론적으로 잘 설명하고 있다고 평가된다. 그리고 거시경제의 여러 시장이 함께 균형을 이루는 일반균형상태에서 거시변수들의 값이 결정되기 때문에 산출·고용·투자·소비 등 거시경제변수들의 공통적인 움직임을 나타내는 경기변동의 공행성(comovement)도 잘 설명한다. 실제로 키들랜드-프레스콧의 모형3)은 미국경제의 실제 경기변동을 잘 설명하는 것으로 나타났다.

그러나 이 이론에 대한 반론도 만만치 않다. 실물적 경기변동이론에 대한 비판자들은 이 이론이 안고 있는 다수의 심각한 결함을 지적하면서 받아들이기 어려운 결과를 도출하고 있다고 주장하고 있다. 실물적 경기변동이론은 경기변동의 유일한 원인은 기술혁신과 같은 생산성 충격으로 파악하여, 화폐의 중요성을 부인하고 화폐는 경기변동에 중립적이라고 주장한다. 이 이론에 대한 비판론자들은 특히 화폐적 요인이 완전히 무시된데 대해 회의적이다. 예들 들면 실물적 경기변동이론은 통화주의자들과 케인지안 간에 행해졌던 논쟁의 핵심적인 내용이었던 통화와 산출량 간의 상관관계에 대해 아무런 해답을 제시하지 못하고 있다. 실제로 2차 세계대전이후 불황을 확실히 주도하였다고 볼 수 있는 생산성 충격은 1973년, 1979년 및 1990년의 석유파동(oil shocks) 뿐이다.

4. 새케인즈학파의 경기변동이론

전통적인 케인즈학파 모형은 명목임금과 가격은 경직적인 경향이 있으며 따라서 총공급곡선이 수직이 아니라는 가정에 기초하고 있다. 이러한 가정은 총수요의 증가가 어떻게 생산

---

3) Kydland, F. and A. C. Prescoot, "Time to Build and Aggregate Fluctuations," Econometrica, 1982, pp. 1345-1470.

과 고용을 확대시키는지를 설명할 수 있게 하여 준다. 또한 승수효과와 가속도원리의 상호 작용을 이용해 총수요 충격이 어떻게 경기변동을 유발시키는지에 대해서도 잘 설명해 준다. 물론 이들은 정부가 개입하여 경기변동을 가급적 줄이는 것이 바람직하다는 입장이다.

그러나 전통적 케인즈학파 모형은 명목임금 및 가격의 경직성의 가정이 단순히 임의로 가정된 것이고 또한 적절한 미시경제학적 기초가 부족하다는 사실 때문에 많은 비판을 받았다. 특히 새고전학파는 미시적 근거에 기초한 경제주체들의 최적화 행동 및 신축적 가격조정을 통한 완전경쟁적 시장균형에 입각하여 경기변동 현상을 설명했다. 이에 따라 케인즈학파의 사고방식을 따르는 경제학자들은 이와 같은 경제주체의 최적화 행동과 같은 새고전학파(New Classical)의 방법론을 받아들이되, 임금과 가격의 경직성과 승수-가속도 효과의 아이디어를 이어받고자 했다. 최근 이러한 연구방향을 따르는 경제학자들을 '새케인즈학파(New Keynesian)'라고 한다. 즉 새케인즈학파들은 새고전학파가 제시하는 합리적 기대와 개별경제주체의 최적화 행동원리를 받아들이고 있으나 명목임금 및 가격의 경직성이 경제주체들의 합리적인 최적화행동의 결과라는 것을 이용하여 경기변동을 설명하고자 하였다.

새케인즈학파는 경기변동과 관련하여 생산물시장·노동시장·화폐시장 등에서 나타나는 불완전성에 주목하였다. 즉 개별시장에서 볼 수 있는 가격조정 메카니즘의 불완전성을 미시경제학적 기초에 근거하여 합리적으로 규명하는 것이다. 이들은 시장불완전성의 요인으로는 노동의 장기계약, 노동조합의 존재, 암묵적 임금계약, 효율성 임금, 메뉴비용 등의 요소들을 제시하고 있다. 새케인즈학파는 이러한 시장불완전성 요소들이 명목임금 및 물가의 경직성을 유발하고 따라서 가격조정보다는 수량조정을 야기하며 이에 따라 수요충격이 있을 때 경기변동이 발생한다고 본다. 이들은 경직성이 개인의 최적화 행동의 결과로 나타나더라도 이것이 반드시 사회적으로 최적의 결과는 아님을 입증함으로써 정부의 시장개입에 대한 정당성을 뒷받침하였다.

여기서는 새케인즈학파가 임금 또는 가격 경직성 요인을 설명하는 모형 중에서 중첩임금계약, 장기노동계약, 효율성 임금, 메뉴 비용 등에 관한 내용들을 간단히 살펴보고자 한다.

(1) 중첩임금계약

일반적으로 임금은 기업과 노동자간에 계약에 의해 결정된다. 이때 임금계약의 체결방식은 크게 두 가지로 나눌 수 있다. 하나는 동시적 임금계약(synchronized wage contracts)이고 다른 하나는 중첩임금계약(staggered wage contracts) 방식이다.

먼저 동시적 임금계약 방식은 한 경제 내에서 생산활동을 하고 있는 모든 기업들이 일시에 임금계약을 체결하는 방법으로 기업간에 임금계약 유효기간이 겹치지 않는다. 반면에 중첩임금계약 방식은 개별 기업들 간에 임금계약 시점이 서로 다른 시점에 이루어지는 것으로, 기업간에 임금계약 유효기간이 서로 겹치는 부분이 존재하게 된다.

중첩임금계약 방식으로 임금계약이 체결되는 경우 총수요 충격이 발생했을 경우 어떻게 명목임금수준이 변화할지 분석해 보자. 분석의 편의상 한 경제 내에서 활동하는 여러 기업들 중에서 절반(A그룹)은 매년 초(1월 1일)에 임금계약을 체결하고, 나머지 절반(B그룹)은 후반기 초(7월 1일)에 임금계약을 체결하는 경우를 상정해 보자. A그룹의 올 임금협상이 완료된 후 일정시간이 흐른 3월 초에 예기치 못한 총수요 증가 요인이 발생했다고 하자. 이제 7월 1일이 되어 B그룹이 임금협상을 할 때가 되었을 때 B그룹은 앞서 발생한 총수요 증대 충격의 효과를 모두 임금에 반영하여 계약을 체결하기가 어렵다. 왜냐하면 A그룹은 총수요 충격 이전에 임금계약을 하였기 때문에 이전 수준을 그대로 유지하고 있기 때문에 A그룹의 상대적 임금수준도 함께 고려해야 하기 때문이다. 이러한 현상은 이듬해 초가 되어 A그룹의 임금계약 시기가 되어도 마찬가지이다. 그 이유는 지난 해 B그룹의 임금협상 시에 A그룹을 고려해 B그룹의 임금 인상폭이 크지 않았으므로 자신들도 명목임금을 대폭 증대시키지 못하기 때문이다. 따라서 중첩임금계약 모형에서는 명목임금의 상승을 유발시킬 수 있는 총수요 증대 충격이 발생했을 경우에 총수요 충격만큼 명목임금이 일시적으로 상승하는 것이 아니라 여러 기간에 걸쳐 점진적으로 조정된다는 것이다.

이와 같이 중첩임금계약모형은 기업들간의 상호의존성으로 인해 명목임금이 경직적일 수 있음을 보여준다. 즉 개별 경제주체들은 명목임금을 신축적으로 조정하려고 해도 경제전체적으로는 상호의존성 때문에 명목임금이 경직적일 수 있다는 점을 시사한다.

(2) 장기노동계약

일반적으로 노동시장에서 기업과 노동자가 임금계약을 체결할 때 장기적인 관점에서 계약을 체결한다. 장기 노동계약은 노동계약이 그때그때 현물시장(spot market)에서 결정되는 것이 아니고 사전에 결정되어진다는 특징을 갖는다. 장기 계약으로 일단 임금 수준이 결정되면 그 계약 기간 동안의 임금은 노동시장의 균형임금을 즉각적으로 반영하여 수시로 변하지 않는다.

신케인즈학파들은 명목임금이 일정하게 고정되어 있다고 가정하지는 않는다. 단지 그들은 임금이 노동수요에 천천히 적응해 간다는 의미에서 경직적(sticky)이라고 가정한다. 왜냐하면 임금이 경직적이라는 가정만으로도 우상향하는 총공급 곡선을 유도할 수 있고, 그래서 총수요의 크기가 변하면 생산과 고용의 변동 즉 경기변동 현상을 설명할 수 있기 때문이다.

(3) 효율성 임금이론

 일반적으로 경제학에서 가계가 노동을 제공할 때 모든 노동은 동질적인 것으로 간주한다. 그러나 현실적으로 보면 노동자가 제공하는 노동은 모두 다 다르다고 보는 것이 옳다. 왜냐하면 노동자 개개인의 특성이나 재능은 물론 노동자들이 얼마나 열심히 일하는가에 따라서 일의 성과는 천차만별로 달라지기 때문이다. 여기서 효율성 임금 이론이 등장하게 된다.

 전통적인 이론은 노동자의 생산성 고저에 따라 임금수준의 높낮이가 결정된다고 설명하는 데 반해 효율성 임금이론은 임금수준의 높낮이가 근로자의 생산성을 결정하는 요인이 된다는 이론이다. 기존에 일하던 노동자가 그만 두면 새로운 노동자를 고용해 일에 익숙해지기까지 상당한 시간이 소요되므로 생산성의 감소를 초래하는데, 임금이 높으면 이직률이 줄어들어 높은 수준의 생산성을 유지할 수 있다. 또는 높은 임금을 지급하면 그 직장을 잃지 않기 위해 노동자들은 더욱 열심히 일하게 될 것이므로 자연히 생산성이 높아진다. 이처럼 근로자의 생산성을 높이기 위해 일부러 균형임금 수준보다 더 높여 지불하는 임금을 효율성임금(efficiency wage)이라고 한다.

 최근에는 노동자들의 생산성이 임금수준에 긍정적인 영향을 미치며, 또한 균형임금수준보다 높은 수준의 효율성 임금이 안정적으로 유지될 수 있는 미시적 근거들을 제시하는 여러 모형들이 소개되고 있다.

 먼저 임금을 높여 노동자들의 게으름을 미연에 방지함으로써 생산성을 높일 수 있다는 게으름방지모형(shirking model)을 들 수 있다. 기업은 자기가 고용하는 많은 노동자들의 근무 상태를 일일이 파악하기란 매우 힘들 뿐만 아니라 기업이 이를 파악하기에는 비용이 너무 많이 들어간다. 그렇기 때문에 노동자들은 일을 게을리 한다 해도 들킬 확률은 낮다고 생각한다. 따라서 노동자는 일단 임금을 받은 후에는 게으름을 피울 유인이 존재한다. 이런 사정을 기업이 알고 있다면 어떻게 행동할 것인가? 기업은 결국 노동 시장에서 형성되는 균형 임금 수준보다 좀더 높은 임금을 지불하는 것이 기업입장에서 보아 더욱 이익이라는 것을 알게 된다. 따라서 기업은 균형임금 수준보다 조금 더 높은 임금을 지불함으로써 게으름을 방지할 뿐 아니라 노동자들 스스로 열심히 근무하도록 유인하는 결과를 얻는다.

결국 효율성 임금이 노동자의 도덕적 해이 현상을 억제하기 위한 유인체계로 기능하는 것이다.

두 번째는 임금을 높게 책정하면 더 나은 직장을 찾아 떠나고 싶어 하는 마음을 억제한다는 노동이직모형(labor turnover model)을 들 수 있다. 현실적으로 노동자들이 다른 직장으로 이직하는 이유는 대부분 높은 임금과 쾌적한 작업환경 등을 찾아서이다. 경험이 풍부하고 숙련된 노동자들의 경우에는 생산성이 높기 때문에 이와 같은 숙련된 기술자들이 이직하는 경우에는 기업으로서는 큰 손실을 보게 된다. 기존 숙련 노동자들의 이직에 따른 생산성의 저하뿐만 아니라 신규 노동자를 보충하고 훈련을 시키기 위해서는 적잖은 비용이 소요된다. 그러므로 기업은 균형임금보다 높은 임금을 지급하여 노동자, 특히 숙련된 기술자들의 이직 유인을 최소화하는 것이 오히려 이득이 된다는 것이다.

지금까지 살펴 본 이유로 임금과 그 임금에 상응하는 생산성간에는 하나의 관계가 형성된다. 즉 임금이 높으면 게으름을 피우지 않거나 이직률이 낮아지기 때문에 생산성은 올라간다. 임금 인상보다 생산성 향상이 더 크다면 임금 인상의 결과 생산 단위당 임금은 떨어진다. 이렇게 해서 생산성을 기준으로 보아 생산물 단위당 임금이 가장 낮아질 때가 있는데 이때의 임금을 효율적 임금이라고 한다.

기업은 임금이 효율적 임금 수준에 이르면 더 이상 임금 수준을 높이거나 낮추려고 하지 않는다. 왜냐하면 기업이 효율적 임금 수준보다 임금을 낮추거나 높이면 생산물 단위당 임금이 상승하기 때문이다. 그래서 경제적 충격이 발생해도 기업은 효율적 임금 수준에서의 실질 임금을 그대로 유지시켜 주고자 할 것이다. 그러므로 다수의 기업이 효율성임금을 지급하고 있다면 실업이 광범하게 존재하는 상황에서도 임금이 크게 떨어지지 않을 것이다. 효율성 임금이론은 바로 이 점에 착안하여 실업이 상당히 오랫동안 지속되는 현상을 설명하고 있다.

(4) 메뉴비용

어떤 기업이든 자신의 제품 가격을 변경시키려면 상당한 비용이 들게 마련이다. 예를 들어 식당이 판매하는 음식의 가격을 바꾸기 위해서는 가격표와 메뉴판을 전부 새로 만들어야 하고, 또한 소비자에게 가격변동을 알리기 위해 카탈로그를 새로 만들어 돌려야만 한다. 이렇게 가격 변경에 따른 제반 비용을 통틀어 메뉴비용(menu cost)이라고 한다. 이처럼 기업이 메뉴비용이 수반되는 한 쉽게 가격을 변화시키지 못하므로 가격은 경직적이 된다. 하버드 대학의 맨큐(G. Mankiw)와 버클리 대학의 애컬롭(G. Akerlof)과 옐른(J. Yellen)

등은 비록 적은 메뉴비용일지라도 경제에는 큰 영향을 미치고 그래서 생산과 고용에 큰 변동이 생길 수 있다는 것을 보여 주었다.

가령 처음에 독점이나 과점 시장에서 기업이 이윤극대를 확보하는 수준에서 가격을 책정했다고 하자. 이제 총수요를 감소시키는 외부충격이 발생하여 이들 제품에 대한 수요가 감소하여 가격 인상요인이 발생했다고 하자. 이때 기업은 가격변경에 따른 메뉴비용으로 인해 가격을 인상시키지 않고 과거와 같은 수준으로 두는 것이 오히려 이득이 된다고 판단할 수 있다.

메뉴비용 이론은 많은 경제학자들이 현실적으로도 가격 경직성을 설명하는 상당히 타당한 이론이라고 인정한다. 그렇지만 이 이론에도 문제가 없는 것은 아니다. 어째서 비용 조정이 가격에만 영향을 미치고 수량에는 영향을 미치지 않는가? 가격을 변경시킬 때뿐만 아니라 수량을 조정하는 경우에도 마찬가지로 비용이 발생한다면, 더 나아가 가격 조정보다는 수량 조정에 더 많은 비용이 든다고 하면 어떻게 될까? 그러면 수요측 충격에 대해 기업은 산출량 변경보다는 오히려 가격 변경을 택할 것이 아닌가?

제14장 경제성장이론

경제성장이라 함은 시간의 흐름에 따라 한나라의 경제활동의 규모가 계속해서 커지는 것을 말하며 그 규모를 대표하는 지표로 흔히 실질국민총생산(real GNP) 또는 실질국내총생산(real GDP)을 사용한다. 그러므로 경제성장은 실질 GDP나 실질 GNP 또는 1인당 소득(per capita income)의 지속적인 증가로 정의할 수 있다. 자본주의 경제는 오늘날에 이르기까지 비교적 순조롭고 지속적인 성장을 이루어왔다고 할 수 있다. 구미의 선진 자본주의 경제의 성장과정을 돌이켜보면 대체로 연평균 3% 정도의 속도로 성장해 왔다. 전후 아시아와 아프리카의 많은 나라들이 독립하여 자본주의체제를 받아들였으며, 이 중 한국·대만·홍콩·싱가포르 등 아시아 신흥공업국(newly industrialized economies: NIEs)들은 빠른 속도로 경제성장을 기록했다.

자본주의 경제는 순환적 변동을 겪으면서도 장기적으로는 지속적인 성장을 해 왔다. 그렇지만 지금까지 각 장에서 분석한 거시경제이론은 경제가 시간이 흐름에 따라 성장하고 있다는 사실을 무시한 채 전개해 왔다. 그 이유는 첫째, 당초 케인즈에서 시작하는 거시경제학이 대상으로 삼았던 것은 단기(short-run)였기 때문이다. 여기서 단기라는 것은 투자가 생산능력을 증대시키기 시작하기 전까지의 기간 즉 생산능력이 변하지 않는 기간을 의미한다. 그러므로 단기에는 투자가 기계설비 등에 대한 수요발생과 같은 유효수요의 증대로서만 포착되며, 자본의 증대 즉 공급능력의 증대라는 측면은 무시되었다. 두 번째 이유는 경제성장을 처음부터 모형에 도입하면 필요 이상으로 거시경제모형이 복잡해지고 거시경제의 본질을 파악하기가 어렵기 때문이다.

본 장에서는 지금까지 분석대상으로 삼았던 단기를 벗어나 투자가 생산능력의 증대로 나타나는 장기(long-run)를 대상으로 한다. 그러나 앞 장까지의 각 장에서 사용한 '장기'와

본 장에서 사용하는 '장기'의 개념은 동일한 개념이 아니라는 점에 유념할 필요가 있다. 즉 앞 장까지 사용한 장기라는 개념은 불균형이 조정되어 경제가 균형을 이루는 데까지의 '시간'을 의미하는데 반하여 본 장에서 사용할 '장기'의 개념은 투자가 생산능력으로 나타날 때까지의 '기간'을 말하는 것이다.

경제성장론은 경제가 장기적인 관점에서 어떤 경로를 통해 성장하는가를 연구하는 분야이다. 케인즈의 국민소득 결정이론이 단기적인 시각에서의 소득결정이론이라면 성장이론은 모든 생산요소, 기술혁신, 정부의 정책효과까지를 반영한 총체적인 성장패턴을 살펴보는 것이다. 1970년대만 해도 성장이론에는 해로드·도마 모형이나, 솔로우의 신고전학파 모형이 전부였다. 신고전학파 모형의 특징은 기술혁신의 중요성을 인식하면서도 정작 기술혁신이 어떻게 일어나는지에 대한 설명은 빈약하였다. 이에 대해 최근에 등장한 내생적 성장이론은 기술의 내생성을 잘 설명하고 있으며, 기술이 경제성장에 미치는 파급효과를 체계적으로 설명해 준다.

본 장에서는 먼저 제1절에서는 경제성장 과정에서 나타나는 정형화된 사실과 경제성장의 요인이 무엇인지를 살펴본다. 제2절에서는 최초로 현대적 의미에서 경제성장의 문제를 이론적으로 접근한 해로드·도마의 성장이론을 살펴본다. 제3절에서는 현대성장론의 시금석으로 간주되고 있는 신고전학파의 솔로우(R. M. Solow)모형을 공부하고, 마지막으로 제4절에서는 1980년대 이후 관심을 끌고 있는 내생적 성장모형을 소개한다.

제1절 경제성장의 의의

1. 경제성장과 경제발전

경제성장이란 경기순환 현상과는 달리 한 방향으로 진행되는 일방적인 전진변동인데 그 내용은 시간이 경과함에 따라 한 나라의 경제활동의 규모가 계속해서 확대되는 것을 의미한다. 경제활동의 규모를 대표하는 지표로 흔히 실질국민총생산(real GNP) 또는 실질국내총생산(real GDP)을 사용한다. 이것은 제도적인 관계의 변화를 고려하지 않고 경제의 움직임만을 양적·연속적인 변화로 본 것이다. 반면에 경제발전은 한 나라 사회 전체가 변화해 가는 과정을 말하며, 그 사회의 정치, 경제, 문화 및 가치관의 변화까지도 포함하는 폭넓은 개념이다.

이렇게 볼 때 경제성장은 인구·생산력·복지와 같은 경제의 기본지표가 시간의 경과와 더불어 규모에 있어서 확대되는 것이라고 할 수 있다. 가령, 경제성장이란 한 국가의 실질 국민소득 또는 1인당 소득의 계속적 확대라고 하는 일반적 정의는 세 가지 경제지표를 중심으로 규모의 확대를 내세운 것이다. 경제성장은 실질국민소득의 규모가 확대하는 양적 성장을 의미하지만, 경제발전은 양적 성장은 물론 한 경제의 질적 성장을 의미한다.

한 경제가 성장할 때 관심을 가져야 하는 것은 속도인데 이를 경제성장률이라고 하며 명목 GDP성장률에서 물가상승률을 뺀 실질 GDP 성장률을 말한다. 이렇게 한 경제의 성장속도가 중요한 이유는 그것이 인구증가율보다 빨라야 1인당 실질 GDP가 증가하기 때문이다. 또한 경제성장률과 재화 및 서비스의 수요증가율은 서로 밀접한 관계를 가지고 있다. 총수요가 생산능력의 확대를 총한 총공급에 미치지 못하는 경우 경제의 자본량이 감소하면서 경제의 생산능력 신장률의 감소를 가져와 경제성장률이 감소한다. 그러므로 경제성장은 총공급뿐만 아니라 총수요도 지속적으로 증가하여 균형생산량이 계속 증가되는 것으로도 볼 수 있다.

경제성장은 거시경제가 지향하는 목표의 하나로 중요한 의의를 갖는다. 먼저 경제가 성장하면 평균 생활수준이 향상되고, 실질 생산량의 증대는 물질적 풍요를 가져온다. 이와 함께 경제가 성장하면 새로운 욕구를 충족시키고 사회경제 문제를 해결하는데 더 나은 상태에 있게 한다.

2. 경제성장의 요인

경제성장은 시간의 경과하면서 한 나라 경제의 실질 GNP나 실질GDP와 같은 실질 산출량의 증가로 나타낼 수 있으므로 경제성장은 경제의 생산능력, 즉 공급측면에 의해 결정된다고 하 할 수 있다. 그리고 경제성장의 요인을 공급측면에서 살펴보기 위해 한 경제의 총체적 생산함수는 다음과 같은 형태를 갖는다고 하자.

$$Y = f(K, L, T) \tag{14-1}$$

여기서 Y는 총산출량, K는 자본투입량, L은 노동투입량을 나타내며 T는 기술수준을 나타낸다. 식 (14-1)은 경제성장(Y의 증가)은 자본(K)과 노동(L)의 양적 증가 또는 기술진보(T의 향상)를 통해 이루어짐을 의미한다.

그러므로 경제성장의 요인은 크게 두 가지로 나눌 수 있다. 첫 번째 요인은 자본과 노동 같은 요소투입의 증가이고, 두 번째 요인은 기술수준의 향상이다. 한편 기술수준은 생산성의 향상에 의해 제고되므로 궁극적으로 경제성장의 두 번째 요인은 생산성 증대라고 할 수 있다. 그러면 경제성장의 요인을 하나씩 살펴보자.

(1) 자본(K)의 증가

자본은 전기까지 이루어진 투자의 크기에 의해 결정된다. 여기서 자본이란 화폐자본이 아니라 생산도구, 기계, 공장설비 등과 같은 실물자본(physical capital)을 가리킨다. 자본이 경제성장에서 수행하는 역할에 대해서는 일찍이 우회생산의 이론으로서, 오늘날에는 경제성장의 이론으로 전개되었다.

경제는 자본량의 증가에 의해 산출량을 증가시킬 수 있는데, 특정연도의 자본량은 총투자가 감가상각보다 큰 경우 지속적으로 증가될 수 있다. 따라서 투자의 꾸준한 증대는 자본을 축적시켜 경제성장의 원동력이 된다.

자본축적은 첫째 생산규모를 확대시키고 나아가 새로운 생산기술을 동반하므로 기술수준을 향상시키고, 둘째 기존 노동자와 노동력에 참가하는 신규 노동력에 고용의 기회를 부여하고, 셋째 자본장비율을 높여 우회화된 생산방법의 이용을 통해 1인당 노동의 생산성을 제고시킨다. 따라서 자본축적이 어떻게 이루어지는가에 따라 한 나라 경제성장의 열쇠가 되고 있음을 알 수 있다.

(2) 인구와 노동(L)의 증가

노동투입량의 증가 또한 경제성장의 또 다른 요인이다. 인구증가는 노동력 공급증가로서 생산을 확대시키는 요인이 됨과 동시에 소비자를 증가시켜 유효수요 증대의 요인도 됨으로 경제성장에 도움을 준다. 노동력은 가장 생산적인 자원이라고 할 수 있는데 선진국의 경우에는 노동력 자체의 양적 증가와 더불어 질적 향상에 힘입은 바 크다. 총인구의 증가는 수요와 공급 양면에서 경제성장에 기여한다. 인구증가는 소비자 수를 증가시켜 재화와 서비스에 대한 유효수요를 증대시킨다. 동시에 공급측면에서 인구증가는 재화와 서비스의 생산에 필요한 노동력의 기반을 확충함으로써 대규모 생산을 가능케 하여 경제성장에 기여해 왔다.

한편 인구증가는 1인당 생산성을 감소시킬 가능성이 있어 경제성장에 마이너스 효과를 가져 올 수도 있다. 경제성장률보다 인구증가율이 더 빠른 경우가 이에 해당한다. 경제성장 보다 인구증가가 빠른 개도국에서는 인구증가가 생산성을 떨어뜨림에 따라 생활수준이 낮아져 자본축적을 더욱 어렵게 하기도 한다. 노동력의 생산성은 그 크기와 더불어 질에 의존하기 때문에 건강개선, 직업교육 및 직업훈련의 향상 등을 통한 인적 자본에 대한 투자는 경제성장 촉진에 있어서 중요한 요인이라고 할 수 있다.

(3) 기술진보(T의 향상)

노동과 자본 등의 생산요소 못지않게 중요한 경제성장 요인이 바로 기술진보이다. 왜냐하면 요소부존량이 똑같더라도 생산기술이 진보하면 요소의 생산성이 향상되어 종전보다 더 많은 양의 상품을 생산할 수 있기 때문이다. 현대와 같이 과학과 기술이 비약적으로 발전하는 시대에는 기술진보가 경제성장에 기여하는 몫이 요소부존량의 증가가 경제성장에 기여하는 몫 못지않게 크다.

한 경제의 기술수준은 곧 해당 경제의 전반적인 생산성으로 나타날 수 있다. 기술진보 즉 기술수준의 향상이란 동일한 양의 생산요소가 투입되는 경우 전보다 더 많이 생산할 수 있고 생산기술이 발전될 때 이루어진다. 따라서 기술수준의 향상은 보통 생산요소인 노동과 자본의 생산성을 향상시킨다. 기술수준의 향상은 노동생산성을 더 증가시킬 수도 있으며, 자본생산성은 더 증가시킬 수도 있다.

슘페터(J. A. Schumpeter)에 의하면 기술진보가 없이는 투자 그 자체가 이루어지지 않는다. 투자란 과학에서의 발명·발견을 기업화하는 활동으로서 자본주의 경제를 발전시키는 원동력이다. 그리고 기술혁신은 선견지명을 가진 진취적인 기업가에 의해 착수되며 그것은 모방을 낳아 경제를 붐으로 이끈다. 이 붐은 신기술의 침투, 포화로 끝나고 다음 혁신이 이루어질 때까지 경제는 슬럼프에 빠진다. 이 입장에서 본다면 기술진보 없이 경제성장은 없으며 경제성장 과정에서 붐과 슬럼프의 교체가 필연적이라는 것이다.

한편 총생산함수 식 (14.1)에서 기술수준의 향상을 나타내는 T에는 노동과 자본 같은 요소투입 이외에 경제성장에 기여하는 부분이 모두 포함된다. 산업구조의 변화, 경제제도 및 문화, 사회관습 등 제반 요인이 모두 포괄된다. 따라서 이것은 종종 총요소생산성(total factor productivity: TFP)이라고도 불린다. 요소투입의 증가는 경제의 총산출수준을 증가시키기는 하지만 그 증가에는 한계가 있기 마련이다. 따라서 최근에는 경제성장의 중요한 원동력으로 총요소생산성이 강조되고 있다. 총요소생산성의 증가에 의한 경제성장은 그것이 인간의 창의적인 활동의 결과이므로 지속적으로 이루어질 수 있다는 강점을 갖는다.

일반적으로 경제성장은 자본과 노동이 성장을 주도하는 제1단계를 거쳐 기술혁신이 성장을 주도하는 제2단계로 이행해 간다. 자본축적에 의한 제1단계 성장이 한계를 지니고 있음을 상기할 때, 개발도상국들이 지속적인 경제성장을 이룩하기 위해서는 제2단계성장으로의 전환이 필요하다고 하겠다. 기술혁신은 경제활동 전체에 미치는 파급효과를 통해 경제성장을 상승적으로 가속화시키는 특징을 지니고 있다.

3. 경제성장의 정형화된 사실

영국의 경제학자 칼도(N. Kaldor)는 영국과 미국의 경제학자들이 성장이론을 개발하고 논쟁을 벌이던 상황에서 선진 자본주의경제의 성장과정에서 장기적인 규칙성을 추출하여 경제성장의 '정형화된 사실'(stylized facts of growth)이라 하였다. 정형화된 사실은 경제성장률, 생산요소의 증가율, 상대적인 분배율간의 간의 관계에서 나타나는 규칙성인 바 그 내용을 보면 다음의 여섯 가지 사실로 요약할 수 있다.

① 1인당 소득(Y／L)은 지속적으로 증가하며 생산성 증가율은 감소하지 않는다.
② 자본-노동비율 즉 1인당 자본스톡(K／L)은 지속적으로 증가한다.
   자본-노동비율이 증가하는 것을 자본의 심화(capital deepening)이라고 한다.
③ 노동에 대해 자본이 상대적으로 증가하고 있음에도 불구하고, 자본-산출 비율 즉 자본계수(K／Y)는 대체로 일정하다.
④ 자본의 증가율은 대체로 일정하다.
   따라서 ④를 ③의 사실과 결합하면 산출량의 증가율도 거의 일정하다는 사실을 알 수 있다.
⑤ 노동소득과 자본소득간의 분배율은 장기적으로 보면 거의 일정하다.
⑥ 실질이자율(r)은 지속적으로 증가하거나 감소하는 추세를 보이지 않는다.

이상과 같이 성장과정에서 보여준 정형화된 사실들은 자본주의 경제가 단기에 있어서는 불규칙적으로 변동하는 측면을 보여주지만, 장기적으로는 산출량, 고용량, 자본량이 성장하고 있으며 자본계수, 노동소득과 자본소득의 상대적 분배율을 대체로 일정하게 견지되어 왔다는 사실을 말해주는 것이라 하겠다.

또한 이상에서 설명한 여러 정형화된 사실들은 서로 독립적인 것은 아니다. 예를 들어 자본계수(K/Y)가 일정하고 자본소득분배율(rK/Y)이 일정하다면 실질이자율(r)은 일정하다, 또한 1인당 소득(Y/L)이 증가하고 자본계수(K/Y)가 일정하면 자본－노동비율(K/L)은 증가해야만 한다.

이러한 칼도의 정형화된 사실을 확인하고 이를 설명하고자 하는 경제성장이론들이 제시되어 왔는데 여기서는 케인즈의 정태적 단기분석을 동태적 장기분석으로 발전시킨 해로드－도마의 성장이론과 고전학파의 정태분석을 동태화시킨 신고전학파 이론 및 최근 많은 관심을 끌고 있는 내생적 성장이론을 차례로 살펴보기로 한다.

제2절 해로드 · 도마의 성장이론

근대적인 경제성장이론은 해로드(R. Harrod)와 도마(E. Domar)의 이론을 출발점으로 한다. 해로드와 도마는 자본주의체제하에서 경제가 장기적으로 안정적인 성장을 할 수 있을 것인가, 할 수 있다면 그 조건은 무엇인가에 관하여 이론적인 규명을 시도하였다. 그들이 이와 같은 문제의식을 가진 이유는 자유시장경제를 근간으로 하는 자본주의체제가 기본적으로 분권화된 체제이기 때문이다.

해로드와 도마는 단기 거시경제 분석인 케인즈 경제학을 동태화 즉 장기적인 관점에서의 분석을 시도하였다. 해로드와 도마의 성장이론은 케인즈 이론을 기초로 하고 있기 때문에 케인즈 경제학의 기본사상을 내포하고 있는 것은 당연하다. 해로드－도마 이론 중에서 가장 케인즈적인 성격은 가격조정의 메카니즘이 작동하지 않는다고 본다는 데서 찾을 수 있다. 반면에 다음 절에서 전개하는 신고전학파의 성장모형은 가격조정을 매우 중요하게 여긴다. 불균형이 발생했을 때 가격조정이 신속하게 이루어지는 않으면 경제가 자기조정능력을 갖지 못하기 때문에 필연적으로 경제의 불안정을 초래하게 된다. 즉 경제가 완전고용을 보장하는 성장궤도에서 이탈하는 경우 경제내적인 요인에 의해 자율적으로 그 성장궤도를 되돌아갈 수 없으며, 불황이나 저성장이 장기에 걸쳐 지속될 가능성이 크다는 것을 의미한다. 이와 같은 신속한 가격조정의 부재와 경제의 불안정성의 관계는 케인즈 경제학의 특징이라고 할 수 있다.

이와 같은 케인즈 이론을 토대로 해로드와 도마는 노동이 완전고용되고 자본설비가 완전 가동되는 가운데 경제가 안정적으로 성장할 수 있는 조건이 무엇인가를 연구하였다.

1. 투자의 이중성

케인즈는 1930년대의 실업문제를 해결하는데 있어서 생산설비가 일정하게 고정되어 있는 단기분석에 국한시켰다. 현실의 경제에서는 해마다 인구가 증가하고 일하고 싶어 하는 사람들도 증가한다. 또 기계를 구입하고 공장을 건설하면 투자가 증가하는데, 투자의 증가는 단기에 유효수요를 증가시킨다. 한편 투자는 장기에 있어서 생산설비를 증가시켜 한 나라 경제의 생산능력 즉 공급능력을 증대시킨다. 이렇게 투자는 유효수요를 증대시키는 효과와 생산능력을 증대시키는 효과 등 두 가지 측면을 가지고 있는데 도마는 이를 투자의 이중성(dual character of investment)이라고 하였다.

케인즈는 일반이론에서 투자의 생산능력 증대 측면은 배제하고, 단지 유효수요를 증대시키는 역할만을 강조하였다. 이에 대해 해로드와 도마는 케인즈가 무시했던 투자의 생산능력 측면에 착안하여 케인즈의 단기 유효수요이론을 장기화, 동태화하여 성장이론을 전개하였다.

케인즈가 일반이론에서 유효수요가 부족하기 때문에 생산설비가 완전 가동되지 않고 실업이 존재하는 경제를 분석대상으로 하였듯이 해로드와 도마도 마찬가지로 이러한 경제를 상정하였다. 따라서 경제가 성장하는 경우에도 당장은 노동공급이 성장의 제약요인이 되지 않는다고 가정한다. 그러므로 해로드-도마의 성장모형에서는 노동의 공급은 고려할 필요가 없으므로 기업은 장기의 경영계획을 입안할 때 자본설비를 어느 정도 보유해야 할 것인지에만 관심을 기울이면 된다. 단기분석에서는 일반적으로 기업이 생산량을 결정할 때 자본량(capital stock) 일정하다는 전제하에 고용수준을 얼마만큼 할 것인지를 결정한다. 반면에 장기분석인 경제성장이론에서는 투자의 생산력 증대효과를 강조하기 때문에 자본설비의 변동을 전제로 한다.

이제 해로드-도마의 성장모형에서 사용한 생산함수를 살펴보자. 한 경제에는 자본(K)과 노동(L) 두 가지 생산요소가 있으며 생산함수는 두 요소간 대체성이 없는 레온티에프 생산함수를 가정한다. 레온티에프 생산함수는 효율적인 자본과 노동의 결합비율이 항상 일정하여 요소가격이 변해도 두 생산요소간 결합비율은 변하지 않는다. 이러한 생산함수는 다음 식 (14-2)로 표시되며 등량곡선을 그림으로 그리면 L자형이 된다.

$$Y = Min[\frac{K}{v}, \frac{L}{a}] \quad (단, \ v > 0, \quad a > 0) \tag{14-2}$$

식 (14-2)에서 Min은 산출량이 두 항목 중 최소값을 따른다는 뜻이다.

식 (14-2)에서 자본 K가 v단위, 노동 L이 a단위 투입되면 산출량은 한 단위가 된다. 만약 노동이 $2a$단위로 이전보다 두 배 늘려도 자본이 여전히 v단위만 투입된다면 식 (14-2)에서 $Y = Min[1, 2] = 1$, 즉 산출량은 불변이다. 따라서 합리적인 기업이라면 효율적으로 생산요소를 고용하기 때문에 산출량을 한 단위 생산하는데 자본은 v단위만 고용하고 노동은 a단위만 고용할 것이다. 산출량이 2단위, 3단위일 경우에도 기업이 합리적으로 행동한다면 투입자본과 투입노동의 비율은 $v:a$의 비율을 유지할 것이다. 그러므로 효율적인 생산이 이루어지려면

$$Y = \frac{K}{v} = \frac{L}{a} \tag{14-3}$$

의 조건이 충족된다. 따라서 기업이 효율적으로 생산하기 위해서는

$$Y = \frac{1}{v} K \tag{14-4}$$

라는 기술적인 관계를 만족시키는 자본스톡 K를 결정할 필요가 있다. 식 (14-4)는 다시 다음과 같이 쓸 수 있다.

$$v = \frac{K}{Y}, \ \frac{1}{v} = \frac{Y}{K} \tag{14-5}$$

식 (14-5)에서 $v = K/Y$를 자본-산출량 비율(capital-output ratio) 또는 자본계수 (capital coefficient)라고 부르는데 자본의 평균생산물 (Y/K)의 역수이다. 즉 자본계수는 생산량을 한 단위 생산하는데 자본이 평균적으로 얼마나 소요되는가를 나타낸다.[1] 해로드-도마의 성장모형에서는 이 자본계수 v가 시간이 경과함에도 불구하고 변하지 않고 일정하다고 가정한다.

식 (14-4)를 증분 ($\triangle$)의 형태로 바꾸면 다음과 같이 표시할 수 있다.

$$\triangle Y = \frac{1}{v} \triangle K \tag{14-6}$$

자본의 감가상각을 무시하면 투자(I)는 자본량의 증분 (ΔK)과 같으므로 즉 $I = \triangle K$이므로 다시 식 (14-6)은 다음과 같이 쓸 수 있다.

$$\triangle Y = \frac{1}{v} \cdot I \tag{14-7}$$

식 (14-7)이 투자의 2중성 중에서 투자의 생산능력증대효과를 나타내는 식이다. 식 (14-7)은 신규투자가 I만큼 이루어질 때 생산물의 공급능력은 ($\frac{1}{v} \cdot I$)만큼 증가한다는 것을 나타내주고 있다. 해로드-도마 모형에서는 이 투자의 생산능력증대효과가 중요한 역할을 담당한다.

2. 자본의 완전가동조건: 적정성장률

적정성장률(warranted rate of growth: G_w)이란 자본재의 공급과 수요가 균형을 이루면서 자본설비가 완전가동하였을 때 달성되는 성장률이다. 자본재의 공급과 수요가 일치하는 경우에는 자본재의 생산이 과잉이거나 부족하지도 않으며 자본설비가 완전 가동상태에 있기 때문에 기업은 극대 이윤을 얻게 된다.

---

1) 마찬가지로 노동계수(labor coefficient) $a = L/Y$는 생산량을 한 단위 생산하는데 노동이 평균적으로 얼마나 소요되는가를 나타낸다.

앞에서 살펴보았듯이 자본이 완전 가동되면서 효율적인 생산이 이루어지기 위해서는 식 (14-4)가 성립됨을 이미 살펴보았다. 다시 쓰면

$$Y = \frac{1}{v} K \qquad (14\text{-}4)$$

자본설비가 $\triangle K$만큼 증가할 때 증가된 자본설비까지 완전 가동되기 위해서는 위의 식 (14-4)를 증분 ($\triangle$)의 형태로 바꾸면 되므로 다음과 같이 표시할 수 있다.

$$\triangle Y = \frac{1}{v} \triangle K \qquad (14\text{-}6)$$

우리가 구하는 것은 자본이 완전 가동되면서 효율적인 생산이 이루어질 때의 성장률을 구하는 것이므로 식 (14-6)을 식 (14-4)로 나누면 다음과 같다.

$$\frac{\triangle Y}{Y} = \frac{\triangle K}{K} \qquad (14\text{-}8)$$

위식은 증가된 자본이 완전가동되기 위해서는 자본증가율 ($\Delta K / K$)이 생산량 증가율 ($\Delta Y / Y$)과 같아져야 함을 보여준다.

그런데 자본의 감가상각을 무시하면 투자(I)는 자본량의 증분 ($\triangle K$)과 같으므로, 즉 $I = \triangle K$이므로 식 (14-8)은 다음과 같이 쓸 수 있다.

$$\frac{\triangle Y}{Y} = \frac{I}{K} \qquad (14\text{-}9)$$

식 (14-9)가 바로 투자의 생산력 증대효과를 고려하는 식이다. 즉 투자는 위의 두 식 (14-8)이나 (14-9)에서 보는 바와 같이 생산력 증대효과 ($\triangle Y = \frac{I}{K} \cdot Y = \frac{I}{K/Y} = \frac{1}{v}$)를 가져온다.

투자가 경제에 미치는 영향을 분석하기 위해서는 이와 같은 생산력 증대효과 외에 투자는 승수배의 소득을 발생시킨다는 소위 유효수요 창출효과(또는 소득창출효과)를 동시에 고려할 필요가 있다. 투자는 이와 같이 한편으로는 생산력을 증대시키면서 또 한편으로는 유

효수요를 창출하는 효과를 갖는 것을 투자의 이중성이라고 한다.

투자승수를 통한 유효수요(소득)창출효과에 대해서는 제4장에서 설명하였듯이 생산물시장의 균형조건 ($I = S$)에서 쉽게 계산할 수 있다.

저축 S는 국민소득의 일정비율이라고 가정하면 다음과 같이 표시된다.

$$S = sY \tag{14-10}$$

단 여기서 s는 저축성향을 나타낸다.

생산물시장의 균형조건 $I = S$에 식 (14-10)을 대입하면

$$I = S = sY \tag{14-11}$$

식 (14-11)을 증분형태로 나타내고 정리하면

$$\triangle Y = \frac{1}{s} \triangle I \tag{14-12}$$

가 된다. 이 식은 제4장에서 배운 투자승수효과를 나타내는 식이며 $1/s$이 승수라는 것은 말할 필요도 없다.

여기서 문제가 되는 것은 투자의 생산력 증대효과로 측정되는 생산력능력의 증대와 투자의 유효수요 창출효과로 측정되는 소득증대의 크기가 같은가 하는 것이다. 만약 양자가 동일하다면 기업이 당초에 행한 수요예측이 적중하여 생산한 것은 모두 판매될 수 있게 되고 따라서 예상수요를 기초로 하여 수립된 투자계획은 적정한 것이라고 할 수 있다.

식 (14-9)와 식 (14-11)을 결합하고 식 (14-6)을 이용하면

$$\frac{\triangle Y}{Y} = \frac{I}{K} = \frac{S}{K} = \frac{sY}{K} = \frac{s}{K/Y} = \frac{s}{v} \tag{14-13}$$

을 얻을 수 있다. 식 (14-13)가 곧 투자의 2중성, 즉 생산력증대효과와 유효수요창출효과를 모두 감안하여 생산물시장이 균형을 유지하면서 자본설비가 완전가동되기 위한 조건식이다. 식 (14-13)에서 좌변의 경제성장률이 우변에 나타난 $\frac{s}{v}$ (저축성향÷자본계수)의 일정

할 값을 갖는다는 의미에서 적정성장률이라고 한다. 또한 $\frac{s}{v}$는 계획된 자본설비의 완전가동을 보증해주는 비율이기 때문에 보증성장률(warranted rate of growth: G_w)이라고도 한다.[2] 따라서 적정성장률은 기업을 만족시키는 성장률로서 이윤극대화를 추구하는 기업의 합리적 행동으로 결정될 경제의 균형성장률이다. 이것은 기업을 만족시키는 목표성장률로서 비자발적 실업의 가능성을 내포하며 지속적인 완전고용을 보장하지 않는다.

보증성장률(G_w)이란 어느 일정한 율로 경제가 성장할 때 생산·소득의 성장률($\frac{\triangle Y}{Y}$), 자본량의 성장률($\frac{\triangle K}{K}$), 그리고 투자의 성장률($\frac{\triangle I}{I}$)이 모두 일정한 율($\frac{s}{v}$)로 성장한다.

3. 노동의 완전고용조건: 자연성장률

앞에서 살펴보았듯이 적정성장률은 기업의 투자계획을 정당화시켜주며 따라서 자본설비의 완전가동을 보장하는 성장률을 말하는데 지금까지는 노동공급의 제약은 무시해왔다. 그러나 성장률이 매우 높아지면 노동공급의 제약이라는 벽에 부딪힌다.

자연성장률(natural rate of growth: G_n)이란 한 나라 경제가 최대한 성장할 수 있는 성장률을 말하며 노동인구의 성장률과 노동생산성에 의존한다. 지금 노동인구(L)는 매년 n률로 성장하고 생산성은 매년 일정하다고 가정하자.

$$\frac{\triangle L}{L} = n \tag{14-14}$$

이제 해로드-도마 모형에서 경제가 장기적으로 노동의 완전고용을 유지하기 위해서는 어떤 조건이 충족되어야 하는 가를 살펴보자. 식 (14-3)에서 보았듯이 노동이 완전고용되면서 동시에 생산이 효율적이 위해서는 다음의 관계가 성립되어야 한다.

$$Y = \frac{L}{a} \tag{14-15}$$

---

2) 만약 자본계수가 3이고 저축률이 0.15(즉 $v=3$, $s=0.15$)이면 보증 성장률은 $\frac{s}{v} = \frac{0.15}{3} = 0.05$ 즉 5%가 된다.

노동인구가 △L만큼 증가할 때 증가된 노동이 완전고용되기 위한 조건은 식 (14-15)를
증분형태로 표시해서 구할 수 있다. 즉

$$\triangle Y = \frac{1}{a} \triangle L \qquad (14\text{-}16)$$

이 된다. 식 (14-16)의 양변을 식 (14-15)의 양변으로 나누고 식 (14-14)를 결합하면

$$\frac{\triangle Y}{Y} = \frac{\triangle L}{L} = n \qquad (14\text{-}17)$$

식 (14-17)은 노동의 완전고용을 달성하는 균형식이다. 결국 경제가 장기적으로 노동의
완전고용을 달성하면서 성장하기 위해서는 경제성장률 $(\Delta Y/Y)$이 인구증가율(n)과 같아야
한다는 것이다. 이와 같이 노동인구의 자연성장률과 같은 경제성장률을 해로드는 자연성장
률(natural rate of growth: G_n)라고 불렀다.[3] 즉 자연성장률은 인구증가와 기술진보
가 허용하는 최대 가능한 극대성장률로서 지속적으로 완전고용을 보증하는 성장률이다. 이
성장률 또한 사전성장률이며 목표성장률이다.

자연성장률과 관련하여 해로드가 제기한 논점은 경제가 완전고용에 도달하여 자연성장률
로 성장을 계속하면 그 이후에도 계속 완전고용을 견지할 수 있는가 하는 문제였다. 그러나
해로드-도마 모형에서는 실제 성장률이 자연성장률과 같아진다는 보장이 없다. 기업의 투
자의욕에 의해서 결정되는 실제성장률이 자연성장률과 일치한다는 것은 아주 단순한 우연의
일치일 뿐이다. 따라서 현실의 실제성장률이 자연성장률을 밑돌게 되면 실업률은 누적적으
로 증가하게 되는 것이다.

4. 해로드 - 도마모형의 시사점

이상의 분석을 통해 장기적으로 성장하는 경제에서 자본이 완전가동되며 또한 노동이 완
전고용되면서 성장하기 위한 조건은 자본의 완전가동조건식 (14-13)과 노동의 완전고용
조건식 (14-17)을 결합함으로써 다음과 같은 관계식을 얻을 수 있다.

---

3) 만약 노동인구증가율이 n이고, 노동생산성 증가율이 이라면 자연성장률을 $(n+\lambda)$가 된다.

$$\frac{\triangle Y}{Y} = \frac{s}{v} = n \tag{14-18}$$

따라서 자본과 노동의 완전고용되는 조건이 충족이 되면 자본증가율 ($\triangle K/K$)과 투자증가율 ($\triangle I/I$)도 국민소득 증가율 ($\triangle Y/Y$) 및 인구증가율과 같은 n임을 알 수 있다.

그러나 해로드-도마 모형에서는 현실의 성장률 (G)이 자연성장률 (G_n)과 일치하지 않을 뿐만 아니라 자본설비의 완전이용을 보장하는 보증성장률 (G_w)과도 일치한다는 것을 기대할 수 없다. 왜냐하면 개개의 기업이 판매를 예상해서 투자를 결정하다 해도 이러한 투자가 수요와 공급의 성장률과 일치된다고 사전에 기대할 수 없기 때문이다. 오히려 투자가 초래하는 생산력증대와 유효수요증대는 일반적으로 같아지지 않는다고 보는 것이 오히려 타당하다고 하겠다.

해로드-도마 모형에서 자본계수 (v), 저축률 (s) 및 인구증가율 (n)은 모형 내부에서 결정되는 것이 아니라 각각 독립적으로 결정되는 상수이다. 그러므로 식 (14-18)이 충족된다는 것은 순전히 우연이며 이 조건이 항상 성립한다는 보장이 없다. 그래서 해로드-도마 모형에서는 현실의 성장률이 일단 보증성장률에서 이탈하면 현실의 성장률은 더욱 더 보증성장률에서 이탈한다는 것이다. 이러한 현상을 해로드는 '불안정성 정리' 또는 '칼날이론'(knife edge theory)이라 하였다. 해로드는 현실성장률과 보증성장률과의 관계에서 단기적 불안정성을, 즉 경기순환을 설명하고 보증성장률과 자연성장률과의 관계에서 경제발전의 장기적 불안정성을 설명하고자 하였다.

우선 현실성장률 (G)은 현실의 (사후적으로 이루어진) 자본계수를 v'라고 하자. 앞에서 언급했듯이 자본을 완전가동했을 때인 보증성장률에서 기업이 애초에 계획한 자본계수는 v이다. 그러면 현실의 성장률 (G)은 다음과 같이 묘사할 수 있다.

$$G = \frac{s}{v'} \tag{14-19}$$

반면에 보증성장률 (G_w)을 다시 쓰면 다음과 같이 쓸 수 있다.

$$G_w = \frac{s}{v} \tag{14-20}$$

먼저 $G_n > G_w$의 경우를 보기로 하자.

현실의 성장률이 보증성장률보다 더 큰 경우 $(G > G_w)$, 식 (14-19)와 식 (14-20)에서 보듯이 현실의 실제자본계수 (v')는 기술적으로 보아 최적치 (v)보다 작아진다 $(v' < v)$. 이것은 산출량에 비해 신자본재의 부족을 의미한다. 따라서 기업은 더욱 더 많은 투자를 하여 경제확대를 자극하게 되어 호황으로 발전하는 경향을 의미한다. 그러므로 현실의 성장률이 보증성장률에 비해 더욱 커지게 된다. 즉, 경제전체적으로 보면 경제가 자본과잉상태에 빠져 있음에도 불구하고 개별기업 입장에서 보면 투자의 확대가 바람직하다는 것이다. $G_n > G_w$의 경우에는 상당히 장기간에 걸쳐 $G > G_w$가 되며 이때의 경제는 붐(boom)이 되기 쉽고 인플레이션의 경향이 나타나는 자본부족에 의한 산업 예비적 실업이 발생할 가능성이 있다.

$G_n > G_w$의 경우에는 G가 장기적으로 G_n을 초과할 수 없기 때문에 $G < G_w$가 되지 않을 수 없다. 이 경우에는 $v' < v$이므로 신규 자본재가 과

잉이 되어 기업은 투자를 줄이려 하므로 경제는 일반적으로 침체에 빠진다. 이 경우 정부의 개입 없이는 현실의 성장률은 보증성장률에서 이탈하여 점점 멀어지게 된다. 이러한 과정이 누적적으로 이루어지기 때문에 불황이 심해져 기업은 도산하게 되고 실업이 발생한다.

이상에서 보면 현실의 성장률이 한 번 적정성장률에서 벗어나면 누적적으로 이탈하게 된다는 것이다. 그러므로 만약 완전고용수준을 유지하면서 경제를 성장시키기 위해서는 $G_n = G_w$라는 조건이 필요하다. 더욱이 $G = G_w$, $v' = v$이어야 한다.

$G = G_w = G_n$이 성립된다면 노동력도 자본설비도 모두 가동되어 로빈슨(J. Robinson)의 이론인 황금시대(golden age)의 경제가 성립될 것이다. $G = G_w$의 경우 두 성장률은 동일한 성장궤적을 달리게 되지만 조금만 충격이 있으면 두 성장률은 이탈하게 되는 것이다. 그러므로 $G = G_w$가 실현되기는 칼날 위를 맨발로 걷는 것만큼이나 어렵다고 하여 해로드의 이론을 불안정성정리 또는 칼날이론이라고 불리우게 되었다. 따라서 세 가지 성장률이 자동적 일치는 기대하기 어렵기 때문에 정부가 개입하여 정책적 조정으로 일치시키는 수밖에 없다.

제3절 신고전학파의 성장이론

해로드와 도마의 성장이론에서는 한 국가가 채택하고 있는 생산 방법에서는 생산 요소들 (예컨대 노동과 자본)간에 언제나 변하지 않는 일정률이 존재한다는 가정을 하고 있었다. 이러한 가정하에서 그들은 자본주의 경제는 근본적으로 불안정하다고 보았다. 이와는 달리 솔로우(R. M. Solow) 등의 신고전학파 성장모형에서는 생산요소 상호간에 대체가 가능하다고 가정한다. 신고전학파는 결국 안정적 경제성장이 달성하기 어려운 것은 해로드-도마 모형이 생산요소의 대체성이 불가능한 생산계수의 고정성이라는 매우 비현실적이고 경직된 가정에 있다고 보았다. 즉 솔로우는 생산요소간의 대체를 인정하면 자본주의 경제는 장기적으로 안정적인 균형성장을 달성할 수 있으며, 성장의 정형화된 사실도 대부분 설명할 수 있음을 보였다.

솔로우의 성장모형에서는 해로드-도마 모형과는 달리 자본과 노동의 투입 비율은 수시로 바뀔 수 있고, 그렇기 때문에 이 비율이 변하지 않을 때에는 어쩔 수 없이 노동의 자연성장률과 자본의 적정성장률의 불일치가 일어나더라도, 이 비율이 변하면 두 생산요소의 완전고용을 유지하면서 안정된 성장을 지속할 수 있게 된다. 그러면 어떤 조건을 충족할 때 경제는 안정 성장을 할 수 있는가? 솔로우는 이에 대한 해답을 자본과 노동 등 생산요소간의 기술적 대체가능성과 생산요소가격의 신축적 조정에서 찾았다. 즉 초기에 적정성장률과 자연성장률이 일치하지 않았더라고 생산요소간 대체가 가능하고 요소가격이 완전신축적이면 이 두 성장률을 같아지게 된다는 것이다. 결국 솔로우 모형은 생산요소간 대체가능성과 수확체감의 법칙 및 신축적 가격이라는 신고전학파적 전제를 수용하면서 현실에 보다 부합되는 성장이론을 제시한 것이다.

1. 솔로우 모형의 기본방정식

해로드-도마가 생산요소간 대체가 불가능한 레온티에프 생산함수를 가정한 데 반하여, 솔로우는 콥-더글라스 생산함수와 같이 생산요소간 대체가 가능하고 규모에 대한 보수가 불변인 생산함수를 가정한다. 솔로우가 상정한 연속적이고 수확체감의 법칙이 작용하는 규모에 대한 보수가 불변인 1차동차의 생산함수는 다음과 같이 쓸 수 있다.

$$Y = F(K, L) \tag{14-21}$$

식 (14-21)의 등량곡선을 그리면 원점에 대해 볼록한 우하향하는 곡선으로 표시된다. 따라서 동일한 양의 생산물을 생산하는데 자본과 노동을 여러 가지 상이한 비율로 결합하여 생산해 낼 수 있다. 이처럼 생산요소간 대체가 원활히 이루어져 원점에 대해 볼록한 형태의 등량곡선을 가지는 생산함수를 신고전학파적 생산함수라고 하고 솔로우의 성장모형을 신고전학파 성장모형(neoclassical growth model)이라고 부른다.

솔로우가 가정한 생산함수는 규모에 대한 보수가 불변인 1차동차 함수이므로 자본과 노동을 모두 같은 비율 (예컨대 λ)로 증가하면 산출량도 같은 비율로 증가하므로 식 (14-21)은 다음과 같이 쓸 수 있다.

$$\lambda Y = F(\lambda K, \lambda L) \tag{14-22}$$

λ는 어떠한 값도 취할 수 있으므로 $\lambda = 1/L$로 놓으면 위의 식은 다음과 같이 1인당 생산함수 식으로 표현할 수 있다. [4]

$$y = f(k) \tag{14-23}$$

여기서 y는 1인당 생산량($y = Y/L$)을, k는 자본－노동비율 또는 1인당 자본($k = K/L$)을 나타낸다. 즉 솔로우 모형에서 생산함수는 1인당 생산량은 자본－노동비율만의 함수로 된다.

이러한 1인당 생산함수는 자본－노동비율 k에 대해 수확체감의 법칙이 적용되므로 〈그림 14-1〉과 같이 그릴 수 있다. 〈그림 14-1〉에서 k가 0이면 y도 0이다. k가 증가하면 y도 증가하지만, y가 증가하는 비율은 k가 증가함에 따라 감소하는 형태를 갖는다. 나중에 보겠지만 생산함수에서 가정된 이와 같은 성질 즉 수확체감의 법칙 때문에 경제는 영원히 성장하지 않고 동태적 균형상태에 도달한다.

---

4) 식 (14-22)에 $\lambda = \dfrac{1}{L}$을 대입하면 $\dfrac{Y}{L} = F(\dfrac{K}{L}, 1)$이 되며, $F(\dfrac{K}{L}, 1) = f(k)$로 표시하면 $y = f(k)$가 얻어진다.

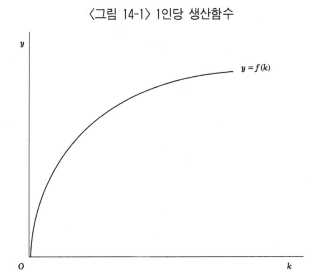

〈그림 14-1〉 1인당 생산함수

한편 해로드-도마 모형에서와 마찬가지로 국민소득(Y)의 일정비율(s)만큼 저축(S)된다고 가정하면, 저축과 투자$(I=\triangle K)$는 단기 생산물시장의 균형조건에 의해 동일하기 때문에 다음의 관계가 성립한다.

$$\triangle K = I = S = sY \qquad (14\text{-}24)$$

마지막으로 매기당 인구증가율은 n으로 일정하다고 가정한다. 노동공급의 증가율도 매기당 n만큼 증가한다. 즉

$$\frac{\triangle L}{L} = n \qquad (14\text{-}25)$$

이제 신고전학파의 성장이론에서 1인당 자본량의 변화가 어떻게 경제성장, 즉 1인당 산출량의 증가에 영향을 미치는지를 살펴보자. 이를 위해 먼저 식 (14-24)에 식 (4-23)의 생산함수를 대입하면 다음과 같이 표시할 수 있다.

$$\triangle K = sf(k) \cdot L \qquad (14\text{-}26)$$

식 (14-26)의 양변을 자본량 K로 나누어 정리하면 다음의 관계가 성립한다.

$$\frac{\triangle K}{K} = \frac{sf(k)}{k} \tag{14-27}$$

$k = K/L$의 양변에 로그를 취하고 미분하면 다음의 식이 성립한다.

$$\frac{\triangle k}{k} = \frac{\triangle K}{K} - \frac{\triangle L}{L} \tag{14-28}$$

식 (14-27)과 식 (14-28)을 결합하고, 인구증가율에 관한 가정 ($\triangle L/L = n$)을 대입하면 다음과 같은 방정식이 도출된다.

$$\frac{\triangle k}{k} = s\frac{f(k)}{k} - n \ \text{또는} \ \triangle k = sf(k) - nk \tag{14-29}$$

앞의 식 (14-29)는 1인당 개념의 자본축적 방정식으로 신고전학파 성장이론의 기본방정식이라 한다. 식 (14-29)에서 $\mathit{\Delta k}$는 1인당 자본량의 순변화를 나타낸다. 그리고 $sf(k)$는 노동자 1인당 저축인데, 이 모형에서 저축은 자동적으로 투자되므로 1인당 총투자로 볼 수도 있다. 그러므로 1인당 총투자($sf(k)$)가 nk를 초과하면 $\mathit{\Delta k}$는 양의 값을 갖게 되어 1인당 자본은 증가한다. 반대로 $sf(k$가 nk보다 작으면 $\mathit{\Delta k}$는 음의 갖게 되어 자본량은 노동인구보다 더 서서히 증가할 것이고 1인당 자본은 감소한다. 따라서 오로지 $sf(k)$가 nk와 같은 경우에 한하여 1인당 자본은 전혀 변화하지 않고 일정한 값으로 유지된다. 즉 인구가 증가하면서 현재의 1인당 자본량을 유지하기 위해서는(또는 자본－노동비율을 일정하게 유지하기 위해서는) nk만큼의 자본이 투하되어야 한다.

2. 솔로우 모형의 동태적 균형

앞에서 도출한 생산함수와 기본방정식을 바탕으로 이제 여기서는 솔로우 모형의 동태적 균형에 대해서 살펴보고자 한다. 솔로우의 기본모형은 비록 간단하지만 경제성장 경로, 저축의 증가 및 인구의 증가와 경제성장간의 관계를 이해하는데 있어서 중요한 첫걸음을 제공해 줄 것이다.

솔로우의 성장모형에서 균제상태(steady-state)란 경제의 장기적인 균형성장경로 (balanced growth path)로 1인당 저축액(투자액)이 모두 노동력의 증가로 감소하게 되는 1인당 자본량을 일정수준으로 유지하는데 사용되는 상태이다. 즉 1인당 자본량 ($k = K/L$)의 증가율 ($\triangle k/k$)이 0일 때 균제상태가 이루어진다. 따라서 식 (14-29)로부터 다음 조건이 충족될 때 균제상태가 달성됨을 알 수 있다.

$$sf(k) = nk \qquad\qquad (14\text{-}30)$$

〈그림 14-2〉 솔로우 모형에서의 동태적 균형

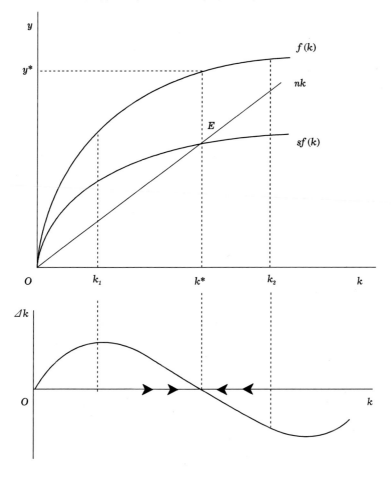

경제가 장기적으로 균형성장경로를 따르려면 왜 식 (14-30)의 조건을 충족시켜야만 되는지를 〈그림 14-2〉를 통해 살펴보자. 〈그림 14-2〉에서 1인당 생산함수 $y = f(k)$는 k가 증가함에 따라 y도 증가하지만 수확체감의 법칙으로 인해 그 증가율이 점점 줄어든다. 그림에서 nk는 각각의 1인당 자본에서 자본-노동비율(1인당 자본)을 일정하게 유지시켜 줄 수 있는 최소투자량을 의미하는데 기울기가 n이고 원점을 지나는 직선으로 그려져 있다. $sf(k)$곡선은 각각의 1인당 자본에서의 1인당 저축, 즉 1인당 투자를 나타내는데, 저축률 s의 값이 $0 < s < 1$이고 일정하므로 $f(k)$와 같은 모양을 가지지만 $y = f(k)$보다 아래에 그려져 있다. $sf(k)$곡선과 nk곡선의 차이는 식 (14-29)에 의하여 $\triangle k$, 즉 1인당 자본의 순변화를 나타낸다.

〈그림 14-2〉에서 균형성장은 $sf(k) = nk$가 만족되는 점 E에서 이루어지며 이 경우 1인당 자본량은 k^*로 표시되고 이는 균형성장경로 위에서 존재한다. 이 k^*에서 균형성장이 일어나고 산출량은 자본량이 노동증가율과 동일한 일정률 n으로 증가한다. 왜 그런지를 살펴보자.

먼저 만약 최초의 1인당 자본량(자본-노동비율)이 k_1라고 상정해 보자. 〈그림 14-2〉에서 보듯이 k_1수준의 자본-노동비율에서는 $sf(k)$가 nk보다 크므로 1인당 투자가 최소투자량을 초과하여 $\triangle k$는 0보다 크게 된다. $\triangle k$가 0보다 크다는 것은 시간이 경과하면서 1인당 자본이 증가하고 이에 따라 1인당 소득이 증가한다는 것을 의미한다. 이러한 1인당 자본의 증가는 식 (14-30)의 균형성장조건을 만족하는 k^*에 이를 때까지 지속된다. 이는 기본방정식 $\triangle k = sf(k) - nk$에서 $\triangle K > 0$이 되어 〈그림 14-2〉의 화살표 방향을 따라 k^*로 향하여 k가 증가하는 것으로 나타난다.

1인당 자본량이 k^*보다 큰 k_2의 경우에도 마찬가지로 설명할 수 있다. k_2에서는 이 경제의 1인당 실제 투자량($sf(k)$)이 최소투자량(nk)보다 작아서 1인당 자본량이 감소하므로 이 경제는 k_2수준을 유지할 수 없다. 1인당 자본량의 감소는 식 (14-30)의 균형성장 조건을 만족하는 k^*에 이를 때까지 지속된다. 이는 기본방정식에서 $\triangle k < 0$이 되어 화살표 방향으로 k^*에 접근해 가는 것으로 나타난다. 결국 이 경제는 오직 k^*수준에 대응되는 성장경로만을 밟을 것이다. k^*수준의 자본-노동비율에서는 $sf(k) = nk$, 즉 $\triangle k$가 0이 되어 1인당 자본은 일정하게 유지된다. 그러한 의미에서 k^*수준에 대응되는 동태적 균형상태를 균제상태(steady state)라고 한다. 이상에서 살펴본 바와 같이 이 경제에서는 균형성장경로 즉 균제상태로부터 이탈하면 스스로 회복하려는 힘이 경제 내에 존재하므로, 이 균

제상태는 안정적(stable)이라고 할 수 있다.

이제 솔로우 모형의 균제균형 상태가 구체적으로 어떠한 모습을 띠는지 살펴보자. 첫째 장기적으로 자본량과 국민소득은 노동인구의 증가율과 같은 비율로 증가한다. 균제상태의 1인당 자본(k^*)은 생산함수에 의하여 균제상태의 1인당 소득(y^*)과 균제상태의 1인당 소비(c^*)를 결정한다. 그런데 인구가 매년 $n\%$씩 증가하는 상태에서 1인당 소득과 1인당 자본이 일정하게 유지된다는 것은 소득과 자본이 매년 $n\%$씩 증가하는 것을 의미한다. 그러므로 기술진보를 고려하지 않은 솔로우의 기본모형에서 균제상태의 특징은 $\triangle Y/Y = \triangle K/K = \triangle L/L = n$이다. 이것은 솔로우 모형의 균제상태에서 완전고용 균형성장이 이루어짐을 의미한다.

둘째 솔로우의 기본모형은 지속적인 경제성장(sustained economic growth)을 설명하지 못하고 있다. 앞에서 살펴보았듯이 균제상태에서는 1인당 자본량은 변하지 않는다. 즉 $\triangle k = 0$. 또한 1인당 자본량이 변하지 않으므로 생산함수 $y = f(k)$에서 1인당 산출량 역시 변하지 않는다. 즉 $\triangle y = 0$. 따라서 1인당 산출양의 증가율, 즉 경제성장률은 0이 된다. 그러므로 1인당 소득의 증가는 균제상태에 도달할 때까지만 가능하고 균제상태에서는 $\triangle k = 0$이 되어 경제성장은 멈춘다. 따라서 솔로우의 기본모형은 지속적인 소득증가를 설명하지 못하고 있다.

이것을 다른 각도에서 분석하면 비록 국가마다 초기 자본량이 상이하다고 할지라도 생산함수, 저축률 및 인구증가율이 비슷하다면 모든 국가들은 비슷한 소득수준에 수렴하게 될 것이다. 그리고 초기 자본량이 균제상태의 자본량에 비해 작으면 작을수록 1인당 자본 및 1인당 소득증가율은 커진다. 따라서 솔로우의 기본모형에 따르면 1인당 자본이 적은 나라일수록 경제성장률은 높게 나타난다.

결론적으로 솔로우의 성장모형은 완전고용의 균형성장을 달성시켜주는 경제 내의 메카니즘의 존재를 인정하지만, 자본축적에 의한 지속적인 경제성장의 가능성은 설명해 주지 못하고 있다.[5]

---

5) 솔로우 모형에서 지속적으로 경제성장이 이루어지기 위해서는 지속적인 기술진보가 있어야 한다. 기술진보는 1인당 생산함수를 상방으로 이동시키는 역할을 하는데, 기술진보가 지속적으로 이루어지면 1인당 생산함수가 지속적으로 상방으로 이동하여 지속적인 경제성장이 가능하다. 그러나 기술진보가 일회성으로 이루어진다면 기술진보에 의한 경제성장의 가능성 역시 회의적이다.

제4절 내생적 성장이론

내생적 성장이론(endogenous growth theory)은 장기적인 경제성장이 내생적으로 이루어지는 모형을 만들어 냄으로써 전통적인 성장이론, 특히 솔로우 모형이 갖는 여러 문제점들을 보완하려는 시도에서 출발하고 있다. 신고전학파의 솔로우 모형은 한 나라의 소득수준이 저축률, 인구증가율 및 기술진보율에 의하여 결정된다고 밝히고 있다. 또한 균제상태의 성장경로를 보면 장기적으로 경제성장률은 외생적으로 결정되는 기술진보율에 수렴한다.

이론적 관점에서 솔로우 모형이 지니고 있는 한계점은, 경제성장을 이끄는 원동력에 대한 설명이 부족하다는 점과 현실적으로 존재하는 국가간 성장률 격차의 지속성에 대한 설명 부족 및 기술진보가 외생적으로 주어진다는 점을 들 수 있다. 비록 기술진보가 지속적인 경제성장의 원천으로 간주되고 있지만 솔로우 모형은 막상 기술진보가 어떻게 경제내부에서 이루어지는지에 대하여 전혀 설명하지 못하고 있다. 이에 따라 현실적으로 지속적인 성장을 누리고 있는 국가들이 많으며 국가간의 성장의 차이가 좁혀지지 않고 오히려 확대되는 경향마저 보이고 있음에도 불구하고 장기적 성장의 요인을 외생적인 것으로만 돌려버리는 것은 바람직하지 않다고 할 수 있다. 또한 솔로우 모형에서는 균제상태에 도달하면 저축률과 성장률이 서로 관계가 없다고 전제하지만, 실증분석 결과 저축률과 성장률은 밀접하게 관련되어 있는 것으로 나타나고 있다.

이 절에서는 솔로우 모형의 문제점들을 극복할 수 있는 내생적 성장이론들을 간단히 소개하고자 한다. 내생적 성장이론은 솔로우 모형의 문제점을 지적하면서 1980년대 후반부터 로머(P. Romer)와 루카스(R. Lucas) 등에 의해 제시되었으며 신성장이론(new growth theory)이라고도 한다. 솔로우 모형의 한계점을 극복하기 위한 방안은 학자에 따라 다양한 방법으로 전개되고 있는데 모두 기본적으로 신고전학파 모형이나 솔로우 모형에서 가정하고 있는 자본축적에 따른 수확체감의 제약에서 벗어나는 가정을 도입하고 있다. 수확체감이 발생하지 않도록 하는 대표적인 방법은 자본의 개념을 확대하여 전통적인 실물자본 외에도 인적자본(human capital)이나 지식축적(knowledge capital) 등을 포함시키는 것이다. 한편 실물자본이 외부성을 갖는다면 수확체감이 성립하지 않는다. 내생적 성장이론이 갖는 일반적인 함축성은 저축과 투자가 증가할수록 사회는 일반적으로 더 빨리 성장할 것이며 따라서 저축률에 영향을 미치는 정책이 경제적 복지를 위해 보다 중요하고 지속적인 결과를 가져온다는 것이다.

1. AK 모형

솔로우 모형의 한계점을 극복할 수 있는 대안은 우선 기술진보에 대한 시각을 새롭게 재정립하는 것이다. 솔로우 모형에서는 한 나라의 기술수준 및 그 증가율은 외생적으로 결정되는 것으로 간주하고 있다. 그에 따라 급속한 기술진보를 갖는 나라는 그렇지 않은 나라에 비해 균제상태에서 높은 성장률을 기록한다.

그렇지만 현실적으로 기술진보는 물적 자원 및 인적 자원의 양 및 새로운 기술혁신에 의해 결정된다. 물론 자원의 양은 교육과 연구개발을 통하여 자본량, 투자수준 및 산출량 수준에 의해 결정된다. 그런데 경제가 성장함에 따라 자본량, 투자, 산출량이 변화하므로 기술진보 역시 내생적으로 변화된다. 예를 들면 기업들이 R&D에 적극적으로 투자하여 기술의 향상을 도모한다든지 또는 공장설비의 증가와 더불어 축적되는 학습효과(learning by doing)로 인하여 노동자들의 생산성이 향상된다.

솔로우 모형에서 가정했던 것처럼 기술수준이 외생적으로 결정된다면 식 (14-21)과 같은 생산함수는 수확체감의 법칙이 작용하는 규모에 대한 보수가 불변인 1차동차 함수가 된다. 그러나 기술수준이 더 이상 외생변수가 아니고 자본과 노동처럼 생산요소로써 경제내부에서 결정되는 변수라면 그 생산함수는 자본, 노동 및 기술수준에 대하여 규모에 대한 수확체감은 더 이상 성립하지 않는다.

솔로우 모형에서 경제성장률이 균제상태에서 0으로 수렴할 수밖에 없는 이유는 생산요소 투입에 대하여 수확체감의 법칙이 적용되기 때문이다. 그런데 레벨로(S. Rebelo)에 의해 개발된 AK 모형은 이러한 수확체감의 가정을 완화한다. 이 모형은 생산함수가 다음과 같은 형태로 표시되기 때문에 통상적으로 AK모형이라고 한다.

$$Y = AK \qquad\qquad\qquad (14\text{-}31)$$

이 생산함수는 규모에 대한 수확불변의 성질을 가지고 있지만 자본축적에 따른 수확체감은 더 이상 성립하지 않는 것으로 콥-다글라스의 1차 동차생산함수 $Y = AL^{\alpha}K^{1-\alpha}$에서 $\alpha = 0$인 특수한 경우로 볼 수 있다. 이 모형에서 A는 일정한 값을 갖는 상수이고, K는 물적 자본뿐만 아니라 인적자본까지 포함하는 넓은 의미의 자본재로 가정된다.

이러한 단순한 생산기술은 여러 가지 내생적 성장모형 중에서 가장 기본적인 형태인데, 우리는 이 AK모형을 통해 솔로우 모형이 밝힐 수 없었던 내생적 성장을 설명할 수 있다.

즉 AK모형에서는 산출량의 생산이 더 이상 솔로우 모형에서처럼 수확체감에 직면하지 않기 때문에 1인당 가치가 영속적으로 성장하는 것을 설명할 수 있다.

이제 식 (14-31)을 솔로우 모형의 기본방정식에 대입하면 다음과 같은 식을 도출할 수 있다.

$$\triangle k = sY - nk = sAk - nk \qquad\qquad (14-32)$$

〈그림 14-3〉은 식 (14-32)를 그래프로 나타낸 것이다. 〈그림 14-3〉에서 직선 sY는 1인당 총투자를 나타내고, nk는 1인당 자본을 일정하게 유지시켜 줄 수 있는 최소투자량을 의미한다. sY곡선과 nk곡선의 차이는 식 (14-32)에 의하여 $\triangle k$, 즉 1인당 자본량의 순변화를 나타낸다.

〈그림 14-3〉 AK모형의 내생적 성장경로

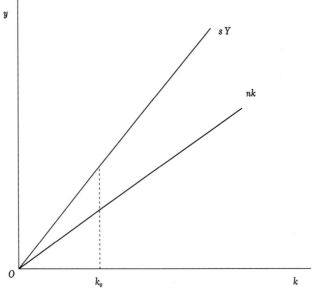

선형의 생산함수로 인하여 〈그림 14-3〉에서 sY곡선은 직선으로 표시되고 있다. 이것이 AK모형의 가장 주목할만한 특징이다. 선형의 생산함수가 의미하는 바는 자본의 한계생산성이 일정하다는 것이다. 즉 자본축적에 따른 수확체감이 존재하지 않기 때문에 일정한 율의 투자는 1인당 자본을 영구히 증가시킬 수 있으며 그 결과 균제상태에서도 성장을 지속할 수 있는 것이다.

예를 들어, 초기에 1인당 자본이 k_0수준이었다고 가정하자. 이 k_0수준에서 총투자는 최소한의 투자보다 크기 때문에 1인당 자본은 증가할 것이다. 그러나 1인당 자본의 증가는 결코 멈추지 않는다. 왜냐하면 어떠한 자본량에서도 총투자는 최소한의 투자보다 항상 크기 때문이다. 그러므로 AK 모형은 경제성장을 내생화시킨다. 지속적인 경제성장을 설명하기 위하여 외생적인 기술진보 및 인구증가를 가정할 필요가 전혀 없다.

이와 같이 자본축적으로 지속적인 경제성장이 가능하다는 AK모형의 설명은 솔로우 모형의 결론과 정면으로 대비된다. AK모형이 내생적·지속적 성장을 설명할 수 있는 이유는 생산함수의 수정에서 비롯된다. 솔로우 모형에서는 생산함수가 수확체감의 성질을 전제로 했기 때문에 총투자곡선은 곡선형태를 띠게 되어 최소한의 투자를 나타내는 직선과 만나게 되고 경제는 자본증가가 멈추는 균제상태에 도달한다. 그러나 AK모형에서는 생산함수가 자본축적에 대하여 수확불변의 성질을 갖고 있기 때문에 〈그림 14-3〉에서 보듯이 총투자곡선과 최소한의 투자를 나타내는 직선은 서로 만나지 않는다. 따라서 지속적인 경제성장이 가능하다.

AK 모형에서 저축률(s)과 성장률의 관계는 어떠한가? 솔로우 모형에서는 저축률이 균제상태의 소득수준에 영향을 미칠 수 있지만 균제상태의 성장률에는 아무런 영향을 미칠 수 없었다. 즉 저축률의 증가는 균제상태의 이동과정에 한하여 성장률의 증가를 초래할 뿐, 일단 새로운 균제상태에 도달하면 성장률에 아무런 영향을 미치지 못한다. 그렇지만 AK모형은 다른 시사점을 제공한다. 식 (14-32)에서 볼 수 있듯이 저축률이 성장률 수준을 결정하는 중요한 요소로 작용한다. 그러므로 저축률을 증가시키는 정부정책은 지속적인 경제성장을 가져올 수 있다.

AK모형의 요점은 경제성장률이 투자율의 증가에 따라 상승한다는 것이다. 저축률을 높일 수 있는 정부정책은 지속적으로 경제성장률을 상승시킨다. AK모형에서 국가의 장기적인 성장을 위해 투자가 중요한 역할을 한다는 것은 투자율의 증가가 일시적인 성장을 유발하지만 균제상태 또는 장기성장에 아무런 영향을 미치는 못하는 솔로우 모형과는 좋은 대조를 이룬다. 결론적으로 AK모형은 기술진보를 내생화하고 선형 생산함수의 특징을 바탕으로 내생적 성장을 설명한다.

2. 외부효과를 갖는 성장모형

앞에서 고찰한 AK모형에서는 자본의 한계수확이 체감하지 않는다. AK 모형 이외의 내생적 성장을 발생시키는 다양한 접근방법들도 역시 자본과 수확체감의 관계를 파괴하는 것이다. 이 방법은 모형에 외부효과(externality), 파급효과(spillover effect) 또는 공공재의 성질을 포함시키는 등 여러 형태를 취하고 있다. 즉 자본축적의 외부효과를 고려하면 개별적으로는 수확체감의 법칙이 적용되지만 사회적으로는 수확체감의 법칙이 적용되지 않을 수 있다. 이 범주에 포함된 모형들을 지속적인 성장을 발생시키기 위해서는 일부의 자본재가 규모에 대한 수확이 불변임을 보여 주어야 한다는 점에서 앞에서 설명한 AK모형과 비슷하지만, 이들은 외부효과를 갖는다는 점에서 다르다. 예를 들어 한 기업이 자신의 이윤극대화를 위해 자본재 투자를 결정하면, 이 축적된 자본이 다른 기업의 생산성을 증가시켜 경제전체의 수확체감은 발생하지 않을 수 있다. 이에 따라 지속적인 경제성장이 가능할 수 있다. 그렇지만 지속적인 경제성장을 가능케 하는 것은 외부효과가 아니라 축적될 수 있는 모든 생산요소에 대해서 규모의 경제가 불변이라는 사실을 인식하는 것이 중요하다.

예컨대 자본의 개념을 확대하여 전통적인 실물자본(physical capital) 뿐만 아니라 인적자본(human capital)까지 포함하는 것으로 재정의 한다면 자본의 한계수확이 체감하지 않을 수 있다. 여기서 인적자본이란 기계설비 등의 실물자본과 구분되는 것으로 국민의 교육수준 및 숙련도를 높이기 위한 투자를 일컫는다. 따라서 인적자본은 교육이나 훈련 등으로 습득되어 인간에 체화되는 자본을 말한다. 루카스(R. Lucas)는 만약 다른 노동자들이 보다 많은 인적자본을 가지고 있으면 모든 개별 노동자는 그의 기능수준과는 상관없이 보다 생산적이라고 가정하고 인적자본 축적이 경제의 생산성에 외부효과를 갖는다는 점을 강조한다. 루카스 모형에서 균형성장률은 실물자본 및 인적자본에 대한 투자율에 의존하기 때문에 외부성의 존재를 가정한다는 것은 인적자본에 대한 투자가 많을수록 성장률이 더 높아진다는 것을 함축하고 있다. 또한 슐츠(T. Schulz) 및 데니슨(E. Denison)에 의하면 인적자본의 증가는 실물자본인 공장이나 설비의 성장보다도 미국이나 서구의 성장에 큰 공헌을 하였다고 주장한다. 최근 NICs(newly industrialized countries)에 속한 대만, 홍콩, 한국을 비롯한 일본과 같은 국가의 경제성장과정에서 이미 인적 자본이 중요한 역할을 하였다는 점이 실증적으로 입증되고 있다.

애로우(K. Arrow)는 기술진보의 성장률은 과거로부터 축적된 경험에 의존한다고 주장한다. 만약 동일한 재화를 오랫동안 생산해 온 노동자는 그 재화를 가장 효율적으로 생산하는 방법을 배우게 될 것이다. 이 경우 동일한 노동을 투입하더라도 시간이 지남에 따라 경험이 축적되어 노동생산성은 향상되게 될 것이다. 이와 같이 경험의 축적에 의한 생산성의 향상을 애로우는 '일을 통한 학습'(learning by doing)이라고 하였다. 더욱이 학습과정을 통한 기술진보는 축적된 과거의 산출량이나 투자에 의해 결정된다고 보았다. 결국 경제성장의 원동력이 되는 것은 단순한 생산요소로서의 자본이나 노동의 투입량뿐만 아니라 노동이나 자본의 질이라고 보았다. 로머(P. Romer)는 '일을 통한 학습'이라는 애로우류의 모형을 발전시켜 외부효과를 발생시키는 원천이 지식자본(knowledge capital)임을 강조하였다. 지식은 개인들에 의해서 생산되지만 새로이 생산된 지식은 기껏해야 부분적으로만 비밀이 지켜질 수 있는 성질을 가지고 있어 결국 다른 사람들에게 전파되기 때문에 생산은 개인이 보유한 사적 지식뿐만 아니라 총체적인 사회의 지식에도 의존하게 된다. 지식은 기술수준과 밀접하게 관련이 되어 있기 때문에 로머는 기술진보를 외생적이라기보다는 명시적으로 모형 내에서 내생적으로 결정되도록 시도하고 있다. 로머에 따르면 기업들은 지식생산으로부터의 모든 보상을 향유할 수 없으며 따라서 특정형태의 자본축적으로부터 얻는 사회적 보상은 민간이 얻는 보상을 초과하게 된다. 결국 연구개발을 위한 조세유인책, 특허권이나 재산권 및 이들을 보호하기 위한 규제와 정책은 이러한 국가들의 성장률과 경제적 복지를 향상시키는데 결정적인 역할을 할 수 있게 된다.

인적자본이나 지식자본은 개인들이 특정한 기술을 얻기 위해 행하는 의사결정과정에서 축적되는 것이다. 따라서 인적자본이나 지식자본 모형에서는 교육과 지식자본 축적에 미치는 정부정책이 경제성장에서 갖는 중요성을 강조한다.

색 인

(ㅅ)

■현 성 민

·약 력

고려대학교 경제학과 졸업(경제학사)
고려대학교 대학원 경제학과 졸업(경제학 석사/경제학박사)
대진대학교 경영대학원장 역임
현재 대진대학교 디지털 경제학과 부교수
　　　대진대학교 지역경제연구소 소장

·주요 논저

「인플레이션과 상대가격변동성」
「동남아시아 외환위기의 원인과 대응방안」
「중소제조업 근로자들의 직장만족도와 이직의향분석」
「경기북부지역 경제구조분석」
「국방비지출의 경제적 효과」
「전남·광주의 재정현황과 개선방안에 관한 연구」
「종합부동산세과세권의 조정에 관한 연구」
『가계경제의 분석과 이해』 외 다수

거시경제학

· 초판 인쇄 　 2006년 5월 1일
· 초판 발행 　 2006년 5월 1일

· 지 은 이 　 현성민
· 펴 낸 이 　 채종준
· 펴 낸 곳 　 한국학술정보㈜
　　　　　　413-756 경기도 파주시 교하읍 문발리 526-2
　　　　　　파주출판문화정보산업단지
　　　　　　전화　031) 908-3181(대표) · 팩스　031) 908-3189
　　　　　　홈페이지　http://www.kstudy.com
　　　　　　e-mail(출판사업부)　publish@kstudy.com
· 등 　 록 　 제일산-115호(2000. 6. 19)
· 가 　 격 　 27,000원

ISBN 　　89-534-5294-5 93320 (Paper Book)
　　　　　89-534-5295-3 98320 (e-Book)